실과 교수학습 방법론

한국실과교육학회 편 | 송현순 류상희 정남용 최지연 배선아 공저 |

PRACTICAL ARTS COURSE TEACHING AND LEARNING METHODLGY

양 성 원

머리말

수업이란 학습자가 적절한 학습활동을 하도록 방향지우고, 학습자가 교육의 목표를 최적으로 실현할 수 있도록 다양한 방법을 모색하고 적용하며, 학습 결과에 대해 피드백을 제공하는 활동 간의 유기적인 과정을 의미한다. 이 과정은 교사와 학생의 상호작용으로 이루어지는 교육적 행위로 교사가 어떻게 수업을 설계하고 실행하느냐에 따라 교육의 질이 좌우된다고 볼 수 있다. 이 때 수업의 질은 교육과정과 학습자, 학습 환경, 다양한 교수 전략 등에 대한 이해와 교육과정의 성취기준을 최대한 실현할 수 있도록 그 요소들을 긴밀하게 융합하여 설계하고, 실현하며, 그 과정과 결과에 대한 평가와 피드백이 유기적으로 진행될 때 담보될 수 있다. 특히, 최근에는 수업을 설계하는 교사에게 교육과정 실현에 대한 권한을 대폭 이양함으로써, 교육과정 재구성과 수업 설계 그리고 수업 비평 등은 더욱 긴밀하게 관계를 갖게 되었다. 그래서 수업을 실현하는 교사에게 수업 설계부터 수업 실현, 수업 비평과 평가에 이르는 전 과정에 대한 이해는 더욱 중요하게 되었다.

이 책은 위와 같은 요소들을 중심으로 제3부 17장으로 구성하였다.

이것은 실과수업을 성공적으로 수행할 수 있도록 안내하기 위한 것으로 수업설계와 수업방법과 수업평가와 비평이 유기적으로 관계를 갖도록 구성하였고, 그 유기적인 관계 속에서 수업을 관망하고 적용할 수 있도록 하였다.

제1부는 수업을 어떻게 설계할 것인가에 대한 이해와 적용을 중심으로 구성하였다. 첫째 부분은 수업과 수업설계의 의미는 무엇인지, 교사의 수업에 대한 신념이 실제 수업을 설계하는 과정에서 어떻게 의사결정에 영향을 미칠 수 있는지, 수업설계모형에는 어떤 것들이 있는가를 중심으로 구성하였고, 둘째 부분은 수업설계를 위해서 분석할 필요가 있는 구성 요인들에 대한 이해, 실과교육에 적용 방법, 수업과정안의 개발 방법을 중심으로 구성하였다. 이것은 실과수업을 설계하는 교사에게 중요한 의사결정 과정으로서 의미가 있다.

제2부는 실과수업 방법들에 대한 이해와 그것을 어떻게 적용할 것인가에 대한 실제적인 방안을 중심으로 구성하였다. 이해 부분에서는 각 수업 방법의 의

미와 철학적 배경, 수업의 절차 등에 대해 고찰하였고, 적용 부분에서는 실과 내용 중 각 방법으로 실현하기에 타당한 내용을 선정하고 각 절차에 구체적으로 적용하여 독자가 실제 실과수업이 어떻게 적용할 수 있는지를 확인할 수 있도록 하였다. 이때 선정한 실과수업의 방법은 2015 실과교육과정의 교수학습방법에서 의미 있게 다루어진 것들이다. 선정된 실과수업 방법은 강의법, 문제해결학습, 프로젝트학습, 실천적 추론학습, 실습 중심 학습, 협동학습, 협력학습, 혼합학습, 모듈학습, 토의·토론법, 발견학습과 탐구학습, 역할놀이, 플립드 러닝, 통합적 접근, 기타(마인드맵, 브레인스토밍, 스토리텔링)이다.

마지막으로 제3부는 실과수업의 평가와 실과수업 비평으로 구성하였다. 실과수업 평가 부분에서는 실과수업 자체에 대한 가치 평정에 해당하는 것을 중심으로 좋은 수업에 대한 방향 설정을 토대로 수업 분석의 기본 틀을 제공하는 등 수업에 대한 종합적 평정에 대한 방법을 제안하고 있다. 수업비평부분에서는 최근에 강조되고 있는 수업 비평에 대한 다양한 반성과 성찰의 방안을 제안하였고, 이러한 이해를 바탕으로 더 좋은 수업을 위한 방향과 수업의 성장을 도모할 수 있는 과정을 제안하였다.

이 책은 실과수업에 대해 배우는 예비교사들과 실과수업을 현장에서 실현하고 있는 현장 교사들이 실과수업을 어떻게 설계해야 하는지, 수업 방법들은 어떤 것들이 있는지, 각각의 의미와 차이는 무엇인지, 어떻게 적용해야 하는지, 수업의 과정과 결과에 대한 평가와 비평은 어떻게 할 수 있는지 등에 대해 이해를 기반으로 실제 적용할 수 있는 방안까지 제안하였다. 특히, 실제적 생활 중심 내용을 실천적 방법을 통해 구현하고 그 결과 실용적인 교육적 가치를 실현하고자 하는 실과교육의 성격과 방향을 적극 반영하여 집필하였다. 이 책의 내용이 실과교과 역량을 충실히 실현하는데 기여할 수 있기를 바란다.

이 책은 실과교육학회의 지원으로 집필될 수 있었다. 학회의 의도와 성원에 누가 되지 않는 책이 되길 바라며, 이 책이 출판되기까지 여러 가지로 도움을 주신 분들에게 진심으로 감사드린다.

2017년 7월
저자 일동

차례

제 1 부

실과수업 설계

제 1 장

수업 설계

개 요

수업이란 학습자가 적절한 학습 활동을 하도록 방향 지우고, 학습자로 하여금 적절한 지식을 얻게 하고, 학습자의 행동을 관찰하고, 학습자의 학습과 행동에 대해 적절한 피드백을 주는 활동 등을 의미하며, 또한 의도적으로 효과적이고 효율적으로 학습 목표를 달성하도록 계획된 경험을 의미한다. 수업 설계는 수업의 효과를 최대화하기 위한 교사 입장에서의 체계적인 계획의 과정으로, 수업을 설계하는 것은 수업 실행 전에 교사가 행해야 하는 필수적인 단계이다. 이를 위해 교사는 수업 설계의 각 절차와 그 각 단계의 의미, 교사의 역할 등을 이해하는 것이 중요하다.

이 장에서는 먼저 수업과 수업 설계의 의미, 수업 설계 모형, 그 모형에 포함된 각 요소들에 대해 이론적 고찰을 하며 그것을 어떻게 수업에 적용할 것인지를 다루었다.

학 습 목 표

- 수업과 수업 설계의 의미에 대해 이해할 수 있다.
- 수업 설계 모형을 비교하고 각 모형의 특성을 정리할 수 있다
- 수업 설계의 각 절차에 포함된 요소를 이해하고 실제에 적용할 수 있다.

1절 실과수업 설계

1. 수업 설계의 의미

수업이란 학습자가 적절한 학습 활동을 하도록 방향지우고, 학습자로 하여금 적절한 지식을 얻게 하며, 학습자의 행동을 관찰하며, 학습자의 학습과 행동에 대해 적절한 피드백을 주는 활동 등으로, 학습이 촉진되도록 학습자에게 가해지는 모든 의도된 활동들을 말한다(Gagne et al., 1992).

설계는 문제를 해결하기 위해 실행 전에 선행하는 체계적 혹은 의도적인 계획과 사고 과정을 의미하며(Smith & Ragan, 1999), 주어진 환경에서 주어진 목적을 달성하기 위해 최적의 방법을 탐구하는 전문적인 활동으로 정의할 수 있을 것이다.

위의 내용을 종합하면, 수업 설계는 학생들에게 어떤 내용을 어떤 방법으로, 어떻게 가르치고 평가할 것인가를 구체적으로 계획하는 활동으로, 특정의 학습 내용과 수업 목표가 주어졌을 때 기대하는 학습자의 변화를 일으킬 수 있는 최적의 교수 방법이 무엇인가를 결정해 가는 과정(Reigeluth, 1983)으로 정의할 수 있다. 이것은 가르치는 사람들이 끊임없이 '어떤 수업이 좋은 수업일까?', '어떻게 학습 효과를 최대화할 수 있을까?', '수업 설계는 어떻게 해야 하는가?' 등에 대해 답을 구하고 적용하는 행위라고 볼 수 있다.

수업 설계는 수업 계획, 수업 과정안 작성 등의 용어들과 혼용되어 사용될 수 있는데, 수업 설계라는 용어를 사용하는 이유는 수업의 사전 계획성을 보다 강화하고 보편적이고 과학적인 토대 위에서 수업이 계획되어야 한다는 측면에서 수업을 설계한다고 한 면이 있다(정석기, 2008).

그렇다면 가르치는 사람은 수업 실행 전에 왜 수업 설계를 해야 할까?

변영계 등(2010)은 수업 설계의 필요성을 다음의 이유로 설명한다.

첫째, 수업 설계는 실제 필요한 수행 능력을 갖추기 위해 학습자들이 필요한 지식과 기술을 요구 분석과 과제 분석을 통하여 도출해 낼 수 있다. 둘째, 수업 설계는 설정된 목표와 교육 내용, 교육 방법, 매체, 평가 간의 유기적 통합을 통해 학습 효과를 극대화시킬 수 있다. 셋째, 수업 설계는 내용 전문가나 교사의 입장이 아닌 학습자의 입장에서 적합한 수업을 계획하게 해 줌으로써 학습자의 적극적인 수업 참여를 유도하고 궁극적으로 수업의 효과를 높이게 해 준다. 넷째, 체계적인 수업 설계는 수업에 대한 전체적인 큰 그림을 제공해 줌으로써 수업 설계, 개발, 실행에 관련되어 있는 모든 사람들 간에 통일된 노력을 기울이게 하고 수업 개선에 도움을 준다. 다섯째, 수업 설계는 수업 과정 중에 일어날 수 있는 오류나 잘못을 사전에 찾아내고 이를 교정할 수 있게 해 준다.

또한, 수업을 체계적으로 설계하면 수업에 참여하는 교사와 학생 입장에서는 다음과 같은 이점을 얻을 수 있다.

첫째, 학습자 지원을 촉진할 수 있다. 학습자는 수업의 핵심이기 때문에 수업을 설계하는 교사는 설계의 초기 단계에 학습자에 대한 정보를 얻기 위해 많은 노력을 투입하고 그 결과를 설계에 반영함으로써 학습자에게 적합한 수업을 설계할 수 있다. 둘째, 좀 더 효과적이고 효율적인 수업을 실행할 수 있게 한다. 설계과정에서 사전에 부적합한 내용은 제거하고 효율적인 전략들을 선정함으로써 수업의 효과를 최대화할 수 있다. 셋째, 수업 설계자로서 교사와 학생 간의 의사소통을 사전에 가능하게 한다. 교사 중심의 일방적 수업 설계가 아니라 학습자의 의견이 충실히 반영된 상호 조정을 통한 수업 설계가 가능할 수 있다. 최근의 수업은 교사와 학생의 의사소통을 중시한다. 따라서 수업 설계의 과정과 결과는 교사와 학생의 의사소통과 조정을 촉진할 수 있다. 넷째, 수업 목표, 수업 활동, 수업 평가 간의 타당성을 촉진한다. 수업 설계는 체계적인 틀을 중심으로 진행되기 때문에 도달할 수업 목표와 그것을 실현하기 위한 수업 활동, 그리고 그 실현 정도를 판단하는 수업 평가 간의 타당성을 담보해 줄 수 있다.

그러나 좋은 수업을 설계하는 데 있어 최고의 모델이 존재하는 것은 아니다. 이 때 교사의 다양한 관점의 차이에 따라 설계의 양상은 다양할 수 있다.

2. 교사의 차이와 수업 설계

수업을 설계하는 교사는 개인적인 경험과 학문적 배경에 따라 서로 다른 교육철학과 이론적 기반을 가지고 있다. 서로 다르게 형성된 가치와 신념은 교수 설계자로서 교사가 의사결정을 하는 과정에서 이론적 근거를 제공한다. 교사의 교육철학과 이론적 기반은 교사의 의사결정과정에 어떻게 작용할까?

첫째, 교육과정과 수업의 관계에 대한 이해에서 수업 설계의 차이가 드러날 수 있다. 교육과정 용어를 명사, 즉 코스에 둘 것인지, 아니면 동사, 즉 달려가는 과정에 둘 것인지에 따라 교육과정을 규정하는 실제적 의미와 이해에는 큰 차이가 있다(소경희, 2012). 교육과정을 코스에 초점을 두게 되면 교육과정은 수업과는 구분되는 것으로서 수업이 따라야 할 혹은 수업을 통해 도달해야 할 산물로 이해된다. 이것은 주로 학문에 기반을 둔 교과들을 의미한다. 반면에 과정에 초점을 두게 되면, 교육과정은 수업과 구분할 수 없는 것으로서 수업 동안에 일어나는 교사와 학생 간의 상호작용과 관련된 과정이라고 할 수 있다. 이 경우 교육과정은 교사들이 수업을 조직하고 운영하기 위한 활동일 뿐만 아니라 그 수업에서 학생들에게 실질적으로 일어나는 것과 관련된 활동이다(곽덕주 외, 2016). 이처럼 교육과정을 결정된 코스로 볼 것인지, 과정으로 볼 것인지에 따라 교사는 수업마다 즉각적인 판단과 결정을 내려야 할 불가피한 순간들을 만나게 될 것이고, 각 순간의 의사결정과정에서 서로 다른 방안을 찾게 하는 요인으로 작용할 것이다.

둘째, 수업 설계를 위한 체제적 접근(systems approach) 시 교사가 각 체제(system)들에 대해 어떤 접근을 하는가에 대한 의사결정이다. 체제는 특정 목적을 성취하기 위한 계획에 따라서 관련된 상호 의존적이고 상호작용적인 구성요소들의 조직적인 통합체라고 정의할 수 있으며, 체제의 특징은 목적지향적인 조직체로서 그러한 목적을 달성하기 위하여 요소들 간의 상호관련성과 그러한 관련성에 의해서 하나로 통합되는 전체성을 가진다(윤관식, 2013). 즉, 각 체제에 대한 결정은 하나로 통합되어 전체 수업에 영향을 미치는 형태로 나타난다는 것이다. 그렇다면 의사결정에 영향을 미치는 각 체제들은 어떤 것들이 있을까? 대표적으로 다음과 같은 것을 들 수 있다.

- 학생들이 학습해야 할 주요 내용은 무엇인가?
- 학생들이 무엇을 알거나 할 수 있길 바라는가?
- 학생들이 학습 목표에 도달하도록 어떻게 도울 것인가?
- 학생들의 학습 목표 도달 여부를 어떻게 알아볼 것인가?
- 학습 활동과 평가가 학습 목표와 논리적으로 연계되는가?

즉, 교사가 위의 항목들에 대한 판단을 어떻게 하느냐에 따라 수업 설계 시 수업 전략과 수업 모형, 평가 관점, 평가 도구 등이 다르게 선정될 수 있다고 본다.

셋째, 또 다른 요인으로는 교육에 대한 교사의 철학적 신념을 들 수 있다. 일반적으로 존재에 대한 질문, 앎의 방식에 대한 질문, 그리고 가치에 대한 질문을 다루는 철학적 관점은 삶에 대한 이해의 방식에 관한 것으로 삶에서 문제해결 방식에 있어서 전혀 다른 접근 방식을 선정하게 한다. 교사가 수업을 설계할 때에도 수업 체제를 존재론적으로 어떻게 이해하느냐에 따라 전혀 다른 설계 논리가 동원될 수 있다(변영계 외, 2010). 예를 들어 행동주의 관점을 가진 교사와 구성주의 관점을 가진 교사의 견해를 비교한다면, 행동주의 관점을 지지하는 교사는 좋은 수업을 학습자가 수업의 결과로서 사전에 정해진 목표를 달성하기 위하여 명세화된 지식, 기능 및 태도를 완전 학습할 수 있도록 안내하는 계획된 수업이라고 규정한다. 이와 달리 구성주의 관점을 지지하는 학자들은 학습자가 현재 소유하고 있는 지식과 경험에 기초하여 교수-학습 과정에서 자신의 지식과 경험을 얼마나 더 발전적으로 구성했는가에 일차적인 관심을 둔다. 따라서 교사가 행동주의와 구성주의 중 어느 입장을 가지느냐에 따라 수업 설계 결과는 차이를 드러내게 될 것이다.

넷째, 배움에 대한 교사의 견해가 수업에 영향을 미칠 것이다. 들뢰즈(Gilles Deleuze)의 기호론을 토대로 교육에 주는 의미 또는 시사점을 통해 배움의 교육적 의미(김재춘, 2012), 재현의 교육/생성의 교육, 지성의 교육/감각들의 교육, '-임'의 교육/ '-되기'의 교육으로 대비하고 있다. 들뢰즈의 배움은 매번, 그리고 항상 기존의 의미 체계나 지각 체계를 와해시키고 새로운 의미와 지각의 생성한다는 점에서 '-임'의 교육을 추구한다기보다는 '-되기'의 교육을 추구한다고 볼 수 있다(김재춘, 2012). 이때 교사가 '배움'에 대한 관점을 어디에 두느냐에 따라서 학생들에게 제공되는 배움의 목표와 경험의 내용과 방법은 다르게 선택될 수 있다고 본다.

다섯째, 시대적 요구에 대한 견해 차이가 수업 설계에서 영향을 미칠 것이다. 교사가 수업 설계 시 미래 사회에 사는 시민이 사회에 적응하기 위해 필요한 역량을 무엇으로 보느냐에 따라 현재의 학습자를 위해 선정하는 학습의 목적과 활동 방향이 달라질 수 있다고 본다. 21세기 교육 변화의 핵심은 교사 중심에서 학습자 중심 체제로의 전환이다. 이러한 변화는 교사 중심의 강의 혹은 훈련 중심의 전통적인 교수 방법에서 학습자의 능동적인 학습 활동을 통하여 지식과 기술, 의사전달능력과 창의성 및 문제해결능력 등을 촉진할 수 있는 다양한 수업 방법을 요구한다. 시대는 변하고 요구하는 역량도 변하고 있지만 그러한 변화를 수업에 민감하게 반영하느냐 아니냐에 따라 교사의 수업은 다르게 설계될 수 있을 것이다.

앞에서 고찰한 것처럼 교사가 가지는 관점은 수업 설계 시 의사결정과정에 중요한 요인으로 작용할 수 있다.

3. 수업 설계 모형

수업 설계 모형은 수업 설계의 과정과 전략을 보여주는 일련의 절차라고 볼 수 있다. 이때 수업 설계 모형은 설계하는 접근 방식에 따라 크게 체계적 접근(systematic approach)과 체제적 접근(systemic approach)으로 구분하여 정리해 볼 수 있다. 체계적 접근은 단계적 · 순차적 · 선형적 특성을 갖고 있으며, 체제적 접근은 창조적이고 반복적인 활동으로 비선형적이고, 비순차적인 성격을 갖고 있고 있다. 브래튼(Bratton)은 수업의 체제적 접근법과 체계적 접근법을 [그림 1-1]과 같이 도식화하였다(변영계 외, 2010 재인용).

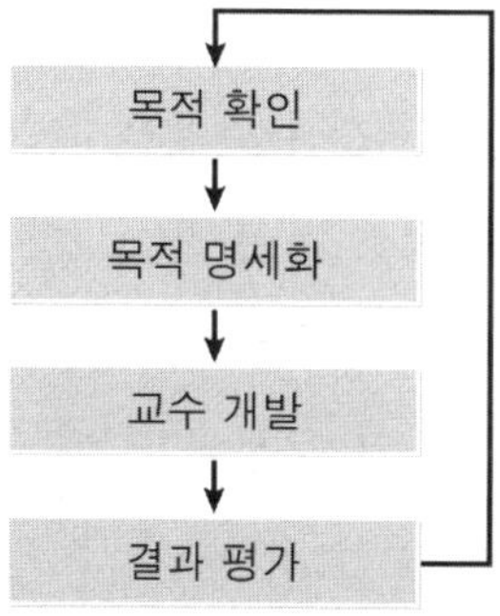

[그림 1-1] 체계적 접근법

체계적 접근은 목적 확인에서 결과 평가까지 순서적으로 진행되며, 그 결과가 다시 목적 확인에 피드백되는 과정으로 진행된다.

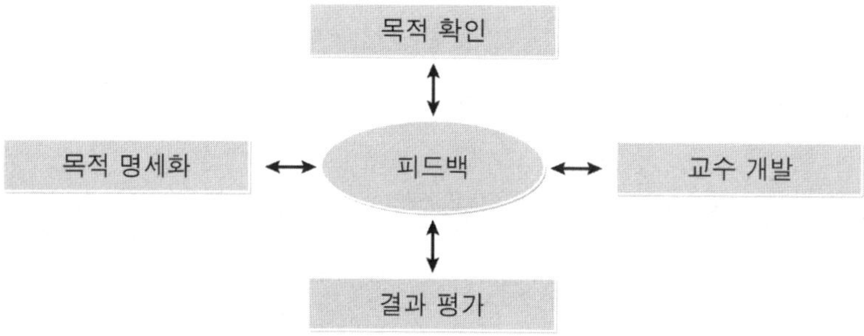

[그림 1-2] 체제적 접근법

체제적 접근은 각 부분들이 순서적으로 진행되기보다 피드백이 핵심이 되고 상호 유기적인 관계 속에서 진행되고 있음을 알 수 있다. 수업 설계 모형은 위의 두 접근의 한 입장에 근거하거나 두 입장을 동시적으로 적용하는 접근을 선택하고 있다. 최근에는 수업 설계가 체계적 접근이기보다 체제적 접근이어야 한다는 논의가 계속되고 있다(변영계 외, 2010).

그리고 수업 설계 모형은 학자마다 다양한 관점에서 다른 요소로 개발되어 있다. 스미스와 레이건(Smith & Ragan, 1999)의 수업 모형은 수업이 '어디로 가고 있는가?', '어떻게 그 곳에 도달할 것인가?', '그 곳에 도달했다는 것을 어떻게 알 수 있는가?'라는 질문에 답하기 위해 설계자가 수행하는 주요 활동으로 보고 그 요소를 분석, 전략, 평가로 정리하였다. 딕과 레이서(Dick & Reiser, 1989)는 최종 수업 목표 확인, 세부 수업 목표 진술, 학습자 특성 분석, 평가 도구 개발, 수업 활동 개발, 수업 매체 선정, 수업의 실행, 수업의 평가와 수정의 8개 단계로 구성되어 있다. 이 모형은 최종 수업 목표 확인에서 시작하고 단계에 수업 실행 단계가 포함되고 실행한 수업을 반성적으로 성찰하고 평가하고 수정하는 것을 필수적으로 수행하는 과정으로 구성된다. 에겐과 코우삭(Eggen & Kauchak, 2012)의 수업 설계 모형은 수업을 설계하는 교사가 스스로 일련의 질문을 하는 활동으로 보고 있고 그 질문은 ① 학생들이 학습해야 할 주요 내용은 무엇인가? ② 학생들이 무엇을 알거나 할 수 있길 바라는가? ③ 학생들이 목표에 도달하도록 어떻게 도울 것인가? ④ 학생들의 학습 목표 도달 여부를 어떻게 알아볼 것인가? ⑤ 학습 활동과 사정이 학습 목표와 논리적으로 연계되는가? 등의 5가지이다. 에겐과 코우삭(2012)은 교사가 이 질문에 대해 답하는 것이 성공적인 수업을 위해서 반드시 필요한 수업의 기초 기능이라고 본다.

위의 내용을 토대로 수업 설계 모형과 관련한 내용을 내용의 단계와 요소와 접근 방식을 중심으로 도식화하면 [그림 1-3]과 같다.

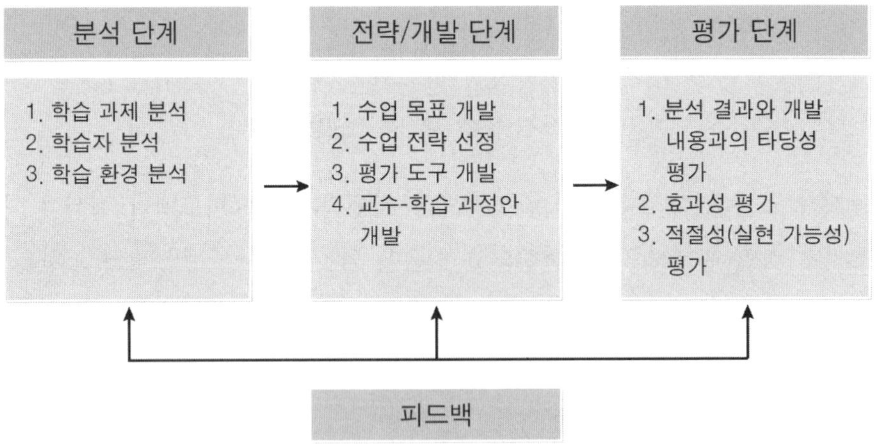

[그림 1-3] 수업 설계 모형

2절 수업 설계의 실제

이 절에서는 [그림 1-3]에서 제시한 수업 설계의 구성 요인 중 학습 과제 분석, 학습자 분석, 학습 환경 분석, 수업 목표 개발, 수업 전략 선정, 교수 학습 과정안 개발에 대해 고찰한다.

1. 학습 과제 분석

학습 과제 분석은 학습자가 최종 수업 목표에 도달하기 위해 선정한 과제를 어떤 단계로 학습해야 할 것인가를 순서적으로 계획하는 것으로, 최종 수업 목표를 무난히 학습하기 위해 학습자들이 순차적으로 획득해 내야 할 기능, 지식, 태도 등 보다 하위의 능력이 무엇인지를 탐색해 내는 일이다(정석기, 2008).

이때 학습 과제는 교육과정, 교과서, 성취 기준 등을 중심으로 분석할 수 있으며 교과서를 그대로 따르기보다 교사의 의도와 이해에 기반한 내용도 반영될 필요가 있다. 특히, 학습 과제를 분석하는 것은 종적으로 선수학습과 후속학습과의 관계를 분명히 하는 활동이 이루어져야 하고, 횡적으로 교과 간, 교과 내의 관계들을 파악하여 과제 간의 관계성을 토대로 교육과정 재구성을 적극적으로 시도하는 의지도 필요하다.

그렇다면 학습 과제를 분석해야 하는 이유는 무엇일까?

학습 과제를 분석하게 되면, 첫째, 수업에서 학습자들에게 어떠한 행동을 길러줘야 하는지가 분명해진다. 둘째, 학습자들에게 어떠한 활동이나 연습을 시켜야 하는지가 분명하게 나타내는 것으로, 그 하나하나의 학습 과제들을 위해서 어떠한 학습 경험을 제공해야 하는지가 드러나게 된다. 셋째, 학습 과제 간의 관계를 파악할 수 있으며 그것이 수평적인 관계인지, 위계적인 관계인지, 어떠한 순서로 학습시킬 것인지가 분명하게 나타나게 된다. 넷째, 학습 활동 선정 시 활동의 핵심 주제가 무엇이 되어야 하는지 분명해진다. 다섯째, 학습 목표의 행동 용어를 위계화하는 데 도움이 된다. 여섯째, 평가 설계 시 평가 기준 개발, 평가 시기 결정, 평가 도구를 개발하는 데 지침이 된다.

실제 학습 과제를 분석할 경우, 과제의 특성에 따라 나타나는 구조도의 종류는 다음과 같다.

첫째, 수평적 구조도이다. 수평적 구조도는 학습 과제마다의 수준이 비슷하여 수평적인 나열의 관계만을 갖고 있음을 나타내는 구조라고 볼 수 있다.

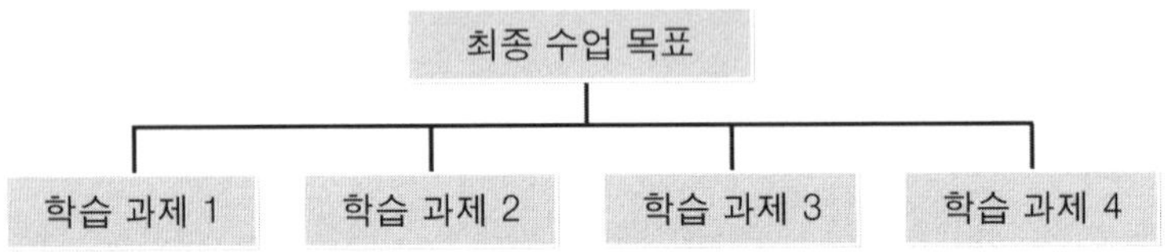

[그림 1-4] 수평적 구조도

둘째, 위계적 구조도이다. 위계적 구조도는 분석된 학습 과제 간에 난이도의 차이나 일의 순서로 인해 계열화할 수 있을 때 나타나는 구조이다. 위계적 구조도는 학습 과제가 각기 다른 수준으로 수직적인 관계로 구조화될 수 있음을 나타내고 있다.

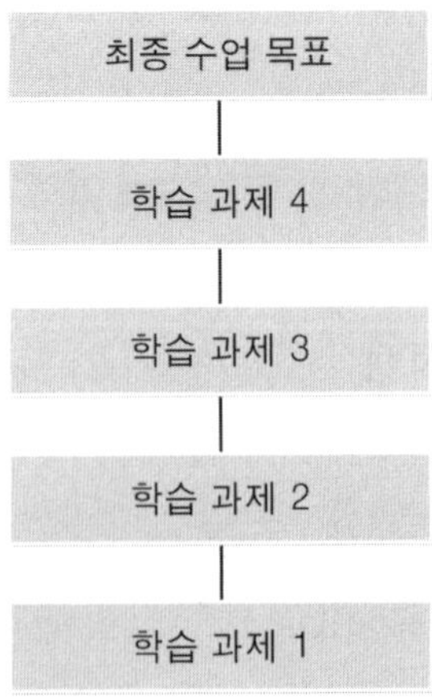

[그림 1-5] 위계적 구조도

셋째, 혼합적 구조도이다. 혼합적 구조도는 수평적·위계적 구조가 혼재해 있는 관계를 보여주고 있다.

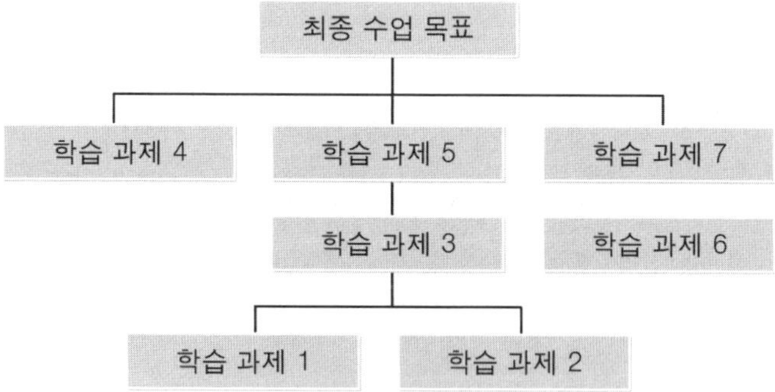

[그림 1-6] 혼합적 구조도

학습 과제 분석은 각 교과마다, 단원마다, 주제마다 학습할 요소들을 세분화하고 순서지어 제시하고자 하는 것으로, 분석 방법은 세 유형 중 하나로 이루어질 것이다. 그 결과는 교사가 학습 내용을 분리하고 순서를 정하고 위계화하여 수업 목표와 평가 도구를 개발하는 데 도움이 된다.

2. 학습자 분석

학습자 분석은 학습자들의 특성을 반영한 수업을 설계하여 학습의 효과를 높이고자 하는 데 목적이 있다. 학습자들은 재능과 잠재력, 심리적 상태 등이 다양하기 때문에 사전 지식뿐만 아니라 정의적 특성과 학습 요구 등을 고려하여 교육과정을 재구성하고 교수 방법과 학습 속도를 조정해야 한다. 이때 교사는 학습자들이 알아야 하거나 알 필요가 있는 것만을 생각해서는 안 되고, 현재 학습자들이 알고 있는 것이 무엇인지부터 고려해야 한다(Smith & Ragan, 1999).

그렇다면 학습자 분석을 할 때 어떤 내용을 평가할 것인가?

윤판식(2013)은 학습자 특성 분석을 지적 특성, 심리적 특성, 개인적 특성으로 구분하여 분석할 것을 제안한다. 이때 지적 특성에는 선수 학습과 선행 학습 요인을, 심리적 특성에는 인지 양식과 정보처리이론을, 개인적 특성에는 부모의 사회 · 경제적 변인, 지능, 기대 요인이 포함되어 있다.

그렇다면 교사는 대상 학습자의 특성에 대한 정보를 어떻게 수집할 수 있을까? 스미스와 레이건(1999)은 교사가 수행할 수 있는 몇 가지 방법을 다음과 같이 소개하고 있다.

- 대상 학습자를 지도했던 다른 교사와 면담을 실시한다.
- 대상 학습자를 관찰하고 면담을 실시한다.
- 학습자들의 배경과 흥미에 대한 정보를 얻기 위해 설문 조사를 실시한다.
- 평가 도구를 사용하여 학습자의 인지 전략, 인지 처리 유형, 선호하는 교수 매체 등에 대한 정보를 수집한다.
- 학습자들의 흥미, 사회적 발달, 신체적 특성에 대한 정보를 제공해 주는 교재나 참고 자료를 읽는다.
- 특정 사회 경제적 · 민족적 · 인종적 배경을 지닌 학습자들의 흥미와 동기에 대해 안내하는 자료를 참고한다.

이렇게 수집된 학습자에 대한 정보는 교사가 추후 수업 설계 과정에서 학습 내용 제시의 수준, 속도, 방법 등을 결정하는 데 중요하게 작용하기 때문에 교사가 학습자에 대한 가능한 한 많은 정보를 수집하는 것은 의미가 있다.

3. 학습 환경 분석

1) 학습 환경

학습 환경은 교육적으로 의미있게 제공되거나 작용할 때의 환경을 말하는 것으로 학습 환경 분석의 목적은 수업 체제에서 발생할 수 있는 요소 문제, 사실, 그리고 특성 등을 규정함으로써 앞으로의 수업 설계상의 의사결정을 도와주는 데 있다(변영계 외, 2010). 수업은 실험실과 같은 통제된 공간에서 일어나는 독립적인 자극의 영향이 아니라 복잡한 요소 또는 다양한 맥락과 상호작용한 결과이기 때문이다(한승희, 2001). 따라서 수업 전체를 구성하는 환경에 대한 분석과 적절한 환경 구성 노력은 수업 설계 과정에서 중요하다고 볼 수 있다.

2) 실과 학습 환경

실과 학습 환경의 경우, 실과교육의 목표를 달성하기 위해 학습 체제에서 일어나는 심리적·물리적 자극과 상호작용하는 매개체라고 정의할 수 있다. 그리고 실과 학습의 경우, 가장 중요한 특성은 '실천성'에 있으므로 그 실천성은 물리적 시설 환경의 준비가 전제되어야 가능하다.

이와 관련해 전세경(2000)은 실과 학습 환경을 사회 구조적 환경, 교육과정 구조 환경, 물리적 환경, 교사 환경으로 구분하였다. 이를 구조화하면 [그림 1-7]과 같다.

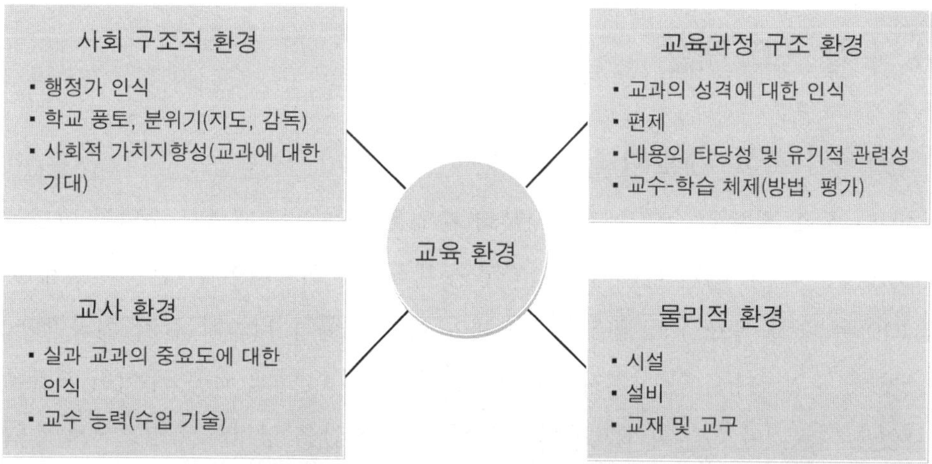

[그림 1-7] 실과교육에서의 교육 환경(전세경, 2000)

라길수(2003)는 실과 물리적 교육 환경을 물리적 기반 환경과 물리적 시설 환경으로 구분하여 [그림 1-8]과 같이 제안하였다. 이때 물리적 기반 환경은 건물, 교지, 설비와 같이 쉽게 옮기지 못하고 변형이 불가능한 것이고, 물리적 시설 환경은 교육적인 환경을 조성하고 효과적인 교수-학습을 위해서 설치되거나 비치되는 것을 말한다.

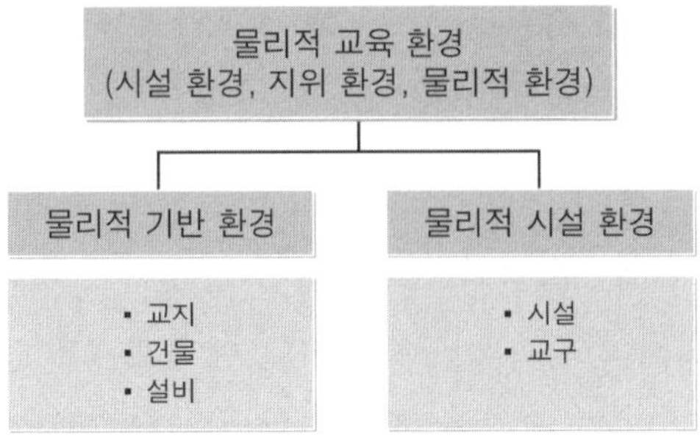

[그림 1-8] 실과 물리적 교육 환경

실과수업의 효과를 극대화하기 위해서는 심리적 학습 환경과 더불어 물리적 학습 환경을 최적화하는 것이 중요하다.

4. 수업 목표 개발

1) 수업 목표 개발의 의미

수업 목표 개발은 수업 계획에서부터 수업을 마무리할 때까지 수업의 방향을 제시하는 지침이 되기 때문에 분명하고 구체적으로 진술되어야 한다. 변영계 등(2010)은 수업 목표를 상세하게 진술해야 하는 이유를 다음과 같이 설명한다.

첫째, 수업자나 수업 설계자가 수업 목표를 분명히 알게 되면, 주어진 시간에 무엇을 가르쳐야 하는지가 명확하게 되어 수업 시간을 낭비하지 않으면서 수업 효과를 높일 수가 있다.

둘째, 학습자가 수업 목표를 명확하게 알게 되면, 학습자는 스스로의 수업 계획을 세우게 되어 학습의 효과는 더 높아질 수 있다.

셋째, 구체적이고 세분화된 수업 목표는 학습 평가의 타당도와 신뢰도를 높일 수 있으며, 평가의 결과를 수업의 질을 높일 수 있도록 재투입한다는 면에서 효과를 낳을 수 있다.

넷째, 수업 목표가 세분화되면 길러야 할 행동이 무엇인지 분명해져서 어떠한 수업 매체를 선정해야 하는지가 명확해진다.

반면에 김호권(1982)은 수업 목표를 구체화할 때 제기될 수 있는 문제로 다음과 같은 것을 들고 있다.

첫째, 목표는 행동이라는 개념 수준에서 확인해야 한다는 생각 뒤에 숨은 인간관과 교육관이 흔히 논란의 대상이 되고 있다. 둘째, 교육의 모든 성과가 행동적 용어만으로는 정의될 수도 없고, 측정될 수도 없다. 셋째, 목표를 사전에 정밀하게 다 진술하는 경우 수업 과정에서 우연히 성취되는 목표를 간과하기 쉽다. 마지막으로, 상세하게 목표를 진술하게 되는 경우, 자질구레하고 무의미한 목표들이 강조되고 정작 중요한 목표들은 간과되기 쉽다.

이 두 견해는 수업 목표 진술의 수준을 얼마나 분명하고 구체화할 것인가에 대한 차이를 드러내고 있으나 수업 설계에서 수업 목표를 개발해야 한다는 데는 뜻을 같이 한다고 볼 수 있다.

2) 수업 목표 분류

수업 목표는 여러 학자에 의해 분류되는데 그 분류틀을 살펴보면, 크게 인지적 영역, 정의적 영역, 심동적 영역으로 구분할 수 있다. 여기에서는 블룸(B. Bloom)의 인지적 영역, 정의적 영역, 운동기능적 영역의 분류틀에 대해 살펴보고, 각 영역에 대한 실과교과 관련 분류 모형에 대해 고찰한다.

(1) 인지적 영역의 목표 분류

블룸은 교육 목표 분류학에서 인지적 영역의 수준별 목표 분류 체계를 지식, 이해, 적용, 분석, 종합, 평가의 수준으로 정리하였다. 이때 지식은 단순한 행동이며, 이해, 적용으로 나아갈수록 그 행동형은 복잡한 행동형이어서 평가는 가장 상위의 복잡한 행동형이라고 볼 수 있다. 이것은 인지적 능력에는 위계 관계가 형성되어 있다는 것을 보여준다. 그러나 단순한 행동형의 학습이 모두 이루어졌다고 해서 자동적으로 복잡한 행동형의 학습이 이루어지는 것은 아니다. 즉, 하위 수준의 학습은 상위 수준의 학습을 위한 필수조건이지만 충분조건은 되지 못한다.

이와 관련하여 실과 인지적 영역 목표 분류 체계는 〈표 1-1〉과 같다(이석우 · 정성봉, 1998).

〈표 1-1〉 실과 인지적 목표 분류

행동 영역	하위 영역	세부 영역
1.00 지식	1.10 사실	1.11 용어에 관한 지식
		1.12 특수 사실에 관한 지식
		1.13 특수 사상을 다루는 방법과 수단에 관한 지식
		1.14 분류와 유목에 관한 지식
	1.20 개념	1.21 준거에 관한 지식
		1.22 보편적, 추상적 사실에 관한 지식
		1.23 개념들에 관한 지식
	1.30 일반화	1.31 방법에 관한 지식
		1.32 원리와 법칙에 관한 지식
		1.33 사상에 관한 지식
2.00 지적 기능	2.10 인지	2.11 대면
		2.12 인식
		2.13 탐색
	2.20 식별	2.21 변별
		2.22 분석
		2.23 분류
	2.30 종합	2.31 정리
		2.32 수정
		2.33 재구성
3.00 지적 능력	3.10 문제해결능력	3.11 문제확인
		3.12 문제해결 계획
		3.13 문제해결 정보탐색
		3.14 문제해결 방법선정
		3.15 결과 예측
	3.20 창의력	3.21 사실 발견
		3.22 정보 수집, 분석
		3.23 아이디어 창출
		3.24 아이디어 평가

실과 인지적 목표는 행동 영역을 지식, 지적 기능, 지적 능력으로 구분하였고, 각 행동 영역의 하위 영역은 지식은 사실, 개념, 일반화로, 지적 기능은 인지, 식별, 종합으로, 지적 능력은 문제해결능력, 창의력으로 구분하였다. 이것은 블룸의 인지적 목표와 비교하였을 때 실과교과의 목적이 실천적 문제해결능력을

길러주는 데 있다는 점을 반영한 것이라고 볼 수 있다. 때문에 가장 상위의 인지 능력은 지적 능력으로 문제해결능력과 창의력에 두고 있다.

(2) 정의적 영역의 목표 분류

정의적 목표 분류는 어떤 외적인 현상이나 가치가 한 개인의 내적인 세계로 점차적으로 내면화되고 조직화되어 가는 과정의 정도를 나타낸다. 블룸은 정의적 목표를 감수, 반응, 가치화, 조직화, 인격화로 구분하였다. 실과의 정의적 목표 분류는 〈표 1-2〉와 같다(민정식 · 정성봉, 1997).

〈표 1-2〉 실과 정의적 목표 분류

행동 영역	하위 영역	세부 영역
1.00 관심	1.10 참여 의지	1.11 참여 의욕
		1.12 참여 자세
	1.20 과제 인식	1.21 과제 인식
		1.22 과제 흥미
2.00 수용	2.10 과제 접근	2.11 과제 탐구
		2.12 절차 수용
	2.20 절차 수용	2.21 준비 자세
		2.22 수행 태도
3.00 가치	3.10 일의 가치 존중	3.11 일의 이해
		3.12 근로 존중
	3.20 긍정적 태도	3.21 근면성
		3.22 긍정적 자세
4.00 신념	4.10 일의 자신감	4.11 자신감
		4.12 열의
	4.20 성취 확신	4.21 성취 의욕
		4.22 성취 확신
5.00 행동화	5.10 실행 의지	5.11 실천 의지
		5.12 실천 계획
	5.20 실행화	5.21 적극적 참여
		5.22 실천의 행동화

실과 정의적 목표의 행동 영역은 관심, 수용, 가치, 신념, 행동화로 구분하였고, 관심은 참여 의지, 과제 인식을 수용은 과제 접근, 절차 수용을 가치는 일의 가치 존중과 긍정적 태도를 신념은 일의 자신감과 성취 확신을, 행동화는 실행

의지와 실행화를 하위 영역으로 선정하였다. 실과의 정의적 목표는 실과교과의 주 활동이 일을 수행하는 '실천성'에 있다는 것을 반영한 분류라고 볼 수 있다. 즉, 일을 수행하는 동안 일에 대한 관심과 수용에 대한 의지에서 최종적으로는 행동화까지 이어짐으로써 일을 수행할 실행 의지, 실행화를 길러주고자 하는 목표를 반영한 분류이다.

(3) 심동적 영역의 목표 분류

심동적 목표는 신체의 근육이나 신경의 운동에 의해서 학습될 수 있는 것을 의미하며, 일정 수준의 정확성, 유연성, 민첩성 혹은 일정 강도의 활동 수행과 관련된 목표이다. 블룸은 심동적 목표를 반사적 운동, 초보적 기초 운동, 운동지각 능력, 신체적 기능, 숙련된 운동 기능, 동작적 의사소통으로 구분하였다. 실과 심동적 목표 분류는 〈표 1-3〉과 같다(김종우, 1998).

〈표 1-3〉 실과 심동적 목표 분류

행동 영역	하위 영역	세부 영역
1.00 요소 기능	1.10 지각	1.11 감지
		1.12 인지
	1.20 안내 반응	1.21 모방
		1.22 연습
2.00 기본 기능	2.10 복합 반응	2.11 체계
		2.12 분류
	2.20 자율 수행	2.21 습득
		2.22 수행
3.00 통합 기능	3.10 적용	3.11 계획 수립
		3.12 문제해결
	3.20 창조	3.21 설계
		3.22 개발

실과교과는 노작적 체험 활동이 주가 되는 교과이기 때문에 심동적 목표가 다른 교과들보다 중시되는 교과이다. 이를 반영한 실과 심동적 목표는 행동 영역이 요소 기능, 기본 기능, 통합 기능으로 분류되었다. 이것은 일을 수행하는 과정에서 작용하는 기능을 요소, 기본, 통합으로 구분하여 위계화하여 선정한 목표이다. 요소 기능은 지각과 안내 반응을, 기본 기능은 복합 반응과 자율 수

행을 통합 기능은 적용과 창조의 하위 영역으로 구분하였다. 실과 노작 활동의 최종 목표가 창조이고, 그 과정에서 통합적 적용 활동이 수반되며, 그것이 가능한 것은 신체의 복합적 기능의 작용이라는 것이 반영된 목표 수준이라고 볼 수 있다.

3) 수업 목표 진술 방법

수업 목표의 진술 결과는 수업 과정을 설계하고 학습 성과를 평가하는 준거가 된다. 그리고 수업 목표 진술 유형은 수업 설계 방향의 기능을 한다고 볼 수 있다. 수업 목표 진술 방법은 학자들마다 다양하게 제시하고 있다.

(1) 타일러의 목표 진술 방법

타일러(Tyler, 1971)의 수업 목표 진술은 학습자가 수업이 끝난 후에 알아야 할 것이 무엇인지의 내용과 어떻게 할 수 있어야 하는가에 대한 행동이 포함된 형식이다. 예를 들면 다음과 같다.

영양소의 종류와 기능을	설명할 수 있다.
내용	행동

- 쓰레기 분리 처리 방법을 조사할 수 있다.
- 채소의 종류를 분류할 수 있다.
- 손바느질을 이용하여 필요한 헝겊용품을 만들 수 있다.

이때 행동 용어를 무엇으로 선정하느냐에 따라 수업 모형이나 수업 전략, 수업 활동은 다르게 선정될 수 있다. 예를 들면 같은 내용을 수업하는 데 행동용어를 '조사할 수 있다.'라고 할 때와 '토론할 수 있다.'라고 할 때 수업 전략이나 활동의 선정이 달라진다. 따라서 교사는 목표를 진술할 때 학습자에게 어떤 행동이 드러나길 바라느냐에 따라 적절한 행동 용어를 선정해야 한다.

(2) 그론룬드의 목표 진술 방법

그론룬드(Gronlund, 1985)는 목표 두 단계를 거치는데, 그것은 첫째, 최종 수업 목표 진술이고 둘째, 세부 수업 목표 진술이다. 최종 수업 목표는 일반적인 학습 성과로 진술되며, 세부 수업 목표는 학습자가 최종 수업 목표를 성취했음을 보여주기 위해 구체적인 행동 징표를 열거한 학습 결과로 진술된다. 목표를 진술하는 방법은 첫째, 포괄성을 가진 수준의 학습 성과로 최종 수업 목표를 진술한다. 그리고 최종 수업 목표는 학습자가 학습해야 할 학습의 범위를 포괄하는 일반성을 가진 용어, '이해한다', '적용한다', '해석한다' 등과 같은 용어로 진술한다. 이는 일반적으로 목표를 진술할 때 외현적 행위 동사만을 사용하는 것과는 차이를 보여준다. 둘째, 세부 수업 목표를 기술한다. 이것은 최종 수업 목표별로 학습자가 목표를 성취하였음을 보여주길 원하는 행동을 대표적인 두 개 이상의 세부 수업 목표로 기술하는 것이다. 예를 들면 다음과 같다.

- **최종 수업 목표**
  - 영양소와 식품군에 대해 이해할 수 있다.
  - 균형 있는 하루 식단을 구성할 수 있다.

- **세부 수업 목표**
  - 균형 있는 식단의 조건을 설명할 수 있다.
  - 영양소의 종류와 기능을 조사할 수 있다.
  - 식품군의 종류를 설명할 수 있다.
  - 식품군별로 먹을 양의 비율을 파악할 수 있다.
  - 균형 있는 식단을 마련할 수 있다.

최종 수업 목표와 세부 수업 목표를 진술할 때 목표 간의 위계와 포함 관계를 먼저 파악해야 올바르게 진술할 수 있을 것이다.

(3) 메이저의 목표 진술 방법

메이저(Mager, 1962)의 수업 목표에는 성취 행동명(도달할 행동), 조건(어떠한 상황에서), 도달 기준(얼마나)의 세 가지 구성 요소가 포함되어야 한다.

① 성취 행동명

성취 행동(behavior)은 수업의 결과로서 학습자가 나타내야 하는 실제적인 행동을 구체적으로 기술하는 것이다. 성취 행동명을 진술하기 위해서는, 첫째로 학습될 내용이 아니라 학습된 결과를, 둘째로 여러 가지 행동이 아니라 한 가지 대표적인 성취 행동을 파악 가능한 행동명으로 진술해야 한다.

② 조건

조건(condition)이란 학습자가 목표의 숙달을 보여줄 때 학습자에게 부과되는 제한 환경을 의미한다. 조건에서는 관찰 가능한 행동이 시범될 때의 조건 혹은 상황을 진술해야 한다.

③ 도달 기준

도달 기준(criterion)은 학습자의 성취 행동이 수용 가능한가를 판단할 때 적용하는 것을 말하는 것으로, 교사는 진술한 기준을 준거로 학습자의 성취 정도를 판단한다. 그리고 목표에 포함되는 도달 기준은 그 수업 목표에 기술되어 있는 행동이 무엇인가에 따라 달라진다.

메이저의 목표 진술 방법에 의해 목표를 진술한 예는 다음과 같다.

- 다양한 식품이 제시되었을 때 영양소별로 3가지 이상씩 분류할 수 있다.
- 제시된 발명품들을 보고, 적용된 발명기법을 정확하게 말할 수 있다.
- 제시된 정리함을 보고 구상도, 제작도를 정확하게 그릴 수 있다.

지금까지 여러 학자의 수업 목표 진술 방법을 살펴보았다. 어떤 방식을 선정하든 수업 목표는 수업의 방향과 활동의 선정을 안내하는 지침이 되기 때문에 수업 목표를 어떻게, 어느 수준으로 진술할 것인가를 결정하는 것은 수업을 설계하는 과정에서 교사에게 중요한 의사결정과정이라고 볼 수 있다.

5. 수업 모형 선정

수업 모형은 수업에 대한 구체적인 접근으로 구조와 방향을 제시한다. 수업 모형은 교사 수준에서 실제 수업 사태에 적용 가능한 형태의 교수-학습 장면을 실제 수업 상황에 적용할 수 있도록 해 주는 일련의 준거 체제라고 할 수 있다 (정석기, 2008).

에겐과 코우삭(2012)은 수업 모형의 특징을 다음과 같이 정리하였다.

- **목적**: 수업 모형은 교사가 수업 능력(skill)과 통찰(insight)를 활용하여 창의적이고 체계적이며 효율적인 수업을 할 수 있도록 돕고, 학생들에게는 사고 능력을 발달시키고 학습 내용을 깊이 이해할 수 있도록 돕기 위한 것이다.
- **단계**: 수업 모형은 학습들이 특정 학습 목표에 도달할 수 있도록 돕기 위한 일련의 절차, 즉 단계가 포함된다.
- **이론적 기초**: 수업 모형은 학습과 동기에 대한 이론 및 연구에 의해 지지된다.

수업 모형 선정은 수업 설계 모형의 분석 단계에서 분석된 학습자, 학습 과제, 학습 환경 등의 결과를 토대로 진술한 목표를 실현하기 위해 가장 적절하다고 판단되는 것을 선정하는 것이다. 이때 수업 목표가 무엇인지, 학생에게 길러주고자 하는 능력이 무엇인가에 따라 선정하는 수업 모형은 다를 것이다. 예를 들어 학생이 무엇인가를 제작할 수 있는 능력을 함양하는 것이 목적일 경우, 실습 수업 모형을 선정할 것이고, 문제를 발견하고 창의적인 해를 구하고 적용하는 문제해결능력을 길러주고자 한다면 문제해결 수업 모형을 선정할 것이다.

6. 교수 전략 선정

교수 전략이란 다양한 내용 영역에 적용되고 다양한 학습 목표 달성을 위해 사용되는 수업의 일반적 접근이다. 예를 들어 학생들이 최대한 학습하도록 하려면 이들을 참여시키는 능력이 반드시 필요하다. 발문은 학생들을 참여시키는 가장 효과적인 방법일 것이며, 모든 교수 모형에서 교사는 발문을 활용할 것이다. 이때 발문이 교수 전략이다. 전시 학습 상기나 피드백 제공도 교수 전략이다 (Eggen & Kauchak, 2012). 교수 전략들은 각각의 수업 모형에 통합된다. 그리고 한 모형의 수업에서 다양한 전략들이 사용된다. 에겐과 코우삭(2012)은 수업의 효과를 높이기 위한 필수 교수 전략을 다음의 그림과 같은 요소들로 설명하고 있다.

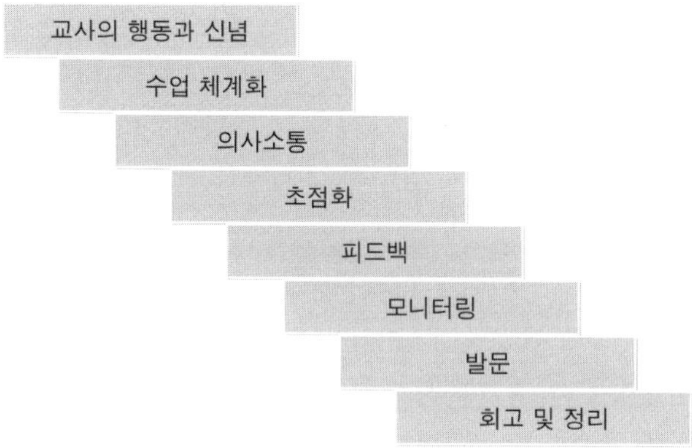

[그림 1-9] 필수 교수 전략

이 요소들에 대한 구체적인 설명은 다음과 같다.

1) 교사의 행동과 신념

교사의 행동과 신념은 기능이 아니지만, 긍정적 수업 분위기 조성이나 학습자 동기 향상에서와 마찬가지로 학습을 촉진하는 데 있어서 매우 중요하다. 긍정적인 수업 분위기, 동기 및 효과적인 수업은 상호 의존적이라는 점에서 이 말은 이해가 되며, 모델링과 열정, 배려, 높은 기대 그리고 교사의 교수 효능감도 모두 긍정적인 수업 분위기 조성, 동기 증진 및 학습 촉진을 위해 반드시 필요한 필수요소이다.

2) 수업 체계화

체계적으로 수업하는 교사는 그렇지 않은 교사보다 학습을 촉진한다. 〈표 1-4〉에는 수업을 체계적으로 전개하는 데 필요한 사항들이 제시되어 있다.

〈표 1-4〉 체계적인 수업에 필요 사항

특 징	설 명
정시에 수업 개시	정시에 수업을 시작하고 역할 분담이나 학습지 배부 같은 활동에서 허비하는 시간을 최소화한다.
수업자료 준비	시청각 자료나 파워포인트 자료를 미리 준비하고, 필요할 때 바로 사용할 수 있도록 준비한다.
일상적 과정 수행 규칙 설정	학습지 배부, 연필 깍기 등과 같은 일상적 과정이 자동적으로 이루어지도록 하여 별도로 설명하거나 지시하는 데 시간이 허비되지 않도록 한다.

3) 의사소통

다음과 같은 의사소통 요소가 학습과 동기에서 중요하다.

- **정확한 언어 사용**: 설명할 때나 학생의 질문에 대답할 때 모호한 말을 사용하지 않는 의사소통을 말한다.
- **주제 중심 강의**: 주제가 분명하고 요점으로 이끄는 수업을 말한다. 수업은 궤도를 벗어나지 않아야 하며 주제와 관련이 없는 일에 소비하는 시간을 최소화해야 한다.
- **활동 전환 신호**: 어떤 주제나 아이디어에 대한 설명이 끝나고 다음 주제나 내용에 대한 설명이 시작된다는 것을 알려주는 언어적 진술이다. 특히, 수업에서 활동 전환 신호는 학생들에게 다른 내용이나 활동으로 넘어간다는 사실을 전해 줌으로써 학생들이 그에 대비하도록 한다.
- **강조**: 학생들에게 중요한 정보라는 것을 알려주는 언어·음성 단서이다. 중요 내용을 강조하는 것도 일종의 강조이다. 추상적인 규칙, 원리나 개념을 개관할 때는 말을 반복하는 것이 특히 중요하다.

4) 초점화

초점화는 학생의 주의를 끌고 유지하기 위해 사용하는 기능들을 말하는 것으로 구체물, 사진, 모형, 웹캠 등을 이용한 자료 제시, 판서에 이르기까지 학습 활동 동안에 주의 집중을 위해 사용될 수 있는 모든 것을 말한다. 교사가 내용에 대한 지식이 많으면 많을수록 학생들의 아이디어에 반응하면서도 학습 목표에 초점을 맞추기가 용이할 것이다.

5) 피드백

피드백은 학습자에게 자신의 언어적 반응이나 수행 결과의 정확성이나 적합성에 대한 정보를 제공하는 것으로, "학습은 연습과 피드백에 의존한다"는 학습 원리가 있을 정도로 중요하다. 피드백은 학습자가 자신의 사전 지식의 정확성을 평가할 수 있게 하고, 학습자에게 구성된 지식의 타당성에 관한 정보를 제공하며, 기존 지식을 정교화하도록 도와준다. 피드백은 학습자의 능력 향상에 대한 정보를 제공하고 학습 진전 정도를 이해하려는 욕구를 만족시켜 주기 때문에 동기유발에도 효과적이다.

교사는 학습자의 대답에 기초하여 구체적으로 반응하면서 그 답에 대한 정보를 제공해 주어야 하며, 답이 틀렸을 경우 틀린 이유를 이해하도록 도와서 차기 수행의 기초가 되도록 해야 한다.

6) 모니터링

모니터링이란 학습 진전에 대한 증거 수집을 위하여 학생의 언어적 행동과 비언어적 행동을 계속 확인하는 과정이다. 학생들을 면밀하게 모니터링하면 학생의 주의가 분산될 때 즉시 다가가거나 호명하여 수업에 참여하도록 할 수 있을 것이다. 또 학생의 곤혹스러운 표정과 같은 비언어적 행동을 알아차려서 적절히 대응할 수도 있다. 적절한 질문에 뒤이은 면밀한 모니터링은 긍정적 수업 분위기 조성에 크게 기여하는 동시에 행동과 학습 모두에 대한 기대가 높다는 것을 학생들에게 전달한다.

7) 발문

사회적 상호작용을 유발하는 방법으로 가장 널리 적용할 수 있는 효과적인 방법이 발문이다. 발문은 첫째, 학생들이 수업에 계속 집중할 수 있도록 도와주고, 둘째, 수업 참여에 소극적인 학생을 수업에 참여시키며, 셋째, 발문을 반복함으로써 강조 사항임을 전달하고, 넷째, 학생의 이해 정도를 평가할 수도 있다. 효과적인 발문의 특징으로는 첫째, 빈번한 발문, 둘째, 학생의 성취도, 성별, 장애 여부 등을 고려한 고른 지명, 셋째, 학생에게 단서를 제공하는 암시, 넷째, 학생들에게 생각할 시간을 주는 대기 시간 제공 등이 있다.

8) 회고 및 정리

회고란 학생들이 사전 지식과 후속 학습 활동을 연결시킬 수 있도록 도와주는 요약이다. 회고는 일반적으로 수업 시작과 끝 부분에서 이루어지긴 하지만 수업 중 어느 때라도 이루어질 수 있다. 수업 도입부의 회고는 본시 학습 내용을 이해하는 데 필요한 사전 지식을 활성화시키는 것을 도와준다.

정리란 수업을 마칠 때 이루어지는 회고이다. 정리의 목적은 학생들이 학습한 것을 유의미한 아이디어로 조직화함으로써 장기 기억에 더 잘 저장할 수 있도록 돕는 것이다. 정리는 주제의 여러 측면을 연결시킨다. 학생들이 높은 수준의 학습을 할 때 효과적으로 정리하는 방법은 학습한 것을 새로운 상황에 적용하도록 하는 것이다.

이 내용들을 정리해 보면 교사가 수업을 설계할 때 수업의 전 과정에서 어떻게 학습자들의 학습 효과를 최대화할 것인가를 생각하면서 고려할 교수 전략이 다양하다는 것을 알 수 있다. 그리고 각 전략에 대해 교사는 전문성을 개발해야 하며, 그 각각의 전략은 학습자의 개별적 특성이 최대한 고려될 수 있도록 선정되고 적용되어야 한다.

7. 교수-학습 과정안 개발

교수-학습 과정안은 한 단원 또는 한 차시의 교수와 학습이 일어나는 과정을 효과적으로 진행하기 위해 수업 전에 설계한 청사진이라고 볼 수 있다. 이것은 교사가 다음과 같은 질문에 주체적으로 답을 구하고 의사결정을 하여 창의적으로 설계한 결과라고 볼 수 있다. '학생들은 왜 이 과제를 학습해야 하는가?', '학생들은 무엇을 학습해야 하는가?', '학생들은 이 과제 학습과 관련하여 학습할 태세가 어느 정도 갖추어져 있는가?', '학습할 과제를 학습하는 데 필요한 환경은 어느 정도 활용가능한가?', '어떤 순서로 어떤 방법으로 학습을 촉진할 것인가?', '학습하는 과정과 그 결과는 어떻게 확인할 것인가?'

가네(Gagne)는 수업 사태를 "학습 조건을 학습자 개개인에게 일어나는 내적 변화 과정에 수반되어야 할 외적 환경 특성을 맞추는 것이다"라고 하면서, 수업을 설계할 때 적용할 수 있는 주요 수업 활동을 아홉 가지로 정리하였다. 가네의 아홉 가지 수업 사태는 수업 활동이 전개되는 시간의 순서에 따라 수업 시작 활동, 수업 전개 활동, 수업 마무리 활동으로 구분할 수 있다(윤관식, 2013). 그 내용은 〈표 1-5〉와 같다.

〈표 1-5〉 가네의 수업 과정과 수업 사태

수업 과정	수업 사태
시작 활동	1. 흥미로운 자극을 제시함으로써 학습자의 주의를 유발한다.
	2. 성취에 대한 기대감을 충족시키기 위하여 목표를 제시한다.
	3. 장기 기억으로부터 정보를 인출하기 위하여 과거 학습 내용을 회상한다.
전개 활동	4. 특정 정보에 선택적으로 주의를 기울이게 하기 위해 수업 내용을 의미 있게 제시한다.
	5. 적절한 의미적 부호화를 통하여 학습을 안내한다.
	6. 학습자의 반응을 이끌어내기 위하여 다양한 수행도출방법을 활용한다.
	7. 학습자의 수행 결과에 대한 적절한 피드백을 제공한다.
마무리 활동	8. 학습자 수행을 최종적으로 평가한다.
	9. 학습자의 인출활동과 일반화를 위하여 파지 및 전이활동을 수행한다.

〈표 1-5〉에서처럼 수업의 사태는 크게 수업 시작 단계, 수업 전개 단계, 수업 마무리(정리) 단계로 구분할 수 있다. 그리고 각 수업 모형의 특징에 따라 세분화되기도 한다. 그러나 전체 수업에서 이루어질 핵심 활동은 〈표 1-5〉에 기반한다고 볼 수 있다.

논의

1. 수업이란 학습자가 유의미한 학습을 할 수 있도록 적절하게 지원하는 활동이라고 볼 수 있다. 수업을 정의할 수 있는 다양한 관점에 대해 자신의 생각을 논의해 보자.
2. 수업은 교사의 입장, 신념, 그리고 개인적 차이에 따라 다양한 양상으로 설계될 수 있다. 교사가 수업을 설계할 때 영향을 미칠 수 있는 교사들 간의 차이의 요소를 찾고 이에 대해 논의해 보자.
3. 교사의 수업 설계 과정에 필수적인 요소를 정리하고, 각 요소들이 왜 중요한지 논의해 보자.
4. 수업 설계 모형을 크게 체계적 접근과 체제적 접근으로 정리할 때 두 모형 간의 차이를 예를 들어가며 논의해 보자.

참고문헌

곽덕주 · 강대중 · 박현정 · 소경희 · 이선영(2016). **미래교육, 교사가 디자인하다**. 교육과학사.

권성호(1996). **교육공학원론**. 양서원.

김재춘(2012). 들뢰즈의 '기호와의 마주침을 통한 배운'의 교육적 의미 탐색. **교육원리연구**, 17(1), 65-87.

김종우(1998). 실과 기능적 영역의 목표 분류에 관한 연구. **실과교육연구**, 4(1). 25-38.

김호권(1990). **현대교수이론**. 교육출판사.

라길수(2003). **초등학교 실과교육과정 운영을 위한 물리적 시설 환경의 적정기준과 보유실태**. 경인교육대학교 교육대학원.

민정식 · 정성봉(1997). 초등학교 실과 정의적 영역 평가에 관한 연구. **실과교육연구**, 3(1). 1-12.

변영계 · 이상수(2010). **수업설계**. 학지사.

변영계 · 김경현(2008). **교육장학과 수업분석**. 학지사.

윤관식(2013). **수업설계: 교수학습지도안 개발 방법론**. 양서원.

이석우 · 정성봉(1998). 실과 목표의 인지적 영역 분류에 관한 연구. **실과교육연구**, 5(2). 59-70.

전세경(2000). **실과교육에서의 교육환경의 현상과 발전 방향**. 한국실과교육학회 학술대회논문집. 139-167.

정석기(2008). **수업기술 향상을 위한 좋은 수업 설계와 실제**. 원미사.

Dick, W., & Reiser, R. A. (1989). *Planning Effective for Instruction*, Pearson Education Inc.

Eggen, P. D. & Kauchak, D. P. (2012). *Strategies and Models for Teachers: Teaching Content and Thinking Skills*. 임청환·강영하·권영기 역(2014). 교사를 위한 수업전략. 시그마프레스.

Gagne, R, M. (1977). *The conditions of learning*, New York: Holt, Rinehart & Winston Inc.

Gagne, R. M., Briggs, L. J., & Wager, W. W. (1992). *Principles of instructional design*(4th ed.). Englewood Cliffs, N. J.: Prentice-Hall.

Gronlund, N. E. (1985). *Stating Behavioral Objectives for Classroom Instruction*. 손충기 역(1992). 문음사.

Mager, R. F. (1962). *Prepaing Instructional Objectives*, Calif: Fearon Publishers.

Reigeluth. C. M. (1983). *Instructional Design Theories and Models: An Overview of Their Current Status*. Routledge.

Smith, P. L., & Ragan, T. L. (1999). *Instructional design(2nd ed.)*. NY, : MaCmillan Publishing Co.

Smith, P. L., & Ragan, T. (2004). *Instructional Design*. John Wiley & Sons.

Turnbull, J. (2009). *Coaching for Learning*. 이영만 역(2014). 교사를 위한 학습코칭 교육구조의 근본적 개혁. 학지사.

Tyler, R. W. (1971). *Basic principles of curriculum and instruction*, Chicago: The University of Chicago Press.

제 2 부

실과수업 방법

제 2 장

강의법

개 요

강의는 지식이나 기능을 교사 중심의 설명을 통해서 학생들에게 전달하고 이해시키는 교수-학습법으로, 집단의 학생들을 동시에 가르치기 위하여 사용하여 온 가장 오래된 교수-학습법이다. 교수법의 개선과 재검토에 대한 논의가 있을 때마다, 전통적인 교수법들은 비판을 받아 왔다. 그러나 전통적인 교수법일지라도 가치가 있는 것은 받아들이면서 주의 깊게 검토하고 개선해갈 필요가 있다. 특히, 강의에 대하여 오랫동안 부정적인 시각에서 이해해오던 편견으로부터 벗어나 강의의 정당성을 세분화해 보고 새로운 관점을 정립해 보는 일은 대단히 가치 있는 일이다.

이 장에서는 강의의 개념과 장·단점을 알아보고, 실과수업에서의 활용에 대해 논의하고자 한다.

학 습 목 표

- 강의의 개념과 장·단점에 대하여 설명할 수 있다.
- 강의를 적용한 수업 단계를 설명할 수 있다.
- 실과수업에서 강의의 적용 및 활용에 대하여 설명할 수 있다.
- 실과수업에서 강의 수업이 효과적인 실과교육 내용을 선정하고, 교수-학습 과정안을 설계할 수 있다.

1절 강의법의 이해

1. 강의의 개념

'강의(lecture)'라고 하는 말은 본래 중세의 라틴어 'lectare'라는 단어에서 유래한 것으로써, 그 뜻은 '큰 소리로 읽는다'라는 것이다. 이러한 의미로부터 도출된 강의의 개념은 학자마다 보는 시각에 따라 다소 차이가 있다.

로드스타인(Rothstein, 1966)에 따르면, 강의는 중세 대학에서 제도적으로 정착되어온 교수-학습 방법으로서 엄격한 의미에서 가르치는 방법이 아니었고 학문 공동체의 일원이 되는 자격을 부여하기 위한 제도적 장치의 일부로서, '학습의 방법' 또는 '학습을 교수하는 방법'이라고 보았다. 나시도-브라운(Nacino-Brown, 1982)은 '강의는 사전에 계획된 내용 체계에 따라서 일련의 지식을 언어로서 전달하는 과정'이라고 하였다. 한편, 갤러한(Gallahan, 1966)은 '강의란 단지 계속적으로 사실과 아이디어를 언어로 전달하면서, 필요하다면 다양한 의사 전달 방법이나 기법을 포괄적으로 활용하는 교수-학습 방법'이라고 보았다.

다시 말하면, 강의는 본질적으로 한 사람이 하나의 주제에 대하여 여러 사람에게 이야기를 통해서 가르쳐 주는 방법을 말한다. 이야기의 내용을 보완하기 위해서는 시청각 매체를 활용하기도 하고, 질문을 제기하기도 한다. 강의는 사전에 계획된 강의안에 따라 지식의 체계를 언어를 통하여 전달하는 과정이라고 할 수 있다.

강의는 지식의 전달을 주로 하는 교육이 성행했을 때, 학습자에게 가장 효율적으로 지적인 내용을 이해시키고 암기시키는 방법이었다. 그러나 점차 주지주의 교육으로부터 실용주의 교육으로 방향이 전환되면서부터 강의는 비판의 대상이 되었다. 고대에 강의는 서적이 적었으며, 교사만이 책을 가지고 강의를 할 수밖에 없었기 때문에 널리 활용되었다. 그러나 강의는 오늘날에도 가장 널리 활용되고 있다.

이처럼 강의는 교수-학습 방법 가운데 가장 널리 보편화되고 역사적으로도 가장 오래 전에 발전한 방법으로 그 중요성을 부인할 수 없다. 그러나 교사 본위의 주입식 수업이 되기 쉽고, 학생들이 능동적으로 학습에 참여할 수 없으며, 상호작용을 통한 피드백이 힘들고, 계속적인 주의 집중이 힘들다는 결점이 있다. 또한 강의를 통해 전달받은 지식이나 정보는 파지 및 전이율이 저조하다는 비판을 받는다. 그러나 이러한 비판에도 불구하고 강의는 여타의 교수-학습 방법에 못지않게 효과적일 수 있으며, 여러 교수 전략 및 매체와 함께 이루어질 때 그 효과는 더 증대될 수 있다.

2. 강의의 특징

강의의 목적은 학생들에게 분명한 사실, 아이디어, 개념, 지식 등에 관한 정보를 제공하는 것이다. 이러한 강의의 특징을 살펴보면 다음과 같다.

첫째, 주로 해설이나 설명에 의해 수업이 이루어진다. 즉, 언어를 통한 학생과 교사의 상호작용이 주된 교수-학습의 모습이다.

둘째, 학생들에게 유의미한 학습과 아울러 기계적인 학습이 일어날 수 있다. 강의는 다른 교수-학습 방법에 비해 학생들의 참여나 토의가 제한될 수 있어, 학생들이 능동적으로 참여하지 않는 맹목적인 기계적 학습이 될 가능성이 많다.

셋째, 교사는 학생들에게 교사가 지닌 지식이나 정보 등을 전달할 수 있다. 교사는 학생들의 인식 능력에 맞는 적합한 어휘, 속도, 제스처 등을 사용하여 학생들이 지식이나 정보 등을 올바르게 습득할 수 있도록 지도해야 한다.

넷째, 청취 기능과 노트 정리 기능이 상당한 정도 숙달되어 있어야 한다. 일반적으로 학생들은 강의 내용을 노트에 정리하게 되며, 교사는 강의 내용을 보완하기 위하여 인쇄 자료를 나누어 주기도 한다.

3. 강의의 장 · 단점

강의의 장점으로는 다음과 같은 것이 있다.

① 짧은 시간에 여러 가지 다양한 지식을 많은 학생에게 동시에 가르칠 수 있다.

② 언어만으로 어떤 사건이나 현상을 실감나게 나타낼 수 있고, 직접 말로 표현하기 때문에 학습의 흥미를 유발시킴과 아울러 동기를 촉진하는 데도 효과적이다.

③ 교과서의 내용을 교사가 지닌 능력의 범위 내에서 보충, 첨가, 삭제하는 데 편리하다.

④ 교과서나 참고서에 실려 있지 않은 사실의 전달이나 이해하기 곤란한 사항을 설명하는 경우에 효과가 크다.

⑤ 쓰면서 듣고 생각하며 총괄하여 요점을 가려낼 수 있는 힘을 기를 수 있고, 상대방의 말을 명확하게 파악하며, 비판적으로 받아들일 수 있는 능력을 기를 수 있다.

강의의 단점으로는 다음과 같은 것을 들 수 있다.

① 교사의 능력이 부족하거나 사전에 충분한 수업 계획이 없으면 교과서의 상투적인 설명에 그치며, 강의 자체가 무미건조하기 쉽다.

② 학생의 개성이나 능력이 무시된 획일적 수업이 되기 쉽다.

③ 학생들이 수동적으로 학습할 가능성이 크다.

④ 제한된 수업 시간과 언어 위주의 설명 때문에 학생 스스로 해결하는 활동이 이루어지기 어렵다.

⑤ 교사의 능력 특히, 교사가 소유한 지식이 수업에 절대적인 영향을 주며, 교사 중심으로 수업이 전개되기 때문에 문제해결능력이나 창의력과 같은 고등정신능력을 기를 수 있는 기회가 거의 없다.

그러나 이러한 단점들은 강의 자체가 지닌 필연적 단점이라기보다는 강의의 특성을 충분히 활용하지 못하거나 남용할 때 유발되는 것들이다.

4. 강의에서의 발문

1) 발문의 목적과 기법

수업 시간에 이루어지는 발문의 가장 큰 교육적 의의는 수업 방향의 안내와 학생의 사고를 촉진하는 데 있다. 발문은 학생의 비판적 사고, 반성적 사고, 합리적 사고 등 다양한 형태 및 수준의 사고를 촉진시켜 주고, 수업 참여를 유도해 준다. 또한 교사와 학생 또는 학생 상호 간에 의사소통을 증진시키는 매체가 되기도 하고, 이제까지 학습한 내용을 정리하는 수단으로 사용되기도 한다. 그러므로 발문은 수업 상황이나 수업 내용, 학생의 능력이나 사고 수준에 따라 그 방법이 달라야 한다.

학자들은 발문을 여러 가지 유형으로 분류하고 있으며 다양하게 표현하고 있다. 학생의 사고 폭과 수준에 따라 제한된 발문과 확장형 발문으로 분류하기도 하고, 지적 수준에 따라 재생적 발문, 추론적 발문, 적용적 발문 등으로 분류하기도 한다. 그리고 학생의 인식 개념의 형성에 따라 인식적 발문, 평가적 발문, 관리적 발문 등으로 구분하기도 한다. 이 외에 다음과 같은 유형으로 분류하기도 한다.

〈표 2-1〉 발문의 유형

유형	내용
요구적 발문	작업, 의견, 개괄, 응용, 저의 등
수여적 발문	사례, 자료, 개념, 조건, 개괄 등
확인적 발문	경험, 지식, 이해, 태도 등
기타 발문	주의, 칭찬, 격려 등

2) 좋은 발문의 조건

좋은 발문의 조건은 다음과 같다.

첫째, 명확하고 간결한 발문이어야 한다. 학생이 무엇을 대답해야 좋을지 모르는 막연하고도 모호한 발문을 해서는 안 되며, 발문이 너무 길어 무엇을 요구하는지 알 수 없게 되어도 안 된다.

둘째, 구체적인 발문이어야 한다. 너무 추상적이거나 막연한 발문을 하게 되면 학생은 사고의 방향을 잡지 못하고 당황하게 되며 명확하게 대답하기 힘들다.

셋째, 학생의 사고를 자극하는 개방적인 발문이어야 한다. 발문의 대답이 즉석에서 '예, 아니오' 이거나 기억되었던 단순한 지식을 재생시키는 발문은 피해야 한다.

넷째, 개인차를 고려한 발문이어야 한다.

다섯째, 교사가 하나만의 응답을 기대하는 발문은 피해야 한다. 교사가 학생에게 발문을 할 때, 대부분 자신이 기대하는 답이 마련되어 있다. 이때 학생의 응답 내용이 교사가 기대하는 답과 일치하지 않는다고 하여 학생의 응답 내용을 무시하거나 경시하고, 교사가 기대했던 한 가지 답으로만 이끌고 가는 것은 바람직하지 못하다. 교사는 대화의 과정에서 예기치 않았던 엉뚱한 대답이 나왔을 때 그 대답을 중시하고 칭찬해 주고 발전시키는 아량까지도 있어야 한다.

2절 강의 수업의 적용

1. 실과 강의 수업의 바람직한 수업 상황

실과수업에서 강의는 일반적으로 다음과 같은 상황에서 효과적이다.

첫째, 새로운 주제나 단원을 소개할 때

수업의 목표가 새로운 주제나 단원을 소개하고자 할 때, 강의 내용을 잘 조직하여 개관하면 수업의 효과가 커진다. 이러한 수업은 교사가 학생들에게 학습 주제에 대한 가치를 인식시켜 주는 최선의 기회가 되도록 한다.

둘째, 교과서의 내용을 보완하고자 할 때

교과서의 내용을 심화시키기 위한 보충 자료가 필요할 때 강의는 매우 유용하다. 보충 자료를 활용한 강의는 교과서의 내용에 덧붙여서 학습할 것이 상당히 많다는 점을 학생들에게 인식시켜 주게 된다. 때때로 학생들이 간과하고 있는 것에 대하여 인식시켜 주는 것은 학습 동기유발에도 커다란 몫을 한다.

셋째, 학습 흥미와 이해력을 증진시키고자 할 때

강의는 학생들의 흥미와 이해력을 증진시키기 위한 효과적인 수단으로 활용된다. 학습 주제와 관련된 흥미로운 이야기는 학습 동기를 촉진시키며 학습 주제에 대한 집중을 높여 효과적인 수업이 되도록 한다.

넷째, 단원 학습을 마친 후 중요한 내용을 요약해 줄 때

단원 내 여러 주제에 대하여 학습한 것을 종합할 때 강의는 매우 적절한 방법이다. 단편적인 사실들이나 정보들을 좀 더 폭넓고 의미 있는 개념으로 관련지어줄 때, 강의 내용을 정교하게 요약해 주는 것은 매우 학습 효과를 증진시켜 준다.

다섯째, 짧은 시간 안에 많은 자료를 소개하고자 할 때

짧은 시간 안에 많은 자료를 소개하는 것은 그리 바람직한 일은 아니다. 그러

나 할당된 시간에 비해 전달할 지식이나 정보량이 많은 경우 가장 합당한 방법이 강의이다. 강의는 가장 논리적인 구조로 명쾌하게 전달할 수 있는 방법이기 때문이다.

2. 강의 수업의 단계

일반적으로 강의 수업은 도입 단계, 전개 단계, 정리 단계의 3단계로 이루어진다.

1) 도입 단계(학습 목표 제시)

도입 단계에서 학생들에게 흥미롭게 배울 가치가 있는 것으로 인식시키는 것은 수업을 성공적으로 이끌어 가는 데 필수적 요건이다. 특히 이 단계에서는 학생들이 주의 집중하도록 수업 분위기를 조성해야 한다. 강의를 시작하기 위한 하나의 방법으로 짤막하면서도 참신한 질문을 던질 수도 있고, 학습 주제와 관련된 일화를 활용할 수도 있다. 이를 통해 학생들의 호기심과 관심을 불러일으켜 동기유발이 이루어지도록 한다.

그리고 이 단계에서는 학습 목표를 분명히 밝혀주어야 한다. 학습 목표는 교육과정의 방향을 제시하고, 학습 후 학생이 무엇을 성취해야 하는지를 명확하게 제시한다. 학습 목표는 강의 계획뿐만 아니라 강의 전개 시 교수-학습 과정을 계획적이고 조직적으로 만드는 도구이다. 따라서 학습 목표를 우선 정하는 것은 학습 과정이 우연하거나 산발적으로 되는 것을 막을 수 있는 적절한 장치라고도 할 수 있다. 또한 학습 목표를 우선적으로 세워 둠으로써 후에 있을 내용의 선정이나 평가 작업 시 기준을 제시할 수 있다. 흔히 강의의 초반부에 제시되는 세분화되고 명료화된 목표는 선행조직자(advanced organizer)의 역할을 하여, 학생은 전체 수업 시간에 배운 내용을 이를 중심으로 재조직하게 되기 때문에 이해가 더 잘되고 나아가 학습 효과도 클 수 있다. 또한 목표의 명확한 진술은 학습 동기유발과 학습 내용의 구조화 및 주의 집중에 큰 역할을 한다.

2) 전개 단계(강의 내용 전달)

전개 단계는 이전 단계에서 제시한 학습 목표를 달성하기 위해 강의 내용을 논리적으로 구조화·조직화하여 전달하는 단계이다. 강의 내용의 구성 요소를 계열화하고, 적합한 예시와 자료를 비교·조합하여 조직적으로 설명하는 단계이다.

이때 주의 집중을 높이기 위해 자극을 다양화하고, 여러 유형의 매체를 활용하되 수업의 맥을 흐리지 않도록 하는 것이 좋다. 신체적 활동이 필요할 경우에는 위치와 이동 방향을 고려하고, 유머 있고 열성적인 표현이 강의에 효과적이다. 질문을 통해 교사와 학생 사이의 의사소통을 점검하고, 필요할 경우 유인물을 배부하여 학생들이 강의 내용을 조직적으로 이해할 수 있도록 한다.

강의 수업을 전개할 때 변화 있는 강의 전개 방식을 활용하는 것이 효과적이다. 변화 있는 강의 전개를 위한 교사의 태도 및 행동을 요약하면 나음과 샅다.

① 자연스럽게 열성을 표현한다. 교사의 느낌이나 행동은 교실 수업에서 학생들에게 직접적인 영향을 준다. 그러므로 교사는 이 강의에 많은 열성과 관심을 갖고 있음을 학생이 자연스럽게 느끼도록 해야 한다.

② 일상적인 습관에 주의해야 한다. 수업 중 교사의 무의식적인 몸짓, 손짓은 모두 학생의 주의를 끌게 된다. 필요 없이 행해지는 이러한 습관적 행위들은 학생의 주의를 산만하게 하므로 피해야 한다.

③ 제스처 등 적절한 신체적 활동을 한다. 교사의 제스처는 학생의 시선을 유도하고 말로 표현되지 않는 교사의 느낌이나 생각을 학생에게 전달함으로써 학생의 주의를 집중시키는 기능을 한다.

④ 학생의 반응을 관찰한다. 학생들과 눈맞춤을 유지하여 학생들이 강의 내용을 이해하고 있는지 확인한다. 발문 등을 통해 학생들과 상호작용하고, 이를 통하여 흥미 있는 수업 분위기를 유지하도록 한다.

⑤ 적절하고 다양한 사례를 찾는다. 강의 수업에서 다양하고 풍부한 사례는 학생의 흥미와 집중을 유도하는 데 유용하다.

⑥ 사진, 동영상 등 시청각 매체를 사용하여 의사 전달 방식을 다양화한다. 학생의 관심을 지속시키기 위하여 다양한 시청각 매체를 활용한다.

3) 정리 단계(강의의 정리)

강의의 시작을 잘하는 것도 중요하지만 마무리를 잘하는 것도 대단히 중요하다. 강의의 정리는 내용을 요약하고 복습하여 학습한 내용을 구조화하는 데 꼭 필요하다. 이때의 발문은 강의 내용을 축약할 수 있는 내용으로 하며, 후행 조직자(post-organizing)를 통해 학생의 머릿속에 강의 내용을 구조화할 수 있도록 하는 것이 효과적이다. 정리 단계에서는 다음과 같은 활동을 한다.

첫째, 강의를 마친 다음 교사·학생 간의 인간 관계를 부드러운 언사로서 재확립하는 것이 바람직하다.

둘째, 중요한 내용을 재생시켜 보면서 예를 들어 보인다.

셋째, 질문에 응한다.

넷째, 전체적인 내용을 개괄 정리해 준다.

다섯째, 본 강의와 다음 강의를 관련지어 준다.

여섯째, 과제 및 평가에 대한 소개를 한다.

〈표 2-2〉 강의 수업 단계

교수-학습 단계	교수-학습 활동		
도입 단계	• 전시 학습 확인	• 동기유발	• 학습 목표 제시
전개 단계	• 강의 내용 전개		
정리 단계	• 학습 내용 요약 및 정리	• 평가 및 과제 제시	• 차시 예고

3. 강의 수업에서 고려할 사항

강의 수업에서 고려해야 하는 사항들을 10가지로 구분해 볼 수 있는데, 이러한 사항들은 부분적으로 서로 중복되는 경우도 있다. 강의 수업에서 고려해야 하는 10가지의 사항들을 살펴보면 〈표 2-3〉과 같다. 이러한 사항들은 강의를 준비하는 교사가 필수적으로 고려해야만 하는 것들이다. 특히, 강의 준비, 강의 내용의 제시, 설명하기, 학습 흥미의 유발 등은 강의에 있어서 관심을 두어야 할 주요한 사항들이다. 그리고 그 이외의 여섯 가지 사항들은 강의를 활성화시킬 수 있는 하위 사항들이라고 볼 수 있다.

〈표 2-3〉 강의 수업에서 고려할 사항(Brown, 1985)

강의 준비	• 강의의 내용과 목적 선정하기, 수업 목표의 진술과 강의의 구조화, 강의 자료의 준비
강의 내용의 제시	• 강의 내용을 구조화하고 분명하게 제시하기
설명하기	• 학습 주제를 이해할 수 있도록 설명하기, 예나 예시 자료를 활용하기
학습 흥미의 유발	• 강의 주제에 대한 학습 흥미를 유발하고, 강의에 대한 열의를 갖기
강의 전반에 대한 소개	• 강의의 시작, 강의 주제에 대한 전체적인 구조를 소개하기
강의의 요약 및 결론	• 강의 내용의 요약하기, 강의 주제들을 연계시키기, 결론을 맺기
시청각 매체의 활용	• 칠판, 컴퓨터, 프로젝터, 모형, 사진, 동영상 등 보조 자료의 효율적 활용
학생활동의 다양한 변화	• 소집단 토의, 문제해결 기법 또는 학습 촉진 활동 등을 다양하게 활용하기
부연 설명하기 또는 해설	• 다양한 관점을 살펴보기 위하여 관련 문헌을 폭넓게 읽고 난 후 부연 설명이나 해설을 함
비교하기	• 다양한 방법, 접근, 관점에 대하여 비교 또는 대조하기, 유사점과 차이점을 분석하기, 장점과 단점을 알아보기

4. 실과 강의 수업의 적용 사례

앞에서 살펴본 바와 같이 실과 강의 수업은 새로운 주제나 단원 소개, 학습 흥미와 이해력 증진, 개념 이해 및 구조화, 짧은 시간 안에 많은 자료 소개에 효과적이다. 이러한 실과 강의 수업이 어떻게 적용되는지 알아보기 위해 수송 기술과 관련한 교수-학습 과정안을 제시하였다(〈표 2-4〉).

수송 기술은 사람이나 사물을 하나의 장소에서 다른 장소로 이동할 수 있도록 효율적인 체제를 개발하고 설계하는 기술을 뜻한다. 수송 기술은 2015 개정 실과교육과정에 따라 '기술시스템' 영역에서 '수송 기술과 생활', '수송 수단의 안전 관리' 내용 요소로 새로 도입되었다.

그 중 '수송 기술과 생활'은 수송과 수송 기술의 기본적인 개념 및 특성을 이해하고, 시스템으로서의 수송 기술을 이해하는 데 목표를 두고 있어 강의 수업을 적용하기에 적합하다. 최신 개발된 다양한 자동차, 화성 탐사, 우주여행 등의 자료를 제시하여 학생들의 흥미와 학습 동기를 촉진시킬 수 있으며, 수송과 수송기술에 대한 많은 양의 정보를 주어진 수업 시간 내에 논리적으로 전달할 수 있기 때문이다. 그리고 교사의 강의를 통해 수송 기술의 개념을 시스템과 연결하여 폭넓고 의미 있는 개념으로 확장시킬 수 있다. 다만, 교사 위주의 수업이 되지 않도록 다양한 발문이나 활동을 통해 학생의 능동적인 참여를 촉진하고, 사진 및 동영상 자료, 교사의 언어, 몸짓 등을 통해 주의 집중과 상호작용을 촉진해야 함을 유의해야 한다.

〈표 2-4〉 강의를 적용한 교수-학습 과정안 예시

<table>
<tr><th>영 역</th><td colspan="2">기술 시스템</td><th>내용 요소</th><td>수송기술과 생활</td></tr>
<tr><th>학습 주제</th><td colspan="4">수송 기술의 이해</td></tr>
<tr><th>학습 목표</th><td colspan="4">수송과 수송 기술의 개념, 특성을 이해하고, 수송 기술 시스템을 설명할 수 있다.</td></tr>
<tr><th>교수-학습
단계</th><th colspan="3">교수-학습 활동</th><th>자료 및 유의점</th></tr>
<tr><th>도입</th><td colspan="3">▣ 선수학습 확인
▣ 동기유발
• 수송과 관련한 다양한 사진 및 동영상 제시하여 흥미를 부여한다.
▣ 학습 목표 제시
수송과 수송 기술의 개념, 특성을 이해하고, 수송 기술 시스템을 설명할 수 있다.</td><td>• 사진, 동영상

※ 학습 목표를 명확하게 진술하여 동기유발, 학습 내용의 구조화, 주의 집중할 수 있도록 한다.</td></tr>
<tr><th>전개</th><td colspan="3">▣ 강의 내용 전개
• 수송과 수송 기술의 개념 설명
• 수송 기술의 종류 설명
- 육상, 해상, 우주 항공으로 나누어 수송 기술의 종류를 설명한다.
- 생활 주변에서 육상, 해상, 우주 항공 수송의 종류 찾아 발표한다.
• 수송 기술의 일반적 특성 설명
- 수송 기술의 일반적 특성을 예를 들어가며 설명한다.
- 수송 기술의 장점 및 단점을 찾고 발표한다.
• 수송 기술 시스템 제시
- 투입, 과정, 산출의 일반적 시스템을 설명한다.
- 수송 기술의 단계를 확인하고 각각의 단계가 해당하는 수송 기술 시스템을 확인한다.</td><td>• PPT 자료
• 사진, 동영상
• 활동지

※ 학습 주제를 이해할 수 있도록 설명하고, 예나 예시 자료를 활용한다.

※ 주의 집중을 높이기 위해 다양한 시청각 매체를 사용한다.</td></tr>
<tr><th>정리</th><td colspan="3">▣ 학습 내용 요약 및 정리
• 수송, 수송 기술, 수송 기술 시스템에 대하여 요약하고 정리한다.
▣ 평가 및 과제 제시
• 교사가 제시한 확인 학습지를 작성하고 학습 목표를 달성했는지 평가한다.
▣ 차시 예고
• 수송 수단 이해하기 수업에 대하여 예고한다.</td><td>• 확인 학습지
• 평가지</td></tr>
</table>

논의

1. 강의가 바람직하지 않은 교수-학습 방법으로 비판의 대상이 되었으나, 오늘날 여전히 널리 활용되는 이유를 논의해 보자.
2. 강의를 적용하는 것이 바람직한 수업 상황에 대하여 알아보고, 실과수업에서의 적용과 활용 방법에 대하여 논의해 보자.
3. 강의 수업에서 고려할 사항에 대하여 논의해 보자.
4. 실과 강의 수업의 단계에 대하여 논의해 보자.
5. 강의 수업이 효과적인 실과교육 내용을 선정하고, 교수-학습 과정안을 설계해 보자.

참고문헌

박성익(1998). **교수-학습 방법의 이론과 실제(Ⅰ)**. 교육과학사.

정성봉(2002). **실과수업방법론**. 교학사.

조승제(2007). **교과교육과 교수-학습방법론**. 양서원.

Brown, G. A. (1985). Lectures. In Husen, T., *The international encyclopedia of education: Research and studies*. Oxford: Pergaman Press, 2978-2991.

Gage, N. L., & Berliner, D. (1979). *Educational psychology(2nd ed.)*. Boston: Houghton Mifflin Co.

Nacino-Brown, R., Oke, F. E., & Brown, D. P. (1982). *Curriculum and instruction: An introduction to methods of teaching*. Macmillan Nigeria.

제 3 장

문제해결 수업

개 요

실과는 일상 생활의 문제를 해결할 수 있는 문제해결능력을 길러주고자 하는 교과이다. 인간은 일상 생활을 하는 동안 수많은 문제 상황에 수시로 직면하기 때문에 문제를 효율적으로 해결할 수 있는 능력은 생활인으로서 필수적인 능력이라고 볼 수 있다. 실과 문제해결 수업은 생활 속에서 부딪치는 문제를 효율적으로 해결할 수 있는 능력을 길러주기 위한 수업 방법이라 할 수 있다.

이 장에서는 문제해결 수업에 대한 이론적인 고찰을 한 뒤 실과 문제해결 수업의 의미와 절차, 수업 적용 등에 대해 다루었다.

학 습 목 표

- 문제해결 수업에서 문제와 문제해결의 의미에 대하여 이해할 수 있다.
- 문제해결 수업의 다양한 절차를 비교하고 탐구할 수 있다.
- 실과 문제해결 수업의 의미와 절차를 이해할 수 있다.
- 실과 문제해결 수업을 개발할 수 있다.

1절 문제해결 수업의 이해

칼 포페(Karl Popper, 1999)는 그의 저서 〈삶은 모두 문제를 해결하는 과정이다〉(All Life Is Problem Solving)에서 크든 작든, 간단하든 복잡하든, 명확하든 혼란스럽든 사람들은 일상 생활 속에서 문제를 마주하게 된다고 언급하였다. 우리는 항상 다양한 문제에 직면하고 그것을 해결하면서 살아가고 있다는 것이다. 직면하는 문제들은 각자에게 중요한 것일 수도 있고, 일상적인 것일 수도 있으며, 어떤 사람에게는 복잡하고 어려우나, 어떤 사람에게는 단순한 것일 수도 있다. 또한 어떤 것은 학교 교육을 위해 선정된 문제일 수도 있고, 일상 생활 속에서 직면하는 문제일 수도 있다. 그러나 우리가 직면한 문제의 특성이 어떻든지 간에 누구나 그 문제를 어떻게 해결하느냐에 따라 그 결과는 우리 생활에 영향을 미친다. 인류의 역사도 어쩌면 문제와 문제해결의 순환 과정과 그 결과에서 비롯된 것이라고 볼 수 있으며, 이것은 문제로 가득 찬 우리 삶과 역사 속에서 사람들이 갖추어야 할 능력으로서 문제해결능력은 매우 중요하다는 것을 나타내는 것이다. 왜냐하면 문제를 해결하는 것이 곧 삶을 살아가는 기본 능력이 되기 때문이다. 때문에 많은 교육학자가 문제해결능력을 향상시키는 것이 교육의 중요한 목적이 되어야 하며 문제해결능력은 교육 현장에서 학생들이 익혀야 할 학습 결과라는 데 동의한다(Jonassen, Marra & Palmer, 2004; Gagne, 1980). 그렇다면 교육 현장에서 학생들에게 문제해결능력을 어떻게 함양할 수 있을지 탐색해 보자.

1. 문제란 무엇인가?

문제의 정의에는 적어도 두 가지 결정적인 속성이 있다. 하나는 문제란 어떤 맥락(목표 상태와 현 상태 사이의 차이) 안에 있는 미지의 실재라는 점이다. 다른 하나는 그 미지의 실재를 발견하거나 해결하는 것은 사회적·문화적 혹은 지적 가치가 있어야 한다는 것이다. 즉, 누군가 그 미지의 실재를 발견할 가치가 있다고 믿는 것이다(Jonassen, 2004). 듀이(Dewey, 1916)는 문제해결을 곤혹스러움에서 출발한다고 하였는데, 이때 곤혹스러움이 문제가 되는데 그것은 현 상태와 목표 상태에 존재하는 간극에서 느끼는 장애라고 볼 수 있다. 가네(Gagne, 1996)에 의하면 문제란 학습자가 목표 달성을 원하지만 실제로 그 목표를 달성하기 위한 방법을 모르고 있는 상태이다. 스미스(Smith, 1991)에 의하면 누군가가 어떤 것을 원하지만 그것을 얻기 위하여 수행해야 할 일련의 행위를 즉각적으로 알지 못할 때이다. 즉 문제란 해에 도달하기 위한 방법이나 절차가 떠오르지 않는 곤혹스러운 상황, 장애 상황이 존재하는 상태라고 볼 수 있다.

이런 문제에는 다양하고 많은 속성이 존재한다. 문제는 해결에 필요한 지식, 문제를 나타내는 형식, 그리고 해결에 필요한 과정에서 다양하다. 초등학교의 간단한 덧셈 문제나 중동지역에서 접할 수 있는 복잡한 사회적·문화적·정치적 문제까지 문제 자체도 다양하다(Jonassen, 2004). 또한 문제는 그 문제의 구조화된 정도에 따라 다양한 문제의 속성을 지니게 되는데 이때 문제의 구조화된 차이를 문제의 유형으로 볼 수 있고, 이때 유형의 차이에 따라 문제해결의 접근에서 해결자에게 요구되는 사고의 수준이나 양에 다양한 차이가 있다는 것을 말하는 것으로, 문제 유형의 차이를 구분하고 그것을 반영하는 것은 문제해결자가 문제해결의 접근을 다르게 할 수 있기 때문에 중요하다(송현순, 2001). 이때 문제의 유형은 잘 정의된 문제(well-defined problem)와 잘 정의되지 않은 문제(ill-defined problem)로 구분하기도 하고 구조화가 잘 된 문제(well-structured problem), 비구조화된 문제(ill-structured problem)로 구분하기도 한다. 홍(Hong, 1998)은 문제의 유형을 구조화의 차이로 구분하였으며 그 차이를 〈표 3-1〉과 같이 정리하였다.

〈표 3-1〉 Hong의 잘 구조화된 문제와 덜 구조화된 문제의 차이

준 거	구조화가 잘 된 문제	구조화가 잘 안 된 문제
문제 진술의 요소	• 잘 알려진 목표 진술 • 잘 정의된 초기 진술과 제한 요인 • 제한 기준이 명확	• 폭넓게 정의된 목적 • 불완전하거나 부정확하거나 애매하고 불확실한 정보 • 개념, 정보, 원리 사이에 불규칙적인 관계
해	• 마지막 해에 안정적으로 도달할 수 있는 단일하고 정확하며 수렴적인 해	• 다양한 해들, 해의 경로, 또는 전혀 해가 없는 경우 • 적절한 해에 대한 보편적인 동의가 없는 경우

이때 잘 구조화된 문제는 제한된 영역 내에서 공부하게 되는 한정된 수의 개념과 규칙, 원리의 적용을 요구한다. 이러한 문제는 잘 정의된 최초의 상태, 목표 상태, 혹은 해결안, 그리고 제한된 논리적 연산자를 갖고 있다. 반면에 비구조화된 문제는 예상할 수 있는 것도 아니고 초기 상태나 목표 상태가 열린 문제로 어느 한 영역의 개념과 원칙을 적용하는 것이 아니라 잘 알려져 있지 않은 측면을 포함하고 있어서 해결안이나 해결 방법이 여러 개이거나 혹은 아예 해결안이 없는 경우도 있다. 비구조화된 문제를 해결하기 위하여 학습자는 판단을 하고 그 문제와 관련해서 개인적 견해나 믿음을 표현하는 것이 필요하다.

요약하면, 학생이 문제를 인식한다는 것은 무엇인가를 원하지만 그것을 얻기 위한 일련의 상태를 즉각적으로 알지 못하는 상태이고, 이때 학생들이 인식한 문제는 문제의 형식, 문제에 대한 사전 지식, 개인차 등에 따라 복잡성, 난이도 등이 다르게 인식된다. 이러한 문제해결 수업을 설계하는 교사에게 문제의 유형에 대한 고려가 중요한 이유는 교사는 학생의 수준이나 물리적 환경, 교과 내용의 특성에 따라 문제의 유형을 결정하고 문제를 개발해야 하기 때문이다.

실과교육 영역과 관련한 문제의 정의를 위의 유형들과 관련지어 본다면, 실과 교과의 목적과 성격이 무엇이냐에서 출발해야 한다고 본다. 2015 실과교육과정에서 제시된 실과 성격의 일부를 보면 다음과 같다(교육부, 2015).

실과(기술·가정)는 실천 교과의 성격을 가진 보통 교과로서, 초등학교 5~6학년군에는 '실과', 중학교 1~3학년군에는 '기술·가정'이 편제되어 운영된다. 실과(기술·가정) 교과는 '가정생활', '기술의 세계'로 교육 분야를 구분하여 개인과 가족이 전 생애에서 직면하게 될 생활의 경험과 문제를 실제적이고 통합적인 내용으로 구성하고, 노작활동을 비롯한 다양한 실천적 경험을 바탕으로 학습자들이 문제해결능력을 길러 일과 직업에 대한 건전한 가치관을 형성하여 진로를 탐색을 할 수 있는 역량을 길러주는 데 중점을 둔다. 특히 초등학교 '실과'는 실천적이고 창의적인 노작활동을 통하여 일상 생활에 필요한 지식, 기초생활능력, 가치판단력 등을 함양하여 스스로 생활을 개선할 수 있도록 한다. 이를 기반으로 중학교 '기술·가정'에서는 생활 속에서 직면하는 문제를 해결하는 과정을 통해 학습자가 자립적인 삶의 의미를 깨달아 자기 주도적으로 삶을 영위할 수 있도록 한다.

실과교육과정의 핵심은 생활에서 직면하게 되는 생활의 경험과 문제를 실제적이고 통합적으로 구성하고 실천적 경험을 통해 문제해결능력을 기르는 데 있다. 이때 실과와 관련한 문제는 일상 생활과 관련되어 있는 것, 실제적인 것, 실천적인 것들이라는 것을 알 수 있다. 이를 토대로 실과 문제의 유형을 정리한다면, 일상 생활 문제라는 것에서 초기 상태나 목표 상태가 열려 있는 비구조화된 유형의 문제, 일상적인 실제에서 파생되는 문제이기 때문에 복잡성의 유형에 가깝고, 안정적인 원칙이나 개념을 적용하기보다 맥락적이고 변화하는 상황을 해결하는 문제라는 면에서는 역동적이며, 일상 생활이라는, 실제라는 맥락에 특수하게 적용되는 논리 형태를 요구한다는 측면에서 영역 특수성을 지닌다고 볼 수 있다.

이에 송현순(2001)은 실과 문제는 일상 생활에서 부딪치는 갈등 상황, 장애가 존재하는 상황, 관련된 해를 찾아낼 수 있는 방법을 즉각 모르거나 많은 조직자의 활동을 필요로 하는 상황이라고 정의하였다. 결국 실과 문제는 개인이 전 생애에서 직면하게 되는 생활 경험과 관련된 것으로 갈등, 곤혹, 부조화, 필요, 불편함 등으로 표현될 수 있고, 지금 주어진 상황이 자신이 바라는 상황이 아니고 해를 찾기까지 장애를 느끼는 상태이며 즉각적으로 주어진 상황의 해결 방법을 찾을 수 없는 상황을 말한다고 볼 수 있다.

2. 문제해결이란 무엇인가?

문제해결이란 목표 지향적인 일련의 인지적 조작 활동(김영채, 1995)이고, 여러 문제 상황을 해결하기 위하여 단순한 사실의 발견 이상의 고차적인 사고 기능을 사용하는 것을 말한다(이상봉, 2000). 만일 문제가 해결할 가치가 있는 장애가 존재하는 것이라면, 문제해결은 그 결과를 찾도록 방향 설정이 된 "인지 조작의 목표 지향적인 연속 활동"이다(Jonassen, 2004). 이러한 인지 조작은 두 가지 중요한 속성을 갖고 있다. 첫째, 문제해결은 문제와 문제 맥락의 정신 표상을 요구한다는 점이다. 즉, 문제해결자는 문제 공간(problem space)으로 알려진 문제에 대한 문제의 정신 표상 또는 정신 모형을 구성한다. 정신 모형이나 문제 공간의 의미에 대하여 합의된 것은 거의 없지만 내적 정신 모형은 구조적 지식, 절차적 지식, 성찰적 지식, 시스템의 이미지와 운용, 실행 혹은 전략적 지식으로 이루어진 다양한 양식의 표상이다. 즉 정신 모형은 문제의 구조에 대한 지식, 시험과 다른 문제해결 활동을 수행하는 방법에 대한 지식, 문제와 그 구성 요소의 환경, 그리고 언제, 어떻게 절차를 사용하는가에 대한 지식으로 이루어져 있다. 둘째, 문제해결에 성공하기 위해서는 학습자가 적극적으로 자신의 모형을 조작하고 검증해야 한다는 것이다. 특히 문제를 해결할 때 사고는 내면화된 활동이기 때문에 지식과 활동은 호혜적이며 상호 의존적인 과정이다. 이때 실과 문제해결은 초기상태에서 인식한 문제를 목표 상태로 해결하기 위해 지식과 활동의 상호작용 과정이 [그림 3-1]과 같이 도식화될 수 있다.

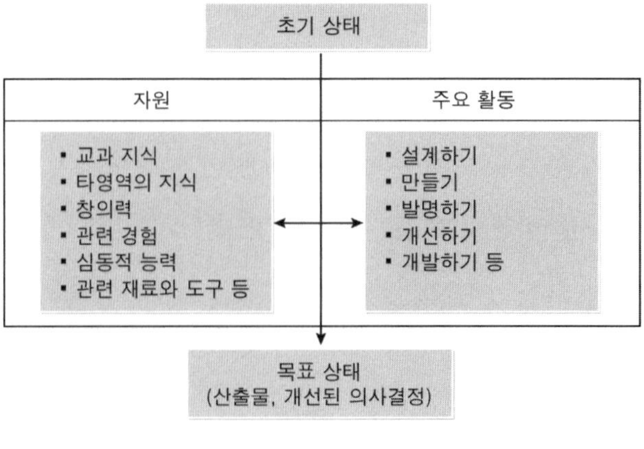

[그림 3-1] 실과 문제해결 공간

[그림 3-1]은 커스터(Custer, 1995)의 기술적 문제해결 공간 모델을 토대로 실과 문제해결 공간을 도식화한 것이다. 이것은 문제를 인식한 해결자가 결론에 이르기까지 자신의 선지식과 경험을 중심으로 문제 상황을 조작해 가는 문제 공간에서의 사고 과정을 말한다(송현순, 2001). [그림 3-1]에 의하면 다른 영역의 문제 공간과 다르게 실과 문제해결 공간의 특수성은 인공적인 결과물이나 개선된 의사결정 상태를 얻기까지 다양한 지식, 재료, 도구 등의 자원을 이용하여 조작적으로 사고하고 여러 관련 지식들을 적용해 가는 사고 활동으로 다른 유형의 문제해결과 구별하여 개념화할 수 있다.

3. 왜 문제해결 수업인가?

우리 사회는 자신의 힘으로 문제를 해결할 수 있는 문제해결능력을 갖춘 시민이 필요하며, 우리의 삶 속에 존재하는 문제를 해결할 수 있는 문제해결능력은 교육에 의해 숙련될 수 있다는 전제가 있다. 때문에 문제해결능력을 향상시키는 것은 교육에서 중요한 학습의 결과이자 목표가 되어야 한다. 교육학자들도 문제해결능력을 교육 현장에서 학생들이 익혀야 할 학습 결과라는 데 동의한다(Gagne, 1980; Jonassen, 2004). 또한 요한센과 메이어(Jonassen & Mayer, 1992)는 '사고'를 문제해결과 거의 동일시하기도 한다. 이들은 문제를 해결하는 행동의 결과 또는 해결안을 도출하려는 문제해결 지향적 활동에서 사고가 발생한다고 주장한다. 즉, 문제를 해결할 때 사고가 일어난다는 것이다. 결국 문제해결 기술의 습득은 사고 기술로 이어진다는 의미를 내포하고 있는 셈이다(조규락, 2009).

따라서 학습자가 문제를 찾아내고, 실제 문제를 정의하고, 효과적으로 탐구하고, 확실한 접근을 계획하고, 해결책을 수행하고, 그리고 이루어진 것을 평가할 수 있게 하는 문제해결능력을 점진적 학습 활동을 통하여 개발할 필요가 있는 것이다.

그러나 우리의 삶 어디에나 존재하는 문제의 편재성과 교육 및 학습에 할당된 시간이 제한되어 있기 때문에 교육 현장에서 다음의 두 가지에 대해 주장하고자 한다(Jonassen, 2004). 첫째, 우리가 세상에 대해 알고 있는 것을 학생들에게 설명하는 것과 그것을 얼마나 기억하고 있는지에 대하여 퀴즈를 내는 것은 학습자를 모욕하는 것이며, 그런 교육은 학생들의 인식론적 발달을 지체시키고 필요한 지식추구능력의 발달 역시 방해하게 된다. 둘째, 교육과 훈련의 유일하며 합리적인 목적은 문제해결이어야 한다. 왜냐하면 일상과 직장 생활이 제대로 기능하기 위해서는 문제해결 방법의 학습이 필요하기 때문이다. 학생들이 문제해결이라는 명확한 목적을 위하여 내용을 공부한다면 그 내용은 더욱 의미를 갖게 될 것이다. 또한 문제해결의 맥락에서 학습된 것은 더 잘 이해되며 오래 기억된다.

이와 같은 이유로 문제해결의 기술을 습득하도록 도와주는 것을 목적으로 하는 문제해결 활동이 학교의 교육과정에 지속적으로 포함되어 왔으며, 교실 수업에서 점점 더 중요한 학습 활동이 되어 왔다(조규락, 2002).

2015 교육과정에서 문제해결능력은 핵심 역량 중 하나로 선정되었다(교육부, 2015). 2015 개정 실과교육과정에서도 핵심 역량으로 실천적 문제해결능력, 기술적 문제해결능력을 선정하였으며, 수업의 방법으로 문제해결 수업을 선정하였다. 이를 통해 볼 때 실과교과에서 문제해결능력은, 특히 수업에서 적극적으로 개발되어야 할 능력임을 알 수 있다. 이것은 문제해결 수업을 통해 더욱 체계적으로 개발될 수 있을 것이다.

4. 문제해결 과정

문제해결 수업은 문제해결능력을 향상시키기 위한 목적을 가진 것으로, 문제해결능력이 인간의 거의 모든 환경에서 필요한 능력이라면 교사는 학습자가 좀 더 능력 있는 문제해결자가 되도록 교육해야 한다.

이때 문제해결 수업은 문제해결 과정을 통해 이루어지는데 문제해결 과정은 학자들에 따라 조금씩 다르게 개발되어 있다(〈표 3-2〉).

〈표 3-2〉 문제해결 과정

단계 학자	문제 확인	문제 정의 /표상	탐색 /연구	계획	실행 /해결	평가 /피드백
Dewey(1919)	문제 인식	문제 정의	가설 제안		가설 검증	일반화
APU(1994)	문제 확인		-연구 -idea생성/선정		만들기	평가
Waetjen(1989)		문제 정의	해결 방안 분리	계획	실행, 재구조화	해결 방안 종합
Mioduser(1998)	문제 확인	문제 정의	탐구		구성	평가
Welch(1998)	문제 이해		가능한 해 생성		만들기	평가
Bransford & Stein(1993)	문제 확인	문제 정의 /표상	전략 탐색		해결 활동	평가
Gick(1986)		문제 표상 구성	해결안 탐색		해결안 실행	점검
최유현(2001)	문제 확인		정보 수집	계획	문제해결	반성 및 평가
송현수(2001)		문제 이해	연구/개발		실현	평가

〈표 3-2〉에서 학자들이 제시한 문제해결 과정을 범주화해 보면 크게 문제를 정의하고 표상하는 단계, 해결안을 탐색하고 연구하는 단계, 해결안을 실행하는 단계, 해결 과정의 효과를 되돌아보고 평가하는 단계로 정리해 볼 수 있다.

박주용(2016)은 문제가 어떤 유형이든 상관없이 이들을 해결할 때 개입되는 하위 심리 과정을 문제 이해하기, 발상하기, 실행하기, 평가하기로 구분하고 [그림 3-2]와 같이 모형화하였다.

[그림 3-2] 문제해결의 하위 과정들

[그림 3-2]와 같이 모든 하위 과정은 평가와 긴밀하게 상호작용을 하는 동시에 순환적으로 작동한다. 이는 송현순(2003)의 연구에서도 평가 활동이 문제해결 과정의 전체에서 의미 있게 작용하고 있음이 확인된 바 있다.

앞서 제시한 문제해결의 하위 과정인 네 과정을 문제 이해, 해결책 탐색, 실행하기, 평가하기로 구분하고 각 과정에서의 활동을 정리하면 다음과 같다.

1) 문제 이해 과정

문제해결의 출발점은 문제에 대한 이해다. 문제를 이해한다는 것은 문제를 정의하고 표상하는 활동이 이루어지는 과정으로, 이 과정에서는 문제가 무엇인지와 어떤 조건 혹은 제약을 만족시키면서 풀어야 하는지를 파악하는 활동이 이루어진다. 문제해결 과정에서 첫 단계인 문제 이해는 해결 과정에서 가장 기본적인 것이지만 실제는 어려운 문제이다. 문제는 여러 가지 조건이나 상황이 복합적으로 얽혀 있는 경우가 많아서 현재의 상황을 분석하고 수많은 정보에서 문제를 정확히 이해하는 것은 쉬운 일이 아닌 것이다.

박주용(2016)은 문제 이해가 쉽지 않은 이유를 이해에 대한 착각, 성급함, 본질보다는 표면에 민감하게 반응함, 암묵적인 전제들, 관련된 정보나 지식의 부족, 문제를 여러 각도에서 조망하지 못함을 들고 있다. 그렇다면 이해를 돕기 위해서는 어떻게 해야 할까? 이해를 심화시킬 수 있는 활동으로는 문제에 대한 이해를 말과 글로 표현해 보기, 다른 사람에게 설명해 보기, 진술/재진술 활동을 통해 문제의 본질을 확인하기, 현재 상태와 원하는 상태를 분명히 하기, 도표나 그림으로 정리하기, 개념도 그리기, 유추 확인 등이 있다. 이해를 향상시킬 수 있는 또 다른 방법으로는 성급함을 피하는 동시에 암묵적 전제를 확인하는 방법으로 주어진 정보를 제시된 대로 받아들이는 대신 의심해 보는 것이다. 그리고 암묵적 전제를 확인하는 또 다른 방법은 친숙한 것을 의도적으로 낯설게 만드는 것이다. 선입견 없이 현상을 서술하고 이해하려고 시도해 보는 것이다.

2) 해결책 탐구 과정

이 단계에서는 해결책에 대한 아이디어 창안과 더불어 최적의 아이디어를 선정하는 활동이 동시에 이루어진다. 그러나 문제해결의 가장 큰 어려움은 아이디어 발상의 한계이다. 우리가 아이디어 발상을 어려워하는 이유는 일상적 삶의 많은 부분이 습관에 의해 영위되거나 우리가 굳이 하지 않아도 누군가 이전에 이미 한 발상, 그것도 좋은 발상을 쉽게 얻을 수 있는 방법이 많기 때문이다(박주용, 2016).

또한 일상적인 상황에서 사건에 대한 설명이나 고장 문제에 대한 진단적 평가는 물론 어떤 문제 상황의 해결책을 생각해 내는 일은 주로 기억 인출에 의존하는데, 이 과정은 다각적이지 않고 깊이 있게 이루어지지도 않는다. 특히, 어떤 사건을 설명할 때 하나의 설명을 찾아내면 가능한 다른 설명을 더 이상 찾지 않으려 하는 경향이 있다(박주용, 2016). 송현순(2001)의 연구에서도 초등학생이 실과 문제를 해결하는 과정에서 아이디어를 창안하는 활동을 보면 처음에 창안한 아이디어를 최선으로 생각하고 바로 해결책 실행하기로 진행하는 사례들이 보고되고 있다. 이것은 다양한 아이디어를 창안하여 비교하고 판단하는 집중 활동이 이루어지지 않고 있다는 것을 의미하는 결과로 보인다.

그렇다면 아이디어를 창안하는 데 장애물이 되는 것에는 어떤 것들이 있을까? 먼저 정신적 장애물로 문제를 너무 세밀하게 정의하는 것, 문제 자체를 보기보다는 현상을 보는 것, 답이 하나만 있다고 생각하는 것, 처음 떠오른 해결책을 선택하는 것, 거의 실행이 가능한 해결책에 사로잡혀 있는 것, 관련 없는 정보에 사로잡혀 있는 것, 실패에 의해 좌절되는 것, 근심으로 인해 멈추는 것, 애매하게 문제를 정의하는 것 등이 있고, 인지적 장애물로는 고정관념에 의존하는 것, 문제를 불필요하게 제한하는 것, 정보의 과부하 등을 들 수 있으며, 정서적 장애물로는 위험에 대한 두려움, 무질서의 욕구 부족, 아이디어를 창안하기보다 판단하는 것, 신중하지 못한 태도 등을 들 수 있다(Fogler & LeBlanc, 1995).

아이디어 창안 과정에 개입하는 방해물을 제거하고 그 능력을 향상시킬 수 있는 방안들에는 첫째, 적응하는 자세이다. 이것은 모든 문제는 실패할 위험도 성공할 기회도 있음을 기억하는 것이다. 둘째, 위험을 감수하려는 자세이다. 위험이 무엇인지, 왜 중요한지 가장 나쁠 수 있는 결과는 무엇인지, 그것에 대한 선택은 무엇인지, 실패를 어떻게 대면할지에 대한 안을 마련하는 것이다. 셋째, 규칙을 깨뜨리는 것이다. 새로운 것에 시도하는 것을 연습하고 다른 방법으로 일을 하고 습관과 고정관념에서 벗어나는 것이다. 넷째, 내면적으로 창조적 분위기를 갖는 것이다. 유머감, 감정, 상상력을 이용하고, 통찰력과 가능성을 활용하는 분위기를 만드는 것이다. 다섯째, 자신의 창의력에 대해 신뢰하는 것이다. 자신의 창의성을 여러 방법으로 표현해 보도록 노력해 본다(Goman, 1989). 이러한 활동은 해결책을 창안하는 데 방해가 되는 요인들을 줄이고, 창안 활동을 촉진하는 데 도움이 될 것이다. 성공적인 해결책을 산출하는 것은 창의적인 아이디어를 창안한 결과에서 비롯될 수 있기 때문에 이 과정에서 다양한 아이디어를 창안하고 비교하는 활동은 중요하다.

다양한 아이디어를 창안한 후에는 목적을 실현하는 데 가장 최선의 아이디어를 선정하는 의사결정 활동이 이루어져야 한다.

3) 해결책 실행 과정

실행 이전 단계에서는 주로 머리를 사용했다면 실행 단계에서는 머리와 함께 몸을 사용해야 한다. 문제의 해결책을 머리로 생각한 상태는 좋은 생각이라도 실현 가능성을 가늠하는 것은 쉽지 않다. 머릿속에서 일어나는 일들을 행동으로 옮길 때 그 사이에는 큰 차이가 있다. 머릿속에서는 변인들을 쉽게 넣거나 빼거나 할 수 있고, 복잡한 조건들을 최대한 단순하게 만들기가 쉽기에 작용 기억이 허용하는 범위에서 온갖 변화를 시도해 볼 수 있다(박주용, 2016). 그러나 머릿속의 아이디어를 실행에 옮기는 순간 실행 과정에서 간극이 있을 수 있다. 특히, 정답이 존재하는 문제보다 실생활과 관련된 열린 문제일 경우, 창안한 아이디어를 실행에 옮기는 동안 해결자는 새로운 문제에 직면하게 된다. 때문에 실현하기는 단순히 몸을 써서 선택한 해결책을 적용하는 순탄한 과정이 아니라 머릿속에서 선정한 해결책과 실현되는 과정에서의 차이 때문에 실현하기 과정에는 새로운 문제 상황들에 직면하게 된다고 볼 수 있다. 송현순(2003)은 이것을 [그림 3-3]과 같이 표현하였다.

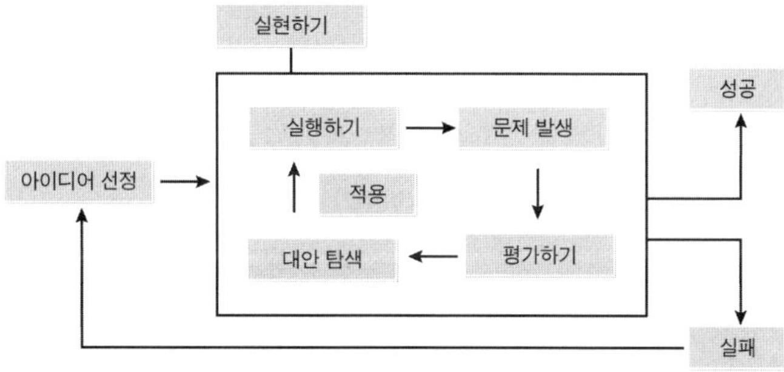

[그림 3-3] 송현순의 실현하기 단계의 특성

[그림 3-3]을 보면 실현하기 과정에서 해결자는 예상하지 못했던 새로운 문제에 직면한다. 이때 직면한 새로운 문제를 다시 정의하고 평가한 후 그것을 해결하기 위해 새로운 대안의 아이디어를 창안하고 적용하여 실행하는 과정이 순환적으로 이루어진다는 것이다. 이때 직면한 문제를 해결하지 못하고 실패가 잦아진다면 포기할 가능성이 높아지고, 포기할 경우, 문제해결을 위해서는 다시 문제 이해나 아이디어 창안 단계로 돌아가 새롭게 시작하는 수밖에 없다. 즉, 성공적으로 문제를 해결하기 위해서는 실현하는 활동에서 직면하는 문제를 정확히 파악하고 최선의 대안을 찾는 것이다. 이는 실행하기 단계가 새로운 문제해결 과정임을 보여주는 것이다.

4) 평가 과정

평가는 반드시 문제해결의 전반적인 부분에 걸쳐 진행되어야 한다. 박주용(2016)의 문제해결 모형에 의하면 문제해결의 여러 인지 과정 중 가장 안쪽에 자리 잡은 것이 평가이다([그림 3-2] 참고). 이처럼 문제해결 과정에서 평가하기는 각 하위 과정에 복잡하게 관여하고 있다 특히, 문제해결의 각 단계가 끝날 때마다 다음 단계로 진행하기 전에 그 단계의 목표하는 바와 결과가 만족스러운지 검토해야 한다(Fogler & LeBlanc, 1995). 특히 송현순(2001)은 초등학생의 실과 문제해결 과정을 미시발생학적 방법을 통해 연구한 결과, 문제해결 과정에서 평가하기 활동은 모든 활동을 마친 후 일회적으로 일어나는 것이 아니라 문제해결 과정 중에 지속적으로 개입한다는 것을 밝힌 바 있다. 문제해결 과정에서 해결자는 아이디어에 대한 평가, 문제의 원인에 대한, 해결 과정에 대한 평가, 결과에 대한 평가 등을 하고 있고, 그것은 과정과 결과에 중요한 영향을 미치는 것으로 나타났다. 미오듀서(Mioduser, 1998)는 이러한 문제해결 과정의 상호작용 활동을 [그림 3-4]과 같이 모형화하였다. 이 모형에서도 문제해결 과정에서 하위 과정들은 상호 유기적으로 작용하며, 특히 평가가 문제해결의 전체 과정에 영향을 미치고 있음을 알 수 있다.

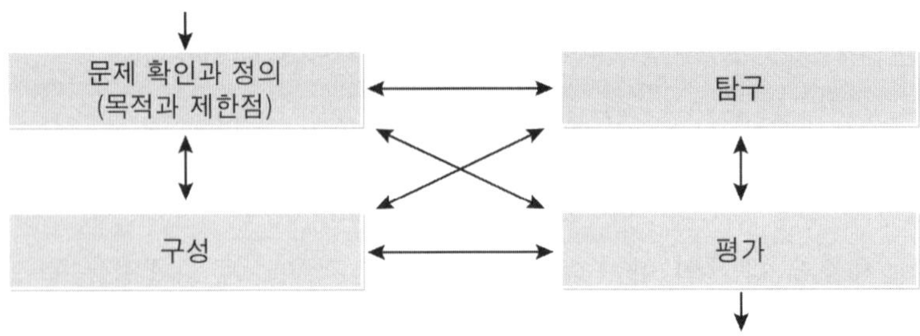

[그림 3-4] 미오듀서(Mioduser)의 설계 모형(1998, p. 189)

이처럼 평가는 문제해결의 여러 하위 과정의 시작과 종료에 관여할 뿐만 아니라 문제해결 전반을 점검하고 규제하는 상위 인지로서 작용한다. 이런 점에서 거의 모든 인지와 지각은 평가와 관련되어 있다고 해도 과언이 아니다(박주용, 2016).

5. 문제해결 실패의 원인[1]

지금까지 많은 교육학자들은 학생들이 실제 학습 과정에서 어려워하는 원인이 무엇일까에 대해서 많은 생각을 해 왔었고, 다양한 인과적 설명을 제시하기도 했다. 존세이(Johnsey, 1998)는 문제해결 과정에 대한 문헌들이 교사들에게 좋은 안내서의 역할을 하지만 만약에 그 묘사된 과정이 실제성을 반영하지 않는 것이라면 교사와 학생들은 설계와 기술 활동에서 잘못 인도되는 것으로, 이는 효과적인 해결을 어렵게 하는 것이라고 하였다. 또한 문제를 적절하게 해결

1) 송현순(2001). 초등학생의 실과 문제해결에 대한 미시발생학적 분석. pp. 35-37을 요약한 내용임.

하려면 두 가지 요건이 충족되어야 하는데 첫째, 주어진 문제와 관련하여 적절한 지식이 가용하고 접근 가능하여야 하며, 둘째, 문제에 대한 해결 방법, 즉 접근 방법을 적절하게 사용할 수 있어야 한다.

김영채(1995)는 학생들이 문제해결 과정에서 어려움이 직면하게 되는 원인을 다음과 같이 정리하였다.

첫째, 문제를 철저하게 분석하지 않는다. 문제를 접한 다음 문제가 어떠한 것인지를 철저하게 분석하는 데 실패하는 것으로 문제해결에서 가장 위험한 것이다. 다시 말하면 성급하게 문제의 특성을 이해해 버리고 해결책을 만들어 버린다는 것이다.

둘째, 생각하고 싶은 대로 생각해 버린다. 이것은 문제를 철저하게 분석하지 아니하고 부당한 전제를 두어 버리는 것과 밀접하게 관련되어 있는데, 이것은 개인적 편견이 끼어들게 하는 경향 때문에 생기는 것으로 성격 특성이 문제해결에 개입할 수 있음을 보여주는 것이다. 이것은 많은 증거와 논리에도 불구하고 찾고 싶은 해답을 찾으려고 열심히 애쓰는 것과 같다.

셋째, 기능고착 상태에 머무는 것이다. 문제해결의 방법에 대하여 판에 박힌 사고밖에 못하고 다른 가능성을 무시해 버리는 것으로 이를 기능고착이라 한다.

넷째, 쉽게 떠오르는 정보에 의지한다. 실제 생활의 사고나 문제해결은 대부분 기억 속에 저장되어 있는 정보들 중에서 어떤 것이 쉽게 떠올라 쓸 수 있는가에 달려 있다. 그러나 쉽게 가용 가능한 정보에 의지하면 문제를 해결하지 못하거나 오류를 범하게 되는 경우도 있다. 왜냐하면 기억을 탐색하면서 제일 먼저 떠오르는 정보가 문제해결에 충분하지 않을 수도 있으며, 또한 빠져 나올 수 없는 막다른 골목에 빠지게 할 수도 있기 때문이다. 따라서 이 문제에 관련된 다른 정보는 없는가, 다르게 생각해 볼 수는 없는가와 같은 질문을 많이 해 보아야 한다.

2절 문제해결 수업의 적용

1. 문제해결 수업 모형

실과 문제해결 수업 모형을 수업 설계 모형과 실과 문제해결 수업 모형인 최유현(2001)의 문제해결 수업 전략, 송현순(2001)의 실과 문제해결 모형 등을 고려하여 〈표 3-3〉과 같이 나타낼 수 있다.

〈표 3-3〉 실과 문제해결 수업 모형

영 역	단 계	활동 내용
문제해결 수업 계획 단계	분석	교육과정 분석
		학습자 분석
		학습 환경 분석
	개발	문제 개발
		수업 전략 개발
		학습 환경 구비
문제해결 수업 실현 단계	문제 이해	문제 확인: 장애, 수행 준거, 제한 조건 등 문제 명료화 목적 설정
	해결책 탐구	아이디어 창안 아이디어 평가 해결책 결정
	해결책 실행하기	• 계획하기 실현해야 할 작업 선정 재료 선정, 사용 방법 등 계획 실현 과정 계획
		• 해결하기 계획한 대로 수행하기(탐구하기/제작하기)
	평가하기	문제해결의 과정과 결과 평가하기 해의 수준 평가하기
문제해결 수업 평가 단계	학생 평가	학습 목표 실현 정도 파악하기 문제해결 과정 성찰하기
	교사 평가	교사의 수업에 대한 반성적 평가

〈표 3-3〉의 실과 문제해결 수업 모형의 특징은 다음과 같다.

앞서 제시한 〈표 3-3〉의 실과 문제해결 수업 전략 모형은 크게 교사의 수업 계획 단계, 수업 실현 단계, 수업 평가 단계로 구성하였다. 이것은 기존의 문제해결 수업 모형의 대부분이 학생의 문제해결 과정을 중심으로 제시한 것에 비해 교사의 수업 설계 과정에서 수업 평가 과정까지 포함하여 전체적으로 제시하였다는 데 의의가 있다. 이 각각의 단계에 대해 정리하면 다음과 같다.

1) 문제해결 수업 계획 단계

첫 번째 문제해결 수업 계획 단계는 분석 단계와 개발 단계로 구분하였다. 이때 분석 단계는 교육과정 분석, 학습자 분석, 학습 환경 분석 등 수업을 설계하기 위해 필요한 제반 여건을 파악하는 단계이다. 개발 단계에는 문제 개발, 수업 전략 개발, 학습 환경 구비 등의 활동이 포함된다. 문제해결 수업을 진행하고자 하는 교사는 학생들이 성취해야 할 목표를 확인하기 위해 교육과정의 성취기준을 분석한다. 그리고 그 결과에 근거하여 교육과정 재구성을 수행한다. 그 결과에 더해 학생들이 해결해야 할 문제를 마련해야 한다. 이때 문제는 교사에 의해 개발되기도 하고, 학생에 의해 발견될 수 있다. 이 단계에 문제 개발 활동을 명시하는 것은 교사들이 문제해결 수업을 설계할 때 해결해야 할 문제 개발이 선행되어야 함을 안내하기 위함이다. 그리고 그 문제를 해결할 수 있는 환경을 구비하고 수업 전략을 개발하는 활동이 이루어진다.

2) 문제해결 수업 실현 단계

문제해결 수업 실현 영역은 문제 이해 과정, 해결 방안 연구 과정, 실현하기 과정, 평가하기 과정으로 구성된다. 이때 이 각각의 하위 과정들은 각각 문제해결능력의 요소들이다. 때문에 학생들이 각 과정에서 수행할 활동을 잘 경험하는 것이 문제해결능력을 향상시키는 길이라고 본다.

첫째, 문제 이해 단계에서는 해결해야 할 문제를 정확히 확인하는 활동으로 구성된다. 이때 문제는 계획 단계에서 교사가 개발한 문제일 수도 있고, 학생들이 실생활에서 발견한 문제일 수도 있다. 어떤 형식이든 문제를 해결하기 위한 수업에는 문제가 존재하기 때문에 이때 문제를 분명히 이해하는 것은 다음 단계인 해결책 창안에 영향을 미치기 때문에 학생들이 무엇을 해야 하는가에 대한 이해를 분명히 할 수 있도록 안내해야 한다.

이때 교사가 학생들에게 할 수 있는 발문은 "해결할 문제가 무엇이니?", "제한 조건에는 무엇이 있니?", "최종 목표는 무엇이니?", "알아야 할 재료나 방법은 무엇이니?", "문제가 무엇인지 너의 말로 정리해 볼래?" 등이다.

둘째, 해결 방안 연구 과정이다. 이 과정은 앞서 이해한 문제를 해결할 수 있는 아이디어를 창안하고 그 중에서 최선의 아이디어를 선정하는 과정이다. 이때 교사는 학생들이 다양한 아이디어를 창안할 수 있도록 안내해야 한다. 송현순(2001)의 연구에 의하면 초등학생들은 처음 떠오른 아이디어를 최선으로 선정하는 사례들이 있기 때문이다. 그리고 다양한 아이디어 중에 최선의 아이디어를 선정하는 과정에서 비교, 평가하기 활동이 이루어질 수 있도록 해야 한다. 이 과정에서 학생들은 아이디어 창안 능력, 비교, 평가하기 능력, 아이디어 선정하는 의사결정능력 등이 길러질 수 있다.

셋째, 실현하기 과정이다. 이 과정에서는 해결책 방안 연구 과정에서 머리로 생각했던 아이디어가 실제 구현되는 과정으로, 해결자가 선정한 해결책을 어떻게 해결할지 일의 순서나 방법을 계획하는 활동과 실제 실현하는 활동으로 구성된다. 이 과정의 진행 중 해결자는 해결책 선정 과정에서 예측하지 못했던 새로운 문제 상황에 직면할 수 있다. 이때 교사의 역할은 그들이 직면한 문제의 원인을 정확히 파악할 수 있도록 안내해야 한다. 그런 상황에 대해 교사가 방치하거나 지나치게 개입하는 것은 둘 다 학생의 문제해결능력의 향상을 저해시킬 수 있다. 학생이 문제를 주도적으로 해결할 수 있도록 안내하는 것이 중요하다.

넷째, 평가하기 과정이다. 문제해결 과정에서 평가하기는 해결을 마친 뒤 일회적으로 작용하는 결과 중심 평가 활동이 아니라 문제해결 과정에서 지속적으로 영향을 미치는 능력이다. 평가하기는 과정과 결과, 원인과 결과 등에 대해 개입하는 문제해결능력 중 중요한 능력이라고 볼 수 있다. 송현순(2003)에 의하면 실과 문제해결 과정에서 평가하기는 마지막 단계에서 문제해결의 전 과정에 대한 평가하기 뿐만 아니라 문제 이해 단계, 연구와 개발 단계, 실현하기 단계에서 '무엇인지?', '왜 그러는지?', '어떻게 해야 할지?'와 관련한 의사결정 활동에 영향을 미치는 능력이다. 평가하기가 배제된 문제해결 과정은 학습자 주도적인 해결 과정이라고 보기 어렵다. 문제해결 과정에서 교사는 학생들이 자신의 해결 과정에서 주도적으로 평가할 수 있는 기회를 제공해야 하고, 평가 활동에서 학생이 적절하게 평가할 수 있도록 안내해야 한다.

3) 문제해결 수업 평가 단계

문제해결 수업 전략의 마지막 단계는 문제해결 수업 전체에 대한 평가 활동이다. 즉, 문제해결 수업에 대한 전체적인 평가를 수행하는 단계이다. 이 단계에서 평가 활동은 학생 평가와 교사 평가로 구분되며, 학생 평가는 학생의 문제해결 전 과정에 대한 성찰하기가 이루어지고, 교사의 평가는 문제해결 수업에 대한 반성적 평가가 이루어진다.

2. 문제해결 수업 적용

〈표 3-4〉의 실과 문제해결 수업 모형을 적용하는 예시는 다음과 같다.

1) 수업 계획 단계

수업 계획 단계에서는 분석과 계획 단계로 구성된다. 이 부분에서는 교육과정 분석과 문제 개발을 예시로 제공한다.

(1) 교육과정 분석

교육과정 분석은 2009개정 실과교육과정의 성취기준을 토대로 분석한다. 이 부분에서는 '창의적인 의생활의 실천' 단원의 성취기준을 중심으로 수업을 설계하였다.

〈표 3-4〉 실과 문제해결 수업을 위한 교육과정 분석

단 원	창의적인 의생활의 실천
학습 주제	나의 생활용품 만들기
성취기준	– 주머니, 덧소매, 받침 등 간단한 헝겊용품을 손바느질로 만들 수 있다. – 환경을 생각한 생활용품을 만들고자 하는 태도를 갖고 실천방안을 제시할 수 있다.
학습 목표	환경을 생각한 나만의 생활용품을 손바느질을 이용하여 만들 수 있다.

(2) 문제 개발

교사가 문제를 개발할 경우 문제는 다음의 조건을 충족해야 한다.

첫째, 교육과정 성취기준을 실현하는 데 적절해야 한다.

둘째, 학습자 수준에서 실현 가능해야 한다.

셋째, 학교나 지역사회의 학습 환경에서 수행 가능해야 한다.

넷째, 학생들의 흥미를 유발할 수 있어야 한다.

〈표 3-5〉는 교사가 개발하는 문제의 예시로 〈표 3-4〉에서 분석한 교육과정의 내용을 충족할 수 있도록 선정하였고, 학생들이 필요한 용품을 만들도록 함으로써 학생의 필요와 흥미를 충족하도록 하였으며, 학생들이 사전에 습득한 바느질 방법을 충분히 활용할 수 있도록 하였다.

〈표 3-5〉 교사가 개발한 문제의 예시

헝겊을 이용하여 나에게 필요한 생활용품을 만들어 봅시다.

- 헝겊을 이용하여 자신에게 필요한 생활용품을 정한다.
- 이때 헝겊은 집에서 사용하지 않는 헝겊용품을 재활용한다.
- 박음질, 홈질, 시침질의 3가지 손바느질 방법을 모두 사용한다.
- 만드는 생활용품에 3가지 바느질 방법을 이용하여 자신의 용품이라는 것을 바느질로 표시한다(단추 달기, 이름 쓰기, 다양한 모양의 수 놓기 등).
- 내가 만들 수 있는 수준의 용품을 선정한다.

2) 실현 단계

〈표 3-6〉에서 제시한 문제를 중심으로 설계한 문제해결 교수-학습안의 예시는 다음과 같다.

〈표 3-6〉 문제해결 수업안 예시

단 계	교사 활동	학생 활동	자료 및 유의점
문제 이해	▣ **문제를 제시한다** - 해결할 문제는 무엇인가요? - 충족해야 하는 조건에는 어떤 것들이 있나요?	▣ **문제를 읽는다** - 헝겊을 이용해서 생활용품을 만드는 것입니다. - 손바느질을 이용해요. - 박음질, 홈질, 시침질을 다 사용해야 해요. - 헝겊은 재활용해요. - 내 것이라는 표시를 해야 해요. - 나한테 필요한 것을 만들면 돼요.	- 문제를 충실히 확인하도록 다양한 방법으로 안내
	- 문제가 무엇인지 무엇을 만들어야 하는지 이해했으면 각자 이해한 내용을 적어 봅시다.	- 자신이 이해한 문제를 적는다.	- 문제 이해를 확인하는 방법은 다양하게 활용
해결책 탐구	- 어떤 것을 만들지 다양한 아이디어를 생각해 봅시다. - 어떤 아이디어를 선택할 것인가요? - 왜 그것이 최선일까요? - 아이디어를 결정해 봅시다. - 문제의 조건이 모두 충족되었나요? 그림, 용도, 크기, 모양을 정해 봅시다. - 다른 사람은 어떤 아이디어가 있나요? - 좋은 생각이네요. 베개 커버는 길쭉한데 방석의 모양은 어떻게 할 건가요?	- 저는 작아서 못 입는 헌 옷을 이용해서 주머니를 만들 거예요. 그런데 무엇을 담을 주머니를 만들지 생각 중이에요. - 아, 단추를 달아서 내 것을 표시할 겁니다. - 네. - 저는 방석을 만들 거예요. 안 쓰는 베개 커버를 이용하면 쉽게 만들 수 있을 것 같아요. - 아, 내 방석에는 내 이름을 박음질로 쓸거구요. - 네, 정사각형 모양이 되도록 만들 겁니다. (학생들 활동 계속)	개별적으로 또는 모둠별로 자신들의 해결책을 발표하거나 다양한 방법으로 표현할 기회를 갖고 적절한지 평가받을 기회를 갖도록 한다.
해결책 실행	▣ **계획하기** - 각자 만들기로 결정한 헝겊용품을 어떻게 만들지 생각해 봅시다. - 좋은 생각이네요. 크기를 정할 때 실내화 크기보다 얼마나 더 크게 할 것인지 생각해 보고, 모양과 크기를 설계해 봅시다. ▣ **실현하기** - 어려움은 없나요? - 그 어려움의 원인은 무엇일까요? - 어떤 해결 방법이 있을까요?	- 저는 주머니에 실내화를 넣을 거예요. 그래서 크기는 실내화 담을 수 있게 하고, 위에 끈도 달 거예요. 그리고 주머니 가운데에 단추를 이쁘게 달 거예요. - 설계한 대로 제작한다. - 실현 과정에서 새로운 문제 상황에 직면하면 그 문제에 대한 적절한 해결책을 찾아 적용하는 활동을 한다.	실현 과정에서 학생들이 예상치 못한 문제 상황에 직면하는 경우 문제를 잘 해결할 수 있도록 안내한다.

평가	- 문제는 해결하였나요? - 제시되었던 조건은 모두 충족되었나요? - 의도했던 대로 해결이 되었나요? - 해결 과정에서 어려운 점은 무엇이 있었나요? - 새롭게 직면한 문제는 어떻게 해결하였나요? - 그 문제의 원인은 무엇이었나요? - 다시 기회가 주어진다면 무엇을 개선하고 싶은가요?	- 각자의 문제해결 결과와 과정에 대해 평가한다.	결과뿐만 아니라 과정에 대해 성찰할 수 있는 다양한 발문을 한다.

3) 평가 단계

이 단계에서는 문제해결 수업을 마친 교사가 전체 문제해결 수업 과정에 대해 반성적 평가를 하는 활동과 학생들의 목표 실현 정도를 확인하는 활동이 이루어진다.

논의

1. 문제와 문제해결의 의미를 이해하고 일상 생활에서 부딪치는 문제와 문제해결의 상황에 대해 논의해 보자.
2. 문제해결 과정을 체험해 보고, 문제해결 각 과정에서 어떤 일들을 경험했는지 논의해 보자.
3. 문제해결 과정에서 평가하기의 역할에 대해 토의해 보자.
4. 문제해결 수업이 실과교육에서 중요한 이유에 대해 논의해 보자.
5. 교육과정에서 성취기준을 선정하고 재구성하여 문제를 개발해 보고, 그 문제의 적절성에 대해 논의해 보자.

참고문헌

박주용(2016). **문제해결**. 학지사.

송현순(2001). **실과 문제해결 전략에 대한 미시발생학적 분석**. 한국교원대학교 대학원 박사학위논문.

송현순(2003). 실과의 기술적 문제해결 과정에서 평가하기의 순환적 활동에 관한 탐색. **실과교육연구**, 9(2). 49-62.

정성봉(1999). **실과 교수학습**. 교학사.

최유현(1997). **실과교육연구**. 형설출판사.

Assessment of Performance Unit. (1994). *Learning through design and technology.* In Banks, F.(Ed), Teaching Technology(pp. 59-67). London: Routledge.

Fogler, H. S., LeBlanc, S. E. (1995). *Strategies for Creative Problem Solving*. 김인원 역(2000). 창의적 문제해결 전략. 도서출판 아진.

Jonassen, D. H. (2004). *Learning to Solve Problems: An Instructional Design Guide*. John Wiley & Sons.

Jonassen, D. H., Marra, R. M., & Palmer, B. (2004). "Epistemological Development: An Implicit Entailment of Constructivist Learning Environments." In S. Dijkstra and N. Sell(eds.), *Instructional Design: International Perspectives*. Mahwah, N.J.: Erlbaum.

Popper, K. R. (1999). *All Life Is Problem Solving*. London; Routledge.

Smith, M. U. (1991). "A View from Biology." In M. U. Smith(ed.). *Toward a Unified Theory of Problem Solving*. Mahrah, N.J: Erlbaum.

제 4 장

프로젝트 접근법

개 요

실과는 일상 생활의 일들을 중심으로 실천적 경험을 통해 실제 행할 수 있는 지식, 능력, 가치관 등을 길러주고자 하는 교과이다. 프로젝트 접근법은 실생활 중심의 내용을 실제 체험을 통해 배우게 하는 방법이다. 실생활 중심이고, 학습자 주도적이라는 프로젝트 접근법의 특성은 일상 생활의 일을 수행할 수 있는 능력을 길러주고자 하는 실과 목표를 실현하는 데 적합한 방법이라 볼 수 있다. '무엇을 알게 하는 것' 이상으로 '할 수 있게 하는 능력'을 길러 주는 것이 목표인 실과와 학습자 주도적으로 만들어가는 교육과정을 실현하는 프로젝트의 특성을 어떻게 실과수업에서 적용할 것인가를 다루는 것이 이 장의 목표이다.

학 습 목 표

- 프로젝트 접근법의 의미, 특성, 교육적 가치 등에 대하여 이해할 수 있다.
- 프로젝트 절차의 각 단계의 의미를 비교하고 탐구할 수 있다.
- 실과 프로젝트 접근법의 절차를 실과에 어떻게 적용할 것인지 이해할 수 있다.
- 실과 프로젝트 수업을 개발할 수 있다.

1절 프로젝트 접근법의 이해

1. 프로젝트 접근법의 개념

프로젝트의 본질은 '전심을 다하는 유목적적 활동'으로 학생들이 탐구해야 할 하나의 의미 있는 질문, 해결해야 할 실생활 문제에 참여하거나 무엇인가를 설계 혹은 창출하기 위해 교육과정을 실현해 나가는 것이다(Hellermann et al., 2011). 프로젝트는 특정한 연구 주제에 대해 깊이 있게 탐구하고 진행되는 동안 연구자가 품게 된 의문에 대해 답을 찾아가는 과정이다(Katz & Chard, 2000). 또한 프로젝트 접근은 학생들로 하여금 하나의 폭넓고 복합적이며 실제적인 질문과 신중하게 설계된 과정을 중심으로 의도하는 학습 결과물을 구조화된 학생 주도의 탐구 과정을 통해서 산출하게 하고 그 결과로 중요한 지식과 기술들을 학습하게 하는 하나의 체계적인 교수 방법이다(Hellermann et al., 2011).

위의 정의를 정리해 보면 프로젝트 접근의 핵심은 학습들의 질문, 학생들이 설계한 과정, 그것을 통해 의도한 결과의 산출, 그리고 그 과정에서의 학습자의 주도적인 탐구 과정이라고 정리할 수 있다.

이때 수업 환경에서 이루어지는 프로젝트를 프로젝트 접근법이라고 부르는데, 그것은 다음과 같은 의미를 갖는다(Katz, 1994).

첫째, 프로젝트는 선호도, 신념, 교사와 학교의 여건에 따라 다양한 방식으로 학교 교육과정에 접목될 수 있고, 교육과정이나 수업 방식에 따라 다양한 방식으로 맞춰질 수 있다. 핵심은 학생들이 비교적 오랜 시간 동안 가치 있는 주제를 탐구하고 정밀하게 관찰해 보는 경험을 하도록 장을 마련해 주는 일이다.

둘째, 프로젝트 접근법은 일련의 특정한 교수 기법이나 활동, 일상, 기법의 정렬된 계열이라기보다 가르치고 배우는 바에 대한 하나의 방식을 일컫는다. 교사는 학생들에 대한 구체적인 이해를 바탕으로, 학생 자신에게 의미 있는 방법으로 사람, 사물, 환경과 상호작용하게 만들고, 학습이 한 방식으로서 어린이들이 자신들이 하게 될 활동을 계획, 전개, 평가하는 데 있어 이들의 능동적 참여를 중요시 여긴다. 그리고 어린이들이 활동에 능동적으로 참여하면서 책임을 맡도록 장려한다.

결론적으로, 프로젝트 접근법은 아동이 학습의 전 과정에 주도성을 지니고서 주제, 제재, 문제, 쟁점 등에 관한 탐구 활동과 그 결과에 의한 표현 활동을 하며, 그 결과를 다른 사람들과 공유하는 활동으로, 학생과 교사에 의해 공동으로 만들어가는 교육과정의 성격이 나타나는 접근법이라고 할 수 있다.

2. 프로젝트 접근법의 목적

프로젝트 접근법의 목적은 아동의 정신(mind) 계발이다. '정신'이란 지식, 기능뿐만 아니라 사회적 · 정서적 · 도덕적 · 심미적 · 영적 민감성까지를 포함하는 개념이다(지옥정, 2016). 이러한 프로젝트 접근법의 목적은 다음과 같다(Katz & Chard, 2000).

첫째, 지적 능력이 계발되도록 한다.

학생에게 적합한 교육과정이란 지적 목표에 중점을 둔 교육과정이다. 즉, 어린이의 마음이 몰입되어 자신의 경험과 주변 환경에 대해 깊게 이해하고 이를 통해 스스로의 지적 역량에 대해 자신감을 키울 수 있는 교육과정을 말한다.

학생들이 관찰하고 탐구하면서 학습하는 것은 자연스러운 것으로 학생들의 마음은 탐구할만한 재미있는 활동에 몰입되어 행할 때 자신을 둘러싼 현상을 이해할 수 있는 자신감을 키우게 된다. 이때 중요한 것은 프로젝트 활동이 학생들의 중요한 지적 능력을 육성시키는 데 필요한 맥락을 제공한다는 것이다.

둘째, 학생의 활동이 균형을 이루도록 한다.

프로젝트는 학생들이 다양한 기능을 의미 있게 적용해 볼 상황을 마련해 준다는 데 특징이 있다. 이때 적용 당사자인 학습자가 뚜렷한 목적을 갖고 있을 경우에는 그 지식과 기능은 더 향상된다. 또한 프로젝트는 전체 활동을 경험하는 과정에서 지식, 기능, 성향을 함양하는 것이 목적이다. 이것은 학생들이 균형적으로 발달할 수 있도록 한다.

셋째, 삶과 학교 교육이 통합 가능하도록 한다.

프로젝트 접근법은 학교 교육이 학생의 삶과 분리되는 것이 아니라 실제 삶으로서 학교 생활을 하게 한다. 학생들에게 일상 생활은 수학, 과학 교과처럼 서로 구분되어 존재하는 학문이라기보다 대부분 일련의 사건이나 주제와 같이 경험된다. 프로젝트 활동은 학습자의 마음을 교과 형태로 구분 짓지 않으며, 이것은 학생이 삶과 교육과정을 통합하도록 하는 방법으로 적합하다.

넷째, 학생들 간의 소속감과 공동체 의식의 발달을 돕는다.

프로젝트 접근법은 학생들이 학교를 공동체로서 경험하게 하며, 실생활과 관련한 주제를 중심으로 탐구하고 다양한 활동을 협동적 환경에서 수행하면서 다양한 기능과 성향, 감정을 경험하게 한다. 이러한 특징은 우리의 삶을 위해 타인들이 도와주는 여러 방법들과 지식, 기능, 전문성에 대해 깊이 이해하게 되고, 공동체 구성원들이 서로 어떻게 관계하고 있는지에 대해 자세히 알게 하며, 공동체 내에서 다름을 존중하는 법을 배우고 이런 다름을 풍요로움으로 인식하게 한다. 이를 통해 학생들이 공동체에 대한 소속감을 갖도록 도와주고, 공동체 생활에 참여하고 기여하면서 공동체 생활에 필요한 많은 기능과 통찰력을 향상할 수 있도록 지원해 준다.

디섯째, 교사 입장에서 학생을 가르치는 일의 도전과 보람을 갖도록 한다.

프로젝트의 또 다른 목적은 교사 스스로가 자신의 일에 몰입하고 도전하는 경험을 갖도록 하는 데 있다. 프로젝트 활동에서 교사는 직면하는 문제나 제한적 상황을 도전으로 받아들이려는 성향이 있고, 그 문제해결 과정을 학생들의 능력을 믿고 신장시켜야 할 가치로 인식하게 된다. 그 결과 교사는 획일적이고 통제적인 교육과정 운영 틀에서 벗어나 프로젝트 접근을 통해 학생의 지적 도전을 지원하고 학생들의 지적 능력, 기능, 성향 등을 길러줄 수 있다는 경험으로 가르치는 일에 대한 도전과 보람을 갖게 된다.

3. 프로젝트 접근법의 특성

프로젝트 접근법의 개념이 학생 주도적인 유목적적 활동이라고 볼 때, 그 과정에서 드러나는 구체적인 특징은 다음과 같다(Katz & Chard, 2000; 지옥정, 2016; 전남련 외, 2013).

첫째, 프로젝트 접근법은 학습 내용 선정 방법과 교수-학습 방법을 함께 제시하고 있는 교육 방법론적 이론이다.

프로젝트 접근법에서 학습 내용은 사전에 확정되는 것이 아니라 교사와 학생의 공동 작업에 의해 선정되고, 어떻게 탐구할 것인가에 대한 방법을 계획하며, 실제 탐구하는 과정까지 설계하는 만들어가는 교육과정이다. 여기서 프로젝트 교수-학습 방법의 특성은 활동의 전 과정에서 교사와 학생이 함께 능동적으로 참여한다는 점이다.

둘째, 학습의 전 영역이라고 할 수 있는 지식, 기능, 성향, 느낌의 상호 보완적이고 유기적인 관계를 통합을 강조한다. 프로젝트 접근은 학생들이 참여하는 과정에서 내적 동기를 갖고 참여하게 하고 무엇을 하고 싶다는 것에서 성향이 계발될 수 있으며, 만족감을 느낄 수 있게 한다. 이 과정에서 지식, 기능, 성향, 느낌은 각각 독립적으로 발달되는 것이 아니라 상호 유기적인 관계 속에서 영향을 주고 받으면서 발전하게 된다.

셋째, 학습 내용, 학습 과정, 학습 결과를 동일하게 강조한다. 프로젝트 접근은 특정 주제에 대해 깊이 있는 탐구를 하는 활동으로서 스스로 제기한 질문의 답을 찾는 깊이 있는 탐구 활동이기 때문에, 무엇을 탐구할 것인가에 대한 주제를 결정하고, 어떻게 탐구할 것인가에 대해 학습 과정을 결정하며, 다른 사람들과 결과를 공유하는 학습 결과 활동이 내용, 과정, 결과가 동일하게 강조된다는 데 의미가 있다.

넷째, 학습 내용 선정 시 사회적·문화적 적합성과 발달적 적합성을 중시한다. 프로젝트 접근법은 교사가 학생들의 생활과 관심사를 교육에 적극 반영한다는 측면에서 실생활과 관련되며, 때문에 사회적·문화적으로 적절한 교육이 되도록 한다는 데 의미가 있다. 또한, 학생들의 발달 측면을 고려하여 그들의 삶과 교육을 연결하여 그 적합성을 중시한다.

다섯째, 부모나 지역 공동체와의 협력적 관계를 강조한다. 프로젝트 활동에서 부모는 학생과 함께 프로젝트 주제에 관한 이야기를 나누거나, 활동에 필요한 자료나 물건을 수집하고 제공해 줄 수 있으며, 필요시에는 전문가로서 함께 활동하고, 프로젝트의 마무리 단계에서는 학습 결과를 학생과 함께 공유하는 역할을 할 수 있다. 또한 지역 공동체는 프로젝트 활동을 진행해 나가는 데 있어 필수적 요소인 현장 견학의 장으로서 뿐만 아니라 여러 가지 자원의 원천으로서 교육에 대한 책임을 함께 나눌 것이 강조되고 있다.

여섯째, 프로젝트 전 과정을 통하여 교사와 학생, 학생과 학생들 간의 적극적인 사고의 교류와 상호작용 및 협동적 학습이 될 것을 강조한다. 프로젝트 전 과정에서 학생들은 공동의 주제를 탐구하고 자신이 사고할 수 있는 최고의 수준에서 친구들과 상호작용하며 공동의 목적을 성취하기 위해 노력한다. 때문에 프로젝트 전 과정에서 학생들은 협력하여 주도적으로 탐구 활동을 진행하고, 학생들 간의 상호작용이 긴밀하게 이루어지며, 탐구 주제를 해결하는 과정에서 다양한 수준의 사고가 발현되고 교류한다. 이 과정에서 교사와 학생의 관계는 일방적으로 가르치고 배우는 수직적 관계가 아니라 서로 공동으로 작업하는 협조적 관계가 된다. 이때 교사의 역할은 학생의 학습에 조정자, 촉진자, 안내자, 조력자, 그리고 함께 하는 학습자로 볼 수 있다.

일곱째, 학습 내용이 아동 개개인에게 유의미하여야 한다는 점을 강조한다. 프로젝트 접근법에서 학습 내용은 학습자가 프로젝트 초기에 선정한 주제이며, 전 과정은 그 주제를 탐구하는 활동으로 이루어지기 때문에 학생들이 선정하는 학습 내용은 학생의 생리적 특성, 사회·문화적 배경, 선행 능력, 흥미와 관심 등을 중심으로 이루어져야 한다. 그것은 학생들이 적극적으로 몰입하며 능동적으로 학습하게 하여 인지와 정서가 통합된 유의미한 학습이 일어나도록 한다.

4. 프로젝트 접근법의 요소

프로젝트 접근법이 어떤 형태가 되든지 앞서 고찰한 프로젝트 접근법을 충족하기 위해서는 다음과 같은 요소들을 갖추어야 한다.

1) 주제 선정

프로젝트의 출발은 탐구할 주제를 선정하는 과정으로, 프로젝트의 목표와 내용을 규정하는 것이 중요하다. 전체 활동의 과정과 방법의 선정은 사실상 프로젝트 학습이 추구하는 목표와 내용을 모두 포함하는 기초가 되므로 주제의 선정이 프로젝트의 질과 성패를 좌우한다고 볼 수 있다. 탐구 주제를 선정할 때 고려해야 할 점은 학급 전체의 공통의 경험과 어린이의 관심사에 준해서 이루어져야 한다는 것이다. 이때 주제 선정 과정은 다음과 같은 질문에 답하는 과정이어야 한다(Chard, 1994; 이성대 외, 2015).

- 학습자가 주도적으로 주제를 선정하였는가?
- 학습자들이 자기가 살고 있는 세계에 대해 보다 잘 이해할 수 있도록 도울 수 있는가?
- 학습자들이 서로 더 잘 이해하도록 도울 수 있는가?
- 학습자의 흥미와 몰입을 유도할 수 있는가?
- 학습자의 도전과 심화 탐구를 이끌어낼 수 있는 내용인가?
- 교육과정의 내용 요소를 포함하며 성취기준을 달성할 수 있는가?
- 학습자 상호 간의 협력과 공동 작업이 가능한 내용인가?
- 학습자들이 다양한 결과물을 산출할 수 있는 방법과 기회를 제공할 수 있는가?
- 어린이들이 학교 밖에서 정보원을 찾도록 고무시킬 수 있는가?
- 부모와의 의사소통을 촉진할 수 있는가?

또한 프로젝트 활동에서 주제는 구체적일 수도 있고 추상적일 수도 있으며, 단기간에 해결 가능한 것일 수도 있고, 장기간이 소요되는 주제일 수도 있다.

교과 중심적일 수도 있고, 생활 중심적일 수도 있다. 그러나 프로젝트 활동의 초기에는 경험적이고 구체적인 주제에서 출발하여 점차 그 영역을 확대하고 추상적인 아이디어까지 포함할 수 있다고 본다. 이때 교사는 학생의 지식과 기능의 수준과 사전 지식의 이해 정도 등을 파악하여 시작해야 한다.

2) 학습자의 목적 의식

교사 중심으로 설계되는 체계적 교수는 교사의 책임하에 목적이 설정되는 반면, 프로젝트 활동에서 학생들은 목적 설정과 관련하여 일정한 책임을 넘겨받게 된다. 교사는 학습자가 자신 있다고 생각하는 도전의 수준, 수행 기간에 대한 계획을 세우는 일, 또 얼마나 상세하고 정교하게 활동을 수행할 것인지의 정도, 혼자 수행할 것인지, 혹은 다른 아동과 함께 할 것인지 등에 대한 문제를 스스로 선택하게 할 수 있다. 이처럼 주제나 활동에 대한 학생들의 선택 활동은 학생들이 목적 의식을 가지고 도전하게 한다.

3) 자아존중감

자아존중감은 사람들이 자신의 인생에 대한 목표를 설정하고 추구하며 이를 실현하는 과정에서 자신의 노력에 대한 가치를 인식하게 됨에 따라 형성되어 가며 학생들은 교사나 다른 학생들로부터 학습 과정에서 긍정적인 인정을 받을 때 자아존중감 형성에 도움을 받는다. 프로젝트 활동은 학생들에게 융통성 있게 목표를 설정하고 이를 위한 여러 가지 활동에서 다양한 반응을 할 수 있도록 허용한다. 또한 프로젝트 활동에서는 학생들에게 독창적이고 창의적인 방법으로 학습에 공헌할 수 있는 기회가 제공된다(Chard, 1994). 이것은 학생들에게 활동 중에 자신의 노력의 결과에 대한 가치를 확인하게 하고, 그 결과로 자아존중감을 함양할 수 있게 한다.

4) 다양한 탐구 활동

프로젝트 수업의 중요한 특징은 교사에 의해서 주도되는 보편적인 지식 전달 방식을 탈피하고, 학생들의 주도적인 사고 활동, 경험과 실천으로 스스로 살아 있는 지식을 획득하는 방식을 지향하는 것이라고 볼 수 있다. 때문에 프로젝트 활동에서 학생들은 탐구 활동에 주도적으로 참여하고 연구 문제를 제시하는 확대된 과정을 거치고 자료를 활용하며, 해답들을 개발한다(Hellermann, 2011). 이 과정에서 교사는 학생들의 의견과 선택을 존중하고 다양한 탐구 기법, 즉 문헌 조사, 현장 조사, 관련자 면담 등을 통해서 조사하고 자료를 수집할 수 있도록 독려한다.

5) 공동 작업과 협력적 리더십

프로젝트 활동의 장점은 학습자들의 협력과 공동 작업을 통해 공동체 의식을 형성하는 것이고, 활동 과정에서 다양한 사람들과 의사소통 활동을 하면서 사회적 기술을 함양할 수 있다는 것이다. 따라서 프로젝트에서 학생 조직은 되도록 협동학습 형태가 되어야 하고, 구성원 간에 공동 작업을 통해 공동체 의식을 함양할 수 있도록 교사의 조력이 필요하다.

6) 다양한 표현 활동과 공유

프로젝트 학습의 특징 중 하나는 탐구 과정에서 수집한 자료를 다양한 방법으로 표현하는 경험을 하는 것이고, 그것을 통해 다양한 형태의 결과를 만들어 내는 것이다 이 과정에서 학습자들은 자기 주도적으로 수집한 자료들을 재구성하고 정리해내는 경험을 하고, 그것을 통해 자신의 결과를 타인과 공유하는 것이 가능해진다. 이때 학습 과정에서 수집한 자료들은 그림, 신체 활동, 역할놀이, 음악, 글쓰기, 파워포인트(PPT), 만화, 연극 등 다양한 방법을 통해서 최대의 효과를 드러낼 수 있도록 표현된다. 그리고 학생들은 자신이 탐구한 것을 전시회 또는 발표회 등의 방식으로 친구들이나 교사 이외의 다른 사람들에게도 발표한다.

7) 수정과 성찰

프로젝트는 학생들로 하여금 양질의 학습 결과물을 만들기 위해 추가적으로 고려해야 할 것들과 변화시켜야 할 것들에 대한 피드백과 자신들이 무엇을 어떻게 배우고 있는지에 대해 생각할 수 있는 과정도 포함한다(Hellermann, 2011). 그러므로 학생들은 주제 선정 활동, 계획 활동, 탐구 활동, 그리고 표현과 공유 활동 등을 어떻게 했는지, 각 단계 활동의 의미는 무엇인지에 대한 반성적 성찰이 있어야 한다.

8) 프로젝트와 부모 참여

프로젝트 접근법의 또 다른 특징은 부모가 프로젝트 과정에 쉽게 참여할 수 있으며, 학생들의 활동에 관심을 갖게 된다는 점이다. 프로젝트 접근법에서 부모는 교사들이 학생의 경험을 기록한 것, 학생들이 자신의 탐구 활동을 통해 배우는 바를 함께 공유하게 된다. 이 과정에서 대부분의 부모들이 관심을 드러내고 학교 수업 이외의 시간에 자녀를 현장에 데리고 가거나, 연구 주제와 관련된 책이나 자료를 사준다거나 가정에 있는 관련 자료나 물건을 학교로 보내는 모습을 보인다. 또한 부모는 학생 연구자의 프로젝트 진행 과정에 도움을 주거나 탐구 과정에 참여하고 프로젝트의 마무리 단계에서 이루어지는 전시 활동의 행사에도 함께 참여한다. 교사들은 부모의 참여를 가정통신문을 통해서 안내할 수 있다.

5. 프로젝트 접근법의 교육적 가치

프로젝트 접근법의 지지자들은 수년 동안 그 가치를 인정하고 있다. 프로젝트 접근법의 교육적 가치는 다음과 같다(강인애 외, 2012; 김대현 외, 1999; Hallermann, 2011).

- 학생들의 학업 성취를 높이는 데 있어서 전통적인 교수법보다 더 효율적이

며, 성적이 낮은 학생들의 학력을 향상시키는 데 효율적이다.

- 학생들의 학습 동기와 몰입을 향상시키고, 학습 참여도를 높이며 긍정적인 자아개념을 길러준다.
- 비판적 사고, 협력, 소통과 같은 기술을 발달시키는 가장 좋은 방법 중의 하나이다.
- 학생들로 하여금 학교와 사회의 관련성을 인식하게 하고 문제해결능력을 길러준다.
- 프로젝트 학습은 학습자의 책임감을 길러준다.
- 프로젝트 학습은 다양한 탐구 활동과 표현 활동 능력을 길러준다.
- 프로젝트 학습은 사고의 유연성을 길러준다.
- 체험적 학습 기회를 제공한다.
- 교사들에게 새로운 교수 경험을 제공한다. 프로젝트 학습은 교사들에게 새로운 도전이다. 프로젝트 학습을 계획해 봄으로써 현행 교과별 교육과정과 교과서 중심 수업의 한계를 인식하게 된다.
- 교육에 대한 학부모의 관심과 사회의 관심을 높인다.
- 프로젝트 학습에는 감성이 있다.

이와 같이 프로젝트 접근법은 학생들에게는 내적 동기유발, 책임감, 긍정적인 자아개념, 협동심, 사회적 기술, 사회에 대한 관심과 문제해결능력, 다양한 탐구와 표현 능력, 사고의 유연성, 체험적 학습 기회를 제공하거나 신장시키며, 교사들에게는 새로운 교수 경험을 제공하고, 학부모와 지역 사회에게는 교육에 대한 관심과 역할 지각을 촉구하는 교육적 가치가 있다.

6. 프로젝트 수업의 절차

프로젝트 수업의 절차는 크게 시작하기, 전개하기, 마무리하기 등의 3단계로 구분되기도 하고(전남련 외, 2013; Chard, 1994; 지옥정 역, 2000), 이 세 단계를 기본으로 교사의 준비하기 단계를 시작하기 전에 추가하여 교사의 계획 부분을 강조하는 견해도 있다(강인애 외, 2012; 김대현 외, 1999; 전정민, 2008; 지옥정, 2017). 그리고 각 단계에서 진행되는 활동을 세분화하여 제시한 견해도 있다. 이때 시작하기 단계를 주제 선정과 계획하기로 구분하기도 하고(김대현 외, 1999; Hallermann et al., 2011), 전개하기 단계를 탐구하기, 표현하기, 협의하기 등으로 구분하기도 한다(김대현 외, 1999). 실과 프로젝트 수업 과정은 목적 설정 단계, 계획하기 단계, 실행하기 단계, 평가하기 단계로 구분하고 있다(교육부, 2011).

2절 프로젝트 접근법 적용

1. 실과 프로젝트 수업 절차

2009 개정 실과교육과정(교육부, 2011)에서는 실과 프로젝트 교수-학습 절차를 다음과 같이 기술하고 있다.

> 학생 스스로 프로젝트를 선정하고 계획을 세워 이에 대한 문제를 찾고 해결함으로써 수행 후에는 문제해결의 결과로 반드시 다양한 형태의 산출물을 생산한다. 이를 위한 과정은 구체적인 프로젝트를 정하는 목적 설정(purposing), 수행 방법을 정하고 검토하는 계획(planning), 실제로 물건을 만드는 실행(executing), 전체 과정과 산출물을 평가하는 평가(evaluation) 단계의 순서로 이루어진다. 그러나 프로젝트 학습을 실제로 수행할 때에는 내용의 특성에 따라 부분적으로 변형하여 사용하기도 한다.

위의 4단계를 중심으로 실과 프로젝트 교수-학습 절차의 각 단계의 활동을 도식화하면 [그림 4-1]과 같다.

[그림 4-1]의 실과 프로젝트 절차의 특징은 다음과 같다.

첫째, 프로젝트 수업의 절차는 크게 교사 준비 영역과 프로젝트 수업의 두 영역으로 구분하였다. 교사 준비 영역은 프로젝트 수업을 수행하기로 결정한 교사가 프로젝트가 가능하도록 사전 준비를 하는 단계이다. 프로젝트 수업의 본 영역은 프로젝트 목적 설정 단계, 활동계획 단계, 실행 단계, 마무리 단계로 구분하였고, 전체 활동과 관련한 평가 활동을 하나의 중요한 단계로 구성하였다.

둘째, 각 단계는 단절된 선형적 단계가 아니라 순환적인 단계로 구성하였다. 프로젝트 학습에서 학습자 주도성이 크면 요소들 간의 상호작용이 많아지고 순환성이 높아져서 만들어가는 교육과정이 두드러지게 나타난다(김대현 외, 1999). 즉, 프로젝트 수업은 무엇을 배울 것인지 정해진 학습 내용을 교사 일방적으로 전달하는 방식이 아니라 학습자 주도적으로 학습의 내용과 방법의 상당

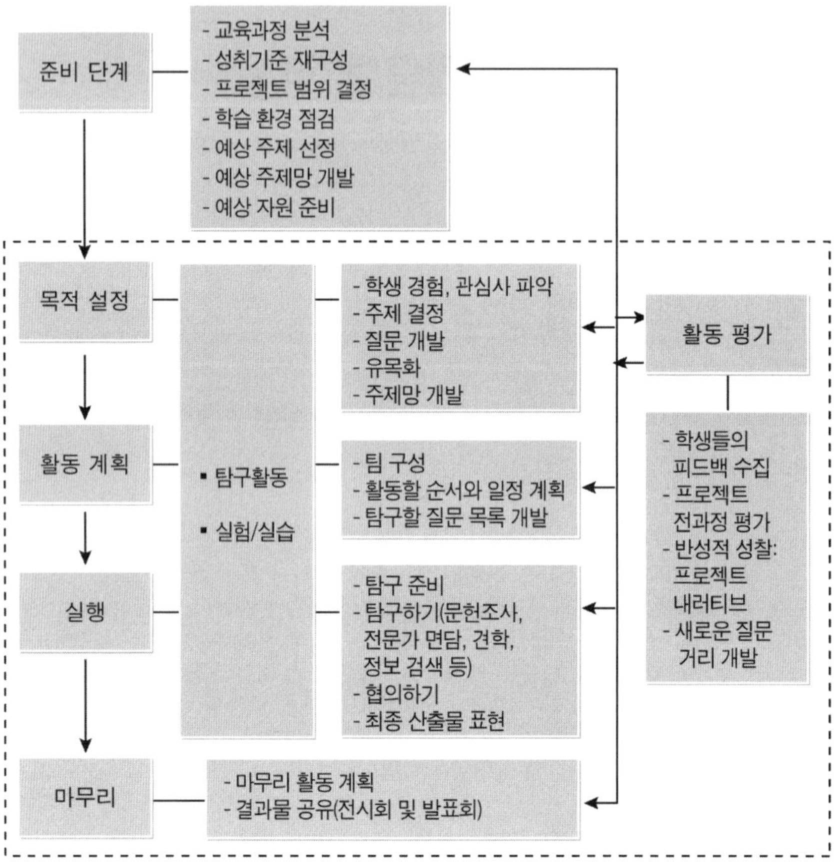

[그림 4-1] 실과 프로젝트 수업 절차

부분을 결정하기 때문에 진행 과정에서 프로그램 주제나 계획에 대한 수정이 필요할 수 있음을 반영한 것이다.

셋째, 실과교과 특성을 반영하여 성취기준과 목적에 따라 탐구 중심과 실험/실습 중심으로 분리하였다는 것이다. 성취기준이 탐구 중심으로 결과를 산출해야 하는 주제와 실험/실습 활동을 통해 결과물을 제작해야 하는 주제가 있다. 예를 들면 가족 관계, 진로, 환경, 영양 등과 관련된 주제 등은 탐구와 관련된 활동이 주가 될 수 있고, 목제품 만들기, 헝겊용품 만들기, 요리하기, 재배하기, 동물 돌보기 등은 실습 주제가 될 수 있다. 물론 탐구와 실습 활동이 병행되는 주제가 있을 수도 있다.

1) 준비 단계

교사 준비 단계에서 교사는 프로젝트 수업을 하기로 결정하고 교육과정 분석, 성취기준 재구성, 프로젝트 범위 결정, 학습 환경 분석, 아동 수준과 흥미 파악, 예상 주제 선정, 예상 주제망 개발, 예상 자원 분석 등과 같은 활동을 한다. 이때 예상이라는 용어를 사용한 이유는 최종 주제와 주제망은 교사와 학생의 협력에 의해 개발되어야 하기 때문이다. 프로젝트 수업이 교사와 학생의 협력으로 구성되는 것이고, 진행 과정에서 학생들의 활동이 주도적이라는 특성을 갖기 때문에 교육과정 운영이라는 큰 틀에서 볼 때 프로젝트를 진행하기로 결정한 교사에게 있어 교육과정과 성취기준을 분석하고 재구성하는 활동은 오히려 다른 수업보다 철저해야 한다. 그 결과를 토대로 프로젝트의 범위를 결정한다.

2) 목적 설정 단계

이 부분은 프로젝트 과정에서 무엇을 할 것인가를 결정하는 단계이다. 즉 탐구 주제를 도입하고 명료화하기, 그와 관련된 경험과 지식을 함께 나누기, 탐구 문제 목록을 기술하기 등을 포함하는 단계로 크게 주제 결정, 주제망 개발, 질문 개발 등의 활동이 이루어진다.

이 단계에서 학생이 주제를 선정하고 프로젝트 활동에 주의를 집중하도록 하는 일은 쉽지 않다. 이때 새로운 것이나 예기치 못한 것 등으로 관심을 끌 수도 있고, 학생들 전체가 같이 했던 경험, 또는 강렬한 인상을 남긴 사건, 역사 등을 중심으로 학생들의 흥미와 호기심을 불러일으킬 수 있다. 관련 주제와 관련한 이야기하기를 개방적 분위기에서 진행함으로써 학생들이 주제에 대한 각자의 관심과 사전 지식의 정도를 충분히 드러내게 한다.

이때 주제를 선정하는 과정에서 주제 선정의 배경은 수업의 목표와 환경에 따라 좀 다르게 접근할 수 있다. 주제 선정의 배경으로 첫째, 학습자의 경험이나 관심 중심, 둘째, 교육과정의 단원명이나 성취기준을 중심으로 한 교사 주도 등을 들 수 있다. 이때, 주제 선정을 누가 하든지 매우 중요하게 고려할 점은 프로젝트 활동은 각 학생들의 실생활에서의 경험의 차이를 중시하며 학생들과 교사의 흥미, 요구 및 전문성을 충분히 반영시킬 수 있어야 한다는 것이다.

실과 프로젝트 수업에서 주제를 결정하는 경우에는 실과교과 특성상 특정 주제에 대한 탐구가 핵심일 수도 있고, 직접 실습을 통해 결과물을 산출하는 핵심일 수도 있으며, 두 활동이 통합되는 주제 결정하기를 할 수도 있다.

주제가 결정된 후에는 이야기 나누기를 통해 나온 단어나 질문들을 유목화하고 소주제를 개발하여 주제망을 완성한다. 주제망 개발 과정에서 학생들의 의견이 교육과정 범위를 너무 벗어나거나, 학생들 수준으로 해결하기 어렵거나, 학습 환경이 충족되지 않는 경우 학생들과 조정하는 과정이 필요하며, 필요한 경우 교사의 의견이 반영될 수 있다. 그리고 주제는 사전에 개발될 수 있고, 주제망 개발 과정에서 또는 개발 후에 완성될 수도 있다. 그리고 주제망은 활동 실현 과정에서 수정될 수도 있다.

3) 계획 단계

계획 단계는 목적 설정 단계에서 학생들이 결정한 기대치와 목표를 어떻게 해결하고 프로젝트를 운영할 것인가를 결정하는 단계이다. 이 단계에서는 중심 활동 정리하기, 탐구에 필요한 질문 목록 개발하기, 소집단 활동 계획하기, 활동 순서 계획하기 등이다.

이때 활동 계획하기는 먼저 주제망에 제시된 활동 내용을 정리하고 정리한 내용을 중심으로 무엇을 탐구할 것인지 질문 목록을 개발한다. 이때 교사는 어린이들의 의견이 모아진 질문 목록과 해결 방법을 목록화한 표를 작성해 두면 진행 과정에서 도움이 된다. 그리고 질문 목록에 개발된 질문을 어떻게 탐구할 것인가를 결정한다. 이때 결정할 사항은 탐구 방법, 팀 구성, 활동 순서, 일정, 자원 목록, 표현 방법 협의 등이다. 이때 교사는 탐구 활동 계획의 개발 주도권을 학습자에게 넘겨줌으로써 학생들이 자발적으로 책임감을 가지고 탐구를 할 수 있도록 해야 한다.

실과 프로젝트와 관련하여 계획하기를 할 때 탐구 활동 중심인 활동은 위와 같이 진행하고 실습이 중심인 활동 계획 시는 필요한 재료 목록 작성, 실습 활동 순서 결정, 팀 구성, 설계하기 등을 할 수 있다.

4) 실행 단계

실행 단계에서는 탐구하기, 실험/실습 등의 활동이 진행된다. 실행 단계에서 탐구하기와 관련한 활동은 자료를 수집하고 그 자료를 분석하고 정리하여 결과를 개발하는 활동이 진행된다. 이때 결과를 개발하는 방법은 계획하기 단계에서 계획한 표현하기 방법으로 하는데 수집한 자료에 대한 협의 활동을 통해 표현 방법이 변경될 수도 있다. 이때 탐구하기 방법으로는 전문가 면담, 견학, 현장조사, 문헌, 인터넷 검색 등을 통해 이루어지며, 탐구 결과 표현하기는 언어, 문서, 역할극, 신체 표현, 연극, 그림, 컴퓨터 활용 등을 사용하여 이루어진다. 이 과정에서 적합한 장소를 방문하고 물건을 세밀히 살펴보고, 실제 일어난 일을 토론하고 탐구 장소에 관련된 사람들과 이야기를 해 봄으로써 직접 경험을 토대로 알고 있는 바를 수정하고 그 질을 높여 나간다.

실험/실습과 관련한 활동은 구상한 결과물을 제작하는 활동이 주가 되어 진행된다. 이때 학생들은 설계한 결과가 마무리될 때까지 책임감을 가지고 실현하도록 해야 한다. 혹시 실행 과정에서 예기치 못했던 어려움에 직면하는 경우 수준을 낮추어서라도 결과물을 완성하도록 해야 한다. 이 단계에서 교사는 학생들이 독립적으로 또는 협동적으로 생산적 활동에 참여할 수 있도록 전체를 아우르면서 학습을 조율한다. 학생들이 프로젝트 활동에 대한 관심을 지속시키면서 끝까지 책임감을 수행할 수 있도록 조절하고 활동의 질을 관리하는 교사의 섬세함이 필요하다. 특히, 이 과정에서 교사는 학생들이 유목적적으로 활동할 수 있도록 수시로 점검하고 학생들과 소통해야 한다. 무엇을 하고 있는지, 초기 계획에서 선정한 내용과 활동을 하고 있는지, 어려움이 있다면 무엇인지 등이 점검사항이다.

그리고 탐구와 표현 활동을 마친 후 교사와 학생들은 처음의 주제망, 계획서 등을 다시 살펴보고 이번 프로젝트를 통해 무엇을 배웠는지를 재해석하는 활동 기회를 갖도록 하고, 더불어 더 알고 싶은 것, 다시 해 보고 싶은 것 등과 관련하여 새로운 질문을 개발해 보도록 한다.

5) 마무리 단계

프로젝트 수업의 마무리 단계는 세 가지 기능에 대해 강조점이 주어지는데, 그것은 첫째, 학생들이 활동 과정에서 언급할 정보 제공하기, 둘째, 확장되는 어린이의 프로젝트 경험을 반성하고 성장 기록이나 활동 일지 보여주기, 셋째, 어린이들이 발견하고 성취한 바를 특정 청중에 맞게 전달해 주기이다.

이때 중요한 것이 실행 단계에서 산출된 결과물을 다른 사람들과 공유하는 활동이다. 여기에서 다른 사람이란 부모, 지역 사회 인사, 활동에 도움을 준 전문가, 학교 학생 등을 말하며, 공유한다는 것은 산출된 결과물을 다른 사람들에게 다양한 방법으로 알리는 활동을 말한다. 이때 공유하는 방법으로는 전시, 발표회, 캠페인 등이 있을 수 있다. 이를 위해 학생들은 프로젝트의 마무리를 같이 할 사람들에게 보여줄 것 그리고 그 방법에 대해 자세하게 협의하는 활동을 적극적으로 수행하는 데 타인의 관심을 예상해 보고 스스로 타인에게 알리려고 노력하는 성향은 프로젝트 활동 과정에서 나타나야 할 가치로운 성향이다. 특히, 학생들은 프로젝트 전시나 발표 과정에서 결과뿐만 아니라 프로젝트 과정에서 경험한 것에 대해서도 공유할 수 있다. 예를 들면 어떻게 만들었는지, 어떤 재료가 사용되었는지, 도중에 부딪친 난관과 극복 방법이 무엇인지 등의 내용이 포함될 수 있다. 이 과정에서 학생들은 자신들의 활동 과정을 반성적으로 성찰하는 기회를 갖게 되고 그 과정에서 새로운 질문거리를 개발하기도 한다.

6) 평가 활동

프로젝트 활동의 평가는 두 트랙으로 구분할 수 있다. 그것은 프로젝트 전 과정에서 이루어지는 과정 평가와 최종 단계에서 이루어지는 결과 평가이다. 그리고 평가의 주체를 학생과 교사로 구분할 수 있다.

첫째, 프로젝트 과정에서의 평가이다. 프로젝트 과정이 시작되면서 교사는 프로젝트 활동에서 학생들의 활동 과정에서 탐구 활동과 평가 활동을 병행하여 점검한다. 어떤 학생이 활동을 완수하는 데 어려움을 겪는지, 원인이 무엇인지, 무엇이 문제이며, 어떤 도움이 필요한지 등을 수시로 평가하고 도움을 줄 수 있다. 그리고 학생에게도 자신의 활동을 반성적으로 되돌아보는 활동을 수시로 갖게 함으로써 활동 결과의 질을 향상시키는 데 도움을 줄 수 있다. 그리고 프로젝트 전반에서 학생들의 개별 진척 사항이나 기능의 정도, 일의 수행 능력 등을 기록으로 정리할 수 있다.

둘째, 최종 단계에서 진행되는 평가이다. 이때 평가는 학생들이 프로젝트에서 활용한 기능, 전략, 탐구 과정, 탐구 결과를 되돌아보는 시간을 가지게 된다. 이 과정과 결과는 교사와 학생 모두에게 의미 있다.

이때 한 방법으로 교육과정 성취기준과 프로젝트 수행 과정에서의 평가 요소를 두 축으로 구분한 표를 개발하여 활용한다면 학생들의 수행을 교육과정 성취기준의 실현 정도로 연결하여 평가하는 것이 가능해진다. 기타 프로젝트 활동에서 나타나는 다양한 지적 · 기능적 · 태도적 성향 등이 학생 개별적으로 평가될 필요가 있다. 이때 나온 산출물들은 아동의 이해 측면뿐만 아니라 차기 프로젝트 수행을 위한 정보로도 유용할 것이다.

2. 프로젝트 수업 적용

이 부분은 [그림 4-1]의 실과 프로젝트 수업 전략 모형에 근거한 실과 프로젝트 수업 전략을 적용하는 예시이다.

실과 프로젝트에서 선정한 단원은 '생활 속의 동식물 이용'이다. 이 단원에 대한 분석은 〈표 4-1〉과 같다.

〈표 4-1〉 실과 프로젝트 수업을 위한 교육과정 분석

단 원	생활 속의 동식물 이용	학년	6학년
학습 주제	채소를 가꾸고 이용하기		
성취 기준	꽃이나 채소 등과 같은 생활 속의 식물 가꾸기 방법과 과정을 이해하고, 실제 생활에 필요한 꽃이나 채소 등을 가꾸어 이용할 수 있다.		
학습 목표	채소를 가꾸는 방법과 과정을 이해하고 실제 가꾸어 이용할 수 있다.		

이를 토대로 개발한 교수-학습 과정안 예시는 다음과 같다.

단 계	교사 활동	학생 활동	자료 및 유의점
목적 설정	▣ **학생 관심사 파악** • 식물을 재배해 보거나 이용해 본 경험 있으면 말해 봅시다.	• 상추를 엄마랑 길러봤어요. • 꽃잎으로 꽃누르미 액자를 만들어 보았어요. • 봉선화로 손톱 물들이기 했어요.	다양한 경험들을 충분히 공유할 수 있도록 하기
	▣ **주제 결정** • 이번 프로젝트는 채소를 재배하고 이용하는 것인데 주제를 무엇으로 할까요?	• '채소 재배와 이용'	• 여러 주제 중에 최선의 것을 학생들과 같이 선정
	▣ **주제망 작성** • 그럼 주제망을 작성해 봅시다.	• '재배 방법', '채소 종류', '음식 종류' 등을 중심으로 주제망 작성하기	
	▣ **활동 내용 결정** • '식물 재배와 이용' 주제와 관련해서 알고 싶거나 하고 싶은 것에는 무엇이 있을까?	• 방울토마토 재배해서 잼 만들 거예요(1모둠) • 감자심고 샐러드 만들기(2모둠) • 상추랑 쑥갓 길러서 비빔밥 만들어 먹기(3모둠)	
계획 단계	▣ **팀 구성하기** ▣ **재배 계획 세우기** ▣ **필요한 재료 및 준비물 확인 후 역할 분담하기**	• 식물 가꾸기 위해 알아야 할 내용 찾아보기(식물이 자라는 조건, 재배에 필요한 도구, 심고 수확하는 시기, 식물 심을 장소, 물주는 방법, 심는 방법, 관리방법 등)	• 학생들 주도적으로 무엇을 해야 하는지 항목을 찾도록 안내 • 재배계획서 이용도 가능
실행 단계	▣ **탐구하기**	• 계획하기에서 선정한 내용들에 대한 탐구(문헌 조사, 전문가 인터뷰, 현장 조사 등)	
	▣ **재배하기** • 탐구한 것을 토대로 재배하기 • 관리하기 활동	• 탐구한 내용대로 재배하기	
	▣ **이용하기**	• 재배한 식물을 이용하는 다양한 활동하기	
	▣ **마무리 활동 내용과 방법 계획** • 무엇을 배웠는지 확인하고 산출물로 표현 • 새로운 질문 개발 • 탐구 내용 재해석과 심화	• 무엇을 산출물로 제출할지, 어떻게 표현할지 정하기 • 산출물 정리하고 만들기 • 알게 된 것, 할 수 있게 된 것, 더 공부하고 싶은 것 정리해 보기	• 산출물을 다양한 방법으로 표현할 수 있도록 안내
마무리 단계	▣ **마무리 활동 안내**	• 학습 결과 보고하기 • 학생, 부모, 교사 등 참여자들과 공유하기	
	▣ **프로젝트 성찰과 목적 달성 정도 평가하기**	• 프로젝트 관련 경험 공유하기	

출처: 송현순 외 8인(2015). 실과6 교사용지도서. 비상교육. p. 23. 재구성.

논의

1. 프로젝트 접근법이 학생들에게 미치는 교육적 의의가 무엇일지 인지적 관점, 심리적 관점, 사회적 과점에서 논의해 보자.
2. 교사의 입장에서 교육과정의 성취기준을 중심으로 주제를 정하고 예비 주제망을 작성해 보고, 주제망 작성 방법을 다양하게 논의해 보자.
3. 프로젝트 접근법과 교사 설계 중심 수업 방법들과 수업의 차이, 교육적 효과의 차이, 학생 활동의 차이 등을 비교하여 논의해 보자.

참고문헌

강인애 · 정준환 · 서봉현 · 정득년(2012). **교실 속 즐거운 변화를 꿈꾸는 프로젝트 학습**. 상상채널.

김대현 · 왕경순 · 이경화 · 이은화(1999). **프로젝트 학습의 운영**. 학지사.

이성대 · 김정옥 · 이주원 · 이경원 · 공일영 · 이혁재 · 곽재은 · 김지훈 · 정성아(2015). **프로젝트 수업, 교육과정을 만나다**. 행복한 미래.

전남련 · 권경미 · 강은숙(2013). **유아와 상호작용을 통한 프로젝트 접근법**. 양서원.

전정민(2008). **이론과 실제를 함께 배우는 프로젝트 접근법**. 한국학술정보(주).

지옥정(2017). **유아교육현장에서의 프로젝트 접근법**. 창지사.

Chard, S. C. (1994). *The Project Approach: A Practical Guide for Teacher.* 지옥정 역(2000). 프로젝트 접근법: 교사를 위한 실행지침서. 창지사.

Hallermann, S., Larmer, J., & Mergendoller. (2011). *PBL in the Elementary Grades*. 설영환 외 역. 프로젝트 학습 초등교사를 위한 안내. 아카데미프레스.

Helm, J. H., & Katz L. (2011). *Young Investigators The Project Approach in the Early Years.* Teachers Collage, Columbia University.

Katz, L. G., & Chard, S. C. (2000). *Engaging Children's Minds: The Project Approach*. 윤은주 · 이진희 역(2013). Katz와 Chard의 프로젝트 접근법. 아카데미프레스.

제 5 장

실천적 추론 수업

개 요

인간은 매일의 삶에서 일상적이고 예기치 않은 문제에 직면하게 되고 이러한 문제의 해결을 위해 최선의 행동이 무엇인지를 판단할 수 있는 능력이 필요하다. 최선의 행동을 판단할 수 있는 능력은 실천적 추론을 통하여 길러질 수 있다. 실천적 추론(practical reasoning)은 일상 생활에서 직면하는 실천적인 문제의 해결 과정에 필요한 고등사고 과정으로 무엇을 해야 하는가를 생각하게 하여 최선의 행동을 판단하게 할 수 있기 때문이다. 여기서 추론은 이미 알고 있는 문제에 얽힌 여러 가지 요인을 해석하고 대안적인 해결 방안의 모색을 통해 자신, 타인, 사회에 미칠 영향을 고려한 해결 방안을 결정하는 과정을 말한다.

학습목표

- 실천적 추론의 의미를 말할 수 있다.
- 일반적 문제해결 과정과 실천적 추론 과정의 차이를 말할 수 있다.
- 실천적 추론 과정의 요소와 각 요소별 내용을 서술할 수 있다.
- 실천적 추론을 적용한 수업 절차를 구성할 수 있다.

1절 실천적 추론의 이해

실천적 추론의 배경에는 실천적 비판과학 패러다임이 자리잡고 있다. 실천적 비판은 인간을 위해서 바람직한 것과 그렇지 못한 것을 구별하여 합리적 이성에 따라 행동할 수 있는 상태로 하버마스(Jurgen Habermas)의 비판 이론에 근거한다. 하버마스는 사회와 인간 생활과의 관계를 개인, 사회, 문화의 영역으로 나누어 설명하고 있어, 그의 이론은 인간의 행복한 삶에 관심을 가지는 실과교육의 지침이 될 수 있다. 따라서 여기서는 실천적 추론에 대한 이해를 돕기 위하여 하버마스의 관심 이론과 행동 체계를 먼저 살펴보고자 한다.

1. 관심 이론과 행동 체계

1) 관심 이론

하버마스(Habermas)는 인간의 세 가지 관심(interest)이 행동과 지식 형성을 이끄는 기본이라고 보았다. 그는 인간의 관심은 목적 달성을 위한 행동을 유도하고, 행동의 누적은 지식의 생성을 가능하게 한다고 하였다. 이러한 관심 이론은 어떻게 지식이 구성되고 행동으로 연결되는가를 보여줌으로써 교육과정 구성의 방향이 될 수 있다. 실천적 비판과학 패러다임의 기초가 되는 하버마스의 세 가지 관심(기술적 관심, 의사소통적 관심, 해방적 관심)은 다음과 같다(Habermas, 1971).

기술적 관심은 인간의 생존과 종족 보존을 위해 환경을 통제하고 관리하는 것에 기본적인 지향점을 둔다. 이러한 지향점은 경험과학의 내용과 일치하는 것으로 하버마스는 이를 기술적 관심으로 지칭하였다. 경험과학은 경험과 실험에 의해 지식을 구성하여 애매한 것보다는 정확한 것에, 불확실한 것보다는 확실한 것에 가치를 둔다. 경험과학의 지식은 일련의 가설로 구성되어 경험적으로 검증

함으로써 통제와 예언의 힘을 갖게 되기도 한다. 따라서 기술적 관심은 경험적 법칙에 따르는 행동을 통하여 환경을 예측하고 통제하고자 하는 관심이다.

의사소통적 관심은 공동체의 유지를 위해 개인과 집단 상호 간의 이해와 합의에 지향점을 둔다. 의사소통적 관심에 의한 질문은 '내가 무엇을 할 수 있는가?'가 아니라 '내가 무엇을 해야만 하는가?'이다. 이 질문에 답하기 위해서는 주어진 상황의 맥락을 이해해야 하므로 의사소통적 관심으로 지칭되었다. 하버마스는 진리에 접근하는 것은 관찰을 통해서가 아니라 상호 간의 합의를 통해 의미를 이해하면서 이루어진다고 하였다. 따라서 의사소통적 관심은 관찰과 경험에 의한 객관적 지식보다는 주관적 지식을 창출하는 데 관심을 둔다. 이처럼 의미 이해를 통해 지식을 생산하는 것은 해석과학에 관련된다. 해석과학은 상이한 방법들로부터 지식을 얻는다. 그리고 명제의 타당성은 기술적인 통제, 이론들의 연역적 검증, 경험의 조작을 통하여 형성되는 것이 아니라 의미를 이해하면서 형성되는 것이다. 해석과학에서의 상황에 대한 이해는 경험과학에서의 가설의 증명과 같은 것으로 볼 수 있다.

해방적 관심은 비판적 사고와 이성적 행동을 통해 잘못된 인습, 전통, 이데올로기에서 벗어나 자주적 인간과 이상적 사회 구현에 지향점을 둔다. 이때의 해방은 자율성과 책임감이 있는 상태에서 개인의 외부에 존재하는 것으로부터의 독립을 의미한다. 하버마스는 해방은 자아성찰을 통해서만 가능한 것이고, 자아성찰은 자신을 의존적인 주체로 사물화시키는 삶으로부터의 해방이라고 하였다. 그리고 그는 기술적 관심과 의사소통적 관심을 통해서는 자율성과 책임감을 양성할 수 없다고 하였다. 기술적 관심은 통제에 관심을 두고 인간과 환경을 통제의 대상으로 여기기 때문에 진정한 의미의 자율성을 부여하기 힘들다. 의사소통적 관심은 이해와 합의에 관심을 두므로 어느 정도의 자율성과 책임감에 관여하지만 진정한 해방을 촉진하기는 어렵다. 그 이유는 토론과 논쟁을 통한 이해와 합의는 조작될 수 있고 상황의 의미는 기만될 수 있기 때문이다. 이처럼 해방적 관심은 공동체 구성원으로서 억압받지 않는 상황에서 옳은 것과 나쁜 것을 구별할 수 있는 것으로 비판과학과 맥을 같이 한다. 비판과학은 억압과 왜곡으로 인해 자유가 침해받는 것을 견제하는 이론이다.

〈표 5-1〉 인간의 세 가지 관심

구 분	기술적 관심	의사소통적 관심	해방적 관심
관심의 유형	관찰 가능한 행동	의도적인 행동	왜곡된 의사소통
질문의 종류	우리는 어떻게 목표를 달성할 수 있는가?	우리는 어떤 목표를 추구해야 하는가?	우리는 어떤 행동을 해야만 하는가?
행동의 근거	기술적 규칙(X를 달성하기 위해 Y를 행함)	언어의 규칙, 사회적 가치와 규범	도덕적 가치, 기술적 가치, 언어의 규칙, 사회적 가치와 규범
행동의 유형	이전에 정해 놓은 목표를 달성하기 위한 기술적·목적적 행동	행동을 규제하는 사회적 규범에 대한 합의를 가능하게 하는 의사소통을 위한 상호작용	인간의 자율성을 위해 필수적인 자아 반성과 믿음, 행동, 사회구조에 대한 비판
가치에 대한 관점	모든 가치는 감정적인 반응임	가치는 개인이나 문화와 관련이 있음	가치는 어떤 행동을 할 것인가에 대한 실천적 담론으로 이성적 분석을 가능하게 해 줌
과학의 유형	경험과학: 원인과 결과에 관한 경험 및 분석	해석과학: 언어 분석 및 해석학	비판과학
궁극적 목적	예측과 통제	인간 경험에 대한 통찰, 이해의 공통성 제공, 합의	사회적 삶의 근원에 대한 비판적 인식, 자아 반성적 성찰, 자기 결정과 행동을 위한 해방

하버마스의 세 가지 관심은 교육 현상을 설명하는 철학적 패러다임으로 널리 사용되고 있다. 볼드윈(Baldwin, 1984)은 하버마스의 기술적 지식에 의한 교육과정 관점을 기술적 교육과정, 실제적 지식에 의한 교육과정 관점을 실천적[2] 교육과정, 해방적 지식에 의한 교육과정 관점으로 해방적 교육과정으로 분류하고 있다. 기술적 관점에서의 교육과정은 이전의 학자들에 의해 축적된 지식과 경험에 의한 학습자의 행동 변화에 목적을 두고 있다. 이러한 관점에 의한 실과 교육과정의 주안점은 생존을 위한 가족 구성원의 근본적인 필요(의, 식, 주, 전기 · 전자 등)에 관한 것, 가정일을 능률적으로 하기 위한 지식과 기술에 관한 것, 실과와 관련된 직업교육에 관한 것이 될 수 있다. 실천적 관점에서의 교육과정은 학생들이 자신들이 다루는 문제의 사회적 · 문화적 맥락에 대한 이해를 기초로 지식을 구성하는 과정에 참여하게 하는 데 목적이 있다. 이러한 관점에 의한 실과교육과정의 주안점은 기술적 전문 지식보다는 의사소통에 있다. 해방적 관점에서의 교육과정은 학생들이 비판적 잠재력을 발달시켜 개인, 가정, 사회에 영향을 미치는 의사결정과정에 적극적으로 참여하게 하는 데 목적이 있다.

2) 교육과정 유형 분류에서는 해석과학에 근거한 의사소통적 관심을 의사소통적 관점, 실천적 관점, 해석적 관점으로 혼용해서 사용한다. 여기서는 실천적 추론에 대한 내용을 다루므로 실천적 관점으로 하였다.

이는 개인이 자신의 삶을 자율적이고 책임감 있는 방식으로 영위하고 사회 정의 구현에 참여할 수 능력과 관련된다. 해방적 관점은 앞의 두 가지 관점과 배타적인 것이 아니라 기술적 관점과 실천적 관점을 포괄하는 개념이다. 왜냐하면 우리의 삶에 영향을 미치는 왜곡된 믿음으로부터 벗어날 수 있는 행동을 위해서는 축적된 정보로서의 지식과 의사소통을 통한 이해와 합의가 전제되어야 가능하기 때문이다.

〈표 5-2〉 교육과정 구성 요소에 대한 세 가지 관점

구 분	기술적 관점	실천적 관점	해방적 관점
교육 목적	경험과학에 의해 구성된 지식의 적용을 통한 학습자의 행동 변화	우리가 살고 있는 사회에 대한 학생들의 이해를 넓히고, 대화를 통한 상호 간의 합의를 이룸	왜곡된 믿음이 우리의 삶에 미치는 영향을 이해하여 삶에 영향을 주는 의사결정과정에의 참여
지식	축적된 정보로서 보편적이고 가치중립적임	축적된 것뿐만 아니라 앞으로 알아가는 과정으로 새로운 정보에 따라 변화 가능함	바람직한 가치에 의해 행동했을 때의 결과를 아는 일임
교수 방법	• 교과 내용에 중점을 둠 • 수업 목표의 달성에 초점을 둠	• 교육 자료는 다양하게 이해될 수 있음 • 상호적 의사소통 과정에 참여할 수 있는 방법에 초점을 둠	• 주어진 상황에 대해 비판적으로 생각하도록 함 • 도덕적 타당성을 근거로 한 의사결정에 초점을 둠
평가	평가의 준거는 교육 목표이고 객관적 지표에 의해 평가됨	주어진 문제의 사회문화적 맥락에 대한 이해와 합의를 통해 어떻게 문제를 해결하였는지를 평가함	사회정의에 입각하여 행동할 수 있는 능력을 평가함
학습자	지식을 구성하는 데 있어서 중립적인 관찰자로서 수동적 존재	• 지속적으로 지식을 구성하고 의미를 재구성하는 존재 • 자신의 편견에서 벗어나 다른 사람의 가치와 신념에 대해 개방적인 태도를 가지는 존재	비판적 수용력을 발달시킬 수 있는 존재
사회	사회는 통제와 예측이 가능함	• 사회적 삶의 기본은 이해와 합의임 • 사회적 긴장은 의사소통과 합의의 부재 또는 실패로 인해 발생함	사회와 문화는 인간에 의해 창조되고 발달됨

2) 행동 체계

행동 체계는 하버마스의 이론에서 온 것으로 인간의 관심이 행동을 이끈다고 보았다. 따라서 행동 체계는 인간의 세 가지 관심에 따라 기술적 행동, 의사소통적 행동, 해방적 행동으로 분류할 수 있다(류상희, 2004; 유태명·이수희, 2010; 교육부, 2015).

기술적 행동은 인간의 생존을 위해 물질적 필요를 충족시키고 환경을 관리하고 통제하는 데 관심을 둔 행동이다. 기술적 행동에서의 관심은 원인과 결과를 예측하고 통제하기 위한 것으로 가정 생활과 기술의 세계에 대한 지식과 이론을 제공해 주는 역할을 한다. 이러한 지식과 이론은 탐구 과정이 생략되고 수단과 방법을 위한 '어떻게(how to)'에 집중되어 행동을 유도한다. 예를 들면, 간단한 생활 소품을 만들어 보는 활동에서 평면의 직물이 입체로 형성되는 의복 구성과 제작 원리에 관한 지식은 드러나지 않고 단순한 바느질 방법 및 기능을 익히게 되는 경우가 이에 해당된다. 실과교육과정에서 기술적 행동에 해당하는 내용은 아동의 발달 특징, 균형 잡힌 식사, 간식 만들기, 바느질의 기초, 생활 소품의 제작, 시간 자원의 특성, 자전거의 구성 요소, 기초 프로그래밍, 발명기법 등으로 이미 생성된 지식과 기능에 관련된 것이다.

의사소통적 행동은 언어적·비언어적 상호작용을 통해 개인과 집단의 목표, 가치, 태도, 의미, 믿음을 이해하고, 추구해야 하는 목적과 무엇을 해야 하는가에 대한 합의에 관심을 둔 행동이다. 따라서 의사소통적 행동은 개인과 집단의 생각, 가치, 감정을 나누고 이해하는 과정을 통해 '무엇을 해야 하는가(what to do)'에 초점을 둔 행동을 유도한다. 의사소통적 행동의 예를 들면, 가족 상황에 따라 다를 수 있는 가족 구성원의 역할을 이해하고 분석하는 것이 가족 관계에 어떠한 영향을 미치는가를 논의하는 것이 이에 해당된다. 그러나 '옷의 기능을 이해한다'와 같이 이해에 도달하는 궁극적인 목적이 인지적 이해인 것은 의사소통적 행동으로 볼 수 없다. 실과교육과정에서 의사소통적 행동에 해당하는 내용은 직업 탐색, 정보 윤리, 지속 가능한 발전 등으로 정해진 답이나 방향이 있는 것이 아니라 이해 또는 합의를 통해 해결해야 하는 것이다. 직업 탐색은 자신의 흥미, 가치, 성격을 이해하고 자신에게 맞는 직업이 삶에 어떠한 영향을 미치는지를 탐색하는 것이고, 정보 윤리는 개인 정보 및 지적 재산의 의미를 이해하고 이에 대한 침해를 예방하기 위해 할 수 있는 일을 탐색하는 활동이다. 지속 가능한 발전은 농업과 우리 생활의 관계를 이해하고 지속 가능한 삶의 실천이 개인, 가족, 사회에 미치는 영향을 탐색하는 활동이다.

해방적 행동은 비판적 사고의 개발을 통해 자율성과 이성적 행동을 저해하는 인습이나 이데올로기로부터 벗어나 자주적 인간과 정의 사회 구현에 관심을 둔 행동이다. 따라서 해방적 행동에서의 관심은 제대로 의식하지 못하는 사이에 잘못 행해지고 있는 것에 대한 비판적 의식을 제공하는 역할을 하고, '무엇을 해야만 하는가(what should we do)'에 대한 행동을 유도한다. 해방적 행동은 기술적 행동과 의사소통적 행동을 포괄하는 것이다. 바람직하지 못한 목적, 가치관, 결정으로부터 벗어나기 위해서는 과학적 지식과 기능이 필요함과 동시에 개인이나 집단의 목표, 가치, 믿음에 대한 이해와 합의가 필요하기 때문이다. 해방적 행동이 기술적 행동 및 의사소통적 행동과 관련되어 있는 예를 들면 다음과 같다. 실과의 '자원 관리와 자립' 단원에는 '자신의 위치에서 할 수 있는 가정일을 찾아 계획하고 실천한다'라는 성취기준이 제시되어 있다. 이러한 성취기준을 달성하기 위해서는 가정일의 순서와 방법에 대한 기술적 행동이 필요하고, 가정일의 의미 및 가치와 가정일이 가정 생활에 미치는 영향을 이해하는 의사소통적 행동이 필요하다. 동시에 가정일이 여성의 일이라는 성역할 고정관념을 벗어나 가족 구성원의 역할 분담으로의 변화를 꾀하는 해방적 행동이 일어나야 한다.

다음 표는 기술적 행동, 의사소통적 행동, 해방적 행동의 특징을 정리한 것이다.

〈표 5-3〉 행동 체계의 특징

행동 체계	특 징
기술적 행동	• 인간의 물리적 환경을 예견하고 통제하는 데 관련된 행동이다. • 가정 생활에 필요한 의 · 식 · 주와 관련된 물질을 어떻게 생산하고 제공하는가에 초점을 둔 행동이다. • 목적 달성을 위한 수단을 강조하므로 행동에 따르는 결과는 동일하다. • 학습자를 기술적 · 사회적 변화에 빠르게 적응시킨다. • 가정인과 직업인으로서의 역할을 수행하는 데 필요한 기술을 습득시킨다.
의사소통적 행동	• 개인과 가족의 욕구, 사회적 규범과 가치, 문화와 전통을 이해하는 데 필수적인 요소이다. • 사회 생활을 위한 의미와 규범에 대한 사회구성원의 합의에 도달하는 수단이다. 이때 사회 구성원의 욕구와 합의에 대한 이해가 올바르지 못하다면, 이는 사회에 비기능적으로 작용한다. • 가정에서 이루어지는 다양한 관계(부모-자녀, 부부, 형제-자매 등)의 의사소통에서 상대방의 욕구, 목표, 의도를 잘 이해하기 위해서 필요한 행동이다. • 가족 구성원의 요구와 역할은 다양한 요인에 의해 변화하므로 변화된 요구와 역할을 재해석하기 위해서 필요한 행동이다.
해방적 행동	• 가족 또는 사회정의를 침해하고 자유로운 개인 생활을 방해하는 억압에서 벗어나려는 행동이다. • 기술적 행동과 의사소통적 행동을 필요로 하는 포괄적인 개념의 행동이다 • 가족의 독단적인 신념이나 외부의 억압적 영향으로부터 벗어나게 하는 행동이다. • 가정이나 사회 집단에서 대립되는 논쟁과 행동의 갈등을 도덕적으로 해결하기 위해 필요한 행동이다.

출처: 류상희(2004). 가정과 교육을 위한 패러다임 탐색. 청주대학교 교육대학원 논문집.

2. 실천적 추론의 개념 및 특징

1) 실천적 추론의 개념

실천적 추론의 개념을 살펴보기 이전에 실천과 추론의 개념을 먼저 살펴보고자 한다. 실천의 의미를 살펴보는 것은 실과교육에 있어 중요하다(유태명·이수희, 2010; 윤평중, 2000). 실과교육과정은 실과를 실천 교과의 성격을 지닌 보통 교과를 규명하고, 개인과 가족이 전 생애에서 직면하게 될 일상 생활의 문제를 해결할 수 있는 능력을 함양하여 스스로의 생활을 개선할 수 있도록 하는 데 중점을 두고 있기 때문이다(교육부, 2015). 실천의 개념은 이론적인 것과 구별되는 것으로서의 실천과 교육과정 구성 요소의 관점(기술적·실천적·해방적 관점)을 구분하는 데 쓰이는 것으로서의 실천이 있다(Brown, 1985). 이론적인 것과 구별되는 것으로서의 실천은 유용성을 추구하는 활동으로 옳은 것에 대한 윤리적 판단보다는 실제적 판단을 통해 행동하는 능력을 의미한다. 교육과정 구성 요소의 관점을 구분하는 데 쓰이는 것으로서의 실천은 아리스토텔레스(Aristoteles)의 지성적인 덕에서 맥락을 찾을 수 있다. 그는 지성적인 덕을 과학, 예술, 철학, 실천적 이성, 직관(science, art, philosophical wisdom, practical reason, intuitive reason)으로 구분하였고, 그 중 실천적 이성이 실과의 성격으로 규명된 실천의 개념으로 볼 수 있다. 실천적 이성은 인간으로서 잘사는 것, 올바르게 행동하는 것과 관련하여 좋은 것과 나쁜 것에 대한 이성을 가지고 참된 이치에 따라 행동할 수 있는 상태이다. 인간은 무엇을 할 것인가를 선택하고 결정하려면 심사숙고의 과정이 필요하고, 심사숙고의 과정에서는 실천적 이성에 의한 행동 선택과 실제로 행하는 것이 필요하다. 하버마스도 공공의 선을 목적으로 하는 윤리적 행동을 실천으로 해석하는 고전적 의미에 이해를 통한 이성적 합의를 지향하는 의사소통적 의미를 실천에 포함하였다. 따라서 실과교육과정에 제시된 실천을 기술적 유용성이 강조된 이론과 상대적인 개념으로만 이해한다면 실과교과의 방향에 대한 의미가 공유되지 않을 것이다. 실과교과에서의 실천은 기술적 유용성을 강조하는 실천과 좋은 것과 나쁜 것에 대해 숙고하고 이해와 합의를 통해 이를 실행하는 의미로서의 실천을 내포하고 있다. 그러므로 실과교육에서 지향하는 실천은 개인과 가족이 전 생애에서 직면하는 문제 상황에서 자신, 가족, 사회를 위한 비판적 사고와 윤리적 가치 판단에 따른 의사결정을 통해 최선의 행동을 할 수 있는 능력을 말한다.

추론은 이미 알고 있는 것을 전제로 하여 새로운 결론을 이끌어내는 과정, 즉 타당한 근거를 통해 결론에 이르는 논증 방식이다. 여기서 무엇인가를 전제로 한다는 것은 그 무엇을 지지하거나 주장하는 것이 아니다. 지지하거나 주장하는 것은 추론 과정을 통한 결과이다. 추론은 일반적으로 타당한 논쟁 형태를 분석하여 그 전제가 함축하고 있는 결론을 이끌어내는 연역적 추론과 많은 사실들로부터 일반적 진술을 주장하는 귀납적 추론이 있다. 연역적 추론은 확실성에 근거하여 진행되며 그로 인해 도출된 결론의 진실성을 보장하는 것을 전제로 한다. 귀납적 추론은 개별적인 사실들로부터 일반적인 원리를 이끌어내는 추론 방식이다. 따라서 추론은 무엇인가를 전제로 결론을 이끌어 내고, 도출된 결론을 지지하는 인간 활동으로 볼 수 있다(전재원, 2015).

그렇다면 실천적 추론은 무엇인가. 실천적 추론은 문제에 내포된 맥락과 다양한 요인을 분석하고 논리적인 추론과 도덕적 타당성을 통해 문제를 해결하는 과정이다. 레이드(Reid, 1979)는 실천적 추론을 실천적 문제를 해결하는 데 사용되는 지적·사회적 탐구 과정, 즉 논리적으로 타당한 근거를 통해 실천적 문제와 관련된 맥락과 지식을 명료히 하고 비판적 관점에서 옳고 그름을 판단하여 결정을 내리는 과정으로 정의하였다. 볼드윈(1999)은 실천적 추론을 개인이나 집단 및 사회에 영향을 미치는 실천적 문제에 대하여 무엇을 할 것인가에 대한 합의에 이르는 의사소통으로 정의하였다. 이때 실천적 문제는 인간이 지속적으로 당면하는 항구적인 문제로 정해진 답이 있는 것이 아니라 심사숙고해서 가치 판단을 하는 문제를 말한다. 그리고 무엇을 할 것인지에 대한 합의는 사회정의를 침해하고 개인 생활이나 공공의 이익에 해가 되는 것에서 벗어나 특정 행동에 의해 영향을 받는 모든 사람에게 유익한 결정을 내리는 데 도움을 주는 가치관이나 합리적 이성에 의한 결정이다. 따라서 실천적 추론은 일상 생활에서 직면하는 실천적 문제에 대하여 다양한 정보에 근거한 비판적·도덕적 사고 과정을 통해 최선의 행동이 무엇인지를 판단할 수 있는 능력이라고 할 수 있다.

이와 같은 실천적 추론은 행동을 목적으로 하는 추론으로 무엇인가를 행하고자 하는 결정이 일어나면 종료된다.

2) 실천적 추론의 특징

실천적 추론은 어떤 상황에서 필요하고 실천적 추론을 할 수 있는 사람의 특징을 살펴보면 다음과 같다. 실천적 추론이 필요한 상황은 주어진 환경이 불확실하고 변화 가능하여 다양한 해석이 가능한 상황, 가치와 관련된 판단이 요구되는 상황, 실제적 행동이 취해져야 하는 상황, 어떤 행동을 해야 하는가에 대한 정답이 없는 상황이다. 따라서 실천적 추론 과정에 참여하는 사람은 경험과학에 의한 기술과 정보를 사용하고, 주어진 상황의 해결을 위해 추구해야 하는 가치를 의식적으로 검토하여 대안적 행동을 탐색하며, 탐색한 대안이 개인, 가정, 사회에 미치는 파급 효과를 분석해야 한다. 그리고 마지막으로 최선의 행동이 무엇인지를 결정해야 한다(NASAFACS, 2008). 전재원(1993)도 실천적 추론을 할 수 있는 사람은 목적과 상황에 대한 참된 파악을 하는 사람, 실천적 문제들에 대한 대안을 이성적으로 탐색하는 사람, 자기가 무엇을 행할 것인가에 대해서 도덕적으로 판단하는 사람으로 해석하였다.

실천적 추론의 특징은 일반적 문제해결 과정과 비교함으로써 더 명확해진다. 실천적 추론은 주어진 맥락과 관련하여 어떠한 결정이 최선인가를 판단하기 위하여 경험과학적 지식뿐만 아니라 도덕적 타당성을 고려한다. 실천적 추론은 정답이 정해져 있지 않은 실천적 문제의 해결을 위한 과정으로 문제의 맥락을 이해하고 검토하는 해석과학의 논리와 의사소통적 상호작용을 통한 합의를 필요로 하기 때문이다. 반면, 일반적 문제해결 과정은 가장 효율적인 수단과 방법을 찾는 데 초점을 둔다. 일반적 문제해결의 초점이 효율성에 있는 것은 일반적 문제는 정답이 있고, 정답에의 접근 과정은 경험과학적 지식과 정보에 의해 이루어지기 때문이다.

또한 실천적 추론의 특징은 실천적 문제와 일반적 문제의 비교를 통해서도 알 수 있다. 브라운과 파올루치(Brown & Paolucci, 1979)는 실천적 문제와 일반적 문제를 문제의 맥락, 목표의 수준, 문제해결의 방법 측면에서 비교하였다. 첫째, 문제의 맥락 측면에서 실천적 문제는 특정한 맥락과 관계된 것으로 문제의 해결을 위해서는 맥락에 대한 이해가 선행되어야 한다. 그리고 이러한 맥락은 상황에 따라 변화가능성을 내포하고 있다. 예를 들면, A 가족이 직면한 부모-자녀 간의 의사소통의 문제와 B 가족이 직면한 부모-자녀 간의 의사소통의 문제는 모든 가족이 경험하는 항구적인 문제라는 측면에서 동일하지만, 그 해결 방안은 다를 수 있다. 그리고 동일한 가족의 경우일지라도 자녀의 나이와 욕구의 변화에 따라 그 해결 방안은 달라져야 한다는 것이다. 반면, 일반적 문제는 맥락과 관계없이 참인 것이 정해져 있는 문제이다. 예를 들어, 영양소의 종류와 역할에 대한 문제는 경험과학적 지식에 관련된 것으로 문화, 상황, 가치, 지역에 관계없이 동일하게 탐구될 수 있는 문제이다. 둘째, 목표의 수준에서 실천적 문제는 특정한 상황이나 맥락에 관계된 문제해결을 목표로 하므로 특수한 수준을 다루는 반면, 일반적 문제는 어느 맥락에서나 참일 수 있는 일반적 지식을 목표로 하므로 일반적 수준을 다룬다. 셋째, 실천적 문제의 해결은 무엇을 해야만 하는가에 대한 비판적 사고를 통해 합의된 바람직한 행동이 실제로 행하여졌을 때로 본다. 반면, 일반적 문제는 일반화된 지식의 서술 및 적용이 가능할 때 해결된 것으로 본다.

3. 실천적 추론 과정의 요소 및 내용

1) 실천적 추론 과정의 요소

브라운과 파올루치(1979)는 목표(goal), 맥락(context), 대안(means), 행동(consequences), 행동에 대한 반성(judgment of action)을 실천적 추론 과정의 요소로 제시하였다. 이러한 브라운과 파올루치의 요소를 근거로 실천적 추론 과정의 요소를 정리한 문헌(유태명 · 이수희, 2010; 채정현 외, 2011)에서는 기대하는 목표, 문제의 맥락과 배경, 대안적 행동과 방법, 행동의 파급 효과, 행동 및 평가를 실천적 추론 과정의 5가지 요소로 정리하고 있다. [그림 5-1]은 실천적 추론 과정을 도식화한 것으로 기대하는 목표, 문제의 맥락과 배경, 대안적 행동과 방법, 행동의 파급 효과까지를 실천적 추론 과정으로 보는 것이 일반적이다. 그리고 행동 및 평가는 실천적 추론 과정을 통해 궁극적으로 도달하게 되는 결과에 해당한다.

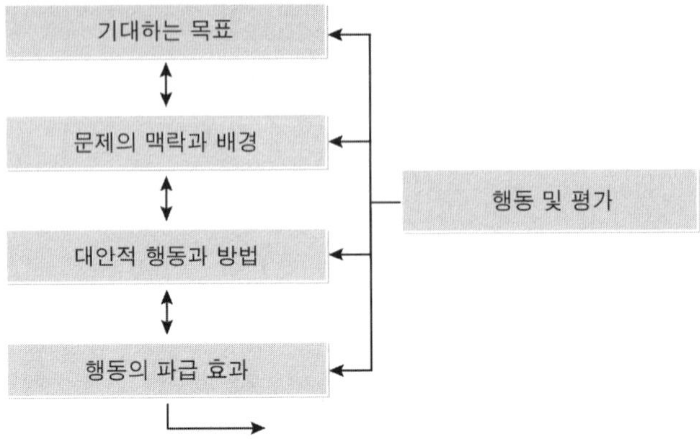

[그림 5-1] 실천적 추론 과정

(1) 기대하는 목표

실천적 추론 과정은 실천적 문제가 해결되었을 때의 기대 목표를 설정하는 것으로부터 시작된다. 이때 문제가 무엇인지를 규명하는 것은 현재의 상태와 이상적인 상태의 차이를 인식하고 이상적인 상태가 되기 위해서 어떤 목표가 필요한지를 결정할 수 있도록 하는 중요한 과정이다.

목표 설정은 공동체를 위해 최선인 것이어야 하고, 실천적 판단을 가능하게 하는 것이어야 한다. 공동체를 위해 최선인 목표는 특정한 개인을 위한 것이 아니라 그 목표에 의해 영향을 받는 집단이나 사회를 위해서 가치 있는 것을 의미한다. 실천적 판단을 가능하게 하는 목표는 추상적인 상태의 목표가 아니라 대안 탐색과 행동에 대한 반성의 준거가 될 수 있는 목표를 의미한다. 예를 들면, '바람직한 소비'라는 목표는 바람직한 상태가 무엇인지의 준거 설정이 모호하므로 대안 탐색의 준거로 작용하기 힘들 수 있다. 반면, '지속 가능한 소비'라는 목표는 대안으로 탐색한 것이 지속 가능한 소비를 가능하게 하는 것인지의 질문을 통해 실제적 판단이 가능할 수 있다.

(2) 문제의 맥락과 배경

문제의 맥락과 배경에 대한 이해는 문제의 현재 상태에 대한 이해와 가치 정보에 대한 이해를 포함한다. 문제의 현재 상태에 대한 이해는 문제와 관련된 사회, 문화, 환경, 정치 등의 모든 맥락과 배경을 이해하는 것이다. 이는 문제가 왜 발생하였고, 무엇이 문제이며, 문제가 지속될 것인지 이해하는 과정으로 문제와 관련된 지식, 정보, 이론 등을 필요로 한다. 가치 정보에 대한 이해는 문제에 관련된 사람들의 감정, 추구하는 규범이나 관습, 추구하는 가치, 편견이나 선입견 등에 대한 이해를 의미한다. 이때 겉으로 드러나는 가치 정보만을 해석하는 것이 아니라 드러나지 않는 전통이나 관습, 잘못된 믿음, 편견 등을 비판적으로 해석할 수 있어야 한다.

(3) 대안적 행동과 방법

대안적 행동과 방법은 문제의 맥락과 배경에 대한 이해를 토대로 기대하는 목표를 이룰 수 있는 대안을 탐색하는 과정이다. 대안 탐색은 경험과학적 지식과 정보의 분석 과정을 통해 이루어져야 하고, 이러한 지식과 정보는 대안을 제시한 근거가 되기 때문에 중요하다. 이 과정에서는 목표 달성을 위해 가능한 방법은 무엇일까, 해결 방안이 신뢰할 수 있는 정보에 근거한 것인가, 어떤 과정을 거쳐야 하는 것인가 등의 질문을 할 수 있다.

대안적 행동과 방법의 탐색은 행동의 파급 효과에 대한 분석과 동시에 이루어지는 것이 일반적이다. 하나의 대안을 모색하는 과정에서는 그 대안이 정당한가와 대안이 행해졌을 때의 효과를 고려하는 과정이 동반되기 때문이다. 따라서 실천적 추론 과정은 분절되어 이루어지는 순차적인 단계라기보다는 순환 과정으로 볼 수 있다. 예를 들면, 대안적 행동과 방법의 탐색 과정에서 선택된 대안은 행동의 파급 효과 과정에서 바람직한 대안이 아니라고 판단될 수도 있다. 이러 경우에는 다시 대안적 행동과 방법을 모색하고 행동의 파급 효과를 추론하는 과정이 순환된다.

(4) 행동의 파급 효과

행동의 파급 효과는 선택된 대안이 실제 적용되었을 때 일어날 수 있는 결과를 예측하는 것으로 불확실성을 가지고 있다. 행동의 결과는 개인에게만 영향을 미치는 것이 아니라 개인이 속한 집단과 사회에 영향을 미치기 때문에 다양한 관점에서 좋은 것과 나쁜 것을 구분하고, 실천적 이성에 따라 참된 행동을 선택할 수 있어야 한다. 이러한 의미에서 행동의 파급 효과는 실천적 추론이 가장 잘 드러나는 과정이다.

대안이 행동으로 실현되었을 때의 파급 효과를 예측하기 위하여 사용하는 질문은 대안이 개인, 가족, 사회에 어떤 영향을 미칠 것인가, 대안의 장점과 단점을 무엇인가, 대안이 가져올 단기적 결과와 장기적 결과는 무엇인가, 대안에 관계된 사람들의 합의가 가능한 것인가, 기대하는 목표를 이루는 데 기여할 수 있는가 등이다. 이러한 질문을 통해 행동의 파급 효과를 고려하여 실행할 대안을 결정한다고 하더라고 인간 행동의 예측에 대한 불확실성과 주변 환경의 가변성 등으로 인하여 예측한 대로 결과를 도출하기 어려울 수 있다. 그럼에도 불구하고 이러한 질문을 통해 파급 효과를 예측하는 것은 실천적 이성에 따른 사고를 통해 최선의 결정을 내릴 수 있는 가능성을 높여준다는 측면에서 매우 중요하다.

(5) 행동 및 평가

행동 및 평가는 선택된 대안을 실제로 이행하고 실행한 후의 결과를 평가하는 과정으로 실천적 추론 과정을 통한 최종적 산물이다. 행동을 위한 최종 대안은 행동의 파급 효과를 통해 기대하는 목표를 이룰 수 있고, 개인, 가족, 사회에 미치는 영향이 긍정적이며, 도덕적으로 타당한 것으로 판단되는 최선의 것이어야 한다. 행동은 최종 대안을 실행하는 데 필요한 지식, 기능, 여건을 갖추고 계획을 세워 실제로 행하는 것까지를 포함한다. 평가는 행동에 이르는 과정을 반성적으로 고찰하고 행동의 결과를 분석하는 과정이다. 평가의 과정에서는 기대하는 목표에 도달하였는가, 행동이 개인, 가정, 사회의 행복과 발전에 기여했는가, 도덕적으로 타당한 행동이었는가, 행동으로 옮기는 데 방해가 되는 요소와 극복 방안은 무엇인가, 다음에는 무엇을 고려해야 하는가 등이다.

2) 실천적 추론 과정의 내용

실천적 추론 과정에서 다루는 내용은 비판적 사고와 성찰을 할 수 있도록 유도하는 질문의 형태로 제시할 수 있다. 이러한 질문은 실천적 문제의 해결을 위해 학생들이 비판적으로 사고하고, 능동적으로 참여하며, 행동할 수 있도록 잠재력을 일깨우는 역할을 한다. 또한 질문은 학생들이 다양한 측면에서 상황을 이해하고, 자신뿐만 아니라 많은 사람을 위해서 최선인 행동을 탐색하며, 그동안 가지고 있던 편견과 잘못된 가치관을 비판적 시각에서 볼 수 있도록 도울 수 있다.

〈표 5-4〉는 실천적 추론을 위한 질문(문제를 정의하는 질문, 정보 수집을 위한 정보, 선택과 선택의 결과에 대한 질문, 가정(what-if)하는 질문)으로 실천적 추론의 수업 구성에 도움을 줄 수 있다(Laster, 1982; 유태명 · 이수희, 2010). 문제를 정의하는 질문은 무엇이 문제인지와 왜 해결해야 하는지를 구체적으로 인식하게 하고, 문제의 맥락이나 배경에 대한 이해를 돕기 위한 질문이다. 정보 수집을 위한 질문은 문제의 해결을 위해 필요한 정보와 자원이 무엇이고, 정보에 대한 신뢰성의 확보를 돕기 위한 질문이다. 선택과 선택의 결과에 대한 질문은 여러 대안 중 최선의 선택이 가능하도록 돕기 위하여 가치와 기준을 검토하게 하고, 각 대안의 실행 결과가 미치는 영향을 다양한 측면에서 살펴볼 수 있도록 한다. 가정(what-if)하는 질문은 최선의 안을 실행하기에 앞서 어떤 조건을 임시로 설정하여 살펴봄으로써 선택한 대안이 최선임을 확신하도록 돕는 것이다.

〈표 5-4〉 실천적 추론을 위한 질문

구분	질문
문제를 정의하는 질문	• 문제는 무엇인가? • 문제에 관련된 사람들이 많은가? 이유는? • 문제에 관련된 요인은 무엇인가? • 문제를 해결하기 전에 고려해야 할 요인은 무엇인가? • 문제를 해결하기 위해 무엇을 해야 하는가?
정보 수집을 위한 질문	• 문제를 해결하기 위해 필요한 정보는 무엇인가? • 어디서 정보를 얻어야 하는가? • 믿을만한 정보는 어떤 것인가? • 최선의 선택을 하기 위해 필요한 정보는 무엇인가? • 문제를 해결하기 위해 필요한 자원은 무엇인가?
선택과 선택의 결과에 대한 질문	• 어떠한 선택을 해야 하는가? • 어떠한 가치와 기준에 의해 선택을 해야 하는가? • 나와 타인을 위한 최선의 선택은 무엇인가? • 자신의 인생 목적과 가치에 적합한 선택인가? • 각 선택의 결과에 영향을 받을 사람은 누구인가? • 각 선택의 결과가 개인, 가족, 사회에 미치는 영향은 무엇인가? • 각 선택의 결과가 단기간과 장기간에 미치는 영향은 무엇인가?
가정(what-if)하는 질문	• 만약 이 결정으로 누군가가 도움을 받는다면 나의 기분의 어떠한가? • 만약 모든 사람이 이 문제에 대한 같은 결정을 내린다면 어떠한가? • 내가 다른 상황에 있어도 같은 결정을 내릴 수 있는가?

〈표 5-5〉의 실천적 추론 과정의 내용과 질문은 앞서 제시한 실천적 추론 과정

의 다섯 가지 요소(기대하는 목표, 문제의 맥락과 배경, 대안적 행동과 방법, 행동의 파급 효과, 행동 및 평가)에서 다룰 수 있는 것을 정리한 것이다. 이는 실천적 추론 수업의 계획과 실행에 도움을 줄 수 있는 자료이다. 다음에서 제시하는 실천적 추론 과정에서 다루는 내용과 질문은 문헌(이민정 · 유태명, 2010)을 참고하여 재구성한 것이다.

기대하는 목표에서는 목표 설정과 추구하는 가치 결정으로 내용을 구분하고, 각 내용에 대한 질문을 제시하였다. 목표 설정에서의 질문은 이상적인 결과를 목표로 설정할 수 있도록 돕기 위한 것이고, 추구하는 가치 결정에서의 질문은 목표 설정에서 바람직한 가치를 포함할 수 있도록 하기 위한 것이다. 문제의 맥락과 배경에서 다루는 내용은 문제에 영향을 미치는 배경 및 맥락에 대한 해석과 정보 수집으로 구분하였다. 문제에 영향을 미치는 배경 및 맥락에 대한 해석에서는 문제에 얽혀 있는 복잡한 요인을 편견 없이 비판적으로 해석할 수 있도록 돕는 질문을 제시하였고, 정보 수집에서는 대안 탐색에 필요한 유용한 정보가 누락되지 않도록 하는 질문과 대안 탐색을 위한 정보가 거짓되거나 편향되지 않도록 하는 질문을 제시하였다. 대안적 행동과 방법에서는 대안 및 전략 모색과 가치를 추구하기 위한 계획을 내용으로 하였다. 대안 및 전략 모색에서는 이상적인 결과를 도출할 수 있는 대안을 모색하고 대안의 실현 가능성을 높일 수 있는 전략을 탐색할 있도록 하는 질문을 제시하였고, 가치를 추구하기 위한 계획에서는 가치가 실현될 수 있도록 돕는 질문을 제시하였다. 행동의 파급 효과에서 다루는 내용은 행동이 실행되었을 때의 효과를 분석하는 것이고, 이에 관련한 질문은 최선의 방안이 행동으로 선택될 수 있도록 돕기 위한 것이다. 행동 및 평가에서 다루는 내용은 행동 선택, 실행, 행동의 결과에 대한 평가로 구분하였다. 행동 선택에서의 질문은 문제해결을 위한 최선의 행동이 선택될 수 있도록 돕는 것이고, 실행에서의 질문은 구체적인 행동 계획과 학습자의 준비를 도와 최선의 행동이 잘 실행될 수 있도록 돕기 위한 것이다. 행동의 결과에서는 행동이 문제해결에 기여하고 도덕적으로 타당한지를 판단할 수 있도록 돕는 질문과 실천적 추론 과정으로부터 무엇을 학습했는지를 알 수 있도록 돕는 질문을 제시하였다.

〈표 5-5〉 실천적 추론 과정에서 다루는 내용과 질문

실천적 추론 과정의 요소	내 용	질 문
기대하는 목표	• 이상적인 것으로 기대하는 목표를 설정한다.	• 문제와 관련한 이상적 상태(결과)는 무엇인가? • 개인, 가정, 사회에 긍정적인 결과는 무엇인가? • 문제해결을 위해 무엇을 해야만 하는가?
	• 추구하는 가치를 결정한다.	• 문제해결을 위해 추구하는 가치는 무엇인가?
문제의 맥락과 배경	• 문제에 영향을 미치는 배경 및 맥락을 해석한다.	• 문제의 원인은 무엇인가? • 문제의 지배적 관점은 무엇인가? • 문제의 지배적 관점을 강화시키는 요인은 무엇인가? • 문제에 영향을 미치는 사회, 문화, 정치, 경제 등의 요인은 무엇인가?
	• 다양한 정보원으로부터 신뢰할 수 있는 정보를 수집하고 체계화한다.	• 필요한 정보는 무엇이고, 어디서 얻을 수 있는가? • 정보는 신뢰할 수 있는가? • 정보의 편향은 없는가?
대안적 행동과 방법	• 목표에 도달하기 위한 대안(해결 방안)과 전략을 찾는다.	• 어떤 대안과 전략이 이상적인 결과를 가져올 수 있는가? • 대안을 선정한 근거는 무엇인가? • 대안을 실행하기 위해 필요한 것인 무엇인가? • 누가 이 일을 할 수 있는가?
	• 가치를 추구하기 위한 계획을 세운다.	• 추구하는 가치를 달성하기 위해 어떤 단계들이 필요한가? • 추구하는 가치가 이상적인 변화를 가져올 수 있는가?
행동의 파급 효과	• 최선의 방안으로 선정한 것을 실행했을 때의 파급 효과를 분석한다.	• 행동의 파급 효과는 무엇인가? • 행동이 개인, 가족, 사회에 미치는 영향은 무엇인가? • 행동의 단기적 · 장기적 결과는 무엇인가? • 행동이 기대하는 목표를 성취할 수 있는가?
행동 및 평가	• 파급 효과의 분석에 의해 지지된 행동을 선택한다.	• 선택한 행동이 문제의 맥락에 대한 이해와 행동의 파급 효과 분석에 근거했을 때 최선인가? • 선택한 행동을 하기 위해 무엇을 해야만 하는가? • 선택한 행동을 정당화할 수 있는가?
	• 행동을 하기 위한 계획을 세우고 실행한다.	• 어떤 전략을 사용해야 하는가? • 실행에 필요한 지식, 기능, 학습자 조건은 무엇인가? • 행동의 실행에 방해가 되는 요소는 무엇이고, 어떻게 극복할 수 있는가? • 행동은 실현 가능하고 도덕적인 것인가?
	• 실천적 추론 과정과 행동의 결과를 평가한다.	• 행동의 결과가 기대하는 목표를 가져왔는가? • 행동의 결과가 가치 기준에 부합하는가? • 행동이 도덕적으로 타당한 것인가? • 행동의 결과가 개인, 가족, 사회에 긍정적 영향을 미치는가? • 다음에도 같은 결정을 내릴 것인가? • 다른 상황에 처해 있다면 어떤 결정을 내릴 것인가? • 실천적 추론 과정은 어떠했는가? 무엇을 배웠는가? • 실천적 추론 과정에 대한 경험이 다음의 문제해결에 어떤 영향을 미치는가?

2절 실천적 추론 수업의 적용

1. 실천적 추론 교수-학습과 실천적 문제해결 교수-학습의 비교

실천적 추론 교수-학습은 실과교육 성격 및 목표에 부합하는 수업 방법이다. 실과교육은 개인과 가족이 직면하는 생활의 경험과 문제를 실제적이고 통합적으로 구성하여 문제를 해결하는 과정을 통해 주도적인 삶을 영위할 수 있는 능력을 길러주는 실천 교과로서의 성격을 표방하고 있다. 이러한 성격을 토대로 교육과정에서 제시하는 목표는 가정 생활에 대한 지식, 능력, 가치 판단력을 함양하여 실천적 문제해결능력을 기르고, 기술에 대한 실천적 경험을 통해 기술적 지식, 기능, 태도를 함양하여 기술적 능력을 높임으로써 현재와 미래의 행복하고 건강한 가정 생활과 기술의 세계를 주도적으로 영위할 수 있도록 하는 것이다. 이 목표와 연계하여 실과교육은 교과를 통해 성취해야 할 역량으로 실천적 문제해결능력을 제시하고 있다. 실과교육과정에서는 실천적 문제해결능력을 '일상생활 속에서 발생될 수 있는 다양한 문제에 대하여 그 배경을 이해하고 문제해결의 대안을 탐색한 후, 비판적 사고를 통한 추론과 가치 판단에 따른 의사결정으로 실행할 수 있는 능력(p. 4)'으로 해석하고 있다(교육부, 2015). 여기서 초점이 되고 있는 '비판적 사고를 통한 추론'과 '가치 판단에 따른 의사결정의 실행'은 실천적 추론에서 강조하는 핵심이다. 실천적 추론은 비판적 사고와 성찰을 하고, 실천적 이성에 따라 도덕적으로 타당한 의사결정을 할 수 있도록 도와주는 고등사고 과정이기 때문이다.

다음 〈표 5-6〉은 실천적 추론 교수-학습 절차와 실천적 문제해결 교수-학습 절차를 비교한 것이다. 여러 문헌은 실천적 추론과 실천적 문제해결을 혼용하여 사용하고 있기 때문에 여기서 체계적으로 분석할 필요가 있다. 래스터(Laster, 1982)와 채정현 등(2011)의 수업 절차는 각각 실천적 추론 교수-학습과 실천적 문제해결 교수-학습이라는 다른 명칭을 사용했지만 제시된 4단계는 동일하다. 따라서 두 교수-학습 방법은 구분 없이 혼용되고 있음을 알 수 있다. 그렇다면, 두 교수-학습 방법의 수업 절차는 실천적 추론이라는 용어를 사용하여 단계를 구성한 것과 실천적 추론의 내용을 해석하여 단계를 구성한 것으로 구분할 수 있다. 실천적 추론이라는 용어를 사용한 수업 절차는 문제 정의, 실천적 추론, 행동, 행동에 대한 평가로 구성되어 있다(채정현 외, 2011; Laster, 1982). 문제 정의는 주어진 상황에서 실천적 문제가 무엇인지를 확인하는 과정이 주 내용이다. 실천적 추론 단계는 목표 설정, 문제와 관련된 상황에 대한 해석, 목표에 도달하기 위한 대안 탐색 및 대안 평가, 행동을 위한 의사결정의 활동을 포함하고 있다. 이는 앞서 제시한 실천적 추론 과정의 요소인 기대하는 목표, 문제의 맥락과 배경, 대안적 행동과 방법, 행동의 파급 효과에 해당한다. 실천적 추론 과정에 의해 하나의 해결 방안을 결정하면, 다음은 실제 상황에서 행동으로 옮기는 단계이다. 그리고 마지막으로 학습자는 행동의 결과를 평가하고 추론 과정을 반성한다.

실천적 추론이라는 용어를 사용하지 않고 그 내용 요소를 해석하여 구성한 수업 절차는 문제 정의, 정보 수집(문제의 배경과 맥락 이해, 기대하는 목표 설정), 바람직한 대안 및 최선의 안 선택, 행동, 행동에 대한 평가로 구성되어 있다(류상희, 2007; Laster, 1987; 유태명 · 이수희, 2010). 문제 정의에서의 주요 내용은 문제에 영향을 주는 과거와 현재의 상황을 분석하고 주어진 문제가 왜 실천적 문제인지를 확인하는 것이다. 문제와 관련된 상황, 사람, 가치, 사회, 경제 등에 대한 이해는 문제해결의 기준이 될 수 있다. 정보 수집 단계에서는 목표를 설정하고 목표 달성에 필요한 정보를 분석하는 활동이 주를 이루는데, 이때 중요한 것은 정보의 신뢰성이다. 유태명 · 이수희는 이 과정을 '기대하는 목표 세우기'로 하여 목표 설정의 중요성을 강조하고 있다. 바람직한 대안 및 최선의 안 선택은 목표 달성을 위한 대안을 모색하고, 대안 선택 기준에 따라 각 대안의 파급 효과를 분석한 후 행동으로 실행될 최선의 안을 결정하는 단계이다. 행동 단계에서는 최선의 안을 실행하기 위한 기술을 연마하고 계획을 수립한 후 실행한다. 행동에 대한 평가 단계에서는 학습 결과를 분석하고 행동 과정을 반성하는 활동이 이루어진다.

이와 같이 실천적 추론 교수-학습과 실천적 문제해결 교수-학습은 유사한 절차에 의해 진행되는 동일한 교수-학습 방법이다. 다만, 실천적 추론 교수-학습은 수업 절차에 실천적 추론이라는 용어를 사용한 단계를 포함하고, 그 단계에서 실천적 추론의 다섯 가지 요소를 체계적으로 나타내고 있다. 따라서 둘 중 어떤 표현을 사용하여 수업을 진행하여도 무리가 없지만, 여기서는 실천적 추론 교수-학습 방법으로 통일하기로 한다.

〈표 5-6〉 실천적 추론 교수-학습 절차와 실천적 문제해결 교수-학습 절차의 비교

<table>
<tr><th colspan="2">실천적 추론 교수-학습</th><th colspan="3">실천적 문제해결(문제 중심) 교수-학습</th></tr>
<tr><td>류상희(2007);
Laster(1987)</td><td>Laster(1982)</td><td>유태명·이수희
(2010)</td><td colspan="2">채정현 외 (2011)</td></tr>
<tr><td>문제 정의</td><td>문제 정의</td><td>문제 정의
• 문제 배경과 맥락 이해하기</td><td colspan="2">문제 정의</td></tr>
<tr><td rowspan="2">정보 수집</td><td rowspan="5">실천적 추론</td><td rowspan="2">기대하는 목표 세우기</td><td rowspan="5">실천적 추론</td><td>기대하는 목표 세우기</td></tr>
<tr><td rowspan="2">문제의 배경 이해하기</td></tr>
<tr><td rowspan="3">바람직한 대안 탐색 및 최선의 안 선택</td><td rowspan="3">바람직한 대안 탐색하기</td></tr>
<tr><td>바람직한 대안 탐색하기</td></tr>
<tr><td>행동의 결과 고려하기</td></tr>
<tr><td>행동</td><td>행동</td><td>행동</td><td colspan="2">행동</td></tr>
<tr><td>행동에 대한 평가</td><td>행동에 대한 평가</td><td>행동 결과 고려하기</td><td colspan="2">행동에 대한 평가</td></tr>
</table>

2. 실천적 추론 교수-학습 방법의 단계

이상에서 살펴본 실천적 추론의 이론, 실천적 추론의 과정, 실천적 교수-학습의 절차 등을 토대로 실천적 추론 교수-학습 방법의 단계와 내용을 재구성하였다. 첫째, 문제 정의 단계는 교과 내용과 관련하여 일상 생활에서 경험하는 실천적 문제를 제시하는 것으로부터 시작된다. 그리고 기술적 문제와 실천적 문제를 구별하여 제시된 문제가 해결되어야 하는 실천적 문제임을 인식해야 한다. 둘째, 실천적 추론 단계는 실천적 추론의 요소인 기대하는 목표, 문제의 맥락과 배경, 대안적 행동과 방법, 행동의 파급 효과를 재구성하여 하위 단계로 구성하였다. 재구성의 원칙은 실천적 문제해결 교수-학습의 단계와 통합하면서 수업

절차에 적합한 용어로 표현하는 것이다. 이에 따라 실천적 추론의 하위 단계는 문제의 배경 이해, 목표 설정, 정보 수집, 대안 탐색 및 최선의 안 선택으로 구성하였다. 실천적 추론의 요소에 제시된 행동 및 평가는 실천적 추론의 과정이기보다는 실행에 관련된 것이므로 다음 단계에서 제시하고자 한다. 하위 단계를 보면, 문제의 배경 이해는 문제에 관련된 다양한 맥락적 정보를 이해하고 분석하는 과정으로, 이는 다음 단계의 목표 설정을 가능하게 한다. 목표 설정에서는 이상적인 상황 및 결과와 가치 목표를 고려하여 기대하는 목표를 설정한다. 정보 수집 단계는 목표 달성을 가능하게 하는 방법을 모색하는 데 필요한 정보를 수집하는 과정이다. 이때 검증되고 신뢰할 수 있는 사실 정보와 도덕적으로 타당한 가치 정보가 동시에 고려되어야 한다. 대안 탐색 및 최선의 안 선택은 수집한 정보를 근거로 문제해결을 위한 대안을 모색한 후, 모색한 대안 중 어떤 것이 문제해결에 최선인가를 결정하는 어려운 과정이다. 따라서 이 과정은 각 대안의 개인, 가족, 사회에 미치는 영향과 파급 효과에 대한 면밀한 분석이 이루어져야 한다. 세 번째 단계는 행동이다. 행동은 이전 단계의 실천적 추론에 의해 결정된 최선의 안을 실행하는 단계로서 계획 수립, 실행에 필요한 학습자 능력 연마, 실행으로 이루어진다. 마지막 단계는 행동에 대한 결과를 평가하고 반

〈표 5-7〉 실천적 추론 교수학습의 단계와 내용

<table>
<tr><th colspan="2">단 계</th><th>내 용</th></tr>
<tr><td colspan="2">문제 정의</td><td>• 문제 상황을 제시한다.
• 제시된 문제가 실천적 문제임을 확인한다.</td></tr>
<tr><td rowspan="4">실천적 추론</td><td>문제의 배경 이해</td><td>• 문제의 배경을 이해한다.
• 문제와 관련된 다양한 상황을 분석한다.</td></tr>
<tr><td>목표 설정</td><td>• 바람직한 목표를 설정한다.</td></tr>
<tr><td>정보 수집</td><td>• 문제해결에 필요한 정보를 수집한다.
• 정보의 신뢰성을 고려한다.</td></tr>
<tr><td>대안 탐색 및 최선의 안 선택</td><td>• 문제해결을 가능하게 하는 대안들을 탐색한다.
• 대안의 평가 기준을 설정하고, 각 대안이 미칠 파급 효과를 평가한다.
• 대안들 중 문제해결을 위한 최선의 안을 결정한다.</td></tr>
<tr><td colspan="2">행동</td><td>• 최선의 안을 실행하기 위한 계획을 세운다.
• 최선의 안을 실행하는 데 필요한 지식, 기능 등을 갖춘다.
• 최선의 안을 실행한다.</td></tr>
<tr><td colspan="2">평가 및 반성</td><td>• 행동이 설정한 목표의 성취와 문제해결에 기여했는지 평가한다.
• 행동 과정을 반성한다.
• 새로운 목표를 설정한다.</td></tr>
</table>

성하는 과정이다. 이 단계에서는 실천적 추론 교수-학습이 개인과 집단의 사고 및 행동의 변화에 미치는 영향과 행동의 결과가 개인, 가족, 사회 미치는 파급 효과를 분석하는 활동이 주를 이룬다. 이때 문제해결이나 기대하는 목표의 달성이 이루어지지 않았다면, 추론 과정을 반복하도록 유도하여 문제를 재정의하거나 새로운 목표를 설정할 수 있다.

3. 실천적 추론 수업의 적용 사례

다음은 실천적 추론 교수-학습 방법을 적용한 실과수업 사례(진의남・류상희・이은영, 2016)를 일부 수정한 것이다. 〈표 5-8〉은 실천적 추론 교수-학습을 위해 교육과정을 재구성한 것이다. 이처럼 실과교육과정상의 성취기준과 교과 역량을 살펴보는 것은 단위 수업의 역할과 방향을 제공한다는 측면에서 의의가 있다. 학습 목표는 '균형 잡힌 식생활'에서 제시하는 성취기준(성장기에 필요한 간식의 중요성을 이해하고 간식을 선택하거나 만들어 먹을 수 있으며 이때 식생활 예절을 적용한다)과 교과 역량(실천적 문제해결능력)에 근거하여 '나에게 필요한 건강 간식을 합리적으로 선택하고 나의 생활 속에서 실천할 수 있다.'로 설정하였다. 교과 역량은 이 수업이 일상 생활에서 직면하는 간식으로 인해 발생하는 문제와 건강과의 관계를 이해하여 간식 선택 및 실천 능력을 길러주는 것에 초점이 있으므로 실천적 문제해결능력으로 선정하였다. 실천적 문제해결능력의 하위 요소는 실천적 추론 과정에서 필요한 실천적 추론, 의사결정, 가치 판단, 비판적 사고, 실행 능력으로 선정하였다. 그리고 교과 역량 목표(우리의 일상 생활에서 매일 섭취하는 건강 간식을 선택하는 활동을 통해 실천적 추론, 의사결정, 가치 판단, 비판적 사고, 실행 능력을 길러 실제 생활 속에서 실천적 문제해결능력을 함양하도록 한다)는 실천적 추론 과정에서 필요한 능력이 누락되지 않고 교수-학습 과정과 평가에 반영될 수 있도록 하는 역할을 한다.

건강 간식의 합리적 선택 능력을 증진하기 위한 수업은 실천적 추론 교수-학습 방법을 적용하였다. 실천적 추론 학습 모형은 일상 생활 문제의 배경을 이해하고, 비판적 사고와 윤리적 판단에 따라 의사결정을 하여 생활 속에서 실행할 수 있는 능력의 신장을 목적으로 고안된 교수 방법이기 때문이다. 실천적 추론 교수-학습 방법을 적용한 수업의 단계는 문제 정의, 실천적 추론(문제의 배경 이해, 목표 설정, 정보 수집, 대안 탐색 및 최선의 안 선택), 행동, 평가 및 반성으로 구성하였다.

〈표 5-8〉 실천적 추론 교수-학습을 위한 교육과정 재구성

학습 주제	건강 간식의 선택	
성취기준	[6실02-02] 성장기에 필요한 간식의 중요성을 이해하고 간식을 선택하거나 만들어 먹을 수 있으며 이때 식생활 예절을 적용한다.	
학습 목표	나에게 필요한 건강 간식을 합리적으로 선택하고 나의 생활 속에서 실천할 수 있다.	
교과 역량	실천적 문제해결능력	
	하위 요소	실천적 추론, 의사결정, 가치 판단, 비판적 사고, 실행 능력
교과 역량 목표	우리의 일상 생활에서 매일 섭취하는 건강 간식을 선택하는 활동을 통해 실천적 추론, 의사결정, 가치 판단, 비판적 사고, 실행 능력을 길러 실제 생활 속에서 실천적 문제해결능력을 함양하도록 한다.	

⇩

최적 학습 모형		실천적 추론	
학습 집단		전체 활동 → 모둠 활동 → 전체 활동	
교수-학습 자료		동영상, PPT, 모둠 활동지, 개별 활동지, 평가지	
교수-학습 단계		**교수-학습 내용**	**실천적 추론 요소**
문제 정의		•〈OO이의 방과 후 추적 30분〉 동영상을 통해 학습문제를 확인한다. • 수업에서 다룰 문제를 이해하고 명료화한다.	문제의 맥락과 배경
실천적 추론	문제의 배경 이해	• OO이의 간식 선택과 관련된 영양 지식, 주변상황(쉽게 접할 수 있는 간식의 종류), 가족 배경, 광고 등을 분석한다.	문제의 맥락과 배경
	목표 설정	• 간식 선택에서 무엇을 해야 하는지 설정한다.	기대하는 목표
	정보 수집	• 친구들이 가장 좋아하는 간식에 표시된 영양 성분, 열량 등에 대한 정보를 수집한다.	문제의 맥락과 배경
	대안 탐색 및 최선의 안 선택	• 건강 간식의 종류를 선택한다. • 선택한 간식이 건강에 미치는 영향, 장단점 등을 분석하여 최고의 간식을 찾는다.	대안적 행동과 방법, 행동의 파급 효과
행동		• 나에게 맞는 건강 간식을 선택하고 건강 간식 계획표를 만든다. • 건강 간식을 계획에 따라 먹는다.	행동 및 평가
평가 및 반성		• 건강 간식 체크리스트 과제물 제출을 통해 실천 상황을 평가한다. • 건강 간식 계획에 따른 행동 결과를 반성한다.	행동 및 평가

실천적 추론 교수-학습 방법을 적용한 수업의 구체적인 교수-학습 단계와 내용은 〈표 5-9〉와 같다. 수업에서 제시된 실천적 문제는 '건강 간식을 선택하기 위해 나는 무엇을 해야 하는가?'이다. 이러한 실천적 문제를 해결하기 위해 실천

적 추론 과정을 적용한 수업을 단계별로 살펴보면 다음과 같다.

문제 정의 단계에서는 〈OO이의 방과 후 추적 30분〉 동영상을 통해 실천적 문제 상황을 제시한다. 이때 학생들은 간식을 선택하는 것이 정답은 없지만 지식과 정보를 근거로 비판적 사고와 가치 판단에 의해 해결해야 하는 실천적 문제임을 확인하고, 학습 목표를 설정한다.

실천적 추론 단계에서는 문제에 얽혀 있는 복잡한 상황(주변 환경, 영양 지식, 식품 광고 등)을 이해하는 활동이 선행되어야 한다. 문제의 배경에 대한 이해는 다음 단계의 목표 설정을 도울 수 있기 때문에 중요하다. 목표 설정 단계에서는 이상적인 결과와 가치를 고려하여 간식 선택을 위한 바람직한 목표를 설정한다. 정보 수집은 문제해결에 필요한 정보를 수집하는 단계로 '친구들이 가장 좋아하는 간식 찾기' 활동을 통해 많은 친구들이 좋아하는 다양한 간식의 영양 정보를 찾을 수 있게 한다. 그리고 건강 간식에 대해 알아보는 활동을 통해 불량 식품에 대한 지식 정보, 건강 간식에 대한 지식 정보, 간식과 관련된 일을 하는 사람이나 회사의 가치 등 사실 정보와 가치 정보를 수집하고 분석하도록 한다. 실천적 추론의 마지막 과정인 대안 탐색 및 최선의 안 선택은 문제해결을 위한 대안을 모색하고, 그 중 문제해결에 최선인 대안을 선택하는 의사결정과정이다. 이러한 과정은 '최고의 간식 찾기' 활동을 통해 다양한 종류의 건강 간식 목록을 만들고, 건강 간식으로 선택된 것들을 비판적 관점에서 분석하여, 그 중 최고인 것을 선택하는 과정이다. 여기서 비판적 관점은 건강에 미치는 영향, 개인·가족·사회에 미치는 영향, 장점 및 단점, 체질과 기호, 사회적 맥락 등이 있을 수 있다. 건강 간식은 객관적으로 영양이 풍부하면서도 주관적인 개인의 특수한 상황이나 기호, 건강 상태에도 잘 맞아야 하므로 객관적이면서도 주관적인 가치판단이 요구되기 때문이다.

행동 단계에서는 이전 단계에서 결정된 최선의 안을 실행한다. 실행을 제대로 하기 위해서는 계획 수립과 실행에 필요한 학습자 능력 연마가 필요하다. 이 단계는 '나에게 맞는 건강 간식 먹기' 활동을 통해 건강 간식 계획표(요일, 시간, 간식 종류, 선택 이유 등을 포함)를 만들고 계획대로 실행하는 과정이다.

평가 및 반성 단계에서는 '나에게 맞는 건강 간식 먹기' 활동이 자신에게 어떤 영향을 미쳤는지 결과를 평가하고, 실행 과정에서의 좋은 점과 어려운 점을 반성한다. 이때 행동에 대한 결과 평가의 기준은 설정한 목표, 도덕적 가치, 실행 능력과 정도 등이 될 수 있다.

〈표 5-9〉 실천적 추론 교수-학습 방법을 적용한 교수-학습 과정안 예시

<table>
<tr><th colspan="2">영 역</th><td>가정 생활과 안전</td><th>내용 요소</th><td>균형 잡힌 식생활</td></tr>
<tr><th colspan="2">학습 주제</th><td colspan="3">건강 간식의 선택</td></tr>
<tr><th colspan="2">학습 목표</th><td colspan="3">나에게 필요한 건강 간식을 합리적으로 선택하고 나의 생활 속에서 실천할 수 있다.</td></tr>
<tr><th colspan="2">실천적 문제</th><td colspan="3">건강 간식을 선택하기 위해 나는 무엇을 해야 하는가?</td></tr>
<tr><th colspan="2">교수-학습 단계</th><th colspan="2">교수-학습 활동</th><th>자료 및 유의점</th></tr>
<tr><td colspan="2">문제 정의</td><td colspan="2">▣ 문제 상황을 제시하기
• 〈OO이의 방과 후 추적 30분〉 동영상 자료를 보여준다.
(OO이가 선택한 간식 이야기)
▣ 문제 상황에 대한 이해를 통해 학습 목표 확인하기
• 동영상에서 OO이의 문제를 확인하고 학습 목표를 말한다.
[나에게 필요한 건강 간식을 합리적으로 선택하고 나의 생활 속에서 실천할 수 있다.]
▣ 활동 안내하기
활동 1. 친구들이 가장 좋아하는 간식 찾기
활동 2. 최고의 간식 찾기
활동 3. 나에게 맞는 건강 간식 먹기</td><td>■ 동영상
※ 학습 목표를 자연스럽게 찾을 수 있도록 안내한다.</td></tr>
<tr><td rowspan="4">실천적 추론</td><td>문제의 배경 이해</td><td colspan="2">▣ 문제의 배경과 원인 찾아보기
• 주변 환경(학교 주변 분식점, 집으로 가는 길에 있는 상점, 가정환경 등)에 어떤 문제가 있는지 분석한다.
• 간식을 선택할 수 있는 영양 지식이 있는지 살펴본다.
• 학생들이 쉽게 접하는 식품 광고를 분석한다.</td><td></td></tr>
<tr><td>목표 설정</td><td colspan="2">▣ 건강 간식을 선택하기 위해 무엇을 해야 하는지 설정하기
▣ 기대하는 결과 예상하기</td><td></td></tr>
<tr><td>정보 수집</td><td colspan="2">활동 1 친구들이 가장 좋아하는 간식 찾기
▣ 우리 반 친구들이 가장 좋아하는 간식 알아보기
• 친구들이 좋아하는 간식을 조사하여 흥미를 갖게 한 후, 조사한 간식의 영양 정보를 알아본다.
▣ 건강한 간식에 대해 알아보기
• 불량 식품은 무엇이고, 건강 간식은 무엇인지 조사한다.
• 영양 성분, 열량 등에 대한 지식 정보를 조사한다.
• 간식을 제공하는 사람, 회사의 가치를 알아본다.</td><td>■ 모둠활동지
■ PPT 자료
※ 활동지에 각 모둠원의 생각이 잘 반영되도록 기록한다.</td></tr>
<tr><td>대안 탐색 및 최선의 안 선택</td><td colspan="2">활동 2 최고의 간식 찾기
▣ 건강 간식으로 추천할 수 있는 목록 만들기
• 다양한 종류의 건강 간식 목록을 만든다.
▣ 목록에 있는 건강 간식을 분석하기
• 목록에 있는 간식이 건강에 어떠한 영향을 미치며, 장단점은 무엇인지 알아본다.
• 건강 간식이 모든 사람에게 다 좋은 간식인지 생각해 본다.</td><td>■ 모둠활동지
※ 다양한 대안들을 탐색할 수 있도록 시간적 여유를 준다.</td></tr>
</table>

		예) 음식에 대한 알레르기 반응, 나의 기호 등 • 다양한 건강 간식 중 최고의 간식을 생각해 본다. 예) 건강, 스케줄, 기호 등 **▣ 건강 간식의 조건에 맞는 최고의 간식 선택하기** • 건강 간식을 선택하고 그 이유를 발표한다.	
행동		**활동 3** 나에게 맞는 건강 간식 먹기 **▣ 간식을 건강하게 먹는 방법 알기** 예) 먹기 전에 손 씨기, 너무 많이 먹지 않기 등 **▣ 나의 건강 간식 계획표 만들기** • 요일, 시간, 간식 종류, 선택 이유 등을 기록한다. **▣ 생활에서 실천한다.**	■ 개별활동지 ※ 실제로 자신의 생활에 적용해 보도록 유도한다.
평가 및 반성		**▣ 나의 건강 간식 계획표에 따른 실행 결과를 평가하기** • 나에게 맞는 건강 간식을 먹는 행동을 2주 동안 체크리스트에 기록하여 제출한다. • 실행의 결과가 자신에게 어떤 변화를 가져왔는지 발표한다. • 실행하는 데 어려운 점은 무엇인지 발표한다. • 다음의 간식 선택에서 고려할 점은 무엇인지 발표한다.	■ 체크리스트 활동지 ■ 개별 평가지

논의

1. 실과교육과 인간의 관심 및 행동 체계 이론의 관련성에 대하여 논의해 보자.
2. 실천적 추론 교수-학습에 적합한 실과교육 내용에 대하여 논의해 보자.
3. 실천적 추론 과정에서 도덕적 타당성을 고려해야 하는 이유에 대하여 논의해 보자.
4. 실천적 추론 교수-학습의 실행 가능성에 대하여 논의해 보자.
5. 실천적 추론 교수-학습의 수정·보완 방법에 대하여 탐구해 보자.

참고문헌

교육부(2015). **실과(기술·가정)/정보과 교육과정**. 교육부 고시 제2015-74호 [별책 10].

류상희(2004). **가정과 교육을 위한 패러다임 탐색**. 청주교육대학교 교육대학원 논문집, 10, 125-136.

류상희(2007). 실과수업에 적용한 실천적 추론 교수학습이 초등학생의 문제해결력에 미치는 영향. **한국실과교육학회지**, 20(2), 75-87.

유태명·이수희(2010). **실천적 문제 중심 가정과 수업-이론과 실제**. 북코리아.

윤평중(2000). **푸코와 하버마스를 넘어서-합리성과 사회비판**. 교보문고.

이민정·유태명(2010). 2007년 개정 교육과정에 기초한 7학년 교과서에 반영된 실천적 추론 과정의 분석. **한국가정과교육학회지**, 22(4), 109-138.

전재원(1993). **아리스토텔레스에 있어서 Phronesis와 Praxis**. 경북대학교 박사학위논문.

전재원(2015). 실천적 추론의 연역논리학적 함의. **철학논총**, 79, 263-281.

진의남·류상희·이은영(2016). 교과 역량 증진을 위한 실과 가정생활 영역의 교육과정 실행 방안 탐색. **한국실과교육학회지**, 29(1), 97-113.

채정현 외(2011). **가정과교육론**. 교문사.

채정현 외(2015). **행복한 배움을 실천하는 가정과 수업 방법과 수업 실연**. 교문사.

Baldwin, E. E. (1984). *The nature of home economics curriculum in secondary schools*. Doctoral dissertation. The Oregon State University.

Baldwin, E. E. (1999). *FCS curriculum: What ought to be*? In Johnson, F. & Fedje, C. G. Family and consumer sciences curriculu, toward a critical science approach(pp. 32-44). Education and Technology Division. American Association of Family and Consumer Science.

Boggs, H. & Laurenson, S. (1997). *Problem-based teaching*: A bridge to meaningful learning. Ohio

Department of Education.

Brown, M. (1985). *Philosophical studies of home economics in the United States: Our practical-intellectual heritage*. East Lansing, MI: Michigan State University.

Brown, M. & Paolucci, B. (1979). *Home Economics: A Definition*. Washington, DC: American Home Economics Association.

Habermas, J. (1971). *Knowledge and human interests. Translated by J. Shapiro*. Boston, MA: Beacon Press.

National Association of State Administrators for Family and Consumer Sciences (2008). *National Standards for Family and Consumer Sciences*.

Laster, J. F. (1982). *Practical Action Teaching Model*. Journal of Home Economics, 74(3), 41-44.

Laster, J. F. (1987). *Instructional strategies for teaching practical reasoning in consumer homemaking clssroom Higher order thinking: Definition, meaning and instructional approaches*. Washington, DC: Home Economics Education Association.

Reid, W. A. (1979). *Practical reasoning and curriculum theory: In search of a new paradigm*. Curriculum Inquiry, 9, 187-207.

제 6 장

실습 중심 학습

개 요

인간은 자기 주도적으로 독립적인 삶을 영위를 위해 기본적인 생활 수행 능력을 갖추어야 한다. 기본 생활 수행 능력은 간단한 조리하기, 바느질하기, 식물 가꾸기, 전기·전자 제품 다루기, 주거 공간 관리하기(청소, 쓰레기 분리수거, 재활용), 자전거 관리하기 등 다양하다. 이러한 능력은 특정 실습을 직접 해 보는 실습 중심 교수–학습에 의해 가장 잘 길러질 수 있다. 실습 중심 교수–학습은 일상 생활에서 필요한 지식과 기초생활능력을 함양하여 스스로의 생활을 유지하고 개선하는 데 주안점이 있는 실과교과에 적합하다.

학습목표

- 실습 중심 교수–학습과 행동주의 심리학을 관련지어 설명할 수 있다.
- 실습 중심 교수–학습을 위한 효과적인 학습 환경과 교사의 역할을 제시할 수 있다.
- 실습 중심 교수–학습의 단계와 단계별 내용을 말할 수 있다.
- 실습 중심 교수–학습을 적용한 수업 절차를 구성할 수 있다.

1절 실습 중심 학습의 이해

1. 행동주의 심리학

행동주의 이론은 행동이 조건화를 통해 학습되는 방법에 초점을 두고 행동의 변화를 학습으로 간주한다. 스키너(Skinner)는 동물의 학습 과정에 대한 연구를 통해서 행동이 조작적 조건화에 기초한 강화 이론에 의해서 습득되거나 약해진다고 보았다. 조작적 조건화(operant conditioning)는 유기체의 행동이 외부의 자극과 반응이 연결되는 방법에 의해서 형성된다고 보고 학습자의 행동이 변화되도록 계획적으로 조건을 형성해 주는 이론이다. 이러한 그의 이론은 인간 행동의 일반적인 원리와 법칙을 교육적 장면에서 적용하는 데 기여하였고, 수업 과정을 체계화함으로써 특정 목표가 설정한 수업의 효율화에 공헌하였다. 스키너의 실험은 스키너 상자 속에 굶주린 쥐를 넣어 두면 쥐가 상자 안을 이리저리 돌아다니다가 우연히 지렛대를 누르게 되고, 그 결과 먹이가 나오게 되는 긍정적인 강화가 여러 번 반복되는 과정을 통해 쥐는 지렛대를 누르는 행동을 학습하게 된다는 것이다(임규혁 · 임웅, 2010).

〈표 6-1〉 스키너(Skinner)의 조작적 조건형성 실험

실험 조건	• 지렛대, 먹이 접시, 바닥에 설치된 전기 배선망 • 지렛대를 누르면 먹이 접시에 먹이가 떨어짐 • 굶주린 쥐를 상자 안에 넣고 지렛대를 누르면 먹이를 준다.	
실험 과정	쥐는 이리저리 돌아다니다 우연히 상자 안의 지렛대를 밟는다. ⇩ 먹이가 먹이 접시에 떨어진다. ⇩	• 강화: 먹이 • 반응: 지렛대를 누르는 행동 • 학습: 지렛대를 누르는 반응

	다시 배고파진 쥐는 상자 안을 돌아다니다 또 우연히 지렛대를 밟는다. ⇩ 쥐는 지렛대를 누르면 먹이가 나온다는 사실을 확인한다.	
실험 결과	쥐는 스스로 지렛대를 누르는 행동을 하게 된다.	• 조작: 결과를 만드는 것 • 조작적 조건형성: 결과가 학습되는 과정

행동주의 이론에서 행동의 변화는 자극의 통제와 강화의 방법에 의해 이루어진다. 강화는 학습의 주요 변인으로 정적 강화(positive reinforcement)와 부적 강화(negative reinforcement)가 있다. 정적 강화는 반응에 따르는 결과를 보상하는 의미로 작용하는 것이다. 스키너 상자에서는 지렛대를 눌렀을 때 나오는 먹이가 정적 강화에 해당된다. 교사가 사용할 수 있는 정적 강화에는 관심, 열정, 긍정적 분위기, 칭찬, 인정 등이 있다. 부적 강화는 바람직한 반응을 보였을 때 반응자가 싫어하는 것을 제거함으로써 행동 반응을 높이는 것이다. 행동의 빈도를 높인다는 것은 정적 강화와 동일하다. 예를 들면, 부적 강화는 지렛대를 누르는 행동을 제거하기 위해 사용하는 것으로 지렛대를 눌렀을 때 쥐가 싫어하는 전기를 흘려보내 지렛대를 누르는 행동을 점점 사라지게 하고 지렛대를 누르지 않는 행동을 증가시키는 것이다. 여기서 전기 자극이 부적 강화에 해당된다. 이러한 행동의 증가 수준은 빈도, 지속 시간, 강화 수준 등 다양한 요인에 의해 영향을 받는다. 행동주의 이론가들은 벌의 단점을 다음과 같이 제시하고 있다(박인우 외, 2005). 첫째, 벌 받은 행동은 다시 일어날 가능성이 높아 효과가 일시적이다. 둘째, 벌 받은 행동은 제거되지만 다른 감정인 짜증, 두려움, 불안, 복수 등을 불러올 수 있다. 또는 부적 강화를 사용하여 제거하려고 했던 행동이 오히려 강화될 수도 있다. 예를 들어, 거짓말하는 행동을 제거하기 위하여 엄마가 사용한 벌은 엄마와의 관계를 소원하게 만들고, 점점 일탈 행동을 하게 하는 원인이 되기도 한다.

2. 행동주의에 의한 학습 원리

행동주의 이론은 교육 현장에서 학생들의 학습을 증진시키는 유용한 수단으로 사용되고 있음에 틀림없다. 행동주의자들은 다양한 실험과 분석에 의해 학습의 발생과 유지에 관한 원리를 제시하려고 노력했다. 행동주의 이론에 의한 학습의 원리는 관찰 가능하고 식별 가능한 현상으로서의 행동, 부적응 행동의 교정, 목표의 구체적 · 개별적 경향, 현재에 대한 초점으로 나누어 살펴볼 수 있다(박인우 외, 2005). 첫째, 행동은 관찰 가능하고 식별 가능한 현상이라는 것이다. 즉, 자극은 행동을 불러오고 행동에 대한 강화는 같은 행동을 증가시킴으로써 학습이 일어난다고 보는데, 이때 학습은 관찰 가능하고 측정될 수 있는 행동이라는 것이다. 둘째, 부적응 행동은 습득된 것으로 통제 가능하다는 것이다. 예를 들어 학생이 가지고 있는 수학 학습에 대한 부정적인 행동이나 감정은 이전의 경험에 의해 학습된 것으로 행동주의 원리에 의해 긍정적 행동을 증가시킴으로써 통제가 가능하다는 것이다. 셋째, 행동적 목표는 구체적이고 개별적일 때 효과적이라는 원리이다. 모든 사람이 동일한 자극에 대해 동일한 방식으로 반응하는 것을 보장할 수는 없다는 것이다. 이는 집단 학습이 불가능하다는 것을 의미하는 것이 아니라 학습에서의 개별적 속도와 내용의 중요성을 강조하는 것이다. 넷째, 행동주의 학습은 과거의 부적응 행동은 수정될 수 있는 것으로 보고 현재의 학습에 초점을 둔다. 단지 잘못 수행된 행동이 오랫동안 고착화되었다면 행동의 수정에 오랜 시간이 걸린다고 보는 것이다.

임규혁 · 임웅(2010)도 행동주의 이론을 적용한 학습의 원리를 강화물의 선택과 강화의 즉시성, 벌의 사용에 대한 재고, 강화 계획의 효과적 적용의 측면에서 정리하였다. 각각의 원리를 살펴보면 다음과 같다.

1) 강화물의 선택과 강화의 즉시성

행동주의 이론에서 가장 중요한 것은 강화이다. 강화는 계획된 행동을 증가시키는 매개체이기 때문이다. 그러나 모든 사람에게 강화로 작용하는 일반적인 것은 없을 수도 있다. 이는 앞서 제시된 행동의 목표는 개별적일 때 효과적이라는 원리와 같은 맥락이다. 그렇다면, 교사는 수업에서 어떤 강화물을 선택하는 것이 좋을까. 교사는 학생의 입장에서 효과적으로 작용할 수 있는 강화물을 찾아야 한다. 이때 칭찬이나 상품은 언제 어디서든 통하는 효과적인 강화물일 것이라는 믿음을 경계해야 할 것이다. 예를 들어 과자는 초등학생에게 행동을 유발하는 효과적인 강화물이 될 수 있지만, 다이어트를 하는 대학생에게는 행동을 유발하는 강화물로 작용하지 않는다. 이처럼 학생에게 효과적인 강화물을 찾는 것이 쉽지는 않지만 교사의 노력에 의해 가능한 일이다. 강화물을 찾는 것이 어렵다면, 강화물을 찾는 유용한 방법인 프리맥 원리를 적용할 수 있다. 프리맥 원리는 빈번하게 일어나거나 좋아하는 어떤 행동이 현재 자주 일어나지 않지만 증가되기를 원하는 행동의 빈도를 증가시키는 강화물이 될 수 있다는 원리이다(임규혁·임웅, 2010 재인용). 축구를 아주 좋아하고 수학 학습을 가장 싫어하는 학생이 있다고 가정해 보자. 이 학생에게 수학 학습을 할 때마다 축구를 할 수 있도록 허락하면, 학생은 점진적으로 수학 학습을 하는 빈도가 높아질 수 있다는 것이다.

강화물이 효과적으로 작용하기 위해서는 즉각적이어야 한다. 바람직한 행동을 보였을 때 바로 제공되지 않고 행동과 강화물 사이의 시간 간격을 둔 강화물은 어떤 행동에 대한 강화인지 모호하게 만든다. 따라서 지연된 강화는 증가되기를 원하는 특정 행동의 증가를 가져오지 않을 수 있다.

2) 벌의 사용에 대한 재고

벌은 바람직하지 않은 행동을 감소시키기 위해 사용하는 원리이다. 벌에는 수여성 벌과 제거성 벌이 있다. 바람직하지 않은 행동을 감소시키기 위한 수여성 벌은 불쾌한 자극을 주는 것이고, 제거성 벌은 좋아하는 것을 제거하는 것이다. 이러한 벌은 특정 행동을 감소시키는 데 효과적이다. 그러나 특정 행동의 감소가 바라는 행동의 증가로 연결되지 않을 때도 있다. 게임에만 몰입하고 공부를 하지 않는 아이를 꾸중하거나 체벌한다면 게임하는 행동은 분명히 줄어들 것이다. 그러나 원래 목적으로 한 공부하는 행동은 증가하지 않을 수 있다는 것이다. 이처럼 벌은 특정 행동의 증가를 위한 것이 아니라 감소를 위한 것이므로 벌의 사용보다는 정적 강화를 사용하는 것이 바람직하다.

3) 강화 계획의 효과적 적용

강화 계획은 강화물의 제공 기간과 방법에 관한 원리로 교육 현장에서 많이 사용하는 원리이다. 새로운 행동을 학습할 때 가장 효과적인 방법은 지속적인 강화 계획이다. 그러나 영원히 계속되는 강화는 불가능하고 학습을 내면화해야 한다는 측면에서도 효과적이지 않다. 따라서 일반적으로 학습 초기에는 지속적인 강화물을 제공하고, 점차 강화물의 시간 간격을 늘려 최종적으로는 강화물을 제공하지 않아도 행동이 유지되어야 한다. 강화물의 제공 방법은 고정적 강화(고정 간격, 고정 비율)와 변동적 강화(변동 간격, 변동 비율)가 있다. 고정적 강화는 강화 시기가 되면 반응이 증가했다가 강화물이 주어진 이후에는 반응이 감소하고, 일정 시간 후에 강화물이 주어지지 않으면 반응이 급속하게 중단되는 경향이 있다. 변동적 강화는 높은 수준의 불안감을 조장하기 때문에 지속적으로 반응 비율이 높고, 강화물을 받은 이후의 휴식기도 짧으며, 반응이 점진적으로 천천히 중단되는 경향이 있다.

2절 실습 중심 학습의 적용

실습 활동의 목적은 학생들이 기능을 숙달할 수 있도록 하고, 일에 대한 건강한 가치관과 습관을 가지도록 하는 것이다. 이러한 목적을 위한 실습 활동은 실습의 목적 및 관련 지식 이해, 실습 과정의 시범 관찰, 실습 과제의 수행, 평가 등의 과정을 필요로 한다. 다음에서 실습 중심 교수-학습에 관련된 모형을 살펴보자.

1. 실습 중심 모형

실과교육에서 언급되고 있는 실습 중심 모형은 키드와 레이버디(Kidd & Leighbody)가 제시한 모형, 한국교육개발원에서 제시한 모형, 전국교대 실과교육연구회에서 제시한 모형으로 대별된다. 이들 모형은 단계의 명칭은 다르지만 같은 요소로 구성되어 있음을 알 수 있다. 키드와 레이버디는 실습 지도에 적합한 수업의 단계를 준비, 제시, 응용, 평가 단계로 구성하였다. 준비 단계에서는 교수-학습 과정 및 자료 결정, 실습 재료 준비, 기자재 확인 등을 세밀하게 준비하여야 하고, 학생을 수업으로 끌어들이기 위한 동기유발 방법에 초점을 두어야 한다. 제시 단계에서는 실습할 내용에 관계된 지식이나 원리를 설명하고, 실습 순서 및 방법에 따라 시범을 보인다. 응용 단계에서는 시범을 통해 관찰한 실습 내용을 직접 실행하고 적용해 보는 활동을 한다. 이 단계는 실습 중심 수업에서 가장 중요한 단계이다. 평가 단계에서는 학생들의 성취 정도를 확인하고 미흡한 경우 보충 학습을 진행한다(류청산 외, 2002 재인용).

한국교육개발원에서 세시한 모형은 학습 목표 및 관련 지식 이해, 기본 기능 시범 관찰, 기본 기능 습득, 기본 기능 습득 확인 및 평가로 구성되어 있다. 학습 목표 및 관련 지식 이해 단계는 학습을 통해 도달해야 할 목표와 실습 과정에 필요한 지식을 제시하고 질의응답을 통해 보완하는 것이다. 기본 기능 시범 관찰 단계에서는 실습 순서, 실습 방법, 안전, 관찰 관점을 제시하고 시범을 보인다. 기본 기능 습득 단계에서는 학습 목표가 달성될 수 있도록 실습 순서와 방법에 따라 연습을 한다. 기본 기능 습득 확인 및 평가는 습득한 실습 능력을 최종적으로 확인하는 단계로 관련 지식을 평가하는 총괄 평가와 실기 평가가 같이 진행해야 한다(류청산 외, 2002).

전국교대 실과교육연구회에서 제시한 교수-학습 절차는 실습 활동의 목적 및 관련 지식 이해, 실습 과정 제시, 기본 기능 시범 관찰, 기본 기능 습득, 평가로 구성되어 있다. 앞에서 제시한 두 모형과 단계별 활동은 유사하다. 다만, 한 단계로 구성된 기본 기능 시범 관찰 단계가 실습 과정 제시와 기본 기능 시범 관찰로 나누어져 있다(전국교대 실과교육연구회, 2015).

〈표 6-2〉 실습 중심 교수-학습 절차의 비교

<table>
<tr><th colspan="2">Kidd & Leighbody</th><th>한국교육개발원</th><th colspan="2">전국교대 실과교육연구회</th></tr>
<tr><td>준비</td><td>• 교사 준비
• 동기유발</td><td>학습 목표 및 관련 지식 이해</td><td>실습 활동의 목적 및 관련 지식 이해</td><td>• 실습 활동의 중요성과 목적 제시
• 관련 지식 이해</td></tr>
<tr><td rowspan="2">제시</td><td rowspan="2">• 지식 설명
• 시범 제공</td><td rowspan="2">기본 기능 시범 관찰</td><td>실습 과정 제시</td><td>• 실습 과정, 실습 방법, 유의점 등 설명
• 시각적 자료 제시</td></tr>
<tr><td>기본 기능 시범 관찰</td><td>• 실습 활동의 시범 제공
• 학생의 이해도 점검</td></tr>
<tr><td>응용</td><td>• 연습
• 적용</td><td>기본 기능 습득</td><td>기본 기능 습득</td><td>• 연습 활동
• 강화와 교정적 피드백 제공</td></tr>
<tr><td>평가</td><td>• 성취도 평가</td><td>기본 기능 습득 확인 및 평가</td><td>평가</td><td>• 자기 평가 및 교사 평가</td></tr>
</table>

2. 직접교수법

1) 학습 환경과 연습

직접교수법은 새로운 개념이나 기능을 학생에게 설명하고, 교사의 지도하에 연습함으로써 개념이나 기능을 획득하게 되는 교수-학습 모형이다. 여기서는 실습 중심 교수-학습을 다루므로 기능을 학습하는 데에만 초점을 두고자 한다. 직접교수법을 실행하는 데 효과적인 학습 환경은 중요한 학습 내용에 대한 강조,

높은 수준의 지시와 통제, 높은 기대와 긍정적 정서이다. 중요한 학습 내용에 대한 교사의 강조는 학습 내용별 우선 순위를 두는 것으로 우선 순위가 높은 내용에 주의가 집중되고 적극적이게 되므로 학생의 성취도와 직결된다. 높은 수준의 지시와 통제는 교사가 학습 과제를 선정하고, 구체적으로 잘 조직하여 전달하며, 교사의 수업 진행 과정에 학생들이 집중할 수 있는 분위기를 유지하는 것으로 직접교수법에서는 중요하다. 높은 기대와 긍정적 정서는 행동주의 이론의 강화에 관련된 것으로 바람직한 행동의 증가에 기여하는 기법이다.

직접교수법의 교수-학습 활동에서 핵심 전략은 연습이다. 앞서 제시한 실습 중심 모형 모두(Kidd & Leighbody 모형, 한국교육개발원 모형, 전국교대 실과교육연구회 모형)에서 기본 기능의 습득을 위해 연습 과정을 중요시하고 있다. 따라서 교수-학습의 효과적 적용을 위해서는 연습의 원리에 대한 이해가 선행되어야 한다. 첫째, 연습은 단계적으로 이루어져야 한다. 연습 초기에는 고도로 구조화된 교사의 지도에 따라 연습이 이루어져야 한다. 그 이유는 정보가 기억되기 쉽고 강화되기 쉬운 시기가 초기 학습이기 때문이다. 구조화된 연습 이후에는 교사의 지도하에 스스로 연습하는 안내된 연습이 적합하다. 이때 교사는 바람직한 행동에 대해서는 강화물을 제공하고, 그렇지 않은 행동에 대해서는 교정적 피드백을 제공하여 학습의 오류를 수정해 준다. 마지막 단계는 실습 기능을 숙달하기 위해 도움 없이 스스로 수행하는 독립적 연습이다. 둘째, 연습은 연습 시간의 길이와 관련된다. 짧고 집중적이고 동기화된 연습이 덜 동기화되고 긴 연습보다 효과적이라는 것이다. 셋째, 연습의 초기 단계에는 지도와 관리가 필요하다. 초기 단계의 잘못된 수행이 기억되는 것을 막기 위해서는 즉각적인 교정적 피드백이 필요하기 때문이다. 이와 더불어 새로운 학습을 빨리 정착시키기 위해서는 바람직한 행동에 대한 초기 단계의 긍정적 강화도 중요하다. 넷째, 연습은 다수의 연습 기회를 분배해서 제공해야 한다. 분산된 정기적인 반복은 한 번에 긴 시간을 연습하고 긴 휴식기를 가지는 것보다 기억에 유리하다. 그 이유는 초기 학습된 정보는 연습이 없다면 하루 이내에 80% 정도를 망각하기 때문이다. 다섯째, 연습의 시간 간격은 초기에는 짧아야 하고, 독립적 수준의 연습으로 넘어가면 길게 배치해도 된다.

2) 교수-학습 단계와 내용

조이스 등(Joyce et al., 1992)은 직접교수법의 단계를 오리엔테이션, 프레젠테이션, 구조화된 연습, 안내된 연습, 독립적 연습으로 구성하였다. 오리엔테이션 단계는 수업의 구성 체제를 확립하는 단계로 교사는 학습 목표와 수행 수준을 제시하고 수업 절차를 설명한다. 그리고 수업 내용과 관련된 사전 지식이나 경험의 관련성을 설명하고 점검한다. 이때 교사는 설명을 구조화하여 학생들이 자료에 주목할 수 있는 환경을 만들어야 한다.

프레젠테이션은 수업의 실습 과제를 설명하고 시범과 예를 제공하는 단계이다. 교사는 시범을 제시하기 전에 실습과 관련된 개념과 지식을 설명하고, 시각적 표현과 함께 시범을 제공한다. 시범은 모든 학생들이 잘 볼 수 있도록 하는 것이 중요하다. 교사가 초기에 제시한 설명의 질과 충분성, 시범의 명료함은 학생의 성취도와 직결된다. 이 단계에서 학습의 효과를 위한 전략은 ① 한 번에 한 가지의 요점이 숙달될 수 있도록 자료를 작은 단계로 제시하기, ② 새로운 지식이나 기능에 대한 다양한 예를 제시하기, ③ 실습 과제에 대한 설명이나 시연 제공하기, ④ 여담을 피하고 학습 내용에 초점 맞추기, ⑤ 어려운 부분을 다시 설명하기 등이다. 시범을 보인 후에는 다음 단계의 실습 수행이 가능한지 확인하기 위하여 학생이 새로운 정보를 잘 이해했는지 점검한다.

구조화된 연습은 실습 과정을 세분화하여 구조화하고, 세분화된 순서대로 하나씩 교사의 지도하에 학생이 연습을 하는 단계이다. 교사의 역할은 질문을 통해 학생의 이해도를 확인하고, 학생의 반응에 즉각적으로 교정적 피드백을 제공함으로써 오류를 수정한다. 효과적인 교사는 그렇지 않은 교사보다 학생들의 이해도를 확인하기 위한 질문과 수업 내용에 대한 반복을 많이 한다고 한다. 또한 효과적인 교사는 학생의 반응에 대한 피드백을 중요하게 생각하고, 틀리게 반응한 것에 대해서는 고쳐주거나 다시 가르치는 일을 게을리 하지 않는다. 구조화된 연습 단계에서의 피드백은 이후 학습의 성공과 관련되므로 틀린 과정이 기억에 내재되는 것을 막기 위하여 즉각적이어야 한다. 학습 초기에 옳은 수행을 했지만 주저할 때는 '잘했어'와 같은 긍정적 피드백을 제공하여 학습에 대한 확신을 줄 필요가 있다. 칭찬과 같은 긍정적 강화는 학생이 보인 반응의 질에 기초해야 하지만, 모든 학생에게 같은 수준의 칭찬을 제공해야 하는 것은 아니다.

안내된 연습은 교사의 도움을 받으면서 학생이 스스로 연습을 하는 단계이다. 안내된 연습의 역할은 교사로 하여금 학생의 실수 유형과 수행 능력을 평가하고, 교정적 피드백을 제공하는 기회를 주는 것이다.

독립적 연습은 안내된 연습의 수행 수준이 85% 이상일 때 시작된다. 독립적 연습의 목적은 새로운 학습을 강화시켜 내면화되도록 돕는 것이다. 따라서 학생은 교사의 지도 없이 스스로 연습을 수행하고, 과제 수행이 끝난 후 교사는 학생의 수행이 정확하고 안정되었는지 평가한다. 피드백은 이전 단계와는 달리 즉각적으로 제공되는 것이 아니라 수행이 끝나면 제공한다. 학습의 안정화를 위해서는 한 번의 독립적 연습보다 여러 번에 분배하여 독립적 연습을 수행하는 것이 효과적이다(박인우 외, 2005).

〈표 6-3〉 직접교수법의 단계와 내용

단 계	내 용
오리엔테이션	• 수업을 구조화하여 개략적으로 안내한다. • 수업과 관계된 선행 학습을 점검한다. • 학습 목표를 명확하게 안내하고 수업 절차를 설명한다.
프레젠테이션	• 실습과 관련된 새로운 지식과 기능을 설명한다. • 실습 과정을 시연하고 시각적 표상을 제공한다. • 학생의 이해도를 점검한다.
구조화된 연습	• 교사의 체계적인 안내에 따라 한 단계씩 실습 과정을 실행한다. • 질문을 통해 학생들의 이해도를 점검한다. • 잘못 실행된 부분에 대하여 교정적 피드백을 제공하고, 바람직한 실행에 대하여 강화를 제공한다.
안내된 연습	• 학생들은 반독립적으로 연습한다. (교사는 학생이 실습 과정에 대하여 연습하는 것을 순회하면서 지도한다.) • 칭찬, 자극, 교정적 피드백을 통해 지속적으로 강화를 제공한다.
독립적 연습	• 교실이나 가정에서 독립적으로 연습한다. • 피드백은 지연된다. • 학습을 내면화하기 위해 여러 차례의 독립적 연습 기회를 갖는다.

3. 실습 중심 학습의 적용 사례

다음의 실습 중심 교수-학습 과정안은 '옷차림과 의복 마련'에서 기초 바느질을 익히는 내용과 관련된 사례이다. 이는 앞서 제시한 실습 중심 모형(Kidd &

Leighbody가 제시한 모형, 한국교육개발원에서 제시한 모형, 전국교대 실과교육연구회에서 제시한 모형), 직접교수법 모두에 해당한다. 실습 중심 모형들은 명칭에 있어 차이가 있지만 교수-학습 단계의 흐름이나 내용 요소가 유사하기 때문이다.

〈표 6-4〉 실습 중심 모형(직접교수법)을 적용한 교수-학습 과정안 예시

<table>
<tr><th>영 역</th><td>가정 생활과 안전</td><th>내용 요소</th><td>옷차림과 의복 마련</td></tr>
<tr><th>학습 주제</th><td colspan="3">바느질의 기초 익히기</td></tr>
<tr><th>학습 목표</th><td colspan="3">홈질과 박음질을 할 수 있다.</td></tr>
<tr><th>교수-학습 단계</th><th colspan="2">교수-학습 활동</th><th>자료 및 유의점</th></tr>
<tr><td>오리엔테이션
(실습 활동의 목적 이해)</td><td colspan="2">▣ 바느질의 필요성 및 목적 제시
• 학생의 경험과 연결하여 바느질의 필요성과 목적을 설명한다.
• 학생의 주의 집중을 유도하기 위해 노력한다.
▣ 학습 목표 제시하기
• 학습 목표와 수행 수준을 제시한다.
[홈질과 박음질을 할 수 있다.]
▣ 활동 안내하기
활동 1. 바느질, 어떻게 하는 것일까요?
활동 2. 바느질 스스로 하기
활동 3. 바느질 마스터</td><td>※ 교사는 수업 내용을 구조화하여 안내한다.</td></tr>
<tr><td rowspan="2">프리젠테이션
(관련 지식 이해 및 기본 기능 시범 관찰)</td><td colspan="2">▣ 실습 과제 설명하기
• 바느질에 관한 기초 개념과 지식을 설명한다.
• 홈질, 박음질의 용도와 방법을 설명한다.
• 홈질, 박음질을 적용한 다양한 예를 제시한다.</td><td>• PPT 자료</td></tr>
<tr><td colspan="2">▣ 시범 관찰하기
• 시범을 관찰하는 관점을 제시한다(바늘 잡는 법, 바느질 방향, 바느질 순서 및 방법).
• 홈질, 박음질의 순서를 작은 단계로 세분화하여 순서와 방법을 설명하면서 시범을 보인다.
• 학생의 이해 정도를 점검한다.</td><td>• 교구(바느질 모형판)</td></tr>
<tr><td>구조화된 연습
(기본 기능 습득)</td><td colspan="2">활동 1 바느질, 어떻게 하는 것일까요?
▣ 교사 지도하에 연습하기
• 실습 재료를 확인한다.
• 교사는 홈질, 박음질을 한 단계씩 수행하고, 학생은 교사를 따라 연습한다.
• 교사는 초기 실행의 중요성에 초점을 두어야 한다.
▣ 학생의 이해도 점검 및 피드백 제공하기
• 교사는 질문을 통해 학생의 이해도를 확인한다.
• 교정적 피드백과 강화를 제공한다.
(홈질, 박음질 연습 과정에 대한 질문에서 잘못된 반응에는 교정적 피드백을 제공하고, 바람직한 반응에는 칭찬과 같은 정적 강화를 제공한다.)</td><td>※ 교사의 설명과 활동에 집중한 후 연습을 할 수 있도록 지도해야 한다.</td></tr>
</table>

<table>
<tr><td>안내된 연습
(기본 기능 습득)</td><td>활동 2 바느질 스스로 하기
▣ 반독립적으로 연습하기
• 교사는 홈질, 박음질을 연습할 수 있는 간단한 도안을 제공한다
– 학생은 도안에 홈질, 박음질을 연습한다.
▣ 학생의 이해도 점검 및 피드백 제공하기
• 교사는 순회 지도를 하면서 교정적 피드백과 정적 강화를 제공한다.</td><td>※ 강화는 학생의 수준에 따라 달리 제공해야 한다.</td></tr>
<tr><td>독립적 연습
(평가)</td><td>활동 3 바느질 마스터
▣ 스스로 연습하기
• 학생은 교사의 도움 없이 홈질, 박음질을 한다.
▣ 평가하기
• 홈질, 박음질 과제가 모두 끝난 후 평가한다.
• 평가 후 피드백을 제공한다.
• 스스로 연습할 수 있는 과제를 제공한다.</td><td>※ 독립적 연습은 상황에 따라 과제로 제공할 수 있다.</td></tr>
</table>

논의

1. 행동주의 이론이 교육 현장에 미치는 영향에 대하여 논의해 보자.
2. 행동주의 학습 원리의 교육적 타당성을 비판적으로 분석해 보자.
3. 실습 중심 교수–학습이 실과교육에 미치는 영향에 대하여 논의해 보자.
4. 실습 중심 교수–학습에 적합한 실과교육 내용에 대하여 논의해 보자.
5. 실습 중심 교수–학습의 효율적 시행을 위한 교사의 역할에 대하여 논의해 보자.
6. 실습 중심 교수–학습의 수정 · 보완 방법을 탐구해 보자.

참고문헌

류청산 외(2002). **실과교육학 원론**. 도서출판 엘리트.

박인우 외 역(2005). **교수모형**. 아카데미프레스. Joyce, B. etc. (2004). Models of Teaching. Allyn & Bacon.

임규혁 · 임웅(2010). **학교학습 효과를 위한 교육심리학**. 학지사.

전국교대 실과교육연구회(2015). **실과교육**. 양서원.

Joyce, B., Weil, M., & Showers, B. (1992). *Models of Teaching*. Allyn & Bacon. Needham Heights, MA: Allyn & Bacon.

제 7 장

협동학습

개 요

그동안 학교 교육은 경쟁적인 학습 환경을 제공하여 각 개인 학습자에게 동등한 기회를 부여하지 못하였다. 이러한 경쟁적이고 관료적인 구조 속에서 인간적 관계를 형성하는 것은 거의 불가능하다. 인간이 사회 생활을 하는 데 있어서 협동 없이는 공동 생활을 영위할 수 없다. 그러므로 학교 학습에서 동료 간에 상호작용을 하는 협동학습은 교육이 삶 그 자체라는 점에서 중요하고 또 필요한 것이다. 특히 전통적인 소집단 학습과 구별되는 협동학습은 모든 집단 구성원이 학습 목표를 달성하는 데 다 같이 기여하기 때문에 각자는 상당한 성공 경험을 갖게 되며, 이러한 성공 경험은 학습 태도 및 학습 동기의 유발에 기여한다. 미래 사회의 주역이 될 수 있도록 교육을 제공하는 학교에서의 교육에 협동학습은 필수 불가결하다고 할 수 있다.

학 습 목 표

- 협동학습을 접근하는 이론적 배경으로서 동기론적 관점과 사회 응집성의 관점을 비교할 수 있다.
- 전통적인 소집단 학습과 협동학습을 각각의 장단점에 기반하여 설명할 수 있다.
- 협동학습 과정 중 학생들의 학업 성취를 향상시키기 위한 방안과 그 근거를 제시할 수 있다.

1절 협동학습의 이해

1. 협동학습의 배경

1) 협동학습의 등장 배경

협동학습(cooperative learning) 방법은 고대로부터 이어져 내려오는 동서양의 교육철학 내에서 엿볼 수 있다. 1세기경 로마시대의 퀸틸리아누스(Quintilianus)는 로마 최초의 공교사로서 학교 내에서 학생들 간의 영향력을 중시해서 가정 내의 교육보다 학교 내에서의 공동체 교육을 강조했다. 또한 이스라엘은 〈탈무드〉에서도 나와 있듯이 전통적으로 서로를 배려하고, 학습 친구를 통해서 진정한 배움이 있음을 가르쳐왔다. 마찬가지로 동양에서도 중국 5경(五經)의 하나인, 《예기(禮記)》의 〈학기(學記)〉편에 가르치고 배우면서 더불어 성장한다는 의미의 '교학상장(敎學相長)'이 교육의 기본으로 전해지고 있다. 이러한 교육철학 속에서는 협동학습이라는 방법적 접근은 어떻게 보면 진정한 교육을 위한 당연한 것이라고 할 수 있겠다.

근대에 이르러 '협동'이라는 개념이 수업 방식으로 교실에 도입된 것은 19세기 후반이다. 특히 미국 메사추세츠 주 퀸시(Quincy)의 공립학교 교장이었던 파커(Parker)는 열정적인 협동학습 주창자였으며 실천가였다. 그의 협동학습을 참관하기 위하여 매년 3만 명 이상이 그 학교를 방문할 정도로 그의 협동학습은 20세기 전환기의 미국 교육에 널리 퍼져 있었다. 그의 뒤를 이어 20세기 초반에 듀이(Dewey)도 협동학습을 강조하였으나 그는 협동학습에 대한 이론을 크게 발전시키지는 못하고, 1930년대 후반 공립학교에서 경쟁적 수업이 강조되기 시작하면서 협동학습에 대한 관심은 다소 줄어들었다.

미국을 비롯한 자본주의 국가들이 학교 교육에 경쟁의 원리를 도입한 것은 당시로서는 당연한 현상이었다. 왜냐하면 자본주의는 사유 재산과 자유 경쟁을 원리로 하는 경제 체제였고, 이러한 사회에 성공적으로 적응하기 위해서는 학교에서부터 경쟁적인 환경에 적응하고 아동의 경쟁력을 키워 주는 것이 학교의 존재 이유로 믿어졌던 것이다. 그러나 이러한 경쟁적 학습 구조는 지적으로나 정의적으로 많은 문제점을 노출하게 되었다.

이러한 경쟁적 학습 구조에 대한 비판과 그 대안을 제시한 것은 개별적 학습 구조였다. 개별학습 구조는 아동을 무조건 동일한 기준으로 경쟁을 시킬 것이 아니라 아동 각자가 가지고 있는 개인적인 잠재력을 최대화시키기 위해 많은 교육적·재정적 투자를 통하여 개인에게 적절한 학습 환경을 제시해 주고자 하는 데 있었다. 그 결과, 경쟁 학습 구조가 가지고 있는 많은 문제점들이 해결되기는 하였지만 또 다른 문제들이 나타나게 되었다. 즉 개별학습 구조가 사회성이 결여된 극단적 개인주의자와 다른 사람으로부터 전혀 지적 자극이나 교류 없이 편견으로 가득한 편협된 지식인을 만들어 내었다는 점에 있다. 즉 아동은 학교에서의 대부분의 시간을 주어진 학습 안내지와 자료로 다른 동료들을 전혀 의식하지 않고 혼자 학습하였고, 따라서 사회성 발달이 저하되고, 인간 관계가 원만하지 못하며, 충분한 피드백이 없는 편협한 지식과 행동들을 길러 주었던 것이다. 뿐만 아니라 교사나 동료들의 지적 자극을 거의 받지 못하므로 자신의 지적 능력은 말 그대로 자신의 한계를 벗어나지 못하는 결과를 초래하였다.

협동학습 구조는 이처럼 경쟁 학습 구조와 개별학습 구조가 가지고 있는 정의적인 그리고 인지적인 약점들을 동시에 제거하고 아동의 지적 발달의 연구에서 밝혀낸 발달심리와 집단 구성원의 상호작용에 관한 사회심리학의 연구 업적에 기초하여 1940년대에 도이치(Deutch)가 새롭게 형성시킨 이론이다. 그 후 많은 연구가들이 이를 교실 현장에 실험해 봄으로써 그 효과를 검증하여 확신을 가진 하나의 교육 운동으로 전개되었다. 특히 협동학습에 대한 연구는 1970년대 중반부터 활발하였는데 존스홉킨스대학의 드브리스(Devris)와 에드워드(Edward)가 체계적으로 협동학습의 실험 연구를 시작하였고, 슬라빈(Slavin)에 의하여 협동학습 연구가 크게 전개되었다. 특히 슬라빈은 처음 협동학습 연구를 통해 학생팀학습(Student Team Learnin: STL)으로 명명하였으나, 후에 모형의 영역이 확대되면서 협동학습(Cooperative Learnng: CL)으로 이름을 바꾸었다.

또한 미국 텍사스대학의 아론슨(Aronson)이 협동학습 방법인 직소(Jigsaw) 모형을 개발하였고, 미네소타대학의 존슨 부부(Johnson & Johnson), 이스라엘 텔아비브대학의 샤란(Sharan)과 라자로비츠(Lazarowitz)와 리브사이드 캘리포니아대학의 케이건(Kagan), 캐나다의 휴스(Hughes), 노르웨이의 헤르테이커(Hjertaker) 등이 협동학습 연구에 참가하는 등 세계적인 관심을 끌게 되었다.

협동학습이 교육 현장에서 각광받는 이유는 사회 구조 변화와 학교 현장의 필요와 밀접한 관계가 있다. 최근에 사회가 지식기반 사회 및 정보 사회로 변하면서 사회 전반적인 풍토가 근본적으로 변하였다. 경제 구조가 대량 생산, 대량 소비 체제에서 다품종 소량 생산 체제로 바뀌고 사회 구성도 동질 집단보다 이질 집단으로 변하였다. 급변하는 사회 현실에서 현대 사회는 '다양성 있는 통일'의 원칙을 추구하게 되었다. 이러한 상황에서 기존의 교육 접근은 많은 문제점을 드러낼 수밖에 없었고 이러한 문제점들을 보완하면서 새로운 교육적 대안을 모색해야 하는 상황에 놓이게 되었다.

이러한 우리의 교육 현실 속에서 협동학습은 새로운 돌파구를 제공해 줄 수 있는 대안이 될 수 있다. 협동학습에 대한 연구와 현장 적용은 우리 교육 현실 속에서도 많은 의미와 시사점을 줄 수 있다. 협동학습은 교사에게 '학습 구조'의 중요성을 일깨워 주고, '수업을 디자인' 할 수 있게 만들어 준다. 그리고 무엇보다 학습의 효율성을 극대화시키면서 동시에 학생들이 흥미 있게 수업에 참여할 수 있도록 만들어 준다.

2) 실과교육과 협동학습

초등 실과는 실천적 경험과 실생활에서의 유용성을 강조하는 교과로서 창의성에 기초한 문제해결능력, 협동심 등을 많이 필요로 한다. 즉 문제해결능력, 합리적 사고력, 창의성, 협동성 등을 증진시키기 위한 교수-학습 방법이 모색되어야 하는데, 이는 협동학습을 통하여 이루어질 수 있다. 정성봉(1999)은 협동학습이 실과에서 필요한 이유를 다음과 같이 네 가지로 제시하고 있다.

첫째, 창의력과 문제해결능력을 신장할 수 있다. 협동학습의 집단 활동에서 학생들은 공동의 과제를 해결하기 위하여 협동하는 방법, 문제를 해결하는 방법, 다른 학생과 의사를 교환하는 방법 등의 집단 상호작용을 통하여 실과에서 요구하는 능력을 개발할 수 있다.

둘째, 인지적 영역의 학업 성취에 효과적이다. 실과는 다른 교과에 비하여 기능 교과의 성격을 많이 가지고 있으나 초등학교에서의 기능 습득은 인지 능력에 많이 의존하기 때문에 인지적 영역의 학업 성취에 매우 효과적인 협동학습을 통하여 이를 성취할 수 있다.

셋째, 협동심을 기를 수 있다. 실과는 실습을 통해 협동성을 강조하고 있으며, 소집단 편성에 의한 협동학습은 학생들에게 각자의 역할을 부여하고 서로의 역할 수행을 격려해 주면 협동심을 효율적으로 기를 수 있다.

넷째, 실습 기자재의 부족으로 인한 교수-학습을 정상화할 수 있다. 실과교육의 어려움은 실습 기자재의 부족에서도 찾을 수 있다. 그러나 협동학습을 통하여 실습의 효율성을 기한다면 어느 정도 이러한 부족 현상을 극복할 수 있을 것이다.

이 외에도 최유현(1997)은 실과에서 강조하고 있는 문제해결학습을 성공적으로 하기 위해서는 경쟁적 학습 구조보다는 협동적 학습 구조가 매우 효과적이라는 것을 강조하고 있다. 조완원(1999)은 실과 목제품 만들기 단원에서 협동학습을 하는 집단과 강의식 수업을 받는 비교반 간에 인지적 · 기능적 · 정의적 영역의 성취정도에 차이가 있음을 검증하였다.

실과교과는 가장 다양한 자질을 개발할 수 있는 교과들 중 하나로 파악되고 있다. 또한 산업체들이 원하고 있는 소양과 자질에 가장 기초가 되는 교육 목표를 가지고 있는 교과이다(신윤호, 2005). 특히, 학습 활동을 수행하는 동안에 특수한 학습 전략을 활용하도록 하는 일은 실과교육이 단순한 기능 위주의 조작 활동에서 벗어나 정보를 처리하고 사고 기능을 증진시키는 데 매우 중요하다. 잘 구조화된 협동학습 전략은 분위기(Mood: M), 이해(Understanding: U), 회상(Recalling: R), 탐색(Detect: D), 정교화(Elaborating: E), 인출(Retrieval: R)의 단계를 따르는데, 이를 MURTER 전략이라고 부른다. MURTER 학습 전략은 학습자가 한 실습 활동에서 다른 실습 활동으로 진행하면서 재생과 오류의 탐색 단계에서 서로 역할을 바꿔가며 활동하기 때문에 개별학습과는 다른 특성을 갖게 된다. 이는 미래의 변화에 대처하고 나아가 사회 발전에 기여할 수 있는 기본적인 자질을 기르는 것을 중시하는 실과교과의 성격과 협동학습의 효과적 측면이 부합된다고 보인다.

2. 협동학습의 정의

협동학습은 학생들의 상호 의존적 관계를 중심으로 공동의 목표 달성을 위한 협력적인 학습 활동, 즉 이질적인 특성을 가진 학생들이 소집단을 구성하여 서로 돕고 협력하는 가운데 공동의 학습 목표를 달성하면서 자신과 동료의 학습 효과를 최대화하기 위한 학습 방법이라고 할 수 있다. 사회심리학자들은 이와 같이 집단 내에서 어떤 목표의 달성을 놓고 그 구성원 간에 전개되는 상호작용을 '목표 구조'라는 개념을 도입하여 설명하였다. 목표 구조란 집단 구성원들의 행동을 규제하는 목표 달성의 추구 방식이다.

협동적 수업 목표 구조는 소규모의 집단에 공통의 학습 목표가 주어지고, 이것을 달성하기 위해 구성원이 서로 도우면서 학습을 전개한다. 여기서는 긍정적인 상호 의존성을 가지게 되는데, 즉 타인이 성공해야 자신도 성공할 수 있음을 인식하게 된다. 그러므로 자신들 모두에게 이익이 되는 결과를 얻으려고 노력하게 된다. 또한 교실 상황에서의 협동학습이란 학생들이 책상에 같이 앉아 있는 것이 아니며, 과제를 먼저 해결한 학생이 늦은 학생을 개별적으로 돕는 것도 아니며, 경쟁 시험 전에 서로 교재를 공유하여 학습하는 것만도 아니다. 협동학습의 본질은 공동으로 학업을 성취하기 위하여 집단 목표를 세분하고, 시험에서 집단의 평균 성적을 높이고, 정해진 규준에 따라 그들 성적의 양과 질에 근거하여 집단 전체에 보상하는 것이다.

이 외의 구체적인 협동학습의 정의는 〈표 7-1〉과 같다.

〈표 7-1〉 협동학습의 정의

학 자	정 의
Slavin(1987)	학생들이 공통의 과제를 함께 공부하고 서로 격려하는 일단의 수업 방법으로써, 고정된 강사와 학생이 따로 없고, 다루어야 할 정보가 학생보다는 교사에 의해서 주로 제시된다는 점에서 동료교수법과 구별된다.
Cole & Chan(1987)	학생들이 그들 집단의 학업 수행에 근거해서 보상이나 인정을 받는 협동적 유인 구조와 공동 목표를 향해 소집단에서 함께 공부하는 협동적 과제 구조를 활용하는 일련의 학습 방법
Schniedewind & Davidson(1987)	학생들이 공동의 목표를 향하여 함께 활동함으로써 서로 돕고, 학생들의 다양한 기능이 존중되고 이용되며, 모든 사람이 집단을 위해 무엇인가 기여하게 되고, 그리고 교사는 이런 일이 일어나도록 과제를 구조화하는 학습
Johnson, Johnson, & Holubee(2001)	학생들이 자신과 서로의 학습을 극대화하기 위해서 함께 노력하는 소집단을 활용하는 교수방법
박성익(1985)	집단 구성원 모두에게 유익한 결과를 가져오고자 집단 구성원 간에 서로 협동하여 학습을 전개하게 되는 학습 전략
문용린(1988)	학급의 학습 구조에 따라 학습 집단의 역동성이 달라지는 것에 착안하여 수업운영을 협동적으로 이끌려는 수업 전략
이희도(1988)	학생들이 서로 학습하는 것을 돕도록 하기 위한 소집단 안에서 함께 활동하도록 하는 교수-학습 방법
양낙진(1990)	상호작용을 통해서 집단에게 부여된 학습 목표를 공동으로 달성하여 그 집단 구성원 전체에게 유용한 학습 결과를 획득하는 학습 방법
변영계(1992)	주로 소집단으로 구성된 구성원들이 주어진 학습 과제나 학습 목표를 공동으로 노력하여 성취하는 방법
손병노(1996)	소규모로 구성된 학습 집단이 구성원 간의 협동적 상호작용을 통해 공동의 학습 목표를 달성함으로써 집단 구성원 모두에게 유익한 학습 효과를 얻게 하는 수업 전략
이동원(1997)	성, 능력, 인종 등에서 이질적인 학생들이 소집단을 구성하여 공동과제를 서로 돕고, 책임을 공유하면서 다 같이 학습 목표를 달성하도록 하는 방법
이종두(1997)	소집단 구성원들이 공동의 학습 목표를 가지고 다른 구성원들과 도움을 주고받아 집단 구성원 모두에게 유익한 결과를 얻고자 하는 학습 전략

지금까지 살펴본 여러 정의를 종합하여 보면 협동학습이란 이질적인 능력을 가진 소집단 구성원들이 공동의 학습 목표를 가지고 그 목표를 성취하기 위하여 소집단 내에서 구성원들이 역할을 분담하고 함께 공부하며 서로 도움을 주고받아 구성원 모두에게 유익한 결과를 얻고자 하는 학습 방법이라고 할 수 있다. 다시 말하면 집단 구성원 모두가 상호 의존적 작용을 통해 집단에 부여된 학습 목표를 공동적으로 달성하여 그 집단 구성원 모두에게 유용한 학습 효과를 습득케 하는 학습 방법인 것이다.

3. 협동학습의 이론적 기초

1) 협동학습과 전통적 학습

전통적 집단 학습과 협동학습 간에는 구성원 간의 상호 의존성, 개별 책무성, 구성원 조직 등 여러 가지 면에서 차이가 있다. 협동학습이 소집단으로 이루어진다는 점에서 전통적인 학습에서도 흔히 사용되는 소집단 학습과 비슷한 모습을 가지고 있지만, 소집단 학습은 단순히 학습자들을 몇 개의 작은 집단으로 묶어 놓고 전통적 수업 방법을 보충하려는 의도가 있을 뿐 학습자들 간의 적극적인 상호작용을 가져올 수 있는 어떤 체제를 마련하지 못하였다. 학습자들을 집단으로 나누어 학습하도록 하는 것과 학습자들 간에 협동적인 상호 의존관계를 구축하도록 하는 방법과는 차이가 나는 것이다. 존슨 등(Johnson & Johnson)은 전통적 집단 학습과 협동학습과의 차이점을 다음과 같이 제시하였다.

첫째, 협동학습은 자신뿐만 아니라, 다른 구성원 모두의 성취에 관심을 갖도록 목표가 구조화되어 있으므로 구성원 사이의 긍정적 상호 의존성에 기초하는 반면, 전통적 집단 학습은 이러한 상호 의존성이 항상 존재하는 것이 아니다.

둘째, 협동학습은 분명한 개별 책무성이 존재한다. 협동학습은 모든 구성원의 성취에 기초하여 그 집단이 평가받기 때문에 자기 자신의 학업 성취뿐만 아니라 다른 구성원의 학업 성취에도 도움을 주고 격려한다. 그러나 전통적 집단 학습에서는 집단 성공에 개인의 책무성이 크게 요구되지 않는다.

셋째, 협동학습의 구성원은 개인적 특성에 있어서 이질적이지만, 전통적 집단 학습은 동질적인 경우가 많다.

넷째, 협동학습에서는 모든 구성원이 리더가 될 수 있고 리더십의 책임을 지게 되지만, 전통적 집단 학습에서는 한 학생이 리더로 지정되고 책임을 지게 된다.

다섯째, 협동학습의 구성원은 목표 달성을 위해서 모두가 서로 도와주고 격려하며 상호 책임을 지게 되지만, 전통적 집단 학습에서는 그럴 책임은 없다.

여섯째, 협동학습의 구성원들은 학습 성취를 최대화하기 위해 구성원 간의 좋은 협력 관계를 유지해야 하지만, 전통적 집단 학습에서는 주로 주어진 과제를 완성하는 데에만 관심을 둔다.

일곱째, 협동학습에서는 협동적으로 학습할 때 필요한 리더십, 의사소통기술, 신뢰, 갈등의 조정 등 사회적 기능들을 직접 배우지만, 전통적 집단 학습에서는 상호작용 기능을 가르치지 않는다.

여덟째, 협동학습 담당 교사는 집단을 관찰하고 협동하는 과정을 분석하여 집단 과제를 조정하는 방식에 대하여 적절한 피드백 과정을 거치지만, 전통적 집단 학습은 이러한 교사의 관찰이나 개입이 거의 없는 경우가 많다.

아홉째, 협동학습의 교사는 집단이 어떻게 과제를 수행할 것인지에 대해 집단 과정을 구조화하지만 전통적 집단 학습에서는 교사의 그런 관심이 주어지지 않는다.

지금까지 살펴본 협동학습과 전통적 집단 학습의 차이점은 〈표 7-2〉에 나타난 바와 같다.

〈표 7-2〉 협동학습과 전통적 집단 학습

구 분	협동학습	전통적 집단 학습
상호 의존성	긍정적임	없음
개별 책무성	있음	없음
집단 구성	이질적임	동질적임
리더	구성원 전원	한 사람
책임 공유	서로 공유함	개인적 책임감 짐
협력 관계	과제 및 구성원 간 협력	과제만 강조
사회적 기능	직접 배움	배우지 않음
교사 역할	관찰과 개입	집단의 기능을 무시함
집단 과정	구조화	없음

출처: Johnson, D. W. & Johnson, R. T. (1986). Computer-Assissted Cooperative Learning. Journal of Educational Technology. 6(1), 14.

2) 특징

협동학습은 소집단 구성원 간의 긍정적 상호작용을 최대화하여 인지적·정의적 발달을 도모하는 것을 특징으로 한다. 협동학습의 종류에 관계없이 구성원 사이의 상호작용을 최대화시키는 역할을 하며, 이런 특징이 많이 반영된 협동학습 모형이 더 좋은 효과를 나타낸다. 협동학습의 특징은 집단 목표, 개별적 책무성, 성공 기회의 균등, 팀 경쟁, 과제 세분화(전문화), 개별화의 적용을 들 수 있다. 다양한 협동학습 모형들은 각기 독특한 구조를 가지고 있으나 협동학습의 공통된 특징을 정리하면 다음과 같다.

첫째, 수업의 목표가 구체적이고 각 학습자의 목표 인식도가 높다. 각 학습자는 자신이 활동해서 달성해야 할 수업 목표를 제시받고 그 목표를 달성하기 위해 구체적 활동을 한다.

둘째, 아동은 긍정적 상호 의존성이 있다. 협동학습은 구조적으로 동료들끼리 서로 도와주어야만이 자신의 목적을 달성할 수 있기 때문에 서로 긍정적으로 의존하고 있다.

셋째, 대면적 상호작용이 있다. 협동학습에서는 3인치 목소리를 강조한다. 즉, 3인치의 거리에서 말하고 들을 수 있을 정도의 낮은 소리로 서로 얼굴을 맞대고 의사소통을 하라는 것이다. 이것은 소집단 구성원 사이에 물리적으로만 아니라 심리적으로도 공동 목표의 성취를 위해 밀접한 상호작용을 유도해야 함을 의미한다.

넷째, 개별적 책무성이 있다. 협동학습에서 집단 구성원 개개인은 다른 구성원에 대해 개인적인 의무와 책임을 가지고 있다. 이를 위해 개인이 얻은 점수를 집단 점수에 반영하는 방식과 집단이 수행해야 할 학습 과제를 분업화하는 방식이 주로 사용된다.

다섯째, 집단 목표(집단 보상)가 있다. 협동학습에서는 개인의 목표 달성이 각 집단의 공동 목표 달성 여부에 달려 있으므로 구성원들이 집단의 목표 달성을 위해 동료들을 도와주고 도움을 받으려 하는 등 활발한 긍정적 상호작용을 하게 된다.

여섯째, 이질적인 팀 구성을 특징으로 한다. 동료 간의 상호작용을 활발하게 하기 위해서는 한 소집단을 이루는 구성원의 질이 다양해야 한다. 인지적 능력의 차이, 남녀의 차이, 문화적 배경의 차이가 많을수록 다양한 관점, 다양한 생각을 가지고 있기 때문에 활발한 토론 등 상호작용이 극대화되며, 이는 인지적으로나 정의적으로 아동의 성장을 촉진시키는 조건이 된다.

일곱째, 집단 과정을 매우 중시한다. 한 수업이 끝났거나 하루의 일과가 끝났거나 며칠에 걸쳐 한 과제가 끝났을 때 반드시 소집단들은 자신들의 활동을 반성하는 시간을 갖는다. 이러한 기회의 제공은 학습자 개인적으로는 사회적 기능을 발전시키고, 집단적으로는 미래에 보다 효율적인 소집단 활동을 가능하게 한다.

여덟째, 충분한 학습 시간을 제공한다. 기존의 정해진 수업 시간에 얽매이지 않고 충분한 학습 시간을 부여한다.

아홉째, 성공 기회가 균등하게 주어진다. 집단 구성원 개개인의 기본적 능력에 관계없이 구성원 누구나 집단의 성공에 기여할 수 있는 기회가 주어져 있다.

열째, 소집단의 단합을 강조한다. 이를 위해 소집단 경쟁을 도입하는 경우가 많다. 소집단 간에 경쟁을 도입함으로써 구성원들의 결속을 다지고 소집단 구성원들의 학습 동기를 촉진시키며 소집단 내에 협동을 유도한다.

열한째, 과제의 세분화이다. 소집단 내의 각 구성원들이 과제를 분담하게 함으로써 모든 학습자들이 협동학습에 참여하게 하는 효과를 가져온다.

열두째, 동시다발적 상호작용이다. 즉, 협동학습은 여러 소집단이 동시에 자신들 소집단 안에서 다양한 상호작용을 함으로써 상호작용의 양이 확대된다.

이러한 특징들은 모든 협동학습 모형에서 공통적으로 나타나는 것은 아니다. 협동학습 모형에 따라서 나타나는 특징이 다르다. 그러나 이러한 협동학습의 특징은 협동학습의 종류에 관계없이 구성원 사이의 상호작용을 최대화시키는 역할을 하며, 이러한 특징이 많이 반영된 협동학습 모형이 더 좋은 효과를 나타낼 가능성이 많다는 것이다(정문성, 2002).

3) 협동학습의 장 · 단점 및 효과

(1) 협동학습의 장 · 단점

협동학습의 장점과 단점은 각각 다음과 같다.

협동학습의 장점은 다음과 같다.

첫째, 학생 간의 상호작용을 극대화할 수 있다.

둘째, 교수-학습 과정에서 융통성이 매우 크다.

셋째, 창의적인 문제해결능력이 신장된다.

넷째, 인지적 영역뿐만 아니라 정의적 영역에도 긍정적 효과가 있다.

협동학습의 단점은 다음과 같다.

첫째, 사회적 기능을 기르는 데 시간이 많이 걸린다.

둘째, 수업 계획에 대한 교사의 부담이 많다.

(2) 협동학습의 효과

협동학습의 효과는 '긍정적 대인 관계 형성', '학업 성취도 제고', '정서, 태도, 가치관의 긍정적 변화'의 세 가지로 볼 수 있다.

첫째, 긍정적 대인 관계 형성과 관련된 효과는 다음과 같다.

- 학생들은 누구나 집단 목표 성취에 기여하는 삶을 좋아하고, 방해가 되는 사람을 싫어하는 경향이 있다.
- 협동적 목표 구조하에서의 대인 관계가 긍정적인 인간 관계로 전개될 가능성은 경쟁적 목표 구조에서보다 훨씬 높다.
- 비록 싫어하거나 상호 적대적인 집단에서 온 조원들이라고 하더라도 서로 공동 목표를 가지고 협동적 목표 구조하에서 일하게 되면 긍정적 인간 관계가 형성되고 발전되는 경향이 있다.
- 협동적 목표 구조하에서는 성적이 낮은 학생, 즉 집단 평균을 낮추게 하는 장본인들조차도 경멸, 비난, 소외되는 경향이 매우 낮다.
- 소외된 학생이나 겉도는 학생도 협동적 목표 구조하에서는 매우 쉽고 넓게 우정 관계를 형성한다.
- 협동적 목표 구조하에서는 학생들 간의 언어 소통이 보다 공개적이고 효과적이며 정확해진다.
- 인간의 지각이나 다른 사람의 관점에 대한 왜곡 현상이 줄어든다.
- 학생들 상호 간의 신뢰적 분위기는 협동적 구조 속에서 촉진된다.
- 학생들 간의 상호 영향력은 문제해결 학습에 있어 매우 중요한 요소가 있다.
- 학생들의 상호 교수가 협동적 목표 구조를 더 잘 나타낸다.
- 학생들은 협동적인 목표 구조 수업에 더 몰두하게 되며, 학업 성취의 중요성을 더욱 심각하게 받아들인다.
- 학생들은 경쟁적 목표 구조보다 협동적 목표 구조를 더 좋아한다.
- 협동적 목표 구조하에서 분업, 일의 조정, 분화가 더 잘 이루어지고, 확산적 사고가 더 잘 나타난다.
- 학습 행동이 현저히 증진되고, 학생끼리의 파괴적이거나 냉랭한 관계가 감소되고 교사에 대한 비난과 참견이 현저히 줄어든다.

둘째, 학업 성취도 제고와 관련된 효과는 다음과 같다.

- 학습 과제가 단순 반복을 요구하는 것이거나 기계적 숙련을 요구하는 경우보다는 학습 과제가 점점 복잡해질수록 협동적 구조가 더 효과적이다.
- 문제해결 활동의 경우에 협동적 구조의 이점은 명백히 드러난다.
- 협동적 목표 구조하에서의 토론이 기억과 정보의 재생을 촉진한다.
- 성적이 낮은 학생들이 협동적 목표 구조하에서도 큰 이득을 본다.

셋째, 정서, 태도, 가치관의 긍정적 변화와 관련된 효과는 다음과 같다.

- 협동적 목표 구조하에서 학생들은 다른 학생에 대해서 보다 긍정적인 태도를 갖는다.
- 교사들도 역시 협동적 목표 구조로 운영되는 학습 상황을 더 선호한다.
- 높은 성적 집단이 낮은 성적 집단에 비하여 협동적 목표 구조하에서 일어나는 학습 활동에 대하여 더 긍정적인 태도를 갖는다.

4) 협동학습의 성공 요소

학생들을 4~6명으로 나누어 학습을 시킨다고 해서 협동학습이 이루어지는 것은 아니다. 학생들이 실제로 협동하게 하기 위해서는 협동을 가능하게 하는 기본 요소를 이해해야 한다. 이러한 요소를 바탕으로 교실의 환경을 협동할 수 있는 분위기로 만들어야 협동이 일어나게 되는 것이다. 존슨 부부(1975)는 협동학습이 성공하는 데 기본이 되는 요소로, 긍정적인 상호 의존성, 대면적 상호작용, 개별적 책무성, 사회적 기술, 집단 과정을 제시하였다. 그리고 슬라빈(1989)은 '집단 목표', '개별적 책무성', '성공 기회의 균등', '팀 경쟁', '과제의 세분화', '개인적 욕구에 적용'이라고 하였다. 한편 케이건(1998)은 협동학습이 성공하는 데 기본이 되는 요소로, '모둠', '협동적 학급 운영', '협동하려는 마음', '협동 기술 익히기', '4가지 기본 원리 - 긍정적인 상호작용, 개인적인 책임, 동등한 참여, 동시다발적인 상호작용', '구조'를 제시하고 있다. 이 외에도 여러 사람이 협동을 가능하게 하는 요소들을 말하고 있는데, 이를 정리하면 다음과 같다.

첫째, 협동학습의 성공 요소는 협동적으로 모둠을 운영하는 것이다. 모둠이란 기존의 '조'와는 성질이 아주 다르다. 기존의 '조'는 구성원 서로에 대하여 잘 몰라도 별 문제가 되지 않았고, 구성원이 많든 적든, 그리고 정체성과도 별 문제가 되지 않았다. 그러나 모둠에서는 구성원에 대하여 세세히 알고 있어야 하고, 구성원의 수도 정해져 있으며, 모둠 목표가 있고 색깔이 있다. 구성원의 수는 학습 내용에 따라 달라져야겠지만, 집단이 작을수록 구성원 간의 상호작용이 증가한다. 따라서 구성원 간에 활발한 상호작용이 이루어지기 위해서 작은 소집단으로 구성해야 한다. 보통 4인 1조의 이질 집단이 가장 이상적이다.

둘째, 협동학습의 성공 요소는 협동적으로 학급을 운영하는 것이다. 모둠 세우기나 학급 세우기와 같은 활동을 하는 이유는 협동학습에서 협동이 중요한 부분을 차지하기 때문이다. 이는 각 모둠들의 잠재력을 극대화시키기 위해서 교과 외의 활동이 중요함을 의미한다. 교사가 모둠과 학급을 세우는 활동에 시간을 많이 투자할수록 학생들은 공부하는 것 자체뿐만 아니라 자기 학급과 학교뿐만 아니라 교과를 좋아하는 데 효과가 있다. 이러한 태도는 교육을 극대화할 수 있는 방법인 것이다. 학급 운영을 협동적으로 하기 위하여 학생 각자가 서로에게 동등하고 용이하게 다가갈 수 있는 좌석 배치, 그리고 서로들 간에 활동 중이라도 주의 집중을 할 수 있는 신호가 필요하고, 개인적인 책임을 분명히 하는 구조 내지는 규칙 등이 필요하다.

셋째, 협동학습의 성공 요소는 학습 과제를 상호 의존성을 높일 수 있도록 구조화하는 것이다. 집단의 목표가 달성되지 못하면 개인은 절대로 성공할 수 없도록 과제를 구조화해야 한다. 이렇게 구조화할 경우 모든 구성원 각자가 성공하기 위해서는 집단의 목표를 달성해야 한다. 따라서 구성원들은 과제를 공동으로 해결하기 위해서 협동하게 된다.

넷째, 협동학습의 성공 요소는 적절하게 보상하는 것이다. 사람들은 자기가 아닌 다른 사람이 자신을 인정해 줄 때 더욱 용기와 힘이 생긴다. 따라서 칭찬과 격려는 협동심을 강화한다. 이와 같은 칭찬과 격려와 더불어 보상의 방법은 협동심을 더욱 강화한다. 학생들이 협동학습을 통해 과제를 해결할 때, 서로 사이좋게 협동할 때 그 모둠에게 확실한 보상을 해 주면 적극적인 협동을 유발할 수 있다. 보상은 개별과 모둠 내지는 학급 전체에 줄 수 있다. 이때 개인이나 모둠, 학급의 진보 상태를 보고 주면, 학습능력이 낮은 학생도 열심히 참여하게 된다. 이와 같은 보상제도는 우리 반이 다같이 잘하기 위한 것에 목적이 있는 활동이다. 처음에는 이러한 유인 구조에 의해 협동하게 되나, 나중에는 협동이 습관화되게 하는 데 그 목적이 있다.

다섯째, 협동학습의 성공 요소는 개별 책임감을 느끼도록 구조화하는 것이다. 집단 구성원 개개인에게 역할을 분담시켜 모둠의 성공에 대한 책임감을 느끼도록 해야 한다. 모둠의 모든 구성원들은 각자에게 부여한 역할에 따른 책임을 다하도록 최선의 노력을 기울여야 한다. 자신의 역할을 충실히 하도록 할 때 자연스럽게 모둠은 공동의 목표를 완수하게 된다.

여섯째, 협동학습의 성공 요소는 협동기술을 익히는 것이다. 집단의 효율적 학습과 의사결정을 위한 훈련이 필요하다. 집단의 성공이 개인의 성공이 되기 위해서는 집단의 문제해결 과정에 구성원들이 적극적으로 참여하도록 해야 한다. 교사는 학급에 규칙을 만들고 이러한 훈련을 계속해서 함으로써 상호작용의 양과 질을 높여야 한다.

협동학습은 소집단에서 학생들의 긍정적인 상호작용을 촉진할 수 있는 방법으로 교사와 학생의 수직적인 관계가 아닌, 학생들 사이의 수평적인 상호작용을 강조한 학습이다. 따라서 이러한 취지를 살릴 수 있게 협동학습을 가능하게 하는 기본 요소를 명심해야 한다. 이는 일종의 규칙과도 같은 것이다.

4. 협동학습의 구성 및 기본 요소

1) 협동학습 모형의 비교

협동학습은 크게 협동학습 중심지인 네 곳의 대학에서 개발된 일곱 가지 모형이 대표적인 협동학습 모형이다. 첫째로 존스홉킨스대학에서 슬라빈, 매든(Madden), 드브리스(DeVries) 등에 의하여 만들어진 Student Team Learning (STL) 프로그램으로써 Student Team-Achievement Divisions (STAD), Team Games Tournament (TGT), Team Assisted Individualization Math (TAIM), Cooperative Integrated Reading and Composition (CIRC) 등의 네 가지 학습 모형이 있으며, 둘째로 미네소타대학에서 존슨 등에 의해 만들어진 Learning Together (LT) 모

형이 있고, 셋째로 텍사스대학의 아론슨이 만든 직소(Jigsaw) 모형, 그리고 넷째로 이스라엘 텔아비브대학의 샤란과 라자로비츠 등이 만든 Group Investigation (GI) 모형 등이 개발되었다. 최근에는 케이건 등이 구조화한 짝 전문가 직소(Partner Expert Group Jigsaw) 모형, 이중 전문가 집단 직소(Double Expert Group Jigsaw) 모형, Co-op Jigsaw I 형, Co-op Jigsaw II 모형 등이 있다.

〈표 7-3〉 협동학습 방법의 모형에 따른 특징 비교

특징 / 유형	집단 목표	개인 책무성	성공 기회의 균등	집단 경쟁	과제 전문화	개별화의 적용	비고
STAD	O	O	O	△	×	×	STL
TGT	O	O	O	O	×	×	
TAIM	O	O	O	×	×	O	
CIRC	O	△	×	×	×	×	
LT	O	O	×	×	O	×	
Jigsaw	O	O	×	△	O	×	
Jigsaw Ⅱ,Ⅲ	O	O	O	△	O	×	
Double Expert Jigsaw	O	O	×	△	O	×	
Partner Expert Jigsaw	O	O	×	△	O	×	
Co-op Jigsaw Ⅰ	O	O	×	△	O	×	
Co-op Jigsaw Ⅱ	O	O	×	△	O	×	
Co-op Co-op	O	O	×	△	O	O	
GI	O	O	×	×	O	×	
전통적 소집단	×	×	×	×	×	×	

O: 있음, △: 때때로 조금, ×: 없음.

협동학습을 분류하는 방식에는 여러 가지가 있을 수 있다. 여기에서는 보상 중심 협동학습, 과제 중심 협동학습, 교과 중심 협동학습과 더불어 통합적 접근을 보인 통합 모형 중심 접근 방법을 포함시켜 협동학습 모형을 네 가지 범주로 분류한다. 네 가지 협동학습의 범주별로 살펴보면, 첫째, 과제 중심 협동학습에는 직소 I, 집단 탐구(GI), 그리고 집단 탐구(GI)모형을 정교화시킨 자율적 협동학습(Co-op Co-op) 모형이 있다. 둘째, 보상 중심 협동학습에는 STAD, TGT, 직소 II 그리고 직소 I과 직소 II의 특징을 재구성한 직소 III 모형이 포함된다. 셋째, 통합 중심 협동학습 모형은 위의 과제 중심과 보상 중심 협동학습 모형들의 주요 특징을 서로 관련지어 통합적으로 접근한 모형으로 여기에는 직소 I을 보완하여 짝 활동을 구조화시킨 짝 전문가 집단 과제 분담 학습과 이들 전문가 집단을 2개로 구성한 이

중 전문가 집단 과제 분담 학습, 자율적 협동학습의 요소를 가미한 자율적 과제 분담 학습 I, II가 있다. 마지막으로 교과 중심 협동학습 모형에는 TAI(수학교과), CIRC(국어교과), 의사결정 모형(사회교과), LT(전 교과에 적용 가능)가 있다.

〈표 7-4〉 협동학습 모형의 특징 및 적용

<table>
<tr><th></th><th>모 형</th><th>특 징</th><th>실과교과 및 일반적 적용</th></tr>
<tr><td rowspan="4">보상 중심</td><td>STAD (Student Teams Achievement Division)</td><td>교사의 수업안내 후 소집단별로 학습하여 개별향상 점수를 얻으므로 성공의 기회가 균등하다.</td><td rowspan="4">• 형평체제, 평등체제, 필요체제의 보상체제 조화가 요구되는 경우
• 단순한 지식 습득이 필요한 경우
• 재미있는 퀴즈로 평가 분위기를 개선하기 위한 경우
• 성공 기회 균등을 보장한 퀴즈가 필요한 경우
• 문제해결능력, 태도 등의 성과를 기대하는 단원은 사용을 자제해야 한다.</td></tr>
<tr><td>TGT (Teams Games Tournamets)</td><td>퀴즈를 준비하며 테이블별로 성공 기회가 균등하도록 소집단을 구성한다.</td></tr>
<tr><td>직소 II (Jigsaw II)</td><td>Jigsaw와 STAD의 주요 특징을 통합하였다.</td></tr>
<tr><td>직소 III (Jigsaw III)</td><td>Jigsaw와 STAD의 특징 이외에 평가 전에 기간을 둔다.</td></tr>
<tr><td rowspan="3">과제 중심</td><td>직소 I (Jigsaw I)</td><td>전문가집단 활동을 하며, 개별적 책무성이 중시된다.</td><td>• 세분된 여러 소주제 탐구 단원</td></tr>
<tr><td>집단 탐구 (Group Investigation)</td><td>학생이 주제를 제안하며 주제선택 자유가 있다. 학습 후 학급에 발표한다.</td><td rowspan="2">• 문제해결/프로젝트 과제
• 교육과정 범위 내의 자유로운 주제 설정 가능한 단원</td></tr>
<tr><td>자율적 협동학습 (Co-op Co-op)</td><td>학생중심의 브레인스토밍을 통해 소주제를 선정한 후 하위주제별로 학습하여 학급전체에 발표한다.</td></tr>
<tr><td rowspan="4">통합 중심</td><td>짝 전문가집단 과제 분담 (Partner Expert Group Jigsaw)</td><td>전문가 활동이 짝 활동을 통해 강화되어 개별적 책무성이 높다.</td><td>• 세분된 여러 소주제 탐구 단원</td></tr>
<tr><td>이중 전문가집단 과제 분담 (Double Expert Jigsaw)</td><td>전문가 집단이 두 개 조직되며 주제는 동일하다.</td><td>• 보다 많은 참여와 협의가 필요한 단원</td></tr>
<tr><td>자율적 과제 분담 학습 I (Co-op-Jigsaw I)</td><td>전문가 학습 후, 전문가 집단은 전체에 발표한다.</td><td>• 정보 획득, 창의적 접근이 가능한 단원</td></tr>
<tr><td>자율적 과제 분담 학습 II (Co-op-Jigsaw I)</td><td>소집단(모둠)보고서 작성을 통해 소집단은 학급전체 발표한다.</td><td>• 개념 이해, 지식 습득/이론과 실제의 연결 가능한 단원
• 두 주제가 공존하는 단원</td></tr>
<tr><td rowspan="3">교과 중심</td><td>TAI(Team Assistes Individualization)</td><td>협동학습 내에서의 개별화 수업이 적용된다.</td><td>• 수학 적용</td></tr>
<tr><td>CIRC(Cooperative Integrated Reading and Composition)</td><td>읽기 쓰기 통합 운영되며 개별화가 있다.</td><td>• 국어 적용</td></tr>
<tr><td>의사결정 모형</td><td>집단의 합리적 의사 결정이 요구된다.</td><td>• 사회 적용</td></tr>
<tr><td>기타</td><td>LT(Learning Together)</td><td>수업 설계자가 학습 구조를 설계할 수 있는 모형이다.</td><td>• 사회 적용</td></tr>
</table>

2) 구조 중심 협동학습

비교적 최근에 개발되어 실과교육에서 관심을 끌고 있는 협동학습 모형으로 구조 중심 협동학습이 있다. 구조(structure) 중심 협동학습은 케이건(1994)이 개발한 협동학습으로, 협동학습을 모형이 아닌 구조라는 개념을 받아들여 수업 디자인으로 구분하였다. 케이건에 따르면 기존의 협동학습이 하나의 일관된 절차로 진행되기 때문에 다양한 내용을 융통성 있게 다루기가 어렵고, 처음 협동학습을 접하는 교사와 학습자들에게 어렵다는 문제점을 해결하기 위하여 개발된 것이다. 그에 따르면 일반적인 교사의 수업 자체가 여러 개의 구조로 조직된 것이며, 일반적인 수업에 케이건이 제시한 하위 구조들을 적절하게 조합하여 구조적 수업을 형성하는 것이다.

케이건(2007)은 구조와 내용을 분리하고 활동의 개념도 구분하여, 구조와 구조를 결합해 복합 구조적 수업을 형성할 수 있으며, 내용과 무관하게 여러 차례 반복적으로 사용할 수 있다고 하였다. 따라서 구조 중심 접근법은 다른 협동학습 모형보다 소박하지만 더욱 다양하며, 융통성이 있어서 복잡한 변인들로 구성되어 있는 교수-학습 상황에서 필요에 따라 즉각적이고 임기응변적으로 활용할 수 있다(전은영, 2002).

케이건이 제시하고 있는 앞선 '구조'들은 블록과 같아서 각각의 구조들을 결합해 복합 구조적 수업을 형성하며 교육과정의 모든 내용, 차시에 구애받지 않고 모든 학년에서도 여러 차례 반복적으로 사용할 수 있다. 또한 수업 시간 모두를 협동학습으로 진행하는 다른 모형과 달리 수업 시간에 부분적으로 활용할 수 있다(이강영, 2005). 또한 구조의 종류는 매우 다양하다. 그 기능에 따라 모둠 세우기, 학급 세우기, 의사소통 기술, 정보 교환, 암기 숙달, 사고력 신장 등 6가지 범주로 분류할 수 있다. 모든 범주에는 120가지 정도의 다양한 구조들이 있으며, 이 구조들은 학문적 · 언어적 · 인지적 · 사회적 영역에 따라 기능과 효과도 다르기 때문에 다양한 구조들이 요구된다. 지금까지 설명한 구조의 범주와 하위 구조는 〈표 7-5〉와 같다.

〈표 7-5〉 구조의 범주와 하위 구조

구조의 범주	하위 구조
모둠 세우기	역할별 브레인스토밍, 플래시카드 게임, 돌아가면서 쓰기, 돌아가면서 말하기, 모둠 인터뷰, 모둠 과제, 구조화된 분류하기 등
학급 세우기	학급 과제, 사실 빙고, 짝 활동, 차례차례, 팔짱끼기, 동심원, 비슷한 친구들끼리, 나는 누구일까요 등
의사소통기술	말하기 칩, 발표카드, 칭찬카드, 색깔카드, 다시 말하기, 시간 제한, 실타래, 만장일치, 우선 순위 정하기, 공 던지기, 읽고 행동하기, 듣고 색칠하기, 조각 맞추기, 읽고 그리기, 읽고 찾기, 마음 맞추기, 동시에 답하기 등
정보 교환	짝 바꿔 이야기하기, 모둠 인터뷰, 돌아가며 말하기, 모둠공책, 칠판 나누기, 하나 남고 셋 가기, 순환 복습, 모둠 동심원, 하나 가고 셋 남기, 모둠 발표, 생각-짝 나누기, 교실산책, 전시장 관람 구조 등
암기 숙달	플래시 카드, 사실이냐 허구냐, 정리용지 돌리기, 한 목소리로 답하기, 짝 점검, 문제 보내기, 돌아가면서 쓰기, 순환 복습, 연습을 위한 모둠 시험, 문제 던지기, OX 퀴즈, 하얀 거짓말 등
사고력 신장	읽고 만들기, 한 줄로 서서 유추하기, 이야기 엮기, 벤다이어 그램, 모둠 문장, 모둠단어 짝짓기, 모둠협의, 뒤죽박죽 문장 등

출처: 이선미(2012). p. 24.

또한 이러한 구조는 학습의 목표에 따라 구분하여 사용할 수 있는데, 케이건이 제시한 구조 중심 협동학습의 구조 분류는 〈표 7-6〉과 같다.

〈표 7-6〉 케이건(Kagan)의 구조 중심 협동학습의 구조 분류

구조 분류	하위 구조
암기숙달 구조	한 목소리로 답하기, 허구냐 사실이냐, 이 사람을 찾아라, 플래시카드 게임, 하얀 거짓말 찾기, 동심원, 돌기-얼음-모둠, 번호순으로, 짝점검, 질문판, 짝 바꿔 쓰기, 순환 복습, 문제 보내기, 연습을 위한 모둠 시험, 문제 던지기, 문제 교환하기, 단계 복습
사고력 신장구조	역할별 브레인스토밍, 읽고 만들기, 모양 만들기, 지도와 연결고리, 마음 맞추기, 한 줄로 서서 유추하기, 공통점 찾기, 짝 토론, 질문판, 이야기 엮기, 구조화된 분류하기, 모둠 토론, 모둠문장, 모둠 단어 짝짓기, 생각-짝-나누기, 생각-짝-모둠, 두 박스 놀이, 벤다이어그램
정보교환 구조	돌아가면서 말하기, 짝 바꿔 이야기하기, 3단계 인터뷰, 칠판 나누기, 일어서서 나누기, 학급 공책, 전시장 관람, 하나 남고 셋 가기, 교실 산책, 회전목마, 순환 복습, 나누기와 비교하기, 정탐 보고자, 모둠 동심원, 모둠 공책, 셋 가고 하나 남기
의사소통기술 구조	칭찬 카드, 색깔 카드, 이끔말 카드, 다시 말하기 여권, 응답카드, 말하기 카드, 시간제한, 실타래, 만장일치, 우선 순위 정하기, 동전 내놓기, 투표, 학급 가치 수직선, 예측의 선, 읽고 찾기, 마음 맞추기, 조각 맞추기, 위치 정하기, 가치 수직선 분리, 모둠 가치 수직선

출처: Spencer Kagan(2007). p. 562.

2절 협동학습의 적용

1. 협동학습의 수업 절차

협동학습은 대체적으로 다음과 같은 8가지 단계를 거쳐 실행된다.

① **수업 목표의 명세화**: 학습 과제를 분석하여 수업 목표를 행동 결과로 명세화

② **협동학습 모형의 선택**: 학습자 특성과 수업 목표를 고려해 최적의 모형 선택

③ **소집단의 구성**: 2~6명의 이질 집단으로 구성

④ **협동학습의 방법 및 절차에 대한 지도**

⑤ **협동기술 지도**: 협동의지와 기술을 높여줌, 팀 결속력을 위해 팀 이름, 주제가, 마스코트 등을 설정

⑥ **협동학습 실시**: 교사는 전반적 운영을 돕는 안내자의 역할. 협동과 경쟁이 바람직한 방향에서 유지되도록 지도

⑦ **협동학습의 결과 평가**: 전통적 평가 방법이나 수행평가 실시. 모형에 따라 다양한 채점 방법을 실시. 개인 점수, 집단 점수, 향상 점수 등

⑧ **협동학습의 전체 프로그램 평가 및 수정**

협동학습 모형별로 수업 절차는 〈표 7-7〉과 같다.

〈표 7-7〉 협동학습 모형별 수업 절차

모 형	수업 절차
STAD (Student Teams Achievement Division)	교사의 수업 안내 ⇒ 모둠 활동 ⇒ 평가 ⇒ 개인 향상 점수 ⇒ 소집단 보상
TGT (Teams Games Tournamets)	교사의 수업 안내 ⇒ 소집단 학습 ⇒ 토너먼트 게임 ⇒ 소집단 점수의 게시와 보상
직소 II (Jigsaw II)	모집단 ⇒ 전체 학생 단원 읽기 ⇒ 전문가 집단 ⇒ 모집단 ⇒ 평가와 게시(+STAD)
직소 I (Jigsaw I)	모집단 활동(주제 할당) ⇒ 전문가 활동 ⇒ 모집단 활동(동료 교수)
집단 탐구 (Group Investigation)	하위 주제와 소집단 조직 ⇒ 탐구 계획 및 역할 분담 ⇒ 소집단별 탐구 ⇒ 발표 준비 ⇒ 발표(편집위원회에서 보고서)⇒ 활동 평가(개인평가)

자율적 협동학습 (Co-op Co-op)	학생 중심 학급 토론 ⇒ 하위 주제 선택 ⇒ 하위 주제 정교화 ⇒ 소주제 선택과 분업 ⇒ 개별학습 및 발표 준비 ⇒ 소주제 발표 ⇒ 소집단별 발표 준비 ⇒ 소집단별 학급 발표 ⇒ 평가와 반성(학생 40%, 교사 60%)
LT (Learning Together)	수업 목표 상세화 ⇒ 소집단 크기 결정 ⇒학생의 소집단 배치 ⇒ 교실 구성 ⇒ 상호 의존성 전략 ⇒ 역할 분담 ⇒ 과제 설명 ⇒ 긍정적 목표 상호 의존성 구조화 ⇒ 개별적 책무성의 구조화 ⇒ 집단간 협동의 구조화 ⇒ 성취의 기준 설명 ⇒ 바람직한 행동의 상세화 ⇒ 학생의 행동의 모니터하기 ⇒ 과제 지원 ⇒ 개입을 통한 협력적 기능 가르치기 ⇒ 수업 마무리하기 ⇒ 학생의 학습에 대한 양적·질적 평가하기 ⇒ 집단 활동에 대한 평가

2. 협동학습의 적용

1) 수업 목표의 상세화 및 평가 준거의 제시

- 인지적·정의적 수업 목표와 협동학습 수업 목표의 상세화
- 학생들의 선행 학습 정도, IQ에 따라 상이한 수업 목표 제시
- 평가 준거의 제시

① 소집단 구성원의 총점 또는 각 개인별 사전 점수를 기준으로 점수화한다.

② 학생 개별 점수에 소집단 구성원 모두가 각 기준 이상으로 성적을 얻으면 보너스 점수를 합산한다(집단 무경쟁 집단 보상).

③ 사전 점수를 기준으로 학생 개별 점수를 환산하여 상위 몇 팀만 학생 개별 점수에 보너스 점수를 합산한다(집단 경쟁 집단 보상).

④ 학생 개별 점수로 하되 소집단의 총점이 우수한 집단에 자유 시간이나 특별 휴식 시간을 부여한다.

⑤ 협력적인 상호작용이 많은 팀에게 보너스 점수를 부여한다(교사가 협동기술을 많이 활용한 팀을 관찰한다).

2) 협동학습의 소집단 구성

협동학습의 소집단 크기는 2~6명이 적당하다. 처음 시도하는 학급은 2~3명으로 시작하는 것이 좋으며, 경험이 많은 학급에서는 6명까지도 구성할 수 있다. 학습 시간이 적을 때에는 소집단의 크기는 적을수록 좋다.

3) 소집단 편성 방법

- 학업 성취 면에서 협동학습의 구성원은 상중하와 같은 이질 집단으로 구성
- 비과업 지향적인 학생은 과업지향적인 학생과 한 팀에 되게 구성
- 사회성 측정도(sociogram)를 통하여 친한 친구끼리 소집단으로 구성하고 그 외 학생은 교사가 구성
- 협동기술이 어느 정도 습득된 후 재편성

4) 상호 의존성 조성 및 학습 과제의 설명

- 학습 과제의 상호 의존성을 조성하기 위하여 각 소집단에 공동 과제를 하나만 주어야 하고, 협동학습에 익숙하면 공동 학습 과제의 하위 과제를 각 학생들에게 주어야 한다.
- 협동학습을 촉진하기 위해서는 집단 간의 경쟁의 효과성에 대한 재검토가 있어야 한다.

5) 상호 의존성을 보장하기 위한 역할 분담

- 요약-점검자: 소집단 학생들의 학습 과제 이해를 정도를 점검
- 연구-정보 조달자: 필요한 교재의 조달 및 다른 소집단, 교사와 의사소통
- 기록자: 소집단의 결론 및 결정을 기록하고 정리
- 격려자: 소집단 구성원의 공헌에 격력하기
- 관찰자: 소집단이 서로 어떻게 협력하는지를 관찰하고 협동을 유지

6) 학습 과제의 설명

- 교사는 수업 목표를 선행 학습과 관련하여 설명해야 한다.
- 교사는 개념을 정의하고, 절차를 설명하고, 학습 과제를 해결하는 데 필요한 예를 제시한다.

7) 협동학습 실시, 시험 및 평가

- 학습 과제의 유형에 따라 매시간 또는 매주에 실시할 수 있다.

3. 협동학습 적용 사례

1) 직소(Jigsaw) I(과제분담 학습) 모형의 적용

▸ 단원: 6-2. 생활 속의 동물 돌보기

▸ 학습 주제: 경제동물을 기르는 방법 이해하기

절차	교수-학습 활동	자료 및 유의점
모둠 구성하기	• 4명이 한 모둠을 구성한다.	• 수업 시작 전에 과제별 전문지와 개별평가지를 개발하고 준비한다.
개인별 전문과제 제시 및 선택	• 학습 문제를 확인한다. **학습문제:** 경제동물의 종류에 따라 기르는 방법을 알아보자. • 모둠의 주제에 따라 모둠원들은 한 가지씩 과제를 나누어 맡는다. ① 과제1: 소 기르기 ② 과제2: 돼지 기르기 ③ 과제3: 닭 기르기 ④ 과제4: 토끼 기르기	• 학습 과제는 집단 구성원들이 서로의 도움 없이는 학습할 수 없도록 중복되지 않게 나눈다.
전문가 집단 활동	• 다른 모둠에서 같은 주제를 맡은 전문가들과 만나 학습 주제와 준비물을 확인한다. • 전문지를 중심으로 각 주제에 대한 정보를 탐색하고 협의한다. - 어떤 참고 자료가 필요한지 알아보기 - 정보 수집 계획을 세우고 정보를 수집하기 • 전문가 집단 활동을 한 후, 모집단으로 돌아가서 동료들에게 어떻게 핵심 내용을 전달해 줄 것인가를 중심으로 토론한다.	• 과제별로 전문가를 배치하여 해당 학생에게 전문지 전달 • 필요에 따라 심화자료를 제공하거나 인터넷 검색을 수행할 수 있도록 한다.
모집단에서 전문가 발표하기	• 원래 모둠으로 돌아와 각자 공부해 온 주제에 대해 발표한다. ① 과제1: 소 기르기 ② 과제2: 돼지 기르기 ③ 과제3: 닭 기르기 ④ 과제4: 토끼 기르기 • 모둠원들은 발표 내용을 듣고 토의한 후 기록 정리한다. • 전체 과제를 범위로 개인적으로 정리한다.	• 교사가 순회하며 학생들의 원활한 협력을 조장하고 격려한다.
평가	• 제공된 평가지를 이용하여 수업 내용에 대한 평가를 한다.	• 미리 준비된 평가지를 제공한다.

출처: 최유현(2001). 실과교육학연구. 형설출판사 재구성.

2) 구조 중심 협동학습 적용 사례

▸ 단원: 5-1. 나의 영양과 식사
▸ 학습 주제: 영양소가 우리 몸에서 하는 일
▸ 학습 목표: * 영양소의 종류와 기능을 안다.(이해)
* 영양소가 우리 몸에서 하는 일을 세 가지로 구분할 수 있다.(기능)
* 건강한 몸의 유지를 위해서 영양소와 식품의 관계를 이해하려고 노력한다.(태도)

학습단계 (시량)	학습요항	교수-학습 활동	협동구조 (ⓒ)	자료(□) 유의점(※) 평가계획(?)
문제 확인 (7)	광고를 보고 이야기하기 관련 경험 이야기하기 학습문제 확인 학습순서 확인	▣ **광고 동영상을 보면서 학습 분위기 조성하기** • 자료①을 보고 어떤 내용의 이야기인지 발표해 봅시다. - 식품 속에 영양소가 들어 있다 등의 다양한 대답을 한다. ▣ **이야기 듣고 경험 이야기하기** • '간식만 먹다 탈 난 용왕'에 관한 이야기(자료②)를 듣고 자신의 생각을 이야기해 봅시다. - 자신의 생각을 이야기 한다. ▣ **학습문제 확인하기** • 이번 시간 공부할 문제를 이야기해 봅시다. ♣ 영양소가 하는 일을 알고, 세 가지로 구분해 보자 ▣ **학습순서 알아보기** [활동 1] 영양소의 뜻과 종류 알아보기 [활동 2] 영양소가 하는 일 구분하기 [활동 3] 올바른 식습관 갖기		① 비타민 음료수 광고 동영상 ② 간식만 먹다 탈 난 용왕 이야기(http://www.foodtower.net/) ※ 학습문제를 학생과 함께 찾아 학습 방법의 학습이 되도록 한다.
정보 수집 및 계획 (7)	식품 사진을 보며 영양소의 의미와 종류 알아보기	▣ **[활동 1] 영양소의 뜻과 종류 알아보기** • 자료③을 보며, 나름대로의 기준을 정하여 분류하여 봅시다. - 자료③을 보며 공책에 분류기준을 세워 분류한다. • 다양한 기준들의 공통점을 이야기해 봅시다.(ⓒ) - 식품의 재료를 중심으로 분류기준을 정하였습니다. 등 • 여러 가지 식품 속에 들어 있는 성분들을 무엇이라고 하는지 이야기해 봅시다. - 영양소라고 합니다. 등 • 영양소를 크게 다섯 가지로 나누어 생각해 봅시다. - 다섯 가지 영양소의 종류를 이야기한다. • 생활 속에서 영양소가 들어있는 식품을 찾아 자료③을 칠판에 분류하여 봅시다. - 자료③을 영양소별로 칠판에 분류한다.(ⓒ)	ⓒ번호순으로 ⓒ 칠판 나누기	③ 여러 가지 식품의 사진(라면, 우유, 음료수, 과자, 밥, 달걀 등) ※ 허용적인 분위기를 조성하여 다양한 답을 할 수 있도록 한다.
문제해결 (20)	영양소가 하는 일을 다양하게 알아보기	▣ **[활동 2] 영양소가 하는 일 구분하기** • 영양소가 우리 몸에서 어떤 일을 하는 지 알아보고 발표해 봅시다.(ⓒ) ▸1모둠: 지방 - 인터뷰 ▸2모둠: 무기질 - 마인드맵 ▸3모둠: 비타민 - 팝업북 만들기 ▸4모둠: 탄수화물 - 시 바꿔 만들기 ▸5모둠: 단백질 - 역할극 - 발표를 들으며, 영양소의 종류와 하는 일에 대해 익힌다. • 영양소가 우리 몸에서 어떤 일을 하는지 이야기해 봅시다.(ⓒ) - 영양소의 기능에 대해 이야기한다.	ⓒ 한마음 되어 ⓒ 짝 점검	※ 궤간순시를 하여 실습활동을 잘 할 수 있도록 도와주며 점검한다. ④ 영양사와 인터뷰하는 내용의

	영양사 선생님과 인터뷰하는 내용의 동영상보고 이야기하기 편지글 듣고 이야기하기	▣ **[활동 3] 올바른 식습관 기르기** • 자료[4]를 보며 올바른 식습관을 기르기 위해 어떻게 하면 좋을지 생각해 봅시다.(ⓒ) – 학교 급식의 식단을 세울 때 가장 중요하게 생각하는 점은 무엇인가요? – 영양소가 넘치거나 부족하면 우리 몸에 어떤 일이 생기나요? – 우리 학교 학생들에게 바라는 점은 무엇인가요? ▣ **마음 다지기(ⓒ)** • 자료[5]를 듣고 느낀 점을 이야기해 봅시다. – 각각 편지를 듣고 이야기를 한다. • 음식물을 섭취할 때 주의할 점을 이야기해 봅시다. – 건강한 생활을 위하여 모든 영양소가 골고루 섭취될 수 있도록 주의해야 합니다. 등	ⓒ생각–짝–나누기 ⓒ번호순으로	동영상 ※학습결과를 학습장에 적도록 하여 짝과 서로 점검하고 전체적으로 정리한다. [5] 편식하는 학생의 학부모 편지
평가 (4) 적용 (2)	평가 생활화 차시예고	▣ **평가하기** • 통해 확인한 것을 자료[6]을 이용하여 모둠원끼리 확인해 봅시다.(ⓒ) ▣ **생활에 적용할 계획 발표하기** • 공부한 내용을 생활에 적용할 계획을 이야기해 봅시다. – 올바른 식생활 습관을 갖기 위한 다짐문을 작성해 보겠습니다. 등 ▣ **차시 예고 및 주변 정리** • 다음 시간에는 식품군에 해당하는 식품 이름에 대해 알아보겠습니다. 주변을 정리하도록 하겠습니다.	ⓒ부채꼴 모양뽑기	⑦ 학습결과를 평가에 활용한다. [6] 모둠별 문제카드 ※칭찬과 격려로 성취감과 자신감을 갖게 한다.

출처: 홍선희(2010). pp. 52-53.

논의

1. 협동학습법 직소 I, 직소 II, 직소 III으로의 발전 배경을 설명하고 특징을 논의해 보자.
2. 협동학습법인 'Co-op Co-op'과 'Co-op Jigsaw'의 차이점 및 특징을 비교하여 논의해 보자.
3. 애완동물을 보살피는 내용에 적합한 협동학습법을 선택하고, 선택한 이유를 논의해 보자.

참고문헌

김종환(2004). 협동학습 모형이 체육태도와 자기효능감에 미치는 효과. **한국스포츠교육학회지, 11(2)**, 91-103.

김현섭(1999). **중3 협동수업지도안: 함께 하는 도덕수업**, 전국도덕교사모임.

박정훈 · 권진하(2001). **교회협동학습 I, II**, 예찬사.

변영계(2010). **교수 · 학습 이론의 이해**. 학지사.

수원남부지역 자율장학 협의회(2000). **열린교육 확산 및 교수 · 학습 개선을 위한 협동학습 구조와 적용의 실제**.

수원중앙기독초 협동학습팀(2000). **협동학습을 위한 첫걸음**. 수원중앙기독초등학교.

신윤호(2005). 주요 산업체들이 요구하는 인재상과 미래 실과교육의 대응방안. **한국실과교육연구학회지**, 11(1), 7-71.

이강영(2005). **구조 중심 협동학습이 학업성취도와 학습태도에 미치는 효과**. 부산교육대학교 교육대학원 석사학위논문.

이선미(2012). **구조중심 협동학습이 중학교 과학 학습 부진아의 학습효과에 미치는 영향- 중학교 [판구조론과 지각변동] 단원 중심**. 한국교원대학교 교육대학원 석사학위논문.

이훈욱(2012). **DIY와 협동학습모형을 응용한 목공수업이 초등학생의 사회성 발달에 미치는 영향**. 서울교육대학교 교육대학원 석사학위논문.

장익준(2007). **초등체육수업에서 구조중심 협동학습이 즐거운 체육학습과 사회성 발달에 미치는 효가**. 대구교육대학교 교육대학원 석사학위논문.

정문성(2002). **협동학습의 이해와 실천**. 교육과학사.

정문성 · 김동일(1998). 열린 교육을 위한 협동학습 이론과 실제. 형설출판사.

정성봉(1999). 실과 및 기술 · 가정 교육과정론. 교학사.

조완원(1999). 실과 목제품 만들기 단원에서 협동학습이 학업성취도에 미치는 효과. 한국교원대학교 교육대학원 석사학위논문.

지인엽(2014). 구조중심 협동학습을 적용한 체험 영역 지도방안 연구. 부산교육대학교 교육대학원 석사학위논문.

최유현(1997). 실과 교육 연구. 형설출판사.

최유현(2001). 실과교육학연구. 형설출판사.

스펜서 케이건, 수원중앙기독초(역)(1999), 협동학습. 디모데.

스펜서 케이건, 기독초등학교 협동학습 연구모임(역)(2007). 협동학습. 디모데.

협동학습연구회(2000). 아이들과 함께 하는 협동학습.

협동학습연구회(2001). 협동학습 심화 워크북.

홍선희(2010). 초등실과 구조중심 협동학습이 사회성에 미치는 효과-우리의 식사 단원을 중심으로-. 대구교육대학교 교육대학원 석사학위논문.

<협동학습 추천 사이트>

http://www.myhome.netsgo.com/harim98(협동학습 연구회)

http://www.inue.ac.kr/~msjeong(정문성, 인천교대 사회교육과)

http://www.suwoncca.org(수원중앙기독초등학교)

http://www.eduhope.or.kr(기독교윤리실천운동 교사모임)

http://www.kagancooplearn.com(케이건 협동학습 센터)

제 8 장

협력학습

개 요

협력학습이란 두 명 이상의 학습자가 팀을 이뤄 공동의 목표를 달성하기 위하여 함께 학습하는 방식으로, 학습자들이 협동을 통해 의견을 일치하는 자율적인 학습 경험을 얻게 된다. 특히 대화를 통해 과제를 완성하기 위하여 상호적 수행에 의존하게 된다. 이는 구성주의 학습의 이론에 근거하여 매우 적절한 학습 방법이라고 할 수 있다. 이 장에서는 최근 우리나라에서 전국적으로 크게 호응을 얻고 있는 협력학습의 배경, 구성, 장단점, 구현 방법, 협동학습과의 차이점, 그리고 실과교육에서의 중요성 등을 학습하여 실과수업에서 실제적으로 협력학습의 적용 능력을 제공한다.

학 습 목 표

- 협력학습의 특징 및 수행 방법을 구성주의 이론에 근거하여 설명할 수 있다.
- 협력학습과 협동학습의 비교를 통하여 협력학습의 장점을 제시할 수 있다.
- 실과교과 내 특정 내용을 협력학습 방법을 적용하여 교수-학습 지도안을 작성하고, 그 수행 가능성을 높일 수 있는 다양한 방안을 구안할 수 있다.

1절 협력학습의 이해

1. 협력학습의 등장 배경

구성주의의 영향으로 기존과는 다른 새로운 패러다임을 반영한 다양한 교수-학습 방법이 등장하였다. 이렇게 등장한 교수-학습 방법의 하나로 협력학습이 있다. 협력학습은 일반적으로 둘 이상의 사람들이 공통의 목표를 가지고 함께 목표를 달성하기 위해 상호작용하는 과정을 의미한다. 지식기반사회로 접어들면서 학교는 물론 직무 환경에서도 협력적 문제해결과 인지의 공유를 통한 집단지성의 창출이 중요한 화두로 대두됨에 따라 협력학습의 중요성이 더욱 부각되고 있다.

사회가 복잡해짐에 따라 지식의 유형 역시 복잡해지고 있으며, 이러한 변화의 영향으로 학습 공동체, 지식 경영, 평생학습 등 다양한 형태의 학습 유형들이 등장하고 있다. 이렇게 새롭게 등장한 학습 방법들에서는 다양한 배경 지식을 가진 사람들의 협력과 공유를 강조한다는 공통점을 발견할 수 있다. 협력학습이 강조하는 상호작용과 능동적이고 주체적인 학습자, 그리고 공유를 통한 재구조화는 이러한 변화에서 나타나는 특성을 잘 반영하고 있다. 특히 협력학습은 단순한 지식의 습득뿐만 아니라 학습자의 주체성을 향상시키고 협력적 기술을 함양할 수 있다는 점에서 주목받고 있다.

협력학습은 자기 주도 학습의 동기를 촉발하고 유지하는 동력으로 공통의 문제 공간 인식을 위해 개인적인 학습 활동과 지식 활동의 방향과 목표를 조절해주는 조정 장치로서 자기 주도 학습의 결과를 투사하고 검증하는 장치이다. 특히 협력학습은 협동학습과 같이 구조적으로 완성된 모습이 아닌 협력학습을 위한 교수-학습이 강조되는 일반적인 형태의 수업이므로, 대부분의 실과 교수-학습에서 협력학습의 적용이 가능하다는 장점이 있다. 따라서 일상 생활에 필요한 기능뿐만 아니라 올바른 일상 생활을 영위하기 위한 문제해결능력을 높이기 위해서 협력학습은 실과교육의 목표 달성에 매우 적절하고 또 매우 필요한 교수-학습 방법이다.

2. 협력학습의 정의

협력학습(collaboration learning)의 정의는 매우 다양하게 나타난다. 일반적으로는 둘 이상의 사람들이 학습하거나, 혹은 무엇을 함께 학습하기 위해 시도하는 과정으로 정의한다. 협력학습은 두 사람 이상이 무엇인가를 함께 학습하거나 학습하려고 하는 상황으로 정의되며, 학습자가 개별적으로 혹은 독자적으로 학습하는 것이 아니라 여러 명이 공통된 목적을 성취하기 위해 노력하는 것을 말한다. 따라서 협력학습은 활동에서 소외되는 구성원 없이 전체가 상호작용에 참여하도록 하기 위해 보통 2~10명 규모의 소집단으로 구성되고 두 사람 이상이 서로 정적인 상호 의존성에 근거해서 집단을 형성하여 더 큰 목표나 공통 목적을 달성하기 위하여 함께 협력하는 방법으로 학습한다. 이와 같이 협력학습은 협동학습과 공통적이면서 비슷한 부분이 있어서 협력학습과 협동학습을 혼용하기도 한다. 협력학습과 협동학습의 비교는 나중에 구체적으로 제시하였다.

협력학습에 대한 광의적 개념으로는 학습자가 이미 속한 지식 공동체의 공동자산과 다른 공동 자산을 가진 지식 커뮤니티의 구성원이 되는 것을 돕는 문화적 과정으로 볼 수 있다. 특히 협력의 개념을 포함한 '학습'의 두 가지 메타포는 학습의 '습득'에 초점을 둔 피아제(Piajet)의 인지발달이론과 학습의 참여에 초점을 둔 비고츠키(Vygotsky)의 이론을 기반으로 설명하고 있다. 따라서 협력학습은 협력적 지식 창출과 동일한 개념으로 보는 관점이 있으며, 협력적 지식 창출, 지식의 공동 창출, 상호보완적 의미 생성 등이 협동학습의 인지적 측면을 논할 때 협력적 지식 창출과도 동일한 의미로 쓰일 수 있다.

여러 학자가 정의한 협력학습의 정의는 〈표 8-1〉과 같다.

〈표 8-1〉 협력학습의 정의

학 자	정 의
양낙진(1990)	이질적인 학습자들이 소집단을 이루어 과제를 서로 돕고, 책임감을 가지며 함께 학습 목표를 성취하는 방법
김영 · 양기열(2002)	서로 다른 학습자들이 그룹을 지어 공통 과제를 함께 해결하고 공통 목표에 도달하고자 서로 돕고 격려하며 학습하는 전략
Gokhale(1995)	학습자들이 공동 목표를 달성하기 위해 다양한 수행 단계에서 협업하도록 하는 교수 방법
Alavi, Wheeler, & Valacich(1995)	학습자들이 협동적으로 학습문제를 해결해 나가는 상호적 과정
Hiltz(1998)	학습자들이 주체성을 가지고 다 같이 과제를 성취하며 지식을 창출하는 과정을 격려하는 교수법
Panitz(1999)	학습자들끼리 소통을 통해 지식이 전달되고, 이러한 과정에서 자신의 지식과 비교하여 오류를 스스로 깨닫고 수정하는 적극적인 학습

3. 협력학습의 특징

협력이란 협동과 유사한 개념으로 사용되지만 라틴어 어원상 협동은 공동 작업의 '산출'을 강조하고, 협력은 공동 작업의 '과정'을 강조한다. 따라서 협력학습의 특징은 긍정적 상호 의존성, 상호작용, 개별적 책무성, 그리고 사회적 기술의 향상 등으로 볼 수 있다.

협력학습은 동료 학습자 간의 상호작용 활동을 통해 학습 과제를 해결하면서 학습 내용을 비판적으로 이해할 수 있고 지식을 정교화할 수 있게 해 주며 협력학습 과정에서 새로운 학습 내용을 기존의 지식 구조에 통합하려고 노력하여 표층적인 학습보다는 심층적인 학습이 가능하게 한다. 또한 협력학습은 자신의 의견을 상대방에게 전달하면서 의사소통능력이 길러지는 장점이 있다.

협력학습은 단순히 집단 혹은 짝을 이루어 학습한다는 의미뿐만 아니라 공유된 공동 목표 달성이라는 구체적인 협력의 목적과 방향성이 드러나는 특징이 있다. 여기에는 또한 다양한 수행 단계를 명시함으로써 학습자 간 협력이 학습의 전 단계에 걸쳐 이루어져야 하는 것임을 강조하고 있다.

알라비(Alavi), 휠러(Wheeler), 발라키치(Valacich)는 협력학습 과정에서 발생하는 상호작용을 강조하였다. 이에 따르면 학습자들은 협력 과제를 수행하기 위해 함께 해석하고 설명하는 과정에서 발생하는 대화, 토론, 논쟁이라는 상호작용 과정을 통해, 사회적 맥락에서 새로운 지식을 구성하게 된다. 즉, 대화와 토론의 과정에서 나타나는 개별학습자들의 서로 다른 이해가 새로운 지식을 창출하고 이를 공유하도록 한다는 것이다. 패니츠(Panitz) 역시 협력학습이 갖는 강점으로 공유를 통해 학습자 간에는 지식의 전이가 일어나며, 서로 비교하는 과정을 통해 기존에 갖고 있던 오류들을 스스로 수정하는 적극적 학습이 가능하게 된다는 점을 강조하였다.

힐츠(Hiltz)는 협력학습을 정의하면서 학습자의 주체성, 지식을 창출해 나가는 과정을 강조한 바 있다.

이를 종합해 보면 첫째, 학습자들은 협력학습을 통해 학습이 이루어지는 모든 단계에서 능동적으로 상호작용하며 주도적으로 학습을 이끌어 나가는 경험을 하게 되며, 둘째, 이 상호작용을 통해 학습자들은 자신의 인지적 정보와 기술을 공유하고 이를 바탕으로 수정 및 재구조화하는 과정 속에서 학습이 이루어지게 된다는 것을 알 수 있다.

4. 협력학습과 협동학습 비교

협력(collaboration)과 협동(cooperation)의 경계를 명확하게 구분하기는 어려우나 많은 학자가 협력과 협동에 차이를 주장하였는데, 헤세(Hessee)에 따르면 협력과 협동은 〈표 8-2〉와 같은 차이가 있다.

〈표 8-2〉 협력과 협동의 차이

협력(collaboration)	협동(cooperation)
특별한 문제를 해결하기 위해 구성원의 역할과 활동을 함께 조율해 나감	주어진 역할만을 통해 수행되는 활동
사회적 역량(social skill)이 중요	협동 활동에서 학습자 의견을 다소 조율하기도 하지만 주로 수평적으로 수행
	구성원들의 잠재적 능력뿐만 아니라 사회적 능력을 실요로 하지 않음

출처: Hesse, F., Buder, J., Care, E., Griffin, P., & Sassenberg, K. (2012).

또한 르루(Leroux)는 전체 목표, 과업, 개인의 책임감 측면에서 협력과 협동의 정의를 명료하게 구분하고 있다(〈표 8-3〉). 협동과 협력의 전체 목표는 공동의 목표를 추구하는 것이다. 그러나 과업을 수행할 때 협동은 개인에게 할당하여 수행하고 필요시 협력하여 공동 목표를 달성하지만 협력은 과업을 개별적으로 할당하지 않고 공동 과업으로 수행한다. 그리고 개인의 책임에서도 협동은 개인에게 과업이 할당되어 개인에게 책임을 분배하지만 협력은 과업 목표 달성에 공동 책임을 지는 것이다.

〈표 8-3〉 협동과 협력의 개념적 비교

	전체 목표	과 업	개인의 책임감
협동	공동 목표	개별적으로 분배	개인 책임 분배
협력	공동 목표	공동 과업	공동 책임

출처: Leroux, P., ViVet, M., & Brezillon, P. (1996).

한편 협력학습과 비슷한 의미로 협동학습이라는 용어를 구별하지 않고 쓰기도 하는 데 각 학습법의 교육적 효과를 높이기 위해서 두 용어의 의미를 정확히 이해할 필요가 있다. 협력학습과 협동학습은 기본적으로 같은 학습 활동을 의미한다. 협력학습과 협동학습은 모두 공동의 목표를 달성하기 위한 학습자들의 상호작용을 기반으로 하며, 이 과정을 통해 지식의 습득뿐만 아니라 상호작용과 협력적인 태도 등을 함양하도록 한다는 공통점이 있다. 그리고 두 가지 학습 활동은 개인의 학습능력보다는 여러 명의 학습자가 학습 활동을 할 때, 개별학습자가 당면한 학습 과제를 해결하는 것보다 더 학습이 잘 이루어질 것이라고 가정하고 있다. 그리고 협동학습을 연구하는 학자들과 협력학습을 주장하는 학자들 모두 개별적인 학습보다는 소집단의 학습이 인지적·정서적으로 더 효과적이라고 주장하고 있다.

한편, 협력학습과 협동학습은 모두 공동의 목표를 설정하고 그것을 달성하기 위한 학습자들의 상호작용을 기반으로 하며, 이 과정을 통해 지식을 습득할 뿐만 아니라 상호작용과 협력적인 태도 등을 함양한다는 공통점이 있다. 또한 협력학습과 협동학습의 두 개념은 학습자 중심의 수업을 지향하고, 학습자들 간의 대화와 협력을 통해 학습 효과를 얻고자 한다는 점에서 유사하게 사용될 수 있다. 이러한 유사점 때문에 두 가지 학습 활동은 소집단 한습에 관한 교육 연구 혹은 교육 현장에서 뚜렷한 구분 없이 혼용되어 사용하고 있다.

패니츠는 협동학습은 학습자들이 특정한 목표에 도달하기 위해 상호작용하며 함께 과제를 수행하는 하나의 학습 방법으로, 그리고 협력학습은 그룹 및 그룹 구성원들의 상호작용과 협력을 통해 이루어지는 전체 학습 과정을 포괄하는 보다 광의적인 개념으로 구분되어야 한다고 말하였다. 그 외 여러 학자가 주장한 협력학습과 협동학습의 차이는 〈표 8-4〉와 같다.

〈표 8-4〉 학자별 협동학습과 협력학습의 차이

학자	차 이	
	협동학습	협력학습
강인구 (2003)	교사는 교수-학습 과정에 직접적으로 간섭하고 참여하는 관리자의 역할	교사는 교수-학습 과정에서 조력자이자 안내자로서 학습자들과 소통
정희모 (2006)	모둠 학습 방식을 활용하여 문제에 대한 최선의 해결책을 찾는 학습으로 특정한 협동학습의 구조하에서 공통의 문제를 해결하기 위한 것	대화와 토론을 통한 잠재적인 능력을 함양하는 학습 과정으로 동료들과 대화와 합의의 과정을 통해 자신의 지식을 구성하고 표현하는 방법을 찾는 것
	경쟁학습에 대한 대안	주입식 교육에 대한 대안
정계웅 (2012)	학습 목표의 달성 정도가 중요한 결과 중심	학습 과정에서 나타나는 학습 수행과 관련된 대화나 기록 등의 활동을 주된 평가대상으로 삼으며 학생의 능력 신장에 초점
Bruffee (1995)	성과중심으로 기초적인 지식 습득에 더 적절	사회구성주의 이념을 바탕에 두고 있어서 상위의 지식 습득에 더 유용
Leroux et al., (1996)	구성원에게 과제와 책임을 주고 때에 따라 협력을 하고 공동 목표를 달성	과제를 구성원에게 나누지 않고 함께 해나가면서 공동으로 책임지어 협력활동이 보다 활발
Panitz (1999)	교수자의 설계를 중심으로 통제되고 외재적 동기가 부여	그룹 구성원들의 능동적인 참여를 기반으로 구성원 모두가 동등한 책임과 권력을 가지고 학습 수행

협력학습과 협동학습은 인식론적 배경이 서로 다르기에 목적과 그에 따른 방법을 달리하고 있고 이는 교사와 학습자의 역할 등에서도 차이가 난다. 이러한 것을 바탕으로 올리바레스(Olivares)는 협력학습과 협동학습의 특징을 비교하였는데, 그 내용은 〈표 8-5〉와 같다.

〈표 8-5〉 협력학습과 협동학습의 특성 비교

특 성	협력학습	협동학습
인식론적 배경	사회적 구성주의	구조주의
지식	사회적 권물	기본적인 체계(지식)
과정	활동 과정 중시	성취 지향
모둠의 구조	개인 차이 인정	높은 상호 의존성

교사의 역할	조력자, 안내자	관리자, 감독자
학습자의 역할	이의 제기, 독자적	동의, 협동적
목적	대화 통한 지식 구성, 문제해결을 위한 관심	사회적 기술 발달, 모든 구성원을 위한 학습

출처: 고희성 · 김혜숙(2103: 23), 재인용.

또한 협동학습과 협력학습은 교실의 교수-학습 활동에서 교사가 확인해야 할 질문으로 차이가 더욱 실제적으로 명료하게 나타난다. 협동학습에서 학습의 출발점은 개별적인 학습 과정으로 이루어진다. 그러나 과정이 진행되면서 학습자들 간의 상호작용을 통하여 피드백을 교환함으로써 공동의 학습 목표를 달성한다. 그리고 교사는 협동학습 활동으로 사회적인 관계 속에서 책임감, 자아와 타인 존중감, 사회적 지위의 영향, 협동의 구조화, 보상의 효과를 염두에 두어야 한다.

반면 협력학습은 학습 과제를 수행하는 과정에 주안점을 두고 상호작용과 관련하여 언어적 대화 내용 혹은 상호작용 기록에 관하여 협력적인 학습 활동의 의미를 강조하고 있다. 그리고 학습자의 자율적인 활동을 조장하며, 해답이 있는 문제가 아닌 지속적으로 의문을 가지고 과제를 해결하는 학습 활동을 강조한다.

〈표 8-6〉 협동학습과 협력학습에서 교사가 확인해야 할 질문

협동학습	협력학습
1. 우리는 어떻게 사회적인 기능을 가르치는가? 2. 우리는 자아존중감, 책임감, 타인존중감을 어떻게 개발하고 있는가? 3. 사회적인 지위가 소집단 학습에 어떻게 영향을 미치는가? 4. 당신은 어떻게 문제해결을 촉진하고 갈등을 관리하는가? 5. 외적 혹은 내적 보상들이 더 효과적인가? 6. 협동학습이 학업 성취를 증진시킨다는 것을 어떻게 증명할 수 있는가? 7. 우리는 아동들이 다른 역할을 수행할 수 있도록 어떻게 가르치는가? 8. 우리는 협동적인 활동을 어떻게 구조화하는가?	1. 활동의 목적은 무엇인가? 2. 학습에서 대화의 중요성은 무엇인가? 3. 과제수행기록은 가치있는 학습 경험에 관한 주제와 대화를 기록하고 있는가? 4. 우리는 아동들을 자율적인 학습자가 되도록 하고 있는가? 5. 학습하기 위해서는 언어를 사용하는 것과 언어를 사용하기 위하여 학습하는 것의 차이는 무엇인가? 6. 우리는 아동들과 관련 학습 경험들을 어떻게 교환하고 있는가? 7. 우리는 이미 답을 알고 있는 것보다는 오직 실제 의문들을 요구하여 어떻게 상호작용하고 있는가? 8. 우리는 효과적인 소집단 학습 환경을 만들기 위해 학습의 사회적인 본질에 관해 알고 있는 것을 어떻게 사용할 수 있는가?

출처: 강인구(2003). p. 189.

2절 협력학습의 적용

1. 협력학습의 수업 절차

협력학습은 주로 학습을 촉진시키기 위한 일종의 교수 전략으로 간주되고 있다. 따라서 협력학습에 대한 연구들은 어떠한 과정을 거쳐 협력학습이 이루어지는지에 대한 서술보다는 어떻게 하면 협력학습을 성공적으로 이끌 수 있을지에 대한 처방 성향의 연구들이 많다. 즉, 기존의 다양한 교수-학습법에 협력학습이 이루어질 수 있도록 협력학습 방안을 마련하는 것이다.

협력학습은 다양한 변인들을 포함하고 있는 복잡한 과정이기 때문에 이를 밝히는 것이 쉽지 않다. 매케너(Mckenna)와 캐롤(Carroll)은 교육의 문제점을 해결할 수 있는 하나의 해결책으로 협력학습을 제시하고 있다. 협력학습은 4단계를 거쳐 이루어지는데, 첫째, 형성단계는 집단 구성원을 결정하고 활동 목적에 대한 합의를 이루게 도출하는 단계이다. 둘째, 개념화 단계는 공동의 목적을 성취하기 위한 전략을 수립하는 단계이다. 셋째, 발달 단계는 협력학습을 위한 구체적인 계획을 수립하는 단계이다. 넷째, 수행 단계는 수립된 계획을 이행하는 단계이다.

이 협력학습 과정을 단계별로 정리하면 〈표 8-7〉과 같다.

〈표 8-7〉 협력학습의 과정

단 계	내 용
형성	• 집단 구성원 결정 • 활동 목적에 대한 합의
개념화	• 공동의 목적을 성취하기 위한 전략을 수립 • 다양한 의견과 가치관을 공유
발달	• 협력학습을 위한 구체적인 계획을 수립
수행	• 수립된 계획을 이행

출처: 오은용(2015). p. 72.

한편 배로즈(Barrows)에 의하면 협력학습의 모형들은 공통적으로 준비, 도입, 전개, 정리의 네 가지 절차에 따라 진행되며 각 절차는 공통적인 학습 단계를 포함한다. 학습 절차에 따른 학습 단계와 학습 활동 요소는 〈표 8-8〉과 같다.

〈표 8-8〉 협력학습 절차, 단계 및 활동요소

학습 절차	학습 단계	학습 활동 요소
준비	• 학습 과제 선정 • 학습 목표 수립 • 교수-학습 활동의 설계 • 학습 자료 개발	• 학습 방법 및 절차 인식 • 공동 목표를 위한 팀 구성 • 학습 평가 방법 및 기준 확립 • 개인별 능력 확인
도입	• 학습 안내 및 학습 목표 제시 • 교수 활동 및 과제 제시 • 개인 과제 및 역할 분담	• 전체 학습 목표 확인 • 팀별 목표 합의 • 개인별 과제 부과 및 역할 분담 • 팀 일정 정립
전개	• 개별학습 • 팀 내 소집단 학습 • 팀 간 협력학습	• 개인별 과제 해결 계획 수립 • 계획에 의한 정보 탐색 및 수집 • 개인별 지식 구축 및 비교 • 팀내 지식 구축 및 공유 • 팀간 협력학습 지식 구축
정리	• 결과 발표 및 정리 • 개인 및 팀 평가 • 평가에 대한 보상	• 학습결과 발표 및 의견 교류 • 결과물 정리 • 교수자와 상호작용 • 개인 및 팀 평가 • 학습결과 반성

출처: 김득준(2007). p. 29.

이와 같은 협력학습의 단계가 성공적으로 이행되기 위해서는 집단 구성원과 주요 의사 결정자의 태도가 호의적이어야 하고 이용 가능한 자원이 적절하고 풍부해야 한다.

넬슨(Nelson)은 협력학습이 이루어지는 과정으로 교수 설계 차원의 모형을 제시하였다. 교수 설계란 학습이 이루어지는 서술적 과정을 바탕으로 조건과 전략을 처방하기 때문에 협력학습의 과정을 체계적으로 이해하는 데 도움이 된다. 협력학습을 촉진하기 위해서는 협력적 문제해결 과정 전체에 영향을 미치는 종합 지침과 구체적인 성향의 협력적 문제해결의 단계별 활동에 대한 설계 지침이 필요하다.

스마트 러닝 기반의 협력적 문제해결 수업 모형에서의 협력학습의 단계를 Pre-Activity, Main-Activity, Post-Activity로 나누어 〈표 8-9〉와 같이 세부 단계를 구분하였다.

〈표 8-9〉 협력적 문제해결 수업 모형

단 계	진행 절차	
Pre – Activity	준비	• 팀 활동 준비 • 스마트 러닝 학습 환경 준비 • 사전 기능 익히기
Main – Activity	인지	• 학습 목표 인식 • 문제 확인 및 분석 • 역할 분담
	탐색	• 관련 정보 수집 • 관련 자료 검색 • 검색 자료 공유 등 상호작용 활동
	협업	• 해결책 선택 및 가공 • 해결책 수정 • 해결책 제시
	공유	• 팀별 해결책 발표 • 해결책 및 과정 평가 • 해결책 공유
Post – Activity	공감	• 학습 결과물 상호 평가 • 팀별 학습 과정 반추 • 학습자 간 피드백 및 독려

출처: 김현주(2014).

또 다른 예로, 문제 중심 학습에서 협력학습 활동을 수행할 수도 있다. 문제 중심 학습에서 협력학습 활동은 첫째, 집단 형성의 과정과 관련한 소개와 분위기 조성 활동이다. 서로를 소개함으로써 상호 간의 호혜적 관계를 설정하고 구성원의 서로 다른 지식 기반을 파악함으로써 서로의 지식, 판단력에 대한 상호 관계를 구축한다. 또한 집단 작업이 효율적으로 이루어지도록 서로 역할을 분담하는 활동을 한다. 둘째, 문제 정의나 계획 단계에서는 토론과 합의를 거쳐 공통의 도달 목표를 수립한다. 셋째, 다양성과 갈등 공존 단계에서는 확실히 파악되지 않은 문제의 본질과 부족한 정보에 근거하여 잠정적 가설을 수립하며 본인의 지식을 전달하고 타인의 의견을 듣고 수정 보완하며 학습 과제를 추출하고 이를 효율적으로 배분한다. 넷째, 다양한 상호작용 및 성찰 단계에서는 각자 조사한 지식과 정보를 발표를 통해 공유하고 동일한 내용에 대한 상이한 인식을 논증, 타협을 통해서 조정하고 일치시킨다. 발표와 의견 조정이 마무리되면 그간의 과정을 성찰하고 공유하며, 새로운 정부에 근거하여 기존 가설을 수정하거나 새로운 가설을 설정한다. 그리고 마지막으로 서로 조사한 참고 자료의 과학성과 신빙성을 비판하는 활동을 진행한다.

성공적인 협력학습을 위해서는 첫째, 인지적 재구조화를 유발할 수 있는 유의미한 수준의 상호작용을 촉진하여야 하며, 둘째, 상호작용 속에서 협의와 조율을 통해 공유된 이해를 형성해야 한다는 결론을 도출할 수 있다. 공동의 목표를 설정하기 위한 협의 및 조율의 과정과 관련하여 잭슨, 매켄지, 홉폴(Jackson, Mackenzie & Hobfoll, 2000)은 협력적인 조직 내에서 사람들은 개인이 아닌 사회적 네트워크 안에서 수용될 수 있는 기준에 맞춰 목표를 설정한다고 말한 바 있다. 이는 협력이 필요한 상황에서 개인은 자신의 기준을 집단의 기준에 따라 전환하는 적응 과정을 경험하게 된다는 것을 보여준다.

이 연구들에서 나타난 협력학습의 과정은 공통점이 있다. 즉, 협력학습의 과정에는 다음의 내용들이 반드시 포함시켜야 한다는 것이다.

첫째, 협력학습의 초기에는 집단 형성 과정이 포함된다. 즉, 협력활동 선수 학습과 개인의 능력 확인 등의 준비 과정이 포함되어 있고 교사의 설계 활동이 중요시된다.

둘째, 학습자들은 그룹이나 집단 형성 후에 문제 정의나 계획 등의 과정을 통해 협력학습에 관한 전반적인 개요를 수립한다. 즉, 팀이 구성된 후에는 학습 목표를 인식하고 공동의 목적을 성취하기 위한 구체적인 전략을 세우게 된다.

셋째, 협력학습 활동을 위해 다양성과 갈등이 함께 공존한다. 본격적인 협력학습의 활동에서는 상호작용과 커뮤니케이션 활동을 중요시하고 있다. 즉 공통의 주제에 대한 토론, 논쟁, 갈등이 존재하고 이를 통해 협력적인 지식이 형성된다.

넷째, 다양한 상호작용을 통해 보다 객관적인 평가를 내릴 수 있을 뿐만 아니라 학습자 스스로 자신에 대한 평가를 할 수 있게 되면 이는 성찰 활동과도 연계된다. 즉, 개인의 이해를 바탕으로 다양한 구성원과 상호작용함으로써 새로운 이해를 하게 되고 학습자 스스로 자신 및 타인에 대한 평가를 하게 되며, 이는 반성 활동까지 이어진다.

2. 협력학습 적용 사례

단원 (차시)	5. 쾌적한 주거와 생활 자원 관리(3/10)	대 상	6학년 1반, 남11명, 여12명, 계23명	교과서	천재교육 122쪽
일 시	2015년 6월 5일 금요일 2교시	장 소	6학년 1반 교실	지도교사	백 주 열
학습 주제	■ 쓰레기를 올바르게 분리 · 처리하기			학습모형	문제해결학습
학습 목표	• 이해: 쓰레기를 올바르게 분리 · 처리하는 방법을 안다. • 기능: 쓰레기를 올바른 방법으로 분리 · 처리할 수 있다. • 태도: 환경 보호와 녹색성장 인식을 갖고 생활 속에서 실천하려는 태도를 지닌다.				
협력기반 수업 설계	• 협력학습: 친구의 고민으로 생활 속의 문제를 접근하는 스토리텔링, 문제해결 과정에서 액션러닝 기법, 토의 · 토론학습, 모둠별 협력활동을 통해 협력적 문제해결능력을 기른다.				
본시의 주안점	• 본시는 가정 생활의 영역으로 쓰레기를 올바르게 분리 · 수거하는 방법을 깨닫고 환경 보호와 녹색성장 방법을 깨닫고 실천하는 데 목적을 둔다. 또한 자원재활용, 녹색성장, 친환경이 강조되는 시대적 상황에 맞추어 생활화로 적용하는 데 주안점을 둔다. • 개별화, 수준별전략으로 도움쪽지, 생각신호등, 수준별 활동을 제공한다.				

학습 단계	학습 요항 (형태)	교수-학습 활동: 교사 활동	교수-학습 활동: 학생 활동	시량 (분)	□자료 ※유의점 ★협력학습 ⓟ 평가
수업 들머리	환경 의식 갖기	▣ **환경의 날 소개하기** • 1보며 오늘은 무슨 날일까요? • 환경을 살리는 작은 습관에는 무엇이 있을까요?	▣ **환경의 날 실천사항 알기** • 환경의 날입니다. • 부채 · 에코백 · 텀블러 사용 일회용품 줄이기, 대중교통 등	1	☞수업들머리 교육 1 포스터 (환경의 날)
문제 확인	문제 상황 인지 하기 (전체)	▣ **문제 상황 제시하기** • 2를 보며 우리반 쓰레기통 당번의 고민을 들어봅시다.	▣ **문제 상황 인지하기** • 2을 시청하며 친구의 고민을 생각해 본다.	4	2 영상자료 (쓰레기통 당번의 고민) ★스토리텔링
	문제 핵심 파악 하기 (전체)	▣ **문제의 핵심으로 인도하기** • 이 친구는 왜 이런 고민을 하게 되었을까요? • 왜 제대로 하지 않았나요?	▣ **문제 핵심 파악하기** • 우리들이 분리수거를 제대로 하지 않았기 때문에 • 잘 몰라서, 귀찮아서 등		친구 이야기를 통해 흥미유발, 적극적 참여를 이끈다.
	학습 문제 파악 하기 (전체)	▣ **학습문제 유도하기** • 여러분들이 오늘 ○○의 고민을 한번 해결해 줄 수 있을까요? 그럼, 어떤 공부를 해 보면 좋을까요? ♣ 쓰레기 분리·처리 방법을 알고 실천해 봅시다.	▣ **학습문제 파악하기** • 쓰레기 분리 · 처리하는 방법을 공부해야 합니다. 등		※학습문제를 정확히 인지하고 문제해결을 위한 순서와 방법을 교사와 함께 구분 짓고 유목화 하여 찾도록 유도한다.
정보 수집	학습 활동 순서 알기 (전체)	▣ **활동순서 유도, 안내하기** [활동 1] 쓰레기 분리 방법 [활동 2] 쓰레기 처리 방법 [활동 3] 생활 속 실천하기	▣ **활동순서 탐색, 확인하기**		3 실물자료 (다양한 쓰레기) 4액션활동판 ★액션러닝, 토의하기
		[활동1] 쓰레기 분리 방법 알기			
	문제 해결 방법 찾기 (개별	▣ **쓰레기 종류별 분리 방법 안내** • 네박자 발표를 통해 생활 속 쓰레기 알아봅시다. • 평소 쓰레기들을 어떻게 버렸는지	▣ **분리 방법 파악하기** • 종이, 페트병, 유리병, 플라스틱, 비닐, 의류 등. • 분리하지 않거나, 병, 플라스	7	

단계	학습요소	교사 활동	학생 활동	시간	자료 및 유의점
	↓ 짝 ↓ 전체)	경험을 두더지 발표로 해 봅시다. • ③보며 어떻게 분리할 수 있을지 짝, 모둠과 함께 토의해 봅시다. • ④에 분리한 것을 발표해 봅시다. • 분리배출 미확실시 ⑤를 확인합니다.	틱은 분리하였습니다. • 재활용이 가능한 것, 그렇지 않은 것으로 분류 • 종이류, 병류, 플라스틱류, 비닐류로 분류		액션러닝, 토의를 통해 원활한 상호작용을 돕는다. ※자 기주도적 활동을 유도한다. ⑤ 분리배출마크
계획	문제 해결 방법 알기 (모둠 ↓ 전체)	[활동2] 쓰레기 처리 방법 알기		13	
		▣ **쓰레기 처리 방법 안내** • 여러분이 분리한 쓰레기가 종류별로 처리가 잘 되었나요? ▣ **쓰레기 처리 안내** • 모둠별 토의를 통해 생활 쓰레기를 정확하게 종류별로 처리하는 방법을 알아보고 ⑥에 써 봅시다. • 토의한 방법대로 정확하게 처리하고 발표해 봅시다.	▣ **쓰레기 처리 방법 알기** • 주스병 뚜껑은 유리가 아닌데 잘못되었다. • 종이컵은 재활용할 수 없으며, 스프링 노트는 스프링을 제거 후 버려야 한다. 등 ▣ **쓰레기 처리하기** • 주스병뚜껑, 스프링은 금속류로 분류처리(⑥에 기록) • 캔은 찌그러뜨려서 처리 • 가스통은 구멍을 내어서 처리 • ③을 정확하게 처리한다. *⑦, ⑧을 통해 수준별, 개별학습을 돕는다. 녹색성장을 위해 생활쓰레기와 환경과의 관계를 안다.		★토의·토론하기 토의·토론을 통해 소통하고 배려하며 인성을 다진다. ⑥ 실과사랑 공책 ⑦ 도움쪽지 ⑧ 생각신호등
문제 해결	문제 해결 하기 (모둠) ↓ 전체)			10	⑦, ⑧을 통한 스케폴딩 기회 제공, 긍정과 도전 의식을 다진다.
		[활동3] 생활 속 실천하기			
평가	평가 소감 나누기	▣ **쓰레기 처리법 적용 안내** • ⑨를 보며 가정에서 나온 다양한 쓰레기 분류, 처리하기	▣ **쓰레기 처리법 적용하기** • 쓰레기를 정확하게 분류하기 • 질문, 이해, 배움의 과정 갖기		※부진학생의 활동을 돕는다. ⑨ 가정쓰레기
적용	생활화 하기 (전체)	[수준 1] 종이류, 캔류 [수준 2] 유리병, 플라스틱류 [수준 3] 다양한 생활쓰레기(건전지, 부탄가스, 형광등 등)	수준별 학습		
정리	다음 차시 알기	▣ **평가 및 소감 안내** • 골든벨 평가후 느낀점을 발표해 봅시다.(⑩) ▣ **생활화 문제 안내** • 간식으로 ⑪을 먹는다면 어떻게 분리처리할 수 있을까요? ▣ **정리 및 단원명 의미 다지기** ▣ **과제 제시 및 차시 예고** • 분리처리 일기(사진) / 재활용	▣ **평가 및 소감나누기** • 환경,미래를 생각해서 분리처리를 잘 해야 하겠습니다. ▣ **생활에 적용하기** • 뚜껑과 용기, 비닐로 분리처리 할 것입니다. ▣ **정리 및 단원명 의미 새기기** ▣ **과제 파악 및 다음차시 알기** • 분리처리 일기(사진) / 재활용	5	⑩ 골든벨판 ㉮서술형평가 형성 평가 ⑪ 컵라면 ※이 시간에 배운 내용을 PMI, KWL창의성 기법을 적용해 발표하면서 정리하도록 한다.

♣ 본시 평가 계획

<table>
<tr><th rowspan="2">평가 영역</th><th rowspan="2">성취 기준</th><th colspan="3">평가 기준</th><th rowspan="2">평가 시기</th><th rowspan="2">평가 방법</th><th rowspan="2">피드백 방안</th></tr>
<tr><th>상</th><th>중</th><th>하</th></tr>
<tr><td>이해</td><td>◆쓰레기 분리처리 방법을 안다.</td><td>• 쓰레기종류별 분리처리방법을 안다.</td><td>• 분리처리방법을 대략적으로 안다.</td><td>• 분리처리에 대한 이해가 부족하다.</td><td>수업 중</td><td rowspan="2">관찰, 상호 평가, 체크 리스트</td><td rowspan="2">▶부진요소의 재지도, 교수–학습 과정에 반영</td></tr>
<tr><td>기능</td><td>◆쓰레기를 올바른 방법으로 분리·처리할 수 있다.</td><td>• 재활용여부와 처리방법에 따라 잘 처리한다.</td><td>• 쓰레기를 분리처리만 할 수 있다.</td><td>• 분리처리를 제대로 할 수 없다.</td><td>수업 중, 후</td></tr>
<tr><td>태도</td><td>◆환경을 보호하려는 태도를 지닌다.</td><td>• 적극적 실천으로 환경을 보호하는 태도를 지닌다.</td><td>• 분리처리하려는 태도를 지닌다.</td><td>• 생활에 실천하려는 태도가 미흡하다.</td><td>수업 후</td><td colspan="2">♥정의적 영역: 동료, 자기, 관찰평가 실시
▶교과 및 생활지도를 통해 상시 지도한다.</td></tr>
<tr><td colspan="2">서술형평가 계획</td><td colspan="6">★쓰레기를 분리·처리 할 수 있는 방법을 종류별로 나열해 봅시다.
상: 분리처리방법이 정확함 / 중: 분리처리방법을 이해함 / 하: 이해정도가 부족함</td></tr>
</table>

출처: 백주열(2015. 6. 5.). 실과교과 수업 발표 자료.

논의

1. 협력학습과 협동학습의 차이를 이론적 배경, 학습 방법, 순서 등에 의거하여 논의해 보자.
2. 협력학습이 실과교육의 수행에 왜 그리고 어떻게 적절한지 논의해 보자.
3. 협력학습으로 실과교과 특정 단원 혹은 내용으로 교수-학습 지도안을 작성할 때 주의할 점을 논의해 보자.

참고문헌

강인구(2003). 협동학습과 협력학습 구조 비교 분석. **한국교육문제연구소**. 18. 183-197.

고희성 · 김혜숙(2013). 생태학적 관점의 통합 문법교육을 위한 교수 학습 방법 연구 -"협력학습"을 중심으로. **국어교육학회**. 47. 187-224.

김득준(2007). 웹기반 협력학습 모형과 지원도구 분석. **한국교육포럼(아시아태평양교육학회)**. 6(1). 25-44.

김현주(2014). **스마트 러닝 기반의 협력적 문제해결 수업모형 개발을 위한 설계 기반 연구**. 인천대학교 대학원 박사학위논문.

김현지(2015). **협력학습을 활용한 영어뮤지컬 수업 구안 및 적용 -3~6학년을 대상으로-**. 경인교육대학교 교육전문대학원 석사학위논문.

김현진(2012). **문제중심학습에서 학습자의 성취목표지향성 유형이 협력학습에 미치는 영향 : S대학교 의과대학 · 의학전문대학원을 중심으로**. 한양대학교 대학원 석사학위논문.

박하나(2015). **협력학습 환경에서 협력적 자기조절과 자기조절, 집단 응집성, 성취도 간의 관계**. 이화여자대학교 대학원 석사학위논문.

신좌섭(2004). **의과대학 문제중심학습에서 협력학습의 효과에 영향을 미치는 요인에 관한 연구**. 한양대학교 대학원 박사학위논문.

오선아(2010). 문제바탕학습 참여자의 언어적 상호작용 분석, **한국의학교육**, 22(2), 131-139.

오은용(2015). **협력학습을 활용한 중학교 생태주의 미술교육 지도방안 연구**. 한양대학교 교육대학원 석사학위논문.

정희모(2006). **글쓰기 교육과 협력학습**. 삼인.

Alavi, M., Wheeler, B. C., & Valacich, J. S. (1995). *Using IT to Reengineer Business Education: An Exploratory Investigation of Collaborative Telelearning, MIS Quarterly 19(3)*, September

1995, 293-312.

Baker, M., Hansen, T., Jonier, R., & Traum, D. (2003). *The role of grounding in collaborative learning task. In P. Dillenbourg(Ed). Collaborative learning*. Elsevier scienced Lrd.

Brody, C. M., & Davidson, N. (1998). *Introduction: Professional development and cooperative, In Broady & Davidson (Eds.), Professional development for cooperative learning - issues and approaches*. State University of NY Press: Albany, NY.

Chan, C. (2012). *Co-regulation of learning in computer-supported collaborative learning environments: A discussion*. Metacognition & Learning, 7(1), 63-73. doi:10.1007/s11409-012-9086-z

Clark, Anni-Marie., Anderson, R. C., Kuo, Li-jen, Kim, Il-Hee, Archodidou, A., Kim, Njuyen-Janiel. (2003). *Collaborative reasoning: Expanding ways for children to talk and think in school*. Educational Psyhology Review, 15(2), 181-198.

Dillenbourg, P. (1999). *What do you mean by collaborative learning? In P. Dillenbourg (Ed.), Collaborative-learning: Cognitive and computational approaches (pp. 1-19)*. Oxford: Elsevier.

Dillenbourg, P. (2002). *Over-scripting CSCL: The risks of blending collaborative learning with instructional design. In P. A. Kirschner (Ed.), Three worlds of CSCL: Can we support CSCL (pp. 61-91)*. Heerlen: Open University of Netherlands.

Donham, J. (1999). *Collaboration in the media center: Building partnership for learning*. NASSP Bulletin, 83(605), 20-26.

Dooly, M. (2008). *Constructing knowledge together. In Dooly, M. (ed.), Telecollaborative language learning. A guidebook to moderating intercultural collaboration online (pp. 21-44)*. Bern: Peter Lang.

Gokhale, A. (1995). *Collaborative Learning Enhances Critical Thinking*. Journal of Technology Education, 7(1), 22-30.

Graham, J. R., & Barter, K. (1999). *Collaboration: A social work practice method*. Families in Society, 80(1), 6-13.

Hesse, F., Buder, J., Care, E., Griffin, P., & Sassenberg, K. (2012). *A framework for teacherble collaborative problem solving skills*. [On-Line]. Available: Http://ate21s.org/wp-content/upload/2012/12/shitepaper7-Framework-forTeachable-Bollaborative-Problem- Solving-Skills_DRAFT.pdf.

Hiltz, S. R. (1998). *Collaborative learning in asynchronous learning environments: Building learning communities*. Paper presented at the WebNet 98 World Conference of the WWW, Internet and Intranet Proceedings, Orlando, Florida.

Johnson. E. W., & Johnson, R. T. (1999). *Learning together and alone: Cooperative, competitive, and individualistic learning (5th ed.)*. Boston: Ally & Bacon.

Jackson, T., Mackenzie, J., & Hobfoll, S. E. (2000). *Communal aspects of self-regulation. In M. Boekaerts, P. R. Pintrich, & M. Zeidner (Eds.), Handbook of self-regulation (pp.275-300)*. San Diego, CA: Academic Press.

Kagan, S. (1994). *Cooperative learning*. San Clemente, CA: Kagan Cooperative Learning.

Leroux, P., ViVet, M., & Brezillon, P. (1996). *Cooperation between a pedagogical assistant, a grop of learners and a teacher, Paper presented in the European Conference on Artifical Intelligence in Education in Lisbon Portugal.*

Panitz, T. (1999). *Collaborative versus cooperative learning: A comparison of the two concepts which will help us understand the underlying nature of interactive learning*. Retrieved from http://www.capecod. net/-TPanit z/Tedspage.

Slavin, R. E. (1988). *Cooperative learning.* Review of educational research, 50, 315-342.

Slavin, R. E. (1995). *Cooperative learning*: Theory, research, and practice (2nd ed.). Boston: Allyn & Bacon.

Zhao, J., & Kanji, K. (2001). *Web-based collaborative learning methods and strategies in higher education.* In International Conference on Information Technology Based Higher Education and Training. Kumamoto, Japan, July 4-6.

제 9 장

혼합학습

개 요

혼합학습은 다양한 교육 기술의 발달에 의해 형성된 가장 최근에 제시된 교수-학습 방법이다. 교육 기술의 발달을 간단하게 제시한다면, '강사 중심 교육', '컴퓨터 기반 교육', '비디오 기반 원격교육', '컴퓨터 혹은 CD-ROM 기반 교육', '웹기반 교육(e-러닝)', '통합된 혼합학습'의 순이라고 할 수 있다. 현재에도 개발되고 있는 다양한 컴퓨터, 인터넷, 로봇, 인공위성 등을 위한 기술을 교수-학습에 응용, 적용하여 최근 새로운 혼합학습이 또 만들어지고 있다고 해도 과언은 아니다. 즉, 현재 우리가 사용하고 있는 도구의 발전에 따라 교육의 효과가 더욱 높아질 수가 있는 것이다. 교실이라는 교육 현장을 사람 중심의 경험이라는 시공간적 확장을 시도하고 있는 혼합학습은 세계화, 그리고 문화라는 이슈가 중심이 된 실과교육에서 그 효용성이 더욱 높아지고 있다.

학 습 목 표

- 혼합교육의 장단점과 실과교육의 특징을 비교, 설명하여 그 관계를 추출할 수 있다.
- 혼합교육에 따른 시공간의 확장을 실과교과의 한 단위의 수업에 적용할 수 있다.
- 학습자만의 컴퓨터 기술을 이용하여 개발한 새로운 혼합학습의 형태를 기반으로 실과수업을 설계할 수 있다.

1절 혼합학습의 이해

1. 혼합학습의 등장 배경

혼합학습(blended learning)의 의미는 새로운 개념이 아니며 이미 오래 전부터 교수 학습 분야에서 사용되고 있던 아이디어라고 할 수 있다. 이 개념이 전혀 새로운 것이 아님에도 불구하고 최근 들어 관심사로 대두된 것은 사회가 다원화되고 복잡해짐에 따라 학습에 대한 요구도 다양화되고 있고, 학습 내용 및 방법에 있어서도 다원화를 추구하는 경향에 따른 것이라 볼 수 있다. 이에 따라 e-러닝(e-Learning)이 급속도로 확산되면서 한계점이 드러나고, 이에 따라 e-러닝에 대한 비판 여론과 함께 대안적인 학습 형태로 혼합학습이 주목받게 되었다고 볼 수 있다.

e-러닝은 개방적이고, 언제 어디서나 학습이 가능하며, 학습자 중심 학습, 상호작용의 용이성, 정보 및 자원의 공유가 용이하다는 장점이 있기에 지식기반 사회에서 효과적이고 효율적인 교육 방법으로 인식되고 있다. 하지만 이런 기대와는 달리 e-러닝은 단순히 교실 대신 웹이라는 사이버공간으로 전달 매체만 달라졌을 뿐이며, 학습자들의 자기 주도성만 강조되어 교수자-학습자, 학습자-학습자 간의 상호작용이 제대로 이루어지지 않고 면대면 수업처럼 인격적인 측면을 전달하기 어려우며, 초기 투자 비용이 많이 들고 평가의 객관성 및 공정성을 기대하기 어렵다는 문제점이 드러나고 있다. 따라서 이러한 e-러닝의 한계를 극복하고 최대한 학습자들의 다양한 요구를 충족시킬 수 있는 효과적이고 효율적인 방법을 모색하게 되었는데, 그 대안으로 등장된 학습이 혼합형 학습이다.

최근 들어서 온라인 교육이 가지고 있는 한계를 지적하면서 '기존의 교육과 e-러닝의 만남'을 기획하는 일이 많아졌다. 또한 이분법적으로 '오프라인'과 '온라인'을 구분하는 것보다 학습에 있어서 최적의 학습 환경을 구축하기 위해 어떠한 매체와 방법을 동원할 것인가를 고민하는 것이 중요하다는 주장이 설득력을 얻고 있다. 이와 관련하여 최근 화두가 되고 있는 것이 혼합학습이다. 혼합학습은 온라인 교육과 오프라인 교육이 가지고 있는 각각의 장점을 살려 한 가지 교육 방법을 사용할 때보다 훨씬 높은 교육 효과를 내기 위한 시도이다.

결론적으로 혼합학습은 전통적인 면대면 교실수업과 사이버학습의 장점을 보완하기 위하여 기업교육 분야에서 도입한 개념이다. 그리고 이러한 혼합학습이 기업교육 분야에서 학습과 업무 성과의 향상을 목적으로 활용되고 있지만, 이를 초등학교 교육 현장에 설계 전략을 도입하여 적용한다면 긍정적인 영향을 미칠 것이다.

실과교육은 전통적으로 교양직업교육의 한 형태라고 구분되었던 것만큼 진로교육과 직업교육의 성격이 강하다. 또한 '기능교육'이 실과교육의 주요 성격의 하나로 제시될 만큼 많은 기능 습득을 해야 한다. 기업교육에서 업무 및 기능 향상을 위한 교육으로 혼합교육이 탄생되었고, 이와 같은 배경은 실과교육의 성격과 매우 근접해 있다. 따라서 실과교육에서 혼합학습의 적용이 매우 적절하기도 하고 효과적일 것은 자명하다고 할 수 있다.

2. 혼합학습의 정의

현재 전통적인 교실 수업에서 e-러닝으로 전환이 이루어지고, e-러닝 또한 그 발달 단계에 있어 점차적으로 혼합형 학습 형태로 발전하고 있음을 알 수 있다. 이러한 혼합학습은 e-러닝의 탄생 이후에 주목받고 있는, 교육 전문 용어로는 비교적 새로운 용어이다. 'blend'는 '섞다', '혼화(混和)하다', '조화시키다' 등의 사전적 의미를 가지고 있다. 따라서 혼합학습이란 학습 효과를 극대화하기 위해 다양한 학습 방법을 혼합하는 것을 칵테일이나 요리를 만들 때 섞는 것과 유사하다는 데 착안하여 비유적으로 나타낸 용어이다. 현재 혼합학습은 blended learning이라고도 한다.

혼합학습은 일반적으로 e-러닝을 통해 전통적인 면대면 교육 방식이 갖고 있던 시간과 공간의 제약 및 상호작용성의 한계를 극복하려던 노력에서 더 나아가 e-러닝 교육 방식에 전통적인 면대면 교육 방식이 가지고 있는 교육적 장점을 결합, 적절히 활용함으로써 학습 효과를 극대화하기 위한 설계 전략으로 알려져 있다. 단지 오프라인과 온라인 학습 환경을 결합하는 것이 아니라 학습 목표, 학습 방법, 학습 시간과 공간, 학습 활동, 학습 매체, 상호작용 방식 등 다양한 학습요소들이 결합을 통해 최상의 학습 효과를 도출해 내기 위한 e-러닝 설계 전략으로 그 개념이 확대되고 있다.

혼합학습에 대하여 여러 학자들의 다양한 정의를 살펴볼 때, 표현하는 용어의 차이가 있지만 의미는 큰 차이가 없다. 이러한 정의에서 살펴볼 때 혼합학습은 다음의 네 가지로 정의될 수 있다.

첫째, 다양한 웹 테크놀로지(예를 들어 동시, 비동시적 기술, 비디오, 오디오, 텍스트 등) 간의 조합이다. 이는 학습을 전개할 때 한 가지 매체만을 이용하는 것이 아니라 상황에 따라 다양한 매체를 결합하여 학습 효과를 극대화하는 것이다.

둘째, 다양한 교육학적 접근 방법론(예를 들어 구성주의, 행동주의, 인지주의) 간의 조합이다. 이것은 단순한 온라인과 오프라인 교육 간의 물리적 결합을 넘어서 어떻게 온·오프라인 학습 환경 속에 적절한 학습 방법론과 전략들을 배치, 혼합할 것인가의 의미를 담고 있다.

셋째, 웹기반 학습과 면대면 학습 간의 조합이다. 이는 전통적인 면대면 오프라인 교육과 최신 온라인 교육의 장점을 혼합, 배치, 운영하려는 일련의 설계 전략으로 표현되며, 혼합학습의 가장 일반적인 정의이다.

넷째, 학습과 업무의 조화로운 효과 창출을 위한 교육 공학과 업무 과제 간의 조합이다. 여기서는 온라인과 오프라인의 의미를 다르게 해석하여 오프라인 학습과 온라인 학습 간의 혼합을 포괄하는 개념으로 이해해야 한다.

3. 혼합학습의 효과

지금까지 살펴 본 혼합학습의 정의를 기반으로 하여 혼합학습의 장점을 살펴보면 다음과 같이 네 가지로 설명할 수 있다.

첫째, 기존의 집합 교육에 비해 교육 훈련 비용을 절약할 수 있고 온라인 활용에 따라 학습 시간 단축 및 신속한 학습 서비스 제공이 가능하다. 또한 학습을 위한 공간 이동을 최소화할 수 있어 교육 참가에 따른 업무 손실을 최소화할 수 있다. 그리고 지식의 유형에 따라 온라인 학습과 오프라인 학습을 적절히 활용할 수 있고 필요시 학습 과정에 조직 구성원을 참여시킬 수 있다. 또한 온라인 상 멘토링이 가능해 학습자의 자기 주도성을 증진시킬 수 있다. 또한 학습과 업무의 통합이 가능하고 현장에서 과제를 해결해 나가는 과정을 온라인을 통해 학습자 간 학습 결과의 상호 공유가 가능하다는 특징이 있다. 아울러 학습 성과를 사후 관리할 수 있고 비공식적인 학습 경험과 지속적인 지식 공유와 창출을 지원할 수 있다는 특징이 있다. 따라서 혼합학습을 실시함으로 인해 기대할 수 있는 교육적 효과는 학습 효과성의 향상[1], 학습 시공간적 한계 확대, 비용과 시간 절감, 경영 성과의 최적화 등이다.

둘째, 교육적 효과는 학습의 시공간적 한계 확대이다. 단일 전달 방식은 그 형식에 따라 학습 프로그램의 도달 범위를 제한시킬 수밖에 없다. 그러나 혼합적 학습 전략은 학습의 시공간적 한계를 확대할 수 있는 잠재력을 제공한다.

셋째, 효과는 훈련 프로그램 개발에 드는 비용과 시간을 절감할 수 있다는 것이다. 예를 들어, 혼합학습 전략은 단일한 학습 기제를 활용하여 학습 목표를 달성하기보다는 각기 다른 학습 유형에 맞춰 각기 다른 비용과 효율적 전달 기제를 취사, 선택함으로써 훈련 프로그램을 개발하는 데 있어 소요되는 시간과 비용을 절감할 수 있다.

넷째, 혼합학습으로 인해 얻을 수 있는 효과는 수업 경영 성과의 최적화이다. 혼합학습 전략은 학습 목표에 도달하는 데 있어서 전통적 교육 방식에 비해 50%

1) 테네시대학과 스탠포드대학에서의 연구에서 혼합학습 전략은 학습자들이 원하는 학습 방법과 제공되는 학습 프로그램 방식 간의 적절한 조합을 통하여 학습산출물을 실제적으로 향상시켰음을 보고하였다.

정도 적은 시간을 활용하였다고 설명하고 있다. 또한 혼합학습의 활용 결과 여행경비와 시간 등에서 전통적 방식에 비해 85% 정도까지 줄어들었다고 보고하였다.

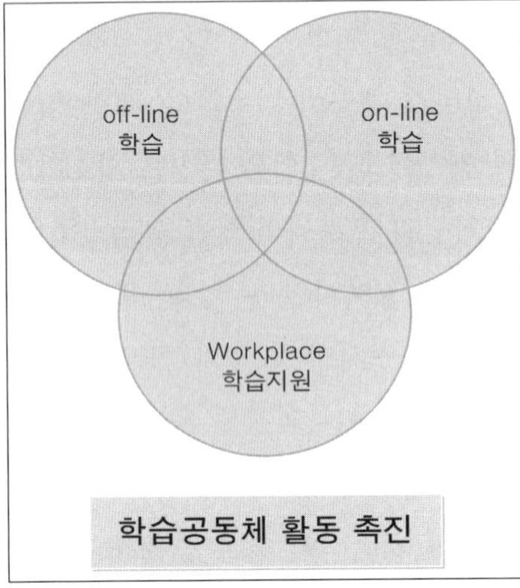

효율성 증진
- 교육 훈련 비용 감소
- 학습 시간의 단축
- 신속한 학습 서비스
- 학습을 위한 공간적 이동 최소화

학습 효과 향상
- 지식 유형에 따른 온/오프라인 학습
- 학습 과정에 조직원 참여

업무성과 지원
- 학습과 공식적 업무의 통합
- 과제 해결 경험 공유를 통한 조직 학습 촉진

학습공동체 활동 촉진
- 학습 성과의 지속적 사후 관리
- 비공식적 학습 경험 촉진
- 지속적인 지식 공유와 창출 지원

출처: 김도헌(2003). 성과지향적 Blended Learning을 위한 전략적 접근: 현대인재개발원 리더십 아카데미 사례를 중심으로. HRD포럼. 한국인력개발본부.

[그림 9-1] 혼합학습의 장점

혼합학습의 효과성은 학문적 관점, 학습자 관점, 교수자 관점, 조직의 관점에서 논의되고 있다. 학문적 관점에서 혼합학습은 다양한 교육학적 이론들을 적용하고 충족하는 데 유리하다고 보고 있다. 특히 구성주의 학습 환경에서 추구하고자 하는 각각의 학습자들에게 맞는 학습 전략 및 즉시적 수업과 행동을 통한 학습 등을 혼합학습이 제공해 줄 수 있다는 것이다. 학습자 관점에서 혼합학습은 학습자들의 자기 주도적 학습 욕구를 충족시켜 주며, 상호작용의 증진과 성취도 차원에서도 효과가 있는 것으로 보고되고 있다. 교수자 차원에서도 혼합학습이 긍정적인 만족도와 편리하다는 반응을 보였다는 연구가 있으며, 조직 차원에서는 비용 절감의 효과가 있었으며 다양한 훈련 요구가 충족될 수 있다는 연구가 있다.

마지막으로 혼합학습이 학습자 중심의 접근이기 때문에 얻는 효과가 있다. 한 가지 단일한 교육 방식이나 전달 체제로는 모든 학습자를 만족시킬 수 없다. 어떤 학습자는 면대면 학습방식을 선호할 수도 있고, 또 어떤 학습자는 온라인을 통한 커뮤니케이션에 더욱 관심을 가질 수도 있다. 따라서 학습 방법이나 매체의 다양화를 통해 학습자들로 하여금 자신의 학습 스타일이나 선호하는 학습 방식에 따라 능동적으로 학습에 참여하도록 유도할 수 있는 혼합학습이야말로 학습의 개별화, 개인차 특성을 고려한 학습 전략이라 할 수 있다.

4. 혼합학습의 유형

일반적인 혼합학습의 유형은 전통적인 오프라인 면대면 학습과 온라인 기반 e-러닝을 혼합하여 기획하고 진행하는 형태이며, 최근에는 동시적·비동시적 전달 방식의 혼합, 개인학습과 협동학습의 혼합, 지식 경영과 실행공동체의 혼합 등 다양한 혼합학습 방법을 시도하고 있다.

혼학학습을 혼합의 형태에 따라 구분할 때 학습 공간의 통합, 학습 형태의 통합, 학습 유형의 통합, 학습 내용의 통합, 학습과 일의 통합의 다섯 가지로 나눌 수 있다. 한편 실과교육에서 적용 가능한 혼합학습의 유형은 상호작용 보완형, 예습 활동 유도형, 실습 활동 보조형, 실습 활동 대치형, 홈프로젝트 지원형 등 다섯 가지로 구분된다.

첫째, 상호작용 보완형은 교실에서 이루어지는 면대면 수업에서 충분히 수행하지 못한 교사와 학생 간, 학생과 학생 간 상호작용을 온라인상에서 진행하는 형태의 유형을 의미하며, 전형적인 면대면 수업과 온라인 수업의 혼합유형에 해당한다. 실습 중심으로 이루어지는 실과수업의 특성상 시간이 부족해서 최종 작품에 대한 충분한 자기 평가, 상호 평가가 소홀해지기 쉬운 점을 온라인상에서 보완할 수 있다. 또한 최종 작품에 대한 자기 평가와 상호 평가를 하는 데 있어 면대면 수업보다 온라인상에서 더 활발한 한생들의 특성에도 적합하다.

둘째, 예습 활동 유도형은 교실에서 이루어지는 면대면 수업이 이루어지기 전에 온라인상에서 관련 정보를 검색하여 사전에 개별학습이 이루어지도록 하는 형태의 혼합학습이다. 이 유형은 실습 순서와 방법에 대한 사전 정보 검색하기, 수업 주제와 관련된 내용을 검색하여 발표하기 등과 같은 간단한 정보 검색 활동을 중심으로 이루어진다. 실과수업에서 잘 발생하는 실습 시간 부족을 해결하는 장점뿐만 아니라 교사 수업에 대한 수동적 학습이 아닌 학생 각자 준비해 온 내용을 발표하여 학습에 보다 능동적으로 참여하는 장점 또한 제공한다.

셋째, 실습 활동 보조형은 교실에서 이루어지는 면대면 수업에서 교사의 설명 및 교과서, 교구 등과 같은 자료와 온라인상의 자료가 함께 결합되는 형태로, 실습 순서와 방법을 보다 자세한 설명이 요구되는 단원에서 교과서 및 교구를 활용한 교사의 설명에 온라인상의 사진, 동영상과 같은 자료를 부가하는 활동, 꾸준하고 지속적인 실천이 요구되는 단원에서 온라인상의 교육 프로그램을 활용하는 활동 등으로 이루어지고 있다. 특히 실과 실습 중 전기전자, 뜨개질 등과 같은 실습은 자세한 실습 순서와 방법에 대한 시각적인 설명이 요구되는데, 이때 교사가 실물화상기를 이용하여 시범을 보이는 것과 아울러 온라인상에 실습 과정을 저속으로 촬영한 동영상과 같은 자료를 활용하여 큰 효과를 볼 수 있다. 또한 용돈 관리하기와 같이 한정된 면대면 수업만으로 지속적인 실천을 유도하기 어려운 내용을 온라인상의 교육 프로그램을 활용하여 지속적인 활동을 요구하고 수업 시간에 그 결과를 공유하는 활동도 유용하다.

넷째, 실습 활동 대치형은 교실에서 면대면 수업을 진행하기 어려운 상황에서 온라인상의 자료를 통해 간접 경험, 가상의 체험을 하는 형태로 실제 상황과 가상 상황의 혼합 유형에 해당한다. 이 유형은 교실에서 실제적인 실습이 어려운 경우, 예를 들어 애완동물이나 경제 동물 기르기 활동을 대신하여 관련 사진, 동영상 등으로 대치하는 경우, 다양한 직업인을 만나고 대화하는 대신 직업을 소개하는 사이트를 방문하는 경우 등이 있다. 실과의 실습수업을 간접 혹은 가장 활동으로 대치하는 것은 바람직하지 않지만, 학교 현장에서 실천하기 어려운 일부 단원에 한하여 실제 수업과 간접 혹은 가상의 상황을 혼합하는 것도 대안이 될 수 있다.

다섯째, 홈프로젝트 지원형은 학교에서의 수업만으로 학습 효과를 거두기 어려워 가정에서의 실천을 연계하는 교수-학습 방법을 촉진하는 형태의 혼합 유형이다. 이 유형은 옷장 정리하기 실습 활동을 가정에서 실천하면서 관련 사진을 탑재하고 이를 수업 시간에 발표하기, 집안 환경 가꾸기나 생활 쓰레기 분리하여 버리기 등과 같은 실습 활동에 대한 실천 일기 쓰고 발표하기 등에 적합할 수 있다. 실과의 실습 활동 중에는 학교와 가정의 연계를 요구하고 일상 생활 중의 지속적인 생활화를 강조하는 내용이 많이 때문에 이러한 홈프로젝트 지원형은 실과교육 목표 달성에 유용하며, 기존의 홈프로젝트 활동을 촉진할 수 있다.

5. 혼합학습의 요소

혼합학습을 위한 영역이나 요소들은 주로 기업 환경에 적합한 형태로 구성되어 있는 상황이다. 이에 한국교육학술정보원(2003)에서는 교실 수업과 사이버 연계를 위한 커뮤니티 기반 교수-학습 모형 개발 연구에서 현재 평생교육·기업교육 분야에서 혼합학습 설계 요소들로 활용되고 있는 내용들을 학교 교육 현장에 맞추어 재조직하고, 교실 수업과 사이버 학습이 가지고 있는 장점 등을 종합적으로 고려하여 학교 교육을 위한 혼합학습의 주용 영역을 학습 환경, 학습 목표, 학습 내용, 학습 시간, 학습 장소, 학습 형태, 학습 매체, 상호작용 유형 등으로 구분하였다. 한편 임정훈(2003)은 학교 교육을 위한 혼합학습의 영역을 '학습 목표', '학습 내용', '학습 시간', '학습 장소', '학습 매체', '학습 형태', '상호작용 유형', '학습 환경'의 8개의 주요 영역과 24개의 요소를 〈표 9-1〉과 같이 제시하였다.

〈표 9-1〉 혼합학습을 위한 다양한 영역 및 요소들

영 역	요 소
학습 환경	오프라인(면대면) 교실 학습, 온라인 사이버 학습
학습 목표	인지적 목표, 정의적 목표, 심체적 목표
학습 내용	구조화된 학습 내용, 비구조화된 학습 내용
학습 시간	실시간, 비실시간
학습 장소	교실 안에서의 수업, 교실 밖에서의 수업
학습 형태	개별학습, 조별 학습, 집단별 협동학습, 교사의 일제식 수업
학습 매체	텍스트 자료, 오디오 기반 매체, 비디오 기반 매체, 멀티미디어 기반 매체, 컴퓨터 인터넷 기반 매체
상호작용	학습자-학습 내용, 학습자-교수자, 학습자-학습자, 학습자-커뮤니티

출처: 임정훈(2003). 교실수업-사이버 학습 연계를 위한 커뮤니티 기반 교수학습 모형 개발 연구. 한국교육학술정보원 연구보고.

2절 혼합학습의 적용

1. 혼합학습의 수업 절차

혼합학습을 적용한 수업을 수행하기 위해서는 혼합학습의 수업 단계, 각 단계별 수업 활동, 그리고 각 활동에 사용될 수 있는 면대면 수업과 온라인 수업의 행태를 결정해야 한다. 혼합학습의 수업 단계 및 활동은 〈표 9-2〉에 제시된 바와 같다.

혼합학습의 첫 절차는 수업 준비 단계로 학습 준비와 모둠 구성의 하위 단계로 구성된다. 학습 준비 단계에서는 학습에 대한 안내와 사전 지식 활성화 활동을 수행해야 하며, 이는 면대면 학습과 온라인 학습 모두 사용할 수 있다. 모둠 구성 하위 단계에서는 모둠 편성, 모둠 소개, 자기 소개 활동을 수행한다. 혼합학습은 항상 모둠 학습을 수행해야 하는 원칙이 있으므로 반드시 모둠 구성을 목적적으로 계획하고 구체적으로 안내해 주어야 한다.

문제 제시 단계에서는 문제 파악, 목표 수립, 역할 인식의 하위 단계로 구성된다. 문제 파악 단계에서는 문제 제시 활동을, 목표 수립 단계에서는 학습 목표를 안내하고, 역할 인식 단계에서는 모둠원의 역할 및 활동과 활동 방법을 안내해 주어야 한다. 이때 문제 파악 단계와 목표 수립 단계는 면대면과 온라인 수업 방법을 모두 사용하되 역할 인식 단계는 면대면 방식으로 직접적인 설명이 장려한다.

문제해결 계획 수립 단계에서는 해결 계획 수립과 개별 역할 설정 등 두 개의 하위 단계로 구성된다. 해결 계획 수립 단계에서는 해결 계획을 수립하는 방법을 안내하는 활동과 모둠별로 해결 계획을 수립하는 활동을 수행한다. 개별 역할 설정 단계에서는 모둠원의 역할을 소개하는 활동과 모둠원의 역할을 분담하는 활동, 그리고 분담 학습 계획서 및 역할 분담표를 작성하는 활동을 수행한다. 문제해결 계획 수립 단계에서는 대체적으로 면대면 수업을 진행하지만 마지막 학습 계획서 및 역할 분담표를 작성하는 활동은 온라인으로 수행하는 것을 권장한다.

〈표 9-2〉 혼합학습 수업 단계 및 활동

단계	하위 단계	수업 활동	면대면	온라인
수업 준비	학습 준비	학습에 대한 안내	○	○
		사전 지식 활성화	○	○
	모둠 구성	모둠 편성	○	
		모둠 소개	○	
		자기 소개	○	
문제 제시	문제 파악	문제 제시	○	○
	목표 수립	학습 목표 안내	○	○
	역할 인식	모둠원의 역할 및 활동 방법 안내	○	
문제해결 계획 수립	해결 계획 수립	해결 계획 수립 방법 안내	○	
		모둠별 해결 계획 수립	○	
	개별 역할 설정	모둠원 역할 소개	○	
		모둠원 역할 분담	○	
		학습계획서 및 역할 분담표 작성		○
개별학습	개별학습 수립	개별학습 계획 수립	○	
	개별학습	자료 수집		○
	개별학습 정리	개별학습 과제 정리		○
		개별학습 자료 제출		○
협동학습	모둠 논의	개별학습 자료 분석 및 논의	○	
		모둠간 심화 학습	○	○
	문제해결	해결 방안 모색	○	
결과 정리 및 발표	결과물 정리	최종 결과물 작성	○	
		발표 자료 작성	○	
		발표 자료 제출하기		○
	결과물 발표	결과물 발표하기	○	
	피드백	결과물 평가하기	○	○
평가	자기 학습능력 평가	자기평가서 작성방법 안내	○	○
		자기평가서 작성		○
	협동학습 평가	평가서 작성방법 안내	○	○
		동료평가서 작성		○
	자기성찰 노트 작성	자기성찰 노트 작성방법 안내	○	○
		자기성찰 노트 작성		○

출처: 임수기(2005). 효율적인 문제중심 학습을 위한 Blended-Learning 기법 연구. 한국교원대학교 교육대학원 석사학위논문.

개별학습 단계는 개별학습 수립, 개별학습, 개별학습 정리의 하위 단계로 구성된다. 개별학습 수립 단계에서는 개별학습의 계획을 수립하는 활동을 수행하고, 개별학습 단계에서는 개별학습으로 자료를 수집하는 활동을 수행한다. 개별

학습 정리 단계에서는 개별학습을 수행한 개별학습 과제를 정리하는 활동과 그 결과인 개별학습 자료를 제출하는 활동을 수행한다. 개별학습 단계에서 개별학습을 수립하는 단계는 면대면 수업으로 진행하지만 나머지 자료수집, 개별학습 과제를 정리하고 제출하는 것은 온라인 수업 방법을 사용한다.

협동학습 단계는 모둠 논의 하위 단계와 문제해결 하위 단계로 구성된다. 모둠 논의 단계에서는 개별학습 자료 분석 및 논의 활동과 모둠 간 심화 활동을 수행하게 된다. 그리고 문제해결 단계에서는 그동안 활동의 결집에 해당하는 문제의 해결방안 모색 활동을 수행한다. 협동학습 단계는 모두 면대면 수업으로 진행하지만 심화 활동에서는 면대면 수업과 온라인 수업을 모두 사용하는 것이 바람직하다.

결과 정리 및 발표 단계는 결과물 정리, 결과물 발표, 피드백의 하위 단계로 구성된다. 결과물 정리 단계에서는 최종 결과물을 작성하고 발표 자료를 작성하며, 발표 자료를 제출하는 활동을 수행한다. 결과물 발표 단계에서는 결과물을 발표하는 활동을 수행한다. 그리고 피드백 단계에서는 결과물을 평가하는 활동을 수행한다. 결과 정리 및 발표 단계에서는 대체적으로 면대면 수업을 진행하되, 발표 자료를 제출하는 활동은 온라인으로 수행한다. 그리고 결과물을 평가하는 피드백 하위 단계는 면대면 수업과 온라인 수업을 병행하는 것이 좋다.

마지막으로 평가 단계는 자기 학습능력 평가, 협동학습 평가, 자기성찰 노트 작성의 하위 단계로 구성되어 있다. 먼저 자기 학습능력 평가 단계에서는 자기평가서를 작성하는 방법을 안내하고, 자기평가서를 작성하는 활동을 수행한다. 협동학습평가 단계에서는 평가서를 작성하는 방법을 안내하고 동료평가서를 작성한다. 자기성찰 노트 작성 단계에서는 자기성찰노트를 작성하는 방법을 안내하고 자기성찰노트를 작성하는 활동을 수행한다. 평가 단계에서는 면대면과 온라인 수업을 병행해야 하는데, 자기평가서 작성 방법 안내, 협동학습평가서 작성 방법 안내, 그리고 자기성찰 노트 작성 안내는 면대면에서도 수행하지만 안내 내용을 온라인으로도 제공해 주어야 한다. 그리고 실제 평가를 수행하고 그 결과를 작성하는 것은 온라인으로 수행하도록 한다.

2. 혼합학습의 수업 전략

교수자는 전통적인 면대면 수업 상황에서 학습자들의 예상 밖의 관심에 따라 주제 보충이 가능하다. e-러닝은 물리적인 시·공간의 제한성 극복과 비용 효과성, 개별·평생 학습의 가능성 등의 장점을 지녔음에도 불구하고, 정보 주변 단서나 전후 맥락, 다양한 감정을 없애 버리고 오로지 정보만 기술적으로 전달한다. 즉, 명시적인 지식 전달은 가능하지만 암묵적인 지식 전달에 한계가 있다. 따라서 두 방법의 장점을 결합한 혼합학습을 도입하는 것은 의미가 있다. 이러한 혼합학습 도입의 효과를 높이기 위한 전략을 다음 네 가지로 제시할 수 있다.

첫째, 주 학습을 사전에 맛보거나 주 학습 관련 정보를 알려줄 때 온라인 학습을 제공한다.

둘째, 주 학습을 한 후 실제적인 의사 결정에 대한 연습을 하거나 배운 내용을 회상하는 용도로 온라인 학습을 이용한다.

셋째, 토론을 통하여 학습자 간 상호작용을 활성화시키거나 학습의 보조 수단으로 학습 중이나 이후에 온라인 교육을 활용하는 경우에도 효과가 크다. 이때 학습을 실전에 적용시킬 수 있도록 설계하고 구조화하는 것이 선결 과제이다.

넷째, 학습자가 온라인 교육 방법을 통해서 교수자 혹은 전문가에게 질문과 피드백할 수 있는 기회를 주는 경우다. 이 외에도 사전 테스트로 온라인 교육을 활용하는 경우, 학습자가 이전에 배웠던 내용을 회상하고 최신 관련 자료 등과 같은 참고 자료를 제공하는 틀로 온라인 수업을 활용하는 경우, 학습자들의 사후 검사 도구로서 사용하는 경우 등에 온라인 학습이 다른 학습과 통합되어 효과성을 높일 수 있다.

또한 〈표 9-3〉에서처럼 오프라인 형태의 학습 전략과 온라인 형태의 학습 전략이 각각 가지고 있는 나름대로의 장점을 충분히 살려서 혼합학습 설계 요소를 찾아낼 경우, 훨씬 효과적인 교육을 위한 혼합학습 모형을 구성할 수 있다.

〈표 9-3〉 교실 및 사이버 환경에서의 학습 전략비교

교실에서의 학습 전략	사이버 환경에서의 학습 전략	고려사항
교수자의 교수 학습 자료 설명	강의실에 제시되는 학습 자료 읽기 혹은 음성 파일을 이용한 설명 제공	교수자의 언어적 미묘성, 사실적인 표현, 신체적 언어가 상실될 수 있음
교수자의 예문 제시	시뮬레이션을 이용한 제시 혹은 음성파일을 이용한 제시	시뮬레이션은 애니메이션, 동영상 등으로 제작될 수 있는데, 비용과 상황에 따라 제작방식이 결정될 수 있음
교수자의 내용 정리, 자료제공	자료제공	자료실에 관련 학습 자료 제시 다양한 형태로 제시 가능
교수자의 참고 자료 제시	자료실과 인터넷을 이용한 참고 자료 제시 가능	다양한 형태로 제공 가능
교수자에 질문하기	전자우편, 전자게시판의 질의 응답 코너를 이용하여 가능	구어 질문과 전자 텍스트 질문작성에 각각 장단점이 될 수 있음
학습자 질문 및 교수자 답변	게시판, 화이트보드 등을 이용하여 가능	즉시성이 떨어질 수 있으나, 실시간 컨퍼런싱으로 어느 정도 극복 가능
학습자간 그룹토의 및 그룹학습	토론실, 전자우편, 대화방 등을 이용하여 구현	학습자들은 이러한 기제를 이용하기 위하여 많은 시간을 필요로 하기 때문에 학습일정을 맞추기 위해서 많은 노력을 해야 함
수업 시간 외의 비공식적인 면담	게시판, 전자우편, 대화방을 이용하여 가능	학습자들 간의 상호작용의 시간이 확장되므로 학습 시간과 장소를 제한할 필요가 없음
수업 시간 중 실습	학습 장소에서 사전에 개발된 특정 프로그램을 이용하여 구현	프로그램이나 환경 여하에 따라서 어려울 수 있음
수업 시간 중 연습문제 풀이	다양한 연습문제의 반복적 제공 가능, 결과의 즉각적 확인이 가능	즉각적 결과 확인은 가능하가 교수자의 직접적인 도움이 제공되기 어려울 수 있음
수업 시간 이외의 학습 과제물 작성	시공을 초월해 교실 수업 이외 시간에 편한 장소에서 학습 과제물 작성 가능	노트 정리 기능, 책갈피 기능, 검색 기능 등 여러 가지 지원기제 활용 가능

출처: 임정훈(2003). 교실수업-사이버 학습 연계를 위한 커뮤니티 기반 교수학습 모형 개발 연구. 한국교육학술정보원 연구보고.

3. 혼합학습의 적용 사례

혼합학습을 실과수업에 적용한 사례는 다음과 같다.

단계	하위 단계	수업 활동	off-line	on-line
수업 준비	학습 준비	▣ **성취 기준: 6152-1. 전통 한식의 우수성을 설명할 수 있다.** • 내용 설명(한식의 우수성) • 방법 설명(혼합학습)	○	○
		수업자료 5한식의 우수성 탐구 자료(구글드라이브로 공유)	○	○
	모둠 구성	모둠 편성(4인 1조: 성적, 성격 등의 평준화를 이루도록 모둠을 편성)	○	
		모둠 소개(각 모둠의 번호와 이름 결정하고 소개)	○	
		자기 소개(각 모둠원의 소개)	○	
문제 제시	문제 파악	▣ **수업 들머리 인성 교육하기(1)** • 명언을 읽고 어떤 생각이 드는지 말해봅시다. [He can do! She can do! Why not me? -한국음식문화재단-] - 무엇이든 노력하면 할 수 있다는 생각이 들었습니다. - 나 또한 무엇이든 해낼 수 있는 사람이라는 생각이 들었습니다. ▣ **'스토리텔링'을 통한 문제 상황 인식하기(2-구글프레젠테이션)** • 2를 보며 설현의 고민이 무엇인지 발표해 봅시다. - 한국을 방문하는 외국인에게 한식을 대접하며 한식의 우수성을 알리고 싶은데 한식의 우수한 점을 몰라 고민하고 있습니다. - 우수한 점이 많은 한식에 대해 외국인들에게 소개하여 우리나라를 기억하도록 하고 싶어 합니다. ▣ **한식에 대한 외국인들의 인식 알아보기** • 설현은 무엇에 대해서 알아보고 싶다고 하나요? - 외국인들이 한식을 어떻게 생각하고 있는지 알고 싶어 합니다. - 외국인들이 한식의 우수성에 대해 어느 정도 알고 있는지 알고 싶어 합니다. ▣ **한국에서 거주 중인 외국인에게 화상 연결하여 한식에 대해 어떻게 생각하는지 의견을 들어봅시다.(3 스카이프-화상 연결 앱 사용)** • 한국에서 거주하며 먹어왔던 한식이 어떤 점에서 우수하다고 생각하시나요? - (한식은 맛있지만, 다른 나라 음식에 비해 어떤 점이 우수한지 모르겠어요.) • 한식의 우수성을 맛이라고만 생각하는 외국인들에게 무엇을 알려주면 좋을지 생각해 봅시다. - 한식은 맛 말고도 여러 가지 우수한 점이 있는 음식이라는 것을 알려줍니다. - 한식이 다양한 점에서 우수하다는 것을 알려줍니다. • 4(유튜브)를 통해 수업을 시청한 뒤, 한식의 우수성을 가장 잘 드러낸 상을 선정하는 판정단 역할을 부탁드립니다. 심사를 하는 기준은 무엇입니까? - (한식의 특징을 잘 드러내고, 건강에 좋으며 한끼 식사로 충분한 것을 선택하겠습니다.) - (저는 맛의 조화가 잘 이루어지고, 음식에서 한국의 아름다움이 나타났으면 좋겠습니다.)	○	○
	목표 수립	▣ **공부할 문제 확인** [♣ 한식의 우수성을 알리는 홍보대사가 되어봅시다.] ▣ **활동 순서 확인하기** [[활동1] 한식의 우수성 알아보기 [활동2] 한식으로 한상 메뉴 만들기 [활동3] 6-8 한食대첩]	○	○
	역할 인식	모둠원의 역할(조장, 서기, 정리, 조원) 및 역할에 따른 활동 방법 안내	○	

문제 해결 계획 수립	해결 계획 수립	**▣ 활동별 해결 계획 수립 방법 안내** • 활동1: 거꾸로 학습 • 활동2: '식품구성자전거' 기반 한상 메뉴 제작 • 활동3: 모둠별로 제출한 메뉴를 기반으로 순위 결정	○	
		모둠별 해결 계획 수립: 모둠별로 사용할 자료(on, off-line) 결정	○	
	개별 역할 설정	모둠원 역할 소개 (조장: 이끔이, 서기: 학습지 쓰기, 정리: 시간, 내용 결정, 조원: 내용 확인)	○	
		모둠원 역할 분담(조별로 역할 결정)	○	
		학습계획서 및 역할 분담표 작성 (미리 나누어 준 학습지를 기반으로 학습계획서와 역할 분담표를 작성)		○
개별 학습	개별 학습 수립	개별학습 계획 수립 • 미리 작성한 학습계획서 및 역할 분담표에 따라 개별학습 계획 수립 • 다양한 자료들 중 사용할 자료 결정, 좋아하는 음식과 식품구성자전거에 제시된 식품군의 균형 고려 등	○	
	개별 학습	자료수집(구글드라이브로 공유) • 5한식의 우수성 탐구 자료 식품구성자전거(한국영양학회: http://www.kns.or.kr/)		○
	개별 학습 정리	개별학습 과제 정리 • 5한식의 우수성 탐구 자료의 내용과 개별로 구성한 한상 메뉴을 개별로 반 홈피의 개별학습란에 정리		○
		개별학습 자료 제출 • 개별학습란에 정리한 내용을 한 홈피 수업 화면에 제출, 삽입		○
협동 학습	모둠 논의	개별학습 자료 분석 및 논의 • 모둠원이 제출한 개별학습 자료를 분석하고 논의(모둠원 역할에 맞게 수행) • 개별 한식의 우수정 내용이 옳고 그름, 중요성 등을 판단하고, 중복된 내용을 제거 • 개별로 제출된 한상 메뉴에 대하여 논의, 특히 식품구성자전거에 기반하여 모든 식품군이 포함되었는지 확인	○	
		모둠 간 심화 학습 • 식품구성자전거에 근거하여 완성된 메뉴를 맛과 영양의 균형을 기반으로 새로운 메뉴 제작하기 • 채식주의자를 위한 한상 메뉴 개발하기 등	○	○
	문제 해결	해결방안 모색 • 한국영양학회, 한국조리학회, 다양한 쉐프의 홈페이지에서 정보 검색	○	
결과 정리 및 발표	결과물 정리	최종 결과물 작성 • 모둠별 결과물 정리	○	
		발표 자료 작성 • 미리 제공된 학습자와 메뉴판을 이용하여 모둠별로 한식의 우수성과 한상 메뉴를 작성하기	○	
		발표 자료 제출하기 • 반 홈피에 제시된 한식 우수성 칸과 한상 메뉴판에 결과를 정리하여 모둠별로 제출		○
	결과물 발표	결과물 발표하기 • 모둠별로 홈피에 제출한 한식 우수성과 한상 메뉴판 발표	○	
	피드백	**▣ 공부한 내용 확인하기** • 9(플리커스 앱)를 통해 오늘 배운 내용을 확인해 봅시다. **▣ 결과물 평가하기** (1) 교사의 평가:	○	○

		① 한식의 우수성의 경우 필요한 내용이 모두 포함되었는지, 그리고 우수성에 대한 설명이 바르게 되었는지에 기준하여 평가 ② 모둠별 한상 메뉴가 식품구성자전거에 제시된 식품군의 포함 여부, 영양의 균형 여부, 심화 학습의 결과에 따른 창의적 메뉴 개발 여부에 따라 평가 (2) 외국인의 평가(3 스카이프-화상 연결 앱 사용) ① 개인적 성향에 근거하여 평가		
평가	자기 학습 능력 평가	자기평가서 작성방법 안내 • 반 홈피에 자기평가서 작성 방법을 제시 • 교사가 학생들에게 자기평가서 작성 방법 안내	○	○
		자기평가서 작성 • 반 홈피에 자기평가서를 개별적으로 작성하기		○
	협동 학습 평가	평가서 작성방법 안내 • 반 홈피에 협동학습평가서 작성 방법을 제시 • 교사가 학생들에게 협동학습평가서 작성 방법 안내	○	○
		동료평가서 작성 • 반 홈피에 제공된 동표평가서를 안내된 방법에 따라 개별적으로 작성		○
	자기 성찰 노트 작성	자기성찰노트 작성방법 안내 • 반 홈피에 자기성찰노트 작성 방법을 제시 • 교사가 학생들에게 자기성찰노트 작성 방법 안내	○	○
		자기성찰노트 작성 • 반 홈피에 제공된 자기성찰노트를 안내된 방법에 따라 개별적으로 작성		○

출처: 강다슬(2016). 실과교수학습지도안. 2016년 교생실습 수업발표 자료.

논의

1. 실과교육에서 혼합학습 적용의 적합성에 대하여 논의하고, 발전 가능성에 대하여 논의해 보자.
2. 혼합학습에서 사용할 수 있는 다양한 컴퓨터 프로그램에 대하여 조사하고, 이를 수업에 어떻게 적용해야 하는지 논의해 보자.
3. 최근 스마트 기술의 발달로 학교 수업에 혼합학습의 적용이 다양해지고 있으나 또한 기술의 발달이 지나치게 빠른 혼합학습 방식의 변화로 여러 어려움을 생산하게 되는데, 이에 대하여 논의해 보자.

참고문헌

고은희(2015). Blended learning을 접목한 프로젝트 협동수업이 초등 영어 학습에 미치는 영향 연구 -초등학교 5학년을 중심으로-. 경희대학교 교육대학원 석사학위논문.

권성연 · 유선주 · 강경종(2005). 기업의 효과적인 Blended-Learning개발 · 운영 전략 탐색을 위한 사례연구. **직업능력개발연구**, 8(1), 89-126.

김도헌(2003). 성과지향적 Blended Learning을 위한 전략적 접근: 현대인재개발원 리더십 아카데미 사례를 중심으로. HRD포럼. 한국인력개발본부.

김미량(2000). 웹 활용 수업사례에 기초한 사이버 교수-학습 운영의 기본 전략 및 향후 과제. **교육공학연구**, 16(1), 48-58.

김상연(2007). Blended Learning 적용 과학 수업이 초등 영재학생의 탐구능력과 학업성취도에 미치는 영향. 숙명여대 원격대학원 석사학위논문.

김새롬(2006). 중등 국어교육에서 블렌디드 러닝 전략을 활용한 커뮤니티 기반 탐구학습 모형의 효과 연구. 이화여자대학교 대학원 석사학위논문.

김춘남(2009). 블렌디드 러닝이 학습부진아의 도형학습에 미치는 효과. 대구교육대학교 교육대학원 석사학위논문.

류기철(2009). 온 · 오프라인 혼합 학습을 위한 모듈의 개발 및 적용 -10학년 사회 경제 단원을 중심으로-. 한국교원대학교 교육대학원 석사학위논문.

문대영(2009). 실과 교육에서 블렌디드 러닝(Blended Learning)의 적용 방안 탐색. **실과교육연구**. 15(1), 49-66.

박연화(2010). Blended learning 적용 수업이 ADHD 성향이 있는 아동의 수업 시 주의집중력과 학업성취도에 미치는 효과. 중앙대학교 교육대학원 석사학위논문.

송영수(2003). 새로운 인재양성 패러다임과 Blended-Learning의 등장. 한국인사관리협회. 18-21.

형근영(2008). Blended-Learning을 적용한 환경수업이 환경소양에 미치는 효과. 한국교원대학교 교육대학원 석사학위논문.

이성(2004). e-Action Blended Learning을 활용한 실천적 리더십과 정의 효과 연구. 기업교육연구. 6(2), 105-125.

이인숙(2002). e 러닝-사이버 공간의 새로운 패러다임. 문음사.

임수기(2005). 효율적인 문제중심 학습을 위한 Blended-Learning 기법 연구. 한국교원대학교 교육대학원 석사학위논문.

임정훈(2003). 교실수업-사이버 학습 연계를 위한 커뮤니티 기반 교수학습 모형 개발 연구. 한국교육학술정보원 연구보고.

임정훈(2004). 혼합형 학습 전략의 초·중등학교 현장 적용 가능성 탐색. 교육학연구, 42(2), 399-431.

정차남(2008). 블렌디드 러닝이 학습부진아의 수학 학업성취에 미치는 효과. 대구교육대학교 교육대학원 석사학위논문.

채정현(2008). Blended learning 전략을 활용한 실천적 문제 중심 가정과 교수-학습 과정안 개발 및 평가. 한국교원대학교 대학원 석사학위논문.

최병수·유상미(2013). 컴퓨터교과교육:대학 강의실 수업의 효과성 향상을 위한 H형 블렌디드 이러닝 적용 효과 분석. 컴퓨터교육학회논문지. 16(3), 49-60.

한국교육학습정보원(2003). 블렌디드 러닝-수업과 배움이 즐거워지는 아이디어. 한국교육학술정보원.

한국사이버교육학회(2003). Blended-Learning 성공 전략과 효과 분석. 한국사이버교육학회.

황정혜(2003). 온라인과 오프라인 커뮤니티 병행운행이 학습성과에 미치는 영향: C사의 e-learning 기업교육 사례를 중심으로. 한양대학교 대학원 석사학위 논문.

황지연(2008). 사이버가정학습을 활용한 초등학교 정보통신기술교육 Blended-Learning 교수학습과정 개발 및 적용. 한국교원대학교 교육대학원. 석사학위논문.

Bersin, J. (2006). 블랜디드 러닝-이론과 실제-. *The Blended Learning Book.* (박병호 역). 아카데미프레스.

Driscoll, M. (2002). Blended learning, *e-learning*, 3(3), 54-56.

Graham, C, R. (2006). *Blended learning system, The handbook of blended learning*. San francisco : Pfeiffer.

Horton (2006). *Leading e-learning*. Alexander ia: ASTD.

Marsh, J. (2001). *How to Design Effective Blended Learning*, CA : Brandon-hall.com.

Singh, H. & Reed, C. (2001). *A white paper: Achieving success with blended learning*. [Online] http://www.centra.com/download/whitepapers/blended learning.pdf.

Smith, I. (2001). "*Application of a Blended e-Learning Approach in a Residedental Institution*".

제 10 장

토의 · 토론법

개 요

인간은 삶을 영위하기 위해 수많은 의사결정을 해야 한다. 무엇을 먹고 입어야 하는지에 대한 것부터 진로, 결혼, 집단의 규칙, 사회 참여에 이르기까지 습관적이든 아니면 의식적이든 의사결정의 연속이 우리의 삶이다. 이러한 의사결정과정에서 합의를 위해 필요한 것이 토의 · 토론이다. 토의 · 토론은 인간이 다른 생각, 견해, 가치관, 믿음을 가지고 있고, 그런 사람들과 공동체를 구성해가야 하기 때문에 중요하다. 따라서 토의 · 토론은 참가자들이 언어적 · 비언어적 의사소통을 통해 다양한 관점에 대해 논의하는 과정을 포함한다. 실과교육과정은 건강하고 옷차림 조건, 개인의 욕구와 합리적인 소비생활과의 관계, 기술의 발전과 인간의 삶, 정보의 공유와 지식 재산 보호 등 토의 · 토론으로 진행할 수 있는 주제를 포함하고 있다.

학 습 목 표

- 토의와 토론의 차이점을 설명할 수 있다.
- 토의 · 토론 교수-학습을 위한 효과적인 질문법을 제시할 수 있디.
- 토의 · 토론 교수-학습의 단계와 단계별 내용을 말할 수 있다.
- 토의 · 토론 교수-학습을 적용한 수업 절차를 구성할 수 있다.

1절 토의 · 토론의 이해

1. 토의 · 토론의 특징 및 절차

1) 토의의 특징 및 절차

토의는 두 사람 이상이 모여 어떤 주제에 대하여 정보와 의견을 교환하고 각자의 의견을 제시한 후 협의하거나 문제해결을 시도하는 논의의 형태이다(정문성, 2010). 토의의 주제는 여러 사람이 함께 논의해야 하는 것으로 현실적으로 해결 가능성이 있어야 한다. 이는 찬성과 반대의 입장에서 각자의 의견이 옳음을 밝히는 토론과는 차이가 있다.

토의가 갖추어야 할 요소는 다음과 같다. 첫째, 참여자의 공통 관심인 주제가 있어야 한다. 토의 주제는 생각하거나 해결해야 할 필요가 있는 것이어야 하고, 참여자의 협의에 의해 결정하는 것이 효과적이다. 이미 해결되었거나 의문시될 필요가 없는 것은 토의의 주제로 적합하지 않다. 둘째, 두 명 이상의 참여자가 있어야 한다. 셋째, 정보와 의견이 교환되어야 한다. 참여자들은 주제에 대하여 각자가 가진 정보를 교환하고, 옳고 그름에 상관없이 서로의 의견을 나누는 상호작용 활동을 한다. 이 과정은 언어적 · 비언어적 청취 활동에 의해 전개되는 것으로 사회적 · 협동적 · 창조적 상호작용이라는 점에서 중요하다. 넷째, 토의는 목적이 있어야 한다. 목적이 없는 토의는 단순한 대화에 불과하다. 이러한 토의의 목적은 토의 활동을 교육적 · 반성적 · 구조적인 활동으로 만드는 데 기여한다. 교육적이라는 것은 목표를 달성하기 위한 의도적인 목적과 방향이 있다는 것을 의미하고, 반성적이라는 것은 논리적이고 비판적인 사고력을 촉진한다는 것을 의미한다. 구조적인 활동으로서의 토론은 비공식적인 대화와는 달리 조직적으로 수행된다는 것을 의미한다. 다섯째, 토의는 말하기와 듣기 활동이 있어야 한다. 토의 과정에 참여하는 모든 사람은 발언할 수 있는 기회를 가져야 하고, 다른 참여자의 발언을 인정하고 경청하는 자세를 가져야 한다(정문성, 2010; 변홍규, 1997).

토의의 기능은 다섯 가지로 구분할 수 있다. 첫째, 의사소통능력의 발달이다. 토의 과정은 참가자들이 자신의 생각이나 의견을 명료화해서 발언하고, 다른 사람의 발언을 이해하고 해석하는 능력을 필요로 한다. 이와 같이 목표를 달성하기 위해 상호작용하는 과정을 통해 의사소통기능의 발달이 이루어진다. 둘째, 교과 내용의 숙달이다. 모든 토의 과정은 주제와 관련된 지식과 이해를 근거로 진행된다. 토의의 주제는 교과 관련 지식보다 상위 수준의 인지적 목표를 달성하기 위한 것이므로 교과 관련 지식은 토의 과정에서 자연스럽게 달성될 수 있다. 예를 들면, '간식 선택과 건강한 삶'이라는 주제로 진행되는 토의에서 간식과 건강의 관련성을 분석하기 위해서 참여자들은 간식에 포함되어 있는 영양성분, 식품첨가물, 열량 등에 기본 지식을 알고 있어야 한다는 것이다. 셋째, 문제해결능력의 발달이다. 토의 과정은 토의 주제에 관련된 지식과 이해를 통해 토의 주제의 해결책에 대한 의견을 제시하는 것이므로 문제해결능력의 발달에 기여한다. 넷째, 윤리적 가치관의 발달이다. 토의 과정에서 참여자들은 주제에 대한 해결책을 제시할 때 자연스럽게 도덕적 갈등 상황에 직면할 수 있다. 가령, 환경을 고려한 소비에서 편리한 일회용 컵을 사용할 것인가 아니면 보온 · 보냉 물병을 가지고 다닐 것인가의 문제에 직면한다는 것은 도덕적 판단력을 자극하여 윤리적 가치관의 발달을 도울 수 있다는 것이다. 이처럼 토의 과정을 통해 자연적으로 도덕적 추리력을 자극하는 것은 교사가 일방적으로 도덕적 규범을 가르치는 것보다 훨씬 효과적이다. 다섯째, 태도 발달이다. 토의 수업에서 이루어지는 다른 사람과의 상호작용은 어떤 상황이나 문제에 대해 과거에 생각하지 못했던 관점이나 시각을 느끼게 함으로써 태도를 발달시키거나 변화시킬 수 있다(변홍규, 1997).

토의 교수-학습 절차는 윌렌(Wilen), 힐(Hill)(learning through discussion: LTD), 전영우의 단계를 종합하여 살펴보고자 한다. 세 가지 유형은 단계의 명칭에는 차이가 있지만 유사한 내용으로 구성되어 있다. 도입(분위기 조성) 단계에서는 토의 주제와 목표를 제시하고 학생의 관심을 불러일으켜야 한다. 그리고 토의 규칙에 대한 약속을 통해 원활한 토의가 이루어지도록 해야 한다. 명료화(Hill-어휘 이해, 내용의 일반 진술; 전영우-의견 끌어내기)는 집단 토의를 위한 지침과 토의에 관련된 개념, 지식 등을 명확하게 하는 단계이다. 그리고 토의를 진행시킬 관점을 제시한다. 규명(Hill-주요 주제 및 하위 주제의 확인과 토의, 토의 내용의 적용, 자료 내용의 자기 적용; 전영우-의견 끌어내기) 단계는 목표 달성을 위한 가장 중요한 단계로서 주제에 대한 다양한 관점과 의견 교환이 이루어진다. 이때 교사는 적절한 질문을 제시함으로써 학생의 활발한 사고 활동을 조장하지만 궁극적으로는 학생 중심의 토의가 진행될 수 있도록 지도한다. 종결(Hill-자료 내용의 평가, 수행평가; 전영우-결론 도달, 마무리)은 토의 결과를 종합하고 평가 및 적용하는 단계이다. 이때 결론은 참여자의 이해를 전제로 해야 하고, 방관자와 침묵자를 배려하는 것이어야 한다. 개인감정으로 토의 결과의 타당성과 신뢰성이 결여되지 않도록 토의를 진행하는 것이 중요하다.

〈표 10-1〉 토의 교수-학습 절차의 비교

<table>
<tr><th colspan="2">Wilen</th><th>Hill(LTD)</th><th colspan="2">전영우</th></tr>
<tr><td>도입</td><td>• 토의 주제 제시
• 토의 목표 제시</td><td>분위기 조성</td><td>도입</td><td>• 토의 주제 제시
• 토의 목적 설명
• 토의 규칙에 대한 약속</td></tr>
<tr><td rowspan="2">명료화</td><td rowspan="2">• 토의 지침 제시
• 토의와 관련된 개념 및 지식의 명료화</td><td>어휘 이해</td><td rowspan="5">의견 끌어내기</td><td rowspan="2">• 토의 자료 배포
• 토의 관점 제시</td></tr>
<tr><td>내용의 일반 진술</td></tr>
<tr><td rowspan="3">규명</td><td rowspan="3">• 토의 진행
• 토의 형식에 가장 적절한 질문 제시</td><td>주요 주제 및 하위 주제의 확인과 토의</td><td rowspan="3">• 토의와 관련된 지식 경험을 기초로 활발한 의사 교환</td></tr>
<tr><td>토의 내용의 적용</td></tr>
<tr><td>자료 내용의 자기 적용</td></tr>
<tr><td rowspan="2">종결</td><td rowspan="2">• 토의 결과의 종합
• 토의 결과에 대한 평가</td><td>자료 내용의 평가</td><td>결론 도달</td><td>• 의견을 종합하여 결론 도출
• 방관자에 대한 배려</td></tr>
<tr><td>수행평가</td><td>마무리</td><td>• 결론 요약
• 결론의 실천 방법 결정
• 참가자에 대한 감사 인사</td></tr>
</table>

2) 토론의 특징 및 절차

토론은 어떤 주제에 대하여 서로 다른 주장을 하는 사람들이 논증과 실증을 통해 자기 주장을 정당화하여 다른 사람을 설득하려는 집단적 상호작용의 형태이다(정문성, 2010). 토론은 어떤 주제를 찬성과 반대로 나누어 토론하는 찬반 토론과 동일한 개념으로 정의되기도 하지만, 찬반 토론은 토론의 한 형태이다. 토론에서는 찬성과 반대 외에도 다양한 관점에 대한 주장과 검증을 할 수 있다.

토론의 구성 요소는 논리적 조건, 도덕적 성향, 지적 특성, 개방성으로 이루어져 있다. 첫째, 논리적 조건은 토론에 참여하는 사람은 자신의 의견을 말하고, 다른 사람의 의견을 잘 들으며, 서로에게 반응해야 하는 것을 말한다. 그리고 참여자는 주어진 문제에 대해 하나 이상의 관점을 제안해야 하고, 문제에 대한 지식, 이해, 판단을 목적과 연계하여 발전시켜야 한다. 둘째, 도덕적 성향은 집단 토론을 위해 전제되어야 한다. 도덕적 성향에는 증거에 입각한 주장을 수용하려는 합리성, 비난하거나 남의 말에 끼어들지 않는 화목과 질서, 허위가 아니라 숙고하여 사실이라고 믿는 것을 말하는 진실성, 편견으로 인해 어떤 의견을 부적절하다고 판단하지 않는 평등, 의견 표현의 자유, 타인에 대한 존중이 포함된다. 셋째, 지적 특성은 토론에 대한 이해의 폭을 넓히고 정교하게 만드는 것에 관한 것이다. 토론에 대한 이해의 폭을 넓히는 것에는 타인의 의견 존중, 권위에 대한 회의주의, 다양성 수용, 열린 마음이 있고, 토론을 정교하게 만드는 것에는 반성적 사고, 증거, 표현의 명료성과 간결성, 주장의 일관성이 있다. 넷째, 개방성은 상호작용을 위한 기본 전제 조건으로 참여자의 태도와 결과 모두에서 적용된다. 토론의 결과는 예측되거나 사전에 결정되지 않을 뿐만 아니라 하나의 결론에 도달해야 하는 것도 아니다(김정효 역, 1997).

토론 학습의 장점은 인지적인 측면과 정의적인 측면으로 살펴볼 수 있다. 이는 브룩필드(Brookfield)와 프레스킬(Preskill)이 제시(전남대학교 교육발전연구원 역, 2008)한 것을 재구성한 것이다. 인지적인 측면에서 토론의 장점은 ① 학생들에게 다양한 관점을 탐색할 수 있는 기회를 제공하여 지지하는 관점을 더 효과적으로 주장하도록 돕는다. ② 학생들이 가정하고 있는 점을 인지하고 탐구하도록 돕는다. 학생들은 자신들의 주장에 포함되어 있는 이유와 증거를 탐구해야 하고, 상대방의 입장 이면에 놓여 있는 가정들을 비판적으로 분석해야 한다. ③ 토론은 의견이나 관점의 차이를 새롭게 이해하도록 돕는다. 토론이 불일치의 근거에 대한 확신을 준다면, 차이를 극복하지 못하고 불일치의 상태로 남더라도 생산적인 결과로 이해되기도 한다. ④ 학생들이 지식 창조자임을 확인시켜 준다. 토론에서 주장을 입증하거나 반박하고, 대안적인 관점을 제시하는 모든 일은 지식 구성의 과정이다. ⑤ 종합하고 통합하는 기능을 개발하도록 돕는다. 학생들은 토론 과정을 통해 무관한 관점들의 공통점을 찾아 서로 연결하고, 비슷한 추론이나 증거를 찾아 통합함으로써 결론에 이르는 활동을 하게 된다. ⑥ 민주적 담론 과정과 습관을 배우도록 돕는다. 토론은 문제에 대한 아이디어를 구상하고, 의견의 차이를 드러내며, 협력적으로 일하는 과정을 통해 문제를 해결하는 민주적 절차를 중요시한다.

정의적인 측면에서 토론의 장점은 ① 애매성이나 복잡성에 대한 학생들의 관용을 증진시킨다. 토론은 예측 불가능한 열린 의미를 창조하는 것으로 토론의 결과가 잠정적인 결론으로 끝날 수도 있기 때문이다. ② 자신의 표현이 존중받고 있다고 느끼도록 돕고, 다른 사람을 존중하도록 돕는다. 이는 민주주의 사회에서 서로 간의 신뢰를 구축하는 중요한 일이다. ③ 학생들의 안목을 넓혀주고 공감 능력을 확대시켜 준다. 토론은 자신과 다른 관점에 대해 공감하고 이해할 수 있도록 도움으로써 새로운 경험의 세계를 제공한다.

가장 보편적인 토론의 방식인 CEDA(Cross Examination Debate Association)는 참여자 간의 교차 질문을 가미한 직접적인 의사소통을 강조한 것이다. 각 팀은 두 사람으로 구성되고, 개인은 세 번(입론, 교차 조사, 반박)의 발언 기회를 갖게 된다. 토론의 시작에서는 논의의 주제에 포함된 개념을 적절히 제시하고, 개념이 올바르게 이해되고 있음을 밝혀야 한다. 구체적인 토론 절차는 다음과 같다. ① 긍정측 첫 번째 토론자(입론자)는 논제의 배경, 정의, 현상 및 문제에 관한 분석과 아울러 자신의 주장을 자료에 근거하여 논리적으로 밝힌다. ② 부정측 두 번째 토론자는 상대방이 입론에서 주장한 내용의 문제점, 논리적 허점, 오류 등에 대한 교차 조사를 한다. 교차 조사는 상대방의 논리상 오류를 부각시키는 심문 과정으로 토론을 자신들의 방향으로 유리하게 끌고 갈 수 있는 기회를 제공한다. ③ 부정측 첫 번째 토론자(입론자)는 교차 조사에서 드러난 문제점을 중심으로 긍정측 첫 번째 입론자가 제시한 논제의 배경이나 현황의 문제를 적극적으로 개진한다. 이는 토론을 생산적으로 이끄는 데 중요한 역할을 한다. ④ 긍정측 첫 번째 토론자는 부정측의 주장 중 증거가 불충하거나 오류가 있는 부분에 대해 심문한다.

⑤ 긍정측 두 번째 토론자(입론자)는 첫 번째 입론자가 주장했던 부분은 제외하고 근거 자료를 보완하여 첫 번째 입론을 보강한다. 긍정측 입장에서는 주장을 펼칠 수 있는 마지막 기회이기 때문에 부정측이 제시하는 모든 주장에 반론을 펼치고 결정적인 주장으로 마무리해야 한다. 이때 부정측 입론자의 주장에 대한 반박도 이루어진다. ⑥ 부정측 첫 번째 토론자의 교차 조사는 긍정측 주장의 미흡한 부분에 대한 답을 듣는 과정이다. ⑦ 부정측 두 번째 토론자(입론자)는 자신들의 주장 중 긍정측에 의해 반박되지 않은 것들을 정리하고, 이전의 교차 조사에서 드러난 긍정측의 문제점을 지적한다. ⑧ 긍정측 두 번째 토론자의 교차 조사는 앞에서처럼 상대방이 입론에서 주장한 내용의 문제점과 논리적 오류 등에 대한 질문을 하고 답을 듣는 과정이다.

⑨ 부정측 첫 번째 토론자의 반박은 자기 편 두 번째 입론의 연장선에서 주장을 전개하고, 교차 조사에 대한 긍정측의 답변을 다시 반대하여 논리적으로 반박한다. 그러나 이 단계에서는 앞서 제시되지 않은 주장이 처음으로 언급되어서는 안 된다. ⑩ 긍정측 첫 번째 토론자의 반박은 앞서 부정측에서 제시한 모든 주장을 효과적으로 반박해야 한다. 여기서 놓치는 부분이 있으면 긍정측이 불리한 입장에 놓이게 된다. ⑪ 부정측 두 번째 토론자의 반박은 부정측의 마지막 발언으로 긍정측의 문제점을 명료하게 언급하고, 부정측의 대체 방안을 효과적으로 제시함으로써 부정측이 토론에서 유리한 이유를 밝힌다. ⑫ 긍정측 두 번째 토론자의 반박은 자기 편 주장의 논리성을 명료하게 요약하고, 부정측에서 반박한 문제와 허점을 성공적으로 방어해야 한다. 또한 부정측의 주장에 대한 최종 반박도 성공적으로 이루어져야 한다(강태완 외, 2010).

① 긍정측 첫 번째 토론자의 입론	⑤ 긍정측 두 번째 토론자의 입론	⑨ 부정측 첫 번째 토론자의 반박
② 부정측 두 번째 토론자의 교차 조사	⑥ 부정측 첫 번째 토론자의 교차 조사	⑩ 긍정측 첫 번째 토론자의 반박
③ 부정측 첫 번째 토론자의 입론	⑦ 부정측 두 번째 토론자의 입론	⑪ 부정측 두 번째 토론자의 반박
④ 긍정측 첫 번째 토론자의 교차 조사	⑧ 긍정측 두 번째 토론자의 교차 조사	⑫ 긍정측 두 번째 토론자의 반박

[그림 10-1] CEDA 토론 방식의 구성 및 발언 순서

2. 토의 · 토론 수업의 필요성

토의와 토론은 개념에 있어 차이가 있지만 엄격히 분리되어 진행되기 힘들다. 교과 수업을 진행하는 과정에서의 토의와 토론은 학습 목표 달성을 위한 방법으로 진행되는 것이므로 더욱 그러하다. 따라서 여기서는 토의와 토론의 분리하지 않고 하나의 방법으로 사용하고자 한다.

토의 · 토론 수업을 왜 해야 하는가. 그 필요성은 민주적 과정에 대한 학습, 고등사고력의 향상, 도덕성 발달, 수업 참여도 증가의 측면에서 살펴볼 수 있다(정문성, 2010).

1) 민주적 과정에 대한 학습

우리의 삶은 의사결정의 연속이다. 이러한 의사결정 중 혼자 하는 것도 있지만 대부분의 중요한 결정은 공동체의 다른 사람들과 함께 의사결정을 내린다. 우리가 내리는 의사결정은 많은 사람들에게 영향을 미치기 때문에 중요하다. 의사결정 사례에는 진로 결정, 가족 구성원의 역할 분담, 환경을 고려한 자원 사용 규칙, 공동체 예절 등이 있다. 이러한 삶의 문제는 여러 사람이 문제와 관련된 지식과 가치를 검토하여 대안을 만들고, 합의를 통해 의사결정을 할 때 효과

적으로 해결된다. 그리고 이는 건강한 사회 형성, 더 나아가 민주사회 구현에 기여하게 된다. 이와 같은 의사결정과정은 민주적 절차로서 토의 · 토론 수업의 합의에 이르는 과정을 통해 향상될 수 있다. 즉, 토의 · 토론 수업은 건전한 사회를 만들기 위해 구성원이 갖추어야 하는 민주적 과정에 대한 학습을 가능하게 한다는 것이다. 실과교육과정에서도 일상 생활 속에서 발생할 수 있는 문제는 배경에 대한 이해와 대안을 탐색을 통해 내린 의사결정을 실행에 옮겨야 한다고 하였다(교육부, 2015). 앞서 제5장의 실천적 추론에서도 이러한 의사결정 과정을 다룬 바 있다. 실천적 추론과 토의 · 토론의 차이점은 의사결정에 접근하는 방법에 있다. 실천적 추론은 의사결정에 접근하는 방법으로 실천적 추론 사고를 적용하고, 여기서는 합의를 위해 토의 · 토론을 적용한다.

2) 고등사고력의 향상

토의 · 토론의 인지적 효과는 인지발달이론, 탐구공동체이론, 구성주의이론, 집단 사고의 효율성, Bloom 이론 측면에서 살펴볼 수 있다. 인지발달이론에 의하면, 토의 · 토론 과정에서의 주장, 교차 조사, 반박과 같은 학습자들의 활발한 상호작용은 지적 자극을 일으켜서 인지발달에 기여한다. 탐구공동체이론은 토의 · 토론에서 학생들이 상대방의 논증을 반박하고, 피드백으로부터 논증을 타당한 주장으로 입증하는 과정을 통해 논리적 사고, 비판적 사고, 추상적 사고를 발전시킨다는 것이다. 구성주의이론은 학생들이 토의 · 토론 활동을 통해 창의적 측면에서 지식을 새롭게 구성한다는 관점이다. 집단 사고의 효율성은 집단적 사고가 다양한 관점의 점검을 가능하게 하고, 정교화의 가능성을 높여 준다는 것이다. Bloom 이론에 의하면, 토의 · 토론 과정은 상대방의 주장을 분석, 종합, 평가하는 고등사고 과정을 포함한다.

3) 도덕성 발달

토의 · 토론 수업의 목적 중 하나는 도덕성의 발달 단계를 상위 단계로 끌어올리는 것이다. 토의 · 토론의 논제는 '인간 복제는 금지되어야 한다'와 같이 도덕적 딜레마를 포함하고 있어, 토의 · 토론 과정을 통해 도덕적 가치관에 대한 갈등과 정립의 과정이 일어남으로써 상위 단계의 도덕성을 발달시킬 수 있다. 토론자는 토의·토론 과정에서 비도덕적인 주장을 할 수도 있지만, 이는 자신의 주장에 대한 논증을 제공하기 어려울 뿐만 아니라 상대방의 교차 조사와 반박에서 벗어날 수 없다.

4) 수업 참여도 증가

토의·토론 수업은 학생들을 수동적인 객체에서 적극적으로 참여자로 전환시킨다. 수업에 중요한 것은 학생들이 실제로 학습에 몰입하는 시간을 늘리는 것인데 토의·토론 수업이 이러한 몰입도를 높이는 데 기여한다. 토의·토론 수업은 학생들이 원하는 논제로 접근할 수 있고, 다양한 정보를 찾도록 유도하며, 자유롭게 의견을 말할 수 있도록 한다. 또한 수업의 마지막에 교사가 토의·토론 결과를 정리하고 평가하는 과정에서 학생들은 자신들의 지식과 가치를 확고히 하고, 자신들의 활동에 의미를 부여하게 된다.

3. 토의·토론 수업에서의 질문

질문은 토의·토론을 이끌어가는 역할을 하고 강력한 원동력으로 작동하기도 한다. 질문의 유형은 증거를 요구하는 질문, 명료화를 요청하는 질문, 개방형 질문, 연계 또는 확장 질문, 가설적 질문, 원인-결과 분석 질문, 요약 및 종합 질문으로 나눌 수 있다(전남대학교 교육발전연구원 역, 2008). 증거를 요구하는 질문은 토의·토론자의 주장이 잘못되었거나 근거가 부족할 때 추가 정보를 요청하기 위하여 제기한다. 명료화를 요청하는 질문은 토의·토론자의 발언을 구성원이 이해하기 쉽도록 수정하는 기회를 제공하기 위한 질문이다. 개방형 질문은 사고나 문제를 보는 시각을 넓히거나 인지적·정의적 지평을 확대하기 위하여 제기하는 '왜' 또는 '어떻게'와 같은 형태의 질문이다. 연계 또는 확장 질문은 토의·토론자의 발언이나 주장에 대한 새로운 통찰을 제공하기 위한 질문이다. 연계 질문은 발언된 아이디어를 서로 연결하여 새로운 것을 창안하도록 돕는다.

가설적 질문은 상황이 바뀐다면 결과가 어떻게 변할 수 있는지 통찰할 수 있는 기회를 제공한다. 이러한 질문은 알려지지 않은 것에 대한 지식과 경험을 끌어오게 하고, 새로운 창의적인 사고를 유도한다. 원인-결과 분석 질문은 비판적 사고의 발달을 돕는다. 요약 및 종합 질문은 토의 · 토론 과정에서 제시한 아이디어를 요약, 종합, 평가할 수 있도록 돕는 질문으로 토의 · 토론 활동을 가치 있는 과정으로 확인시키는 것이다.

〈표 10-2〉 질문의 유형 및 사례

질문의 유형	사 례
증거를 요구하는 질문	• 주장의 근거가 되는 자료는 무엇인가? • 특정한 견해는 어떻게 형성된 것인가? • 당신의 해석을 신뢰하지 않는 사람에게 어떤 증거를 제시할 것인가?
명료화를 요청하는 질문	• 다른 방식으로 표현할 수 있는가? • 사용한 용어의 의미를 설명해 줄 수 있는가? • 적합한 예를 들 수 있는가?
개방형 질문	• 왜 사람들이 그러한 생각과 행동을 하는가? • 주어진 상황이 의미하는 것은 무엇인가? • 어떻게 해결할 수 있는가?
연계 또는 확장 질문	• 지금의 발언은 이전의 발언과 어떤 관계에 있는가? • 지금의 발언은 이전의 것에 무엇을 덧붙여주고 있는가?
가설적 질문	• 상황이 변한다면, 결과는 어떻게 될 것인가?
원인-결과 분석 질문	• 집단의 규모는 토의 · 토론에 어떤 영향을 미치는가? • 토의 · 토론자의 성격은 활동에 어떤 영향을 미치는가?
요약 및 종합 질문	• 토의 · 토론에서 제안된 아이디어 중 가장 중요한 것은 무엇인가? • 논제에 대하여 아직 해결되지 않고 논란이 있는 것은 무엇인가? • 토의 · 토론의 결과로 무엇을 학습했는가?

2절 토의 · 토론 수업의 적용

1. 토의 · 토론 수업의 단계

토의 · 토론 교수-학습은 어떤 주제에 대하여 여러 사람이 의견을 교환하고 논의하는 활동을 통해 바람직한 결론에 도달하는 데 목적이 있다. 이러한 목적을 달성하기 위한 교수-학습 단계는 준비, 주제 제시, 역할 분담, 토의 · 토론 진행, 발표 및 평가로 구성된다.

준비 단계에서는 토의 · 토론에 임하는 자세와 규칙을 제시하여 활동이 실패하지 않도록 해야 하고 학습 목표를 제시한다. 토의 · 토론에 임하는 자세는 감정에 호소하지 않기, 권위(지위, 성별, 나이 등) 사용하지 않기, 사람에 대한 비난 않기, 개인의 의견과 집단의 의견 구별하기, 규칙과 질서 지키기 등이다. 토의 · 토론의 규칙은 다른 사람의 의견 존중 및 경청, 공평한 발언 기회, 의견 공유, 의견 수정 가능, 질문의 자유 등 다양하다. 주제 제시는 학습 목표에 근거하여 교사에 의해 이루어지는 것이 일반적이다. 주제는 의문시되는 어떤 것으로 해결이 필요한 것이어야 한다. 반면, 주관적인 견해(가장 훌륭한 발명품은 전화기이다), 종교적 신념(신은 존재하는가), 사실과 관련된 진술문(균형 잡힌 식사란 무엇인가)은 주제로 적합하지 않다. 역할 분담은 교사의 역할과 학생(토의 · 토론자)의 역할로 구분할 수 있다. 교사는 토의 · 토론 과정에 직접 참여하지 않지만 토의 · 토론을 관리하고 학생들이 참여를 높이며 논리적 사고를 유도하는 촉진자로서의 역할을 한다. 학생은 토의 · 토론 규칙을 잘 지키고, 입론과 교차조사 및 반박의 역할을 성실히 수행해야 한다. 토의 · 토론의 진행은 앞서 제시한 토의 모형(〈표 10-1〉)과 토론 방식([그림 10-1])을 적용하여 수업을 전개하는 과정이다. 이때 토의 · 토론은 프로젝트, 협동학습, 문제해결 교수-학습 모형 등과 통합하여 적용할 수도 있다. 발표 및 평가에서 발표는 참여자의 이해가 전제된 결과를 제시함으로써 토의 · 토론으로부터 무엇을 얻었는지 확고하게 해 준다. 평가는 일반적으로 교사가 평가자이지만 숙련된 경우에는 학생이 평가자가 되기도 한다. 평가의 핵심은 토의 · 토론 과정에 대한 평가와 학습 목표의 달성 정도에 대한 평가로 구분할 수 있는데, 평가자는 평가의 타당성, 신뢰성, 공정성의 유지를 위해 노력해야 한다.

〈표 10-3〉 토의 · 토론 교수-학습의 단계와 내용

단 계	내 용
준비	• 토의 · 토론에 임하는 자세를 제시한다. (승리하기 위한 것이 아니라 학습 목표를 달성하기 위한 수단임을 강조한다.) • 토의 · 토론의 규칙을 설명한다. • 학습 목표를 제시한다.
주제 제시	• 교사는 학습 목표에 따라 주제를 제시한다. (하위 주제는 학생이 정할 수도 있다.)
역할 분담	• 교사는 토의 · 토론을 관리, 안내, 제안, 촉진, 요약, 평가하는 역할을 한다. • 학생은 토의 · 토론 주제에 관한 주장을 입론, 교차 조사, 반박하는 역할을 한다.
토의·토론 진행	• 교사는 선정한 토의 · 토론의 절차를 진행한다. – Wilen, Hill, 전영우의 토의 모형을 선정할 수 있다. – CEDA 토론 방식을 선정할 수 있다.
발표 및 평가	• 토의 · 토론의 결과를 요약 · 발표한다. • 토의 · 토론의 수업 과정을 평가한다. • 토의 · 토론의 결과로 학습 목표를 달성했는지 평가한다.

2. 토의 · 토론 수업의 적용 사례

다음의 토의 · 토론 모형을 적용한 교수-학습 과정안은 '시간 · 용돈 관리'에서 생활 자원의 합리적 사용과 관련된 사례이다. 토의 · 토론 모형의 교수-학습 단계는 일반적으로 준비 → 주제 제시 → 역할 분담 → 토의 · 토론 진행 → 발표 및 평가로 이루어진다. 다만, '토의 · 토론 진행' 단계는 다양한 토의 · 토론 관련 구성(Wilen, Hill, 전영우, CEDA 등)을 적용할 수 있다. 〈표 10-4〉의 토의 · 토론 모형을 적용한 교수-학습 과정안 예시에서는 CEDA 토론 방식을 적용하였다.

준비 단계에서는 토의 · 토론에 임하는 자세와 규칙을 설명하여 앞으로의 활동이 잘 전개될 수 있도록 한다. 그 후 토의 · 토론의 결과로 성취하고자 하는 학습 목표(합리적인 소비 윤리와 가치관을 확립할 수 있다)를 제시한다. 주제

제시(과자의 개별 포장은 규제되어야 한다)는 단 하나의 중심적인 논쟁만을 분명히 나타내는 논제여야 하고, 찬성과 반대 중 어느 한 쪽에 유리하게 작용하는 용어가 담긴 표현을 사용하지 말아야 한다. 예를 들어 '과자의 과대 포장은 규제되어야 한다'는 주제는 찬성측에 유리한 '과대'라는 표현이 있어 적절하지 않다. 역할 분담 단계는 학생들을 찬성측과 반대측으로 나누고, 각 측 토론자로 참여할 대표 2명을 선정하며, 각자의 역할을 설명한다. 그리고 찬성측과 반대측에서 토의·토론에 참여하지 않는 학생들의 역할도 분명하게 알려주고, 관찰 관점을 제공한다. 토의·토론 진행은 CEDA 토론 방식에 따라 토의·토론을 진행하는 단계이다. 발표 및 평가는 토의·토론 결과를 통합적으로 발표하고, 토의·토론으로부터 무엇을 배웠으며, 학습 목표에의 도달 여부를 평가하는 단계이다.

〈표 10-4〉 토의·토론 모형(CEDA 토론 방식)을 적용한 교수-학습 과정안 예시

<table>
<tr><th>영 역</th><td>자원 관리와 자립</td><th>내용 요소</th><td>시간·용돈 관리</td></tr>
<tr><th>학습 주제</th><td colspan="3">생활 자원의 합리적 소비</td></tr>
<tr><th>학습 목표</th><td colspan="3">합리적인 소비 윤리와 가치관을 확립할 수 있다.</td></tr>
<tr><th>토의·토론 주제</th><td colspan="3">과자의 개별 포장은 규제되어야 한다.</td></tr>
<tr><th>교수-학습 단계</th><th colspan="2">교수-학습 활동</th><th>자료 및 유의점</th></tr>
<tr><td>준비</td><td colspan="2">▣ 토의·토론의 자세 제시하기
• 주제에 대하여 충분히 조사한다.
• 타인을 존중하고 정직해야 한다.
▣ 토의·토론의 규칙 설명하기
• 의견을 충분히 공유한다.
▣ 학습 목표 제시하기
[합리적인 소비 윤리와 가치관을 확립할 수 있다.]</td><td>※ 교사는 토의·토론이 이기기 위한 것이 아니라 학습의 도구임을 안내한다.</td></tr>
<tr><td>주제 제시</td><td colspan="2">▣ 토의·토론의 주제 제시하기
〈과자의 개별 포장은 규제되어야 한다.〉
• 과자의 구매, 포장지(생활 자원)의 폐기와 합리적인 소비를 생각하게 한다.
• 과자의 구매, 포장지(생활 자원)의 폐기와 지속가능한 삶과의 관계를 생각하게 한다.</td><td>※ 학생 생활과 밀접한 주제를 제시해야 한다.</td></tr>
<tr><td>역할 분담</td><td colspan="2">▣ 찬성측(긍정측) 모둠 구성하기
• 과자의 개별 포장에 대한 규제에 찬성하는 학생들을 자발적으로 구성한다.
• 찬성측 토의·토론 과정에 참여할 2명의 대표를 선정한다.
• 찬성측에서 토의·토론에 참여하지 않는 학생들의 역할을 배정한다. (타당한 주장과 오류인 주장 알리미, 증거 제시의 도우미, 활동 기록이 등)
▣ 반대측(부정측) 모둠 구성하기
• 과자의 개별 포장에 대한 규제에 반대하는 학생들을 자발적으로 구성한다.</td><td>※ 모둠 구성은 학생의 의견에 따라 자발적으로 이루어지도록 한다.</td></tr>
</table>

<table>
<tr><td></td><td>• 반대측 토의 · 토론 과정에 참여할 2명의 대표를 선정한다.
• 반대측에서 토의 · 토론에 참여하지 않는 학생들의 역할을 배정한다.
▣ 준비 시간에 대한 규칙 정하기
• 양 팀에게 동등하게 주어지되, 발언 기회 사이에만 가능하다.
• 각자 자기 팀의 대응 전략을 구상할 수 있다.</td><td></td></tr>
<tr><td>토의·토론 진행</td><td>활동 1 긍정측과 부정측의 첫 번째 토론자의 입론
▣ 순서대로 진행하기
• 긍정측 첫 번째 토론자 입론 → 부정측 두 번째 토론자 교차 조사 → 부정측 첫 번째 토론자 입론 → 긍정측 첫 번째 토론자 교차 조사
▣ 진행 과정에서의 초점 알아보기
• 긍정측 입론자는 과자 개별 포장 규제의 중요성, 실현 가능성, 제기된 문제의 해결 가능성을 중심으로 주장한다.
• 입론자는 긍정측 논리의 문제점을 주장하면서 개별 포장이 유지되어야 하는 이유를 주장한다.
• 교차 조사자는 반대측의 주장 중 논리적이지 않거나 증거가 불충분한 것을 중심으로 심문한다.

활동 2 긍정측과 부정측의 두 번째 토론자의 입론
▣ 진행 순서
• 긍정측 두 번째 토론자 입론 → 부정측 첫 번째 토론자 교차 조사 → 부정측 두 번째 토론자 입론 → 긍정측 두 번째 토론자 교차 조사
▣ 진행 과정에서의 초점 알아보기
• '활동 1'에서와 같은 방법으로 진행한다.

활동 3 토론자의 반박
▣ 진행 순서
• 부정측 첫 번째 토론자 반박 → 긍정측 첫 번째 토론자 반박 → 부정측 두 번째 토론자 반박 → 긍정측 두 번째 토론자 반박
▣ 진행 과정에서의 초점 알아보기
• 각자 자기 편 주장의 타당성을 입증하고, 반대 편 주장에 대해 논리적으로 반박한다.</td><td>※교사는 토의 · 토론 과정에서 학생들의 사고력 향상과 도덕성 발달에 초점을 두고 지도해야 한다.</td></tr>
<tr><td>발표 및 평가</td><td>▣ 토의 · 토론 결과 발표하기
• 학생은 각자 자기 편의 토의 · 토론 결과를 요약하고 발표한다.
• 토의 · 토론의 결과는 타당하고 신뢰할 수 있어야 한다.
▣ 토의 · 토론 평가하기
• 토의 · 토론 과정을 평가한다.
• 토의 · 토론의 결과로 학습 목표를 달성했는지 평가한다.</td><td>※토의 · 토론 결과를 종합하고 통합할 수 있도록 지도한다.</td></tr>
</table>

논의

1. 토의 · 토론 교수–학습의 실행 가능성에 대하여 논의해 보자.
2. 토의 · 토론 교수–학습에 적합한 실과교육 내용에 대하여 논의해 보자.
3. 토의 · 토론 교수–학습의 효율적 시행을 위한 교사와 학생의 역할에 대하여 논의해 보자.
4. 토의 · 토론 교수–학습의 수정 · 보완 방법을 탐구해 보자.
5. 토의 · 토론 교수–학습과 통합하기에 적합한 교수–학습 모형에 대하여 탐구해 보자.

참고문헌

강태완 외(2010). **토론의 방법**. 커뮤니케이션북스.

김정효 역(1997). **토론학습의 이론과 실제**. 교육과학사.

변홍규(1997). **능률적 토의수업의 기법**. 교육과학사.

정문성(2010). **토의 · 토론 수업방법 36**. 교육과학사.

전남대학교 교육발전연구원 역(2008). **토론 수업을 위한 도구와 기법**. Brookfield, S & Preskill, S. (2005). Discussion as a Way of Teaching. John Wiley & Sons.

제 11 장

모듈학습법

개 요

모듈은 학생으로 하여금 정해진 목표를 달성하는 것을 돕기 위해 고안된 일련의 계획적인 학습 경험을 담고 있는 교수-학습 패키지로 정의하고 있다. 모듈학습 방법을 이용하여 수업을 수행할 때 완전 학습을 목표로 수업이 진행되므로 학생 중심적 그리고 자기 주도적 교수-학습이 이루어지고, 수업의 질이 높아지며, 교수-학습 과정의 효율성도 제고된다. 실과교육의 교과로서의 특징이 '기능교과'라는 점을 고려할 때, 실과교육에서 모듈학습의 중요성 및 효용성은 매우 높다고 할 수 있다. 따라서 모듈학습에 대하여 알아보고, 실과교육에서의 적용 방법을 익혀보자.

학 습 목 표

- 모듈학습의 이론적 배경을 근거로 실과교육에서의 수행 가능성을 설명할 수 있다.
- 모듈학습이 적절한 실과교육의 내용을 제시할 수 있다.
- 실과교과 내용 중 한 단위의 교수-학습을 모듈로 작성할 수 있다.

1절 모듈학습의 이해

1. 모듈학습과 실과교육과의 관계

블룸(Bloom)은 교수-학습의 성패 요인을 가정의 사회적·경제적 요인보다 초기의 학습 성취에 두고 있다. 학생들의 학습의 차이는 타고난 재능의 차이가 아니라 학습의 역사나 수업의 질에 달려 있기 때문에 학교에서 학습 조건의 개선은 필수적인 것이다. 따라서 학습자의 개별적 특성에 알맞게 학습 조건을 제공해 주는 개별화된 학습 꾸러미(package; 패키지)가 필요하게 되었다.

모듈(module)은 원래 물리학에서 사용된 개념이었다. 물리학에서 모듈이란 측정의 기준을 말하고, 특히 건축물 부품을 상호 간의 비례를 나타내거나 유체에 관한 측정 기준을 뜻한다. 그래서 모듈을 하나의 단위로 번역하여 사용하였다. 그러나 교육학에서 모듈은 단위 학습 시간이나 학습자들의 소집단, 또는 스스로 학습할 수 있도록 준비되고 학습 목표가 뚜렷한 하나의 학습 단원을 의미한다. 이에 따라 모듈학습은 행동주의 심리학, 특히 강화 이론에 바탕을 두고 있는 개별화 수업 체제의 하나로 학습자의 능력과 학습 속도에 따라 자기 자신의 속도대로 완전 학습(mastery learning)을 가능하게 하는 방법이며, 계열성이 뚜렷한 실과교과에 적용하기에 알맞은 수업 방법이라고 할 수 있다.

모듈학습은 단계별 학습을 완전히 완성해야 다음 단계의 모듈로 학습이 진행되기 때문에 완전 학습 정도를 높일 수도 있다. 이것은 극도로 구조화되어 있는 문제의 성격을 지니며 절차적 지식을 중요시 여긴다. 따라서 오래 전부터 독일의 직업교육에서 모듈을 이용한 직업훈련이 이루어져왔다.

한편 모듈학습은 구성주의적 관심이나 체제적 수업 설계와는 비교적 거리가 멀기는 하지만, 이러한 수업의 형태가 때로는 실과교육에서 매우 필요한 경우가 있다. 특히 여러 선행 연구에서 실과에서의 모듈 수업이 실과교과 각 단원에 상관없이 학업 성취도의 인지적 · 정의적 · 기능적 영역에 있어서 모두 효과적이라는 것을 알 수 있다. 물론 때에 따라서 부분적으로 활용할 경우가 바람직한데, 특히 실습의 과정에서 교사의 시범이 필요한 경우라든지 초심자들에 대한 수업을 진행할 경우 또는 특정 기능을 완벽하게 익혀야 할 경우 등이 그러한 때이다. 따라서 모듈학습법은 학생들의 개별적인 능력 수준과 학습 속도가 다른 학생들에게 학업 성취를 높여주고, 자기 주도적인 학습능력을 길러줄 수 있다.

2. 모듈의 정의

모듈은 강력한 자기 학습이 이루어질 수 있도록 고안한 일종의 교수 자료이다. 유네스코 산하기관인 「발전을 위한 교육 혁신의 아시아지역 프로그램」(Asian Program of Education Innovation for Development: APEID)을 포함한 여러 학자들이 모듈에 대하여 〈표 11-1〉과 같이 다양하게 정의하고 있다.

〈표 11-1〉 모듈의 정의

학 자	정 의
APEID (1975)	모듈은 학습지도자보다는 참여자 또는 사용자가 다루도록 고안된 자주 · 자습학습(Self-dontained, Self-sufficient)의 한 교수단위이다. 그리고 교수의 기본 요소인 교수목표, 학습 활동, 평가를 내포하고 있는 일련의 교수 자료임과 동시에 교수과정이다.
Dick (1976)	모듈을 개별화 수업의 독특한 형태이다.
Finch (1979)	몇 개의 잘 서술된 학습 목표를 학습자가 숙달할 수 있도록 도와줄 수 있게 고안된 일련의 학습 경험을 포함하고 있는 자율적인 교수-학습 과정의 일부이다.
Greenwood (1981)	학습을 위해서 만들어진 모듈 패키지를 제시하면서, 모듈은 하나의 학습 자료라고 정의하였다.
Mcneil (1985)	모듈을 교육과정 설계에서 학생들에게 제공되는 학습 기회 또는 학습 경험의 조직 구조로 정의하였다.
Finch & Crunkilton(1989)	학습 자료를 조작 자료, 인쇄 자료, 시청각 자료로 구분하여 제시하면서, 모듈을 인쇄된 학습 자료라고 정의하였다.
교육학용어사전 (1993)	모듈을 개별화 수업에서 사용되는 수업자료 유형의 한 전형으로 설명하고 있는데, 모듈은 하나의 통합된 주제를 가진 자조적인 또는 자력 학습용의 수업 단위로서, 학생에게 목표로 명시한 일정한 지식과 기능의 습득에 필요한 정보를 제공하며 전체 교육과정의 한 구성 요소의 역할을 한다.
김신자 (1993)	개별수업에서 교수-학습체제를 학습단위별로 체계적으로 설계한 것을 교과 학습 단위, 즉 모듈로 정의하였으며, 개별수업의 모듈이란 전통적 교실수업에서 말하는 한 학과목의 일부인 과(lesson)나 단원(unit)에 해당한다.

이무근 외 (1996)	모듈이란 어떤 학습 주제 또는 단원을 학습함에 있어서, 학습자가 달성해야 하는 몇 개의 잘 서술된 학습 목표에 따라 학습자의 활동, 그리고 학습자의 활동 여부를 알아보는 평가방법을 체계적으로 조직하여, 학습자 스스로가 학습 목표를 달성할 수 있게 고안된 교수 학습 과정의 하나이다.
정성봉 (1999)	모듈이란 주제나 단원을 학습함에 있어서 학습자가 달성해야 하는 목표, 학습자가 해야 하는 활동, 그리고 달성 여부를 알아보는 평가 방법을 체계적으로 조직하여 학습자 스스로 학습할 수 있도록 자료를 조직하여 학습한 뒤 자기 평가를 통해 능력별·개별적으로 학습 목표에 도달할 수 있도록 하는 교수–학습 자료이다.
김선태 (2002)	교육 목표에 맞게 교수–학습 과정을 설계하여 학습 활동, 보충 · 심화 학습, 학습단서, 평가 등을 체계적으로 조직한 것으로 학습자 스스로 학습 목표를 달성할 수 있도록 제작된 단위 학습 내용이다.

그 밖의 모듈의 개념은 연구 기관이나 학자들에 따라 다음의 세 가지 견해로 나누어 볼 수 있다.

첫째, 모듈을 학습의 과정과 학습의 단위로 보는 견해이다. APEID에서 모듈은 학습 지도자보다는 참가자 또는 사용자가 다루도록 고안된 자주 · 자습 학습의 한 교수 단위이고 교수의 기본 요소인 교수 목표, 학습 활동 및 평가를 내포하고 있는 일련의 교수 자료임과 동시에 교수 과정이며 인쇄물로 되어 있는 것이 보통이라고 정의하고, 또한 모듈은 학습의 요소인 구체적 목표, 교수-학습 활동, 준거에 의한 평가가 포함되고 정선된 학습 주제로 구성된 일련의 학습 기회라고 정의하였다. 이무근(1996)은 모듈이란 어떤 학습 주제 또는 단원을 학습함에 있어서, 학습자가 달성해야 하는 몇 개의 잘 서술된 학습 목표에 따라 학습자의 활동, 그리고 학습자의 활동 여부를 알아보는 평가 방법을 체계적으로 조직하여, 학습자 스스로가 학습 목표를 달성할 수 있게 고안된 교수-학습 과정의 하나라고 정의되기도 한다.

둘째, 모듈을 학습 교재 및 일련의 학습 자료로 보는 견해이다. 학습 교재를 조작물, 인쇄물, 시청각물 등으로 구분하여 모듈을 인쇄된 학습 자료의 하나로 보고 있다. APEID에서는 모듈은 교수의 기본요소인 학습 목표, 학습 활동, 평가를 포함하고 있는 하나의 정선된 학습 주제 또는 체제에 대한 일련의 교수 자료이며, 그 형태는 인쇄물로 되어 있는 것이 보통이나 슬라이드, 테이프, 필름스트립, 비디오 테이프 등이 교수 매체로 보충될 수 있다고 했다.

셋째, 모듈을 학습의 독특한 형태로 보는 견해이다. 딕(Dick)과 루(Lou)에 따르면 모듈 수업이란 통합적 주제에 따라 학생들이 일정한 지식과 기능을 성취하기 위해 필요한 정보를 제공하고, 전체적인 교육과정의 일부가 되며, 스스로 공부할 수 있게 되어 있는 수업의 하나라고 정의하면서 모듈 수업에서 기능·능력을 강조했다. 포글러(Vogler)와 힐리슨(Hillison)은 모듈학습은 재래학습 방법과 개별학습, 소집단 학습을 학습 전략에 통합시킬 수 있다고 강조하여 모듈학습에서 교사의 역할이 일방적인 전달자 또는 정보 조달자로부터 탈피하는 학습이라고 했다.

이와 같은 모듈에 대한 견해에 비추어 종합적으로 정의를 내려보자면 모듈은 "달성해야 할 교수 목표가 구체적으로 연속되어 있고, 교수 목표 달성 여부를 알아보는 평가 방법과 교수-학습 과정에서 학습자가 수행해야 하는 활동이 구체적으로 제시되어 있으며, 대체로 인쇄매체에 의해 체계적으로 조직되어 있는 자주·자습 학습의 개별화 교수 자료이며 교수 과정"이라고 정의내릴 수 있다.

따라서 모듈 수업은 행동주의 심리학에 뿌리를 두고 강화 이론을 바탕으로 한 개별화 수업 체제의 하나인데, 학습자의 능력과 학습 속도에 따라 완전 학습의 가능성을 목표로 하여 발달된 수업 방법이다. 그리고 모듈 수업이란 통합적 주제에 따라 학생들이 일정한 지식과 기능을 성취하기 위해 필요한 정보를 제공하고, 전체적으로 교육과정의 일부가 되며, 스스로 공부를 할 수 있게 되어 있는 수업의 하나일 것이다.

3. 모듈학습의 특징

APEID는 모듈의 특징에 관해서 다음과 같이 제시하고 있다.

첫째, 목표를 달성할 수 있어야 한다. 모듈은 학습자가 교사로부터 독립적으로 혹은 최소의 도움만을 얻어서 기타의 자료를 사용할 필요 없이 목표를 달성할 수 있는 형식으로 구성되어야 한다. 사전 평가, 형성 평가, 사후 평가, 정답 등 학습자가 편리한 대로 이용할 수 있게 만들어져야 한다.

둘째, 간결하고 정리가 잘되어 있어야 한다. 모듈의 내용은 가능한 간단하고 요점적이어야 하며 모듈 목표를 달성하는 데 집중되어야 한다. 문맥의 진술은 길어도 안 되며, 불분명해서도 안 된다. 그렇게 되면 학습자를 혼란스럽게 할 뿐, 목표를 인식시키는 데 방해가 될 것이다.

셋째, 학습자에게 동기를 주어야 한다. 목표 달성을 위해 잘 계획된 모듈은 대부분 학생들에게 충분한 동기가 된다.

넷째, 학습자 간에 상호작용을 위한 기회를 제공해야 한다. 모듈은 끊임없이 반응할 수 있는 학습자와 하나의 친교를 구축할 수 있는 방식으로 쓰여져야 한다. 이와 같은 분위기를 만들기 위하여 모듈은 개별 방법으로 학습자에게 말하는 것처럼 만들어져야 한다.

다섯째, 목표와 활동은 연계성이 있어야 한다. 모듈학습 목표와 활동의 연계성은 효과적인 학습 진행을 할 수 있게 된다.

여섯째, 분명하고 정확한 언어로 학습자의 수준에 알맞게 쓰여져야 한다. 모듈의 부정확한 언어는 학습하는 데 장애 요소가 되므로 단순화되어야 한다.

일곱째, 학습자에게 흥미를 줄 수 있어야 한다. 모듈은 학습자에게 흥미를 주고 성취 동기를 불러일으킬 수 있는 모든 수단이 동원되어야 한다. 또 한 모듈의 주요 특징은 개별화 및 능력별 학습 지도라는 것이다. 그리고 도착점 행동의 달성 정도를 알아보기 위한 사후 검사가 마련되어 있을 뿐만 아니라 학습 활동에는 형성적 평가가 고안되어 있어 학습자는 자기의 진도 및 교수 목표의 성취 정도를 스스로 알도록 되어 있다. 학습 활동에는 강화의 수반적 관리 체제가 마련되어 있어 학습자는 학습 활동에 재미를 붙일 수 있다는 것이다.

핀치(Finch)는 주장하는 모듈의 특징 다섯 가지로 제시하였는데, 이를 보다 구체적으로 제시하면 다음과 같다.

첫째, 모듈에 의한 수업은 자율적이다. 학습에 필요한 정보나 지시 사항 등이 모듈 속에 제시되어 있으므로 학생들은 교사에 의존하지 않아도 된다. 각 모듈에는 학생들이 무엇을 해야 하며, 어떤 절차를 택해야 하고 어떤 자료를 사용해야 하는가에 대한 안내가 되어 있다.

둘째, 모듈은 전형적으로 개별화되어 있다. 모듈 개발에 따르는 비용과 시간의 제한으로 인하여 완벽한 모듈의 개별화를 이루기 어려워도 가능한 한 개별화된 학습을 많이 할 수 있도록 작성해야 한다. 다음은 모듈의 가져야 하는 세 가지 주요 요소이다.

① 학습자는 능력에 따라 자신의 속도(self pacing)에 맞추어 공부하게 되며 각자는 개인의 능력에 준하는 학습 경험 절차를 밟게 된다.

② 학습자는 각 모듈에 있는 학습 경험을 이수하여 나감에 따라 어느 정도 진척이 있었는지 평가를 받게 되며, 각 학습 경험을 완전히 이수하고 난 후에, 다음 학습 활동을 위한 학습 경험으로 옮겨가도록 피드백(feed-back)이 주어진다.

③ 학습자는 각 모듈에서 세부적인 측정 가능한 학습 목표를 반드시 달성하도록 되어 있다. 모듈에서는 이러한 학습 경험을 이수함에 따라 학습 목표를 완전하게 달성하여 완전 학습(mastery learning)이 가능하다.

셋째, 모듈은 패키지(package)이다. 모듈에는 출발점과 도착점이 규정되어 있다. 내용이 논리적이며 체계적인 흐름을 가지며 특정한 학습 목표를 달성하기 위해서는 무엇을 해야 하며, 과연 그것을 달성했느냐의 여부를 명백히 알 수 있는 패키지로 되어 있다.

넷째, 모듈은 학습 목표와 학습 경험을 반드시 포함하여, 각 학습자들이 효율적으로 학습 목표를 달성할 수 있도록 학습 경험이 주어져야 한다.

다섯째, 모듈은 학생들이 각 학습 목표에 도달했는지의 여부를 평가할 수 있는 체계를 가지고 있다. 이는 학습자들의 피드백과 완전 학습과도 긴밀히 연관되어 있으며, 평가가 모듈을 충족시켜주는 준거 혹은 기준으로 사용된다.

모듈을 일반 학습 단원과 비교할 때 다음과 같은 두드러진 특징이 있다.

① 학습에 참여한 전 학생 개개인을 대상을 개별적으로 활용할 수 있다.

② 학생이나 교사가 시간에 제약을 받지 않는다.

③ 모듈의 형태에는 절대적인 제한이 없다.

④ 학습 단원들은 사고력이 풍부한 교사들이 구상할 수 있는 교과서, 녹음 자료, 프로그램 자료까지 동원하여 구성될 수 있다.

⑤ 모듈은 학생 개개인이나 집단이 교사의 도움 없이 또는 교사의 도움을 받아 수행할 수 있다.

여기서도 개별화, 자율화, 다양성과 융통성, 풍부한 학습 자료들이 모듈의 특징임을 지적하고 있다.

앞서 살펴본 바와 같은 특징을 갖고 있는 모듈 수업은 기본적으로 몇 가지의 가정을 내포하고 있는데, 학습자는 학습 과제로 부과되는 것을 명백히 찾아내는 능력이 있어야 하며, 학습을 가능하게 하는 경험이 주어져야 하고, 스스로 학습 진도표를 작성할 수 있어야 한다고 가정한다.

4. 모듈의 장단점

그리거(Greager)와 머레이(Murray)에 의하여 모듈은 일반적으로 다음과 같은 장단점이 있다. 모듈의 장점은 첫째, 학습자 개인을 강조한다. 둘째, 학습의 질이 높다. 셋째, 수업과 학습 목표가 긴밀이 결부되어 있다.

모듈의 단점으로 첫째, 모듈은 개발에 시간과 노력이 많이 소요되는 어려움이 따른다. 둘째, 시간 배당 및 학점을 주는 데 난점이 따른다. 모듈은 개별화 학습을 지향하기 때문에 시간 배당에 어려움이 따르고, 완전 학습을 지향하기 때문에 학점을 구분하여 매기기가 어렵다. 셋째, 학습 지도에 자료 완비가 어렵다. 모듈은 대체로 많은 양의 학습 보조 자료를 필요로 한다.

또한 모듈의 장단점에 대해서 위와 다르게 제시되기도 하는데, 먼저 모듈의 장점은 다음과 같다.

① 학습자 개인을 강조한다.

② 학습의 질이 높다.

③ 수업과 학습 목표가 긴밀히 결부되어 있다.

④ 모듈은 자율 학습의 이론을 채택하여 부족한 학습을 집중적으로 지도한다.

⑤ 학생들과 자유로운 접촉을 할 수 있다.

⑥ 각 단원이 독립되어 부분적인 개연이 쉽다.

⑦ 학습자는 자기가 관심 있는 부분을 집중적으로 학습할 수 있다.

⑧ 학습자는 자기 능력에 따라 학습한다.

⑨ 알고 있는 내용은 학습하지 않는다.
⑩ 한 모듈을 완전히 학습해야만 다음 모듈로 넘어간다.
⑪ 자신의 학습 여부를 스스로 알 수 있다.
⑫ 학습자는 자신의 학습에 책임감을 갖는다.

그리고 모듈의 단점은 다음과 같다.
① 모듈은 개발에 시간과 노력이 많이 소요되는 단점이 있다.
② 모듈학습은 개별화 학습을 지향하기 때문에 시간 배당에 어려움이 있다.
③ 완전 학습을 지향하기 때문에 점수를 매기는 데 어려움이 따른다.
④ 학습 지도에 자료 완비가 어렵다.

잘 고안된 모듈은 교사와 학생 모두에게 이점을 준다.

〈표 11-2〉 모듈의 이점

교사 이점	학생 이점
① 모듈 사용은 교사 또는 학생의 특별한 흥미를 반영하는 다양한 기회를 제공해 준다. ② 모듈은 자학·자습을 위한 자료이므로 교사는 학생이 이미 알고 있는 내용에 대해 교수할 필요를 없게 해 주며 각 학생이 부족한 것을 집중지도할 수 있게 된다. ③ 모듈에는 교수-학습의 과정에서 학생의 학습 진도를 알아보는 방법이 고안되어 있다. ④ 모듈은 교사로 하여금 통상적인 교수에서 벗어나 학생들과 자연스럽게 개별 접촉하게 된다. ⑤ 자학·자습자료인 모듈은 각 단원이 독립되어 있으므로 전면적 개편 없이 부분적 개편으로 자료의 참신성을 유지할 수 있다. ⑥ 모듈은 자기고유의 학습 자료를 개발하고 자기의 개성을 첨가하려는 교사에게 좋은 모델이 된다.	① 학습자는 학습 과정에 참여하지 않을 수 없으므로 학습이 향상되지 않을 수 없다. ② 질과 양의 면에서 다양한 모듈을 구비하면 학생은 자기에게 별로 관심이 없는 내용이 포함된 전 과정을 이수할 필요 없이 자기에게 관심이 있는 내용을 깊게 학습할 수 있다. ③ 학생은 순전히 자기의 학습 속도, 즉 자기 페이스에 따라 학습한다. ④ 학생은 이미 알고 있는 내용을 학습하도록 강요되지 않는다. ⑤ 각 학생은 한 모듈을 완전히 마스터해야 다음 모듈을 학습하도록 되어 있기 때문에 과정의 실패가 별로 없다. ⑥ 각 학생은 자기 학습의 잘잘못에 대한 결정에 참여한다.

5. 모듈의 구성 요소

모듈은 이를 개발하는 사람들의 전문 지식과 경험에 따라 그 형태나 규모가 다양하지만 ① 학습 안내, ② 학습 활동, ③ 사후 검사, ④ 정답의 네 가지 기본 요소로 구성된다. 핀치는 모듈의 구성 요소를 도입, 학습 목표, 학습 경험, 학습

보조 자료, 학습 평가 등의 다섯 가지로 설명하였고, 이때 학습 평가를 사전 검사와 사후 검사로 구분하였다. 이를 정리하면 〈표 11-3〉과 같다.

〈표 11-3〉 모듈의 구성 요소

구성 요소	단 계	내 용
(1) 학습안내	① 개인 ② 학습 목표 ③ 사전 검사	• 제목, 도입문장, 선수학습, 지도사항, 모듈의 목표 • 최종학습 목표, 실행학습 목표 • 학습에 필요한 선수학습의 결손 여부 진단
(2) 학습 활동	④ 학습 경험	• 청취, 감상, 독서, 분석, 조립, 대체학습 활동, 심화 학습 활동
	⑤ 학습보조 자료	• 조직적인 것: 교과서, 부교재, 안내서, 녹음기, 슬라이드, 비디오-학습 프로그램, 컴퓨터, TV, 실험기자재 등 • 비조직적인 것: role playing, simulation, brainstorming, small group discussion 등
(3) 사후 검사	⑥ 학습 평가	• 학습자의 최종학습 목표 달성정도 측정: 학습자 스스로 자기반응을 체크하면서 자기강화가 되도록 정답을 모듈 말미에 첨부하거나, 교사가 보관했다가 수험 후에 제시하기도 한다.

한편 장재원은 모듈 수업을 위한 구성 요소를 다음과 같이 여섯 가지로 제시하고 있다.

① 1~2주 또는 수주 내로 수행할 수 있는 여러 개의 조그마한 학습 단위

② 학생의 행동 경험과 관련된 상세하고 명확한 학습 목표 제시

③ 학습 목표에 따른 상세한 학습 활동 전개

④ 학습 목표 및 학습 활동을 가능케 할 지도 계획 수립

⑤ 학습 효과를 제고시키기 위해 보조 자료, 활용 매체, 관련된 경험, 기타 정보원 등의 제시

⑥ 진단적 사후 평가와 학습 성취도를 확인할 수 있는 자기 평가 또는 사후 종합 평가 실시

지금까지 살펴본 모듈의 구성 요소를 기반으로 모듈을 구성하면 모듈의 각 구성 요소에 따라 일련의 흐름을 가지는데, 이를 도식화하면 [그림 11-1]과 같다.

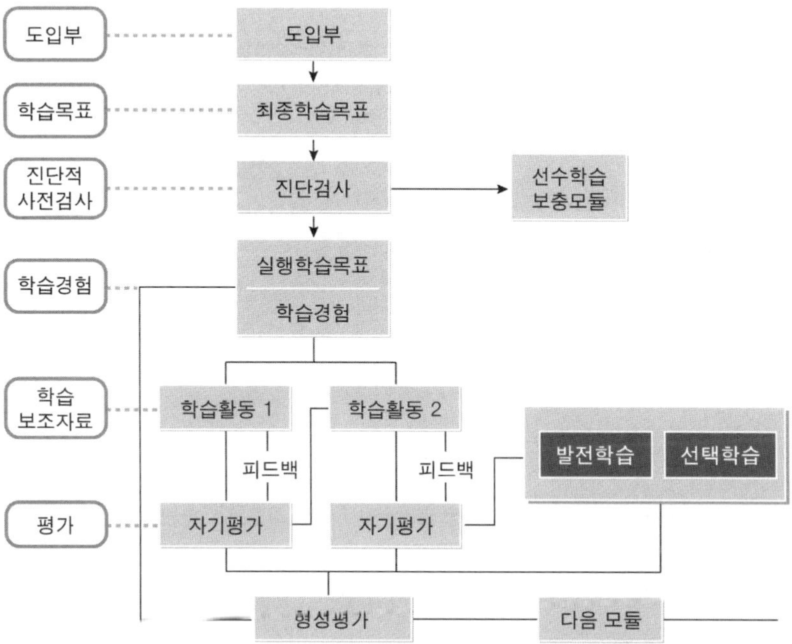

출처: 고인규(2009). 초등학교 5학년 '꽃과 채소 가꾸기' 단원에서 모듈을 활용한 수업이 학업성취도에 미치는 효과. 한국교원대학교 대학원 석사학위논문. p. 10.

[그림 11-1] 모듈의 흐름도

6. 모듈의 개발 과정

모듈은 학습 목표와 관련성이 있어야 하고, 학습 성과가 최대화될 수 있도록 계열화되어야 하며, 개별학습에 유용하도록 개발되어야 한다. 그러므로 모듈 개발자는 학습자를 위하여 모듈 작성에 오류가 있어서는 안 된다. 모듈은 단독으로 존재하는 것이 아니라 꾸러미(package; 패키지)로 되어 있기 때문에 정확해야 하고 학습자들을 위하여 세심한 곳까지 배려해야 한다.

모듈 개발의 과정에는 대표적인 세 가지 예시가 있다. 첫째가 APEID에서 주장한 11단계이고, 둘째가 아담스키(Adamsky)가 제시한 9단계 과정, 셋째가 리치(Richey)의 6단계 과정이다. 그 내용을 정리하면 〈표 11-4〉와 같다.

〈표 11-4〉 모듈의 개발 과정

APEID의 모듈 개발 과정	Adamsky의 모듈 개발 과정	Richey의 모듈 개발 과정
1단계, 대상 학습자의 요구 파악과 주제 선정 2단계, 주제에 대한 정보 수집과 모듈 개발의 필요성 입증 3단계, 모듈 개발 계획 수립 4단계, 모듈의 목표 설정 5단계, 학습 경험의 선정 및 배열 6단계, 모듈의 체제와 구성 요소 결정 7단계, 초안 모듈 작성 8단계, 모듈의 검토 및 수정 9단계, 모듈의 시험 및 수정 10단계, 실험적 실천 및 수정 11단계, 원고 프린트	1단계, 최종 학습 목표의 명시 2단계, 최종 학습 목표에 관련된 정보 수집 3단계, 목표 달성에 적합한 학습 활동의 개발 4단계, 모의 학습 활동의 개발 5단계, 도입 단계의 개발 6단계, 조직적 체계 선택 7단계, 지시 사항 개발 8단계, 패키지(package) 모듈 개발 9단계, 개발된 모듈의 효과 검증	1단계, 모듈 개발을 위한 계획 2단계, 학습 목표와 선수학습 결정 3단계, 평가 문항 작성 4단계, 학습 경험 작성 5단계, 학습 자료 개발 6단계, 모듈의 시행 7단계, 시행 결과의 검토, 수정, 실제적인 적용

〈표 11-4〉의 모듈 개발 단계를 고려하여 모듈을 개발하는 과정을 [그림 11-2]와 같이 도형화할 수 있다.

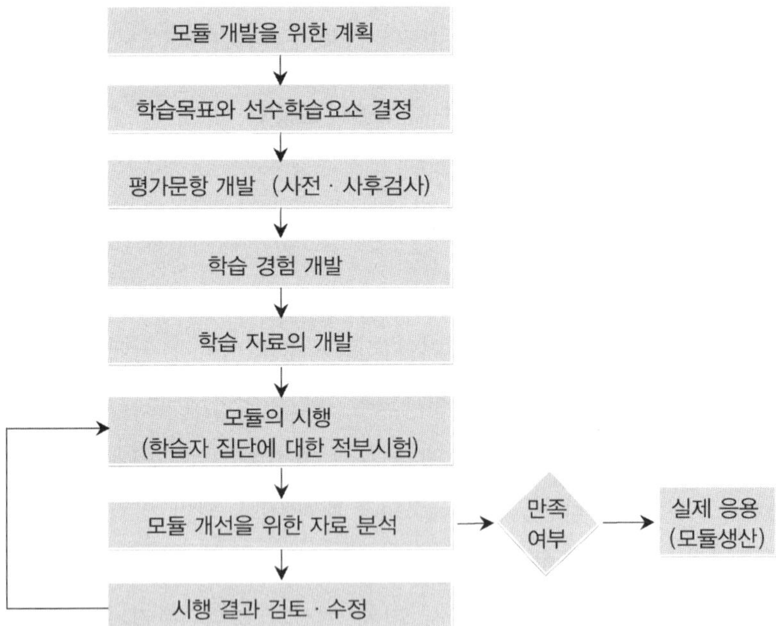

출처: APEID (1975), Modules on the Construction of Modules for Teacher Education, Prepare by an APEID Regional Planning Workshop, (Quezon City, Philippines, may). 정봉균(1985), p. 18에서 재인용.

[그림 11-2] 모듈 개발의 흐름도

7. 모듈의 점검

모듈 개발 절차에 따라 개발된 모듈은 타당성을 검증해야 하는데, 그 내용은 〈표 11-5〉와 같다.

〈표 11-5〉 모듈점검표

단계	점검 내용
학습 목표	① 최종 학습 목표와 실행 학습 목표가 제시되었는가? ② 각 학습 목표는 성취행동과 조건, 받아들일 수 있는 수준을 진술하고 있는가? ③ 최종 학습 목표는 그 활용을 고려하여 쓰여졌는가? ④ 실행 학습 목표는 최종 학습 목표에 세부적인 것으로 서술되었는가? ⑤ 학습 목표는 기본적인 인지, 이해부터 적용까지 구분하여 윤리성을 띠고 있는가?
학습 경험	① 각 학습 경험은 실행 학습 목표와 결부되었는가? ② 각 학습 경험은 학습자가 학습 목표를 가장 잘 달성할 수 있도록 꾸며졌는가? ③ 학습 활동은 학생들이 학습 과정에서 거쳐야 하는 방법을 상세히 설명하고 있는가? ④ 선택학습 활동은 필수학습 활동을 충실히 풍부하게 해 주도록 작성되어졌는가? ⑤ 학습 경험에 대한 평가 문항은 학습자가 피드백을 할 수 있게 만들어졌는가?
평가 문항	① 사전 검사와 사후 검사는 최종목표와 긴밀히 연관되어 있는가? ② 평가 문항을 작성하는 요령이 전술되었는가? ③ 평가 절차는 그 특징이 상황에서 가장 객관적으로 할 수 있도록 작성되었는가? ④ 평가에서 만약 학습자가 평가 문항을 무시했을 경우에 대처방안이 고려되었는가?
학습 자료	① 모든 학습 자료들은 각 학습 경험에서 쉽게 활용할 수 있도록 배치되었는가? ② 수록된 학습 자료들은 모듈에 제시된 학습 목표 달성에 도움을 줄 수 있는 것인가? ③ 학습 자료들은 저렴하고 효과적으로 학습 목표를 달성할 수 있도록 작성되었는가?
일반 적인 사항	① 수록된 사항은 학습 대상자에게 적절한가? ② 수록된 학습 자료들은 모듈에 제시된 학습 목표 달성에 도움을 줄 수 있는가? ③ 수록되어 있는 직무 능력은 정확하며 최신의 것인가? ④ 모듈구성에 있어서 성적 혹은 인종적 편견이 개재되지 않았는가?
시행	① 교사는 모듈을 효과적인 교수 학습 자료로 받아들였는가? ② 학습자는 모듈을 효과적인 학습 자료로 받아들였는가? ③ 학습자는 효과적인 방법으로 모듈의 학습 경험을 완수했는가?

출처: 정성봉(1999). 실과 교수학습.

2절 모듈학습의 적용

1. 모듈학습의 절차

모듈학습 지도법은 한 마디로 말해서 모듈을 사용하는 학습 지도법이다. 모듈학습은 단원의 내용 개요와 사전 검사에서 시작된다. 사전 검사에서 만족할 만한 성적을 낸 학생은 그 단원을 학습할 필요 없이 그 다음 단원을 학습하게 된다. 그렇지 못한 학생은 그 단원의 모듈 1부터 학습하게 된다. 모듈 1의 사전 검사에서 만족할 만한 성적을 낸 학생은 모듈 2를 학습하게 된다. 모듈 1의 사전 검사에서 만족치 못한 성적을 낸 학생은 모듈 1의 학습 활동을 거쳐 사후 검사에 합격해야 모듈 2 학습을 하게 된다. 사후 검사에 합격할 때까지 그 모듈의 학습 활동을 반복한다. 이때 사후 검사는 몇 번 수검하든 상관없다.

모듈학습의 수업지도 과정을 살펴보면 〈표 11-6〉과 같다.

〈표 11-6〉 모듈학습의 과정

과 정	학습 활동 및 유의점	준비물
도입부	• 본 단원의 학습 주제 예시 • 학습 활동 안내를 통해 모듈의 학습 방법 숙지	모듈학습 안내서
학습 목표	• 학습 목표 제시 • 학습 목표를 확인한 학습자는 진단 검사 실시	
진단 평가	• 진단 평가 결과 60% 미만은 선수학습 보충 모듈을 학습하고, 60~90% 미만은 학습 활동 1부터 학습하며, 90% 이상 득점 학습자는 다음 모듈을 학습	
선수 학습 보충 모듈	• 진단 평가 결과 선수 학습 보충 모듈을 통해 선수 학습의 기회를 제공	
학습 활동	• 학습 활동 1부터 학습 • 학생들이 개별적으로 학습하는 동안 교사는 부진아에 대한 지도를 하여 학습자의 발문에 응답	PPT 자료, 궤도, 학습 활동에 필요한 자료
자기 평가	• 매 학습 활동이 끝나고 나면 자기 평가를 실시하고, 90% 미만인 경우 처음부터 다시 학습하며, 90% 이상 도달한 학습자는 다음 학습 활동을 학습한다.	
형성 평가	• 일련의 학습 활동이 끝난 학습자는 형성 평가를 실시하여, 90%에 미달	

	하면 처음부터 학습 활동을 다시 하며, 90% 이상 도달하면 다음 모듈을 학습한다.	
다음 모듈학습	• 학습자에게 다음 모듈학습 안내서 배부	다음 모듈학습 안내서

지금까지 설명한 모듈보다 좀 더 많은 내용이나 활동을 담고 있는 모듈도 있다. 모듈에 2~3가지의 내용이나 활동이 포함되어 있는 경우 모듈을 여러 개의 마디로 나누어서 개발한다. 이때 모듈은 몇 개의 마디로 나누어져 구분되어 있는데, 먼저 마디 I의 사후 검사에서 만족할 만한 성과를 낸 학생은 다음 마디를 학습하게 된다. 그러나 마디 I의 사후 검사에서 만족하지 못한 성과를 낸 학생은 마디 I의 학습 활동을 다시 한 후, 사후 검사에 합격해야 마디 II의 학습을 할 수 있다. 사후 검사에서 불합격한 학생은 합격할 때까지 그 마디의 학습 활동을 반복한다. 이때 사후 검사에 합격 가능한 점수는 평가 문항 및 기준의 90% 이상을 통과해야 한다. 이와 같은 과정이 모듈의 각 마디에 똑같이 적용된다. 모든 마디를 끝 마치고 그 단원의 사후 검사에 합격하면 해당 모듈을 마치게 된다. 이상과 같은 모듈학습 지도의 흐름은 [그림 11-3]과 같다.

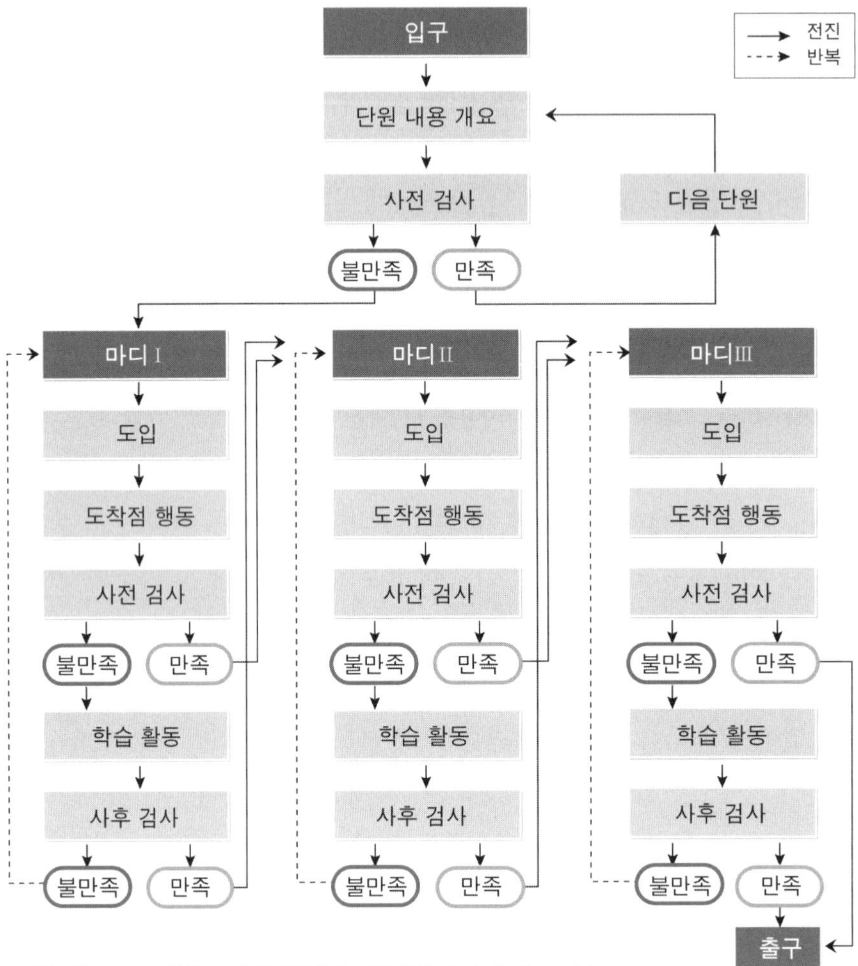

출처: 백용덕(1978). 초등학교 정상학급에의 모듈적용과 그 효과. p. 24.

[그림 11-3] 모듈학습 지도의 흐름도

2. 적용 사례

이 절에서 제공하는 모듈학습의 예는 '채소 가꾸기' 단원을 기반으로 개발된 여러 모듈로 구성된 것 중 하나이다. 또한 이 모듈은 수업 지도안의 형태가 아닌 학습지의 형태로 제작되어 있다.

◈ 모듈학습 Ⅱ. 채소 가꾸기

어린이 여러분!

모듈학습 II에서는 본격적으로 채소 가꾸기가 시작됩니다. 계절과 여러분 주변 환경에 따라 채소를 선택하여 가꾸어 봅시다. 채소를 가꾸는 동안 여러분은 식물 키우는 재미에 푹 빠지게 될 것입니다.

◈ 학습 목표

- 채소의 종류를 알고 분류할 수 있다.
- 잎줄기 채소를 가꾸는 방법을 알고 가꿀 수 있다.
- 열매 채소 가꾸는 방법을 알고 씨를 뿌려 가꿀 수 있다.
- 뿌리 채소를 밭에 가꿀 수 있다.
- 채소의 성장 특징에 따라 식물가꾸기를 할 수 있다.
- 채소가꾸기를 통해서 생명의 신비를 느낄 수 있다.

◈ 학습절차

(1) 모듈학습 II의 학습 활동은 〈모종 기르기〉 실습이 제시되어 있습니다.

(2) 각 활동이 끝난 후에는 반드시 자기 평가를 실시하고 안내에 의해 다른 활동을 하거나 부족한 부분을 다시 하도록 합니다.

(3) 모듈학습 II의 학습 활동이 끝나면 형성평가를 실시합니다.

모듈학습 Ⅱ- 학습 활동 1. 모종 기르기

1. 실습명: 포트를 이용하여 모종 기르기
2. 학습 목표: 포트를 이용하여 꽃과 채소의 모종을 기를 수 있다.
3. 준비물: 종류별 포트, 모종삽, 육묘용 상토

☞ **다음의 지시대로 실습을 진행하세요**

〈1단계〉 포트에 흙 채우기

- 포트에는 여러 가지 종류의 포트가 있습니다. 자신이 키우고자 하는 식물에 따라 포트를 달리하여 사용한다.

[포트의 종류]

비닐 포트	연결 포트	지피 포트

- 모종삽을 이용하여 포트에 흙을 담는다. 이때 사용되는 흙은 육묘용 상토로 화분가게나 꽃집 종묘상에서 구할 수 있다(사진1).
- 흙은 포트 구멍에 3/4쯤 채운 후 손가락으로 눌러 다져준다(사진2).

사진1

사진2

〈2단계〉 포트에 씨뿌리기

- 흙이 담기 포트 구멍에 씨앗을 2~3개 정도 뿌려준다. 손으로 직접 뿌려도 되고 파종기가 있을 경우 파종기를 이용하면 보다 손쉽게 뿌릴 수 있다(사진3).
- 씨를 뿌린 씨앗 크기 2~3개 정도 되게 흙을 덮어 준다(사진4).
- 물을 줄 때에는 위에서 직접 뿌리지 말고 물을 담을 수 있는 상자를 이용 포트에 물을 준다(사진5).

사진3

사진4

사진5

자기 평가를 해 봅시다

	평가내용	평가결과		
		잘함	보통	다시하기
자기평가	(1) 포트 구멍에 흙을 적당하게 채울 수 있습니까?			
	(2) 적당량의 씨앗을 포트 구멍에 넣고 적절한 두께로 흙을 덮을 수 있습니까?			

◈ 수고하셨습니다. 자기 평가 결과 다시하기가 없는 친구는 모듈학습 II의 학습 활동 2, 3, 4 중 자신의 능력과 취미에 맞는 활동을 선택해서 해보면 됩니다. 다시하기가 하나라도 있는 친구는 부족한 부분을 다시 연습해 본 후 선택활동으로 넘어 가세요.

출처: 고인규(2009). 초등학교 5학년 '꽃과 채소 가꾸기' 단원에서 모듈을 활용한 수업이 학업성취도에 미치는 효과. 한국교원대학교 대학원 석사학위논문.

논의

1. 모듈학습은 행동주의 교육철학에 근거하여 만들어진 교수-학습법이다. 실과교육의 어떤 내용 혹은 실습이 행동주의 교육철학에 적절한지 논의해 보자.
2. 2015 개정 교육과정에서는 실과교과의 많은 내용을 프로젝트법으로 수업을 진행하기를 제안하고 있다. 실과교육을 프로젝트법과 모듈학습을 적절하게 통합하여 수행할 수 있는 방안을 모색하고 이를 논의해 보자.
3. 모듈학습이 실과교육에서 왜 그리고 어떻게 적절한지 논의해 보자.
4. 모듈은 특정한 기능만을 중심으로 혹은 일정한 내용을 중심으로 제작할 수도 있고, 전 단원을 모듈로 만들어 학습할 수도 있다. 이와 같은 세 가지 모듈의 특징과 장단점을 논의해 보자.
5. 모듈학습은 완전 학습을 지향하고 있다. 모듈학습을 수행한 후 일상 생활에서의 학습 내용을 어떻게 적용해야 하는지 논의해 보자.

참고문헌

고두진(2001). **실과 목제품만들기 단원의 모듈수업 적용 효과에 관한 연구**. 부산교육대학교 교육대학원 석사학위논문.

고인규(2009). **초등학교 5학년 '꽃과 채소 가꾸기' 단원에서 모듈을 활용한 수업이 학업성취도에 미치는 효과**. 한국교원대학교 대학원 석사학위논문.

교육연구(1988). **새교실. 부록**. 새한신문사.

교육학용어사전(1993). **서울대학교 사범대학 교육연구소(편)**. 배영사.

김선태(2002). **공업계 고교 및 전문대학 전기·전자 분야의 모듈식 교재 체제 개발**. 미간행 박사학위논문, 충남대학교.

김신자(1993). **개별수업**. 이화여자대학교 출판사.

김현기(1989). **학습 Module을 적용한 학습효과 탐색에 관한 연구 -초등학교 산수과를 중심으로-**. 공주사범대학 교육대학원 석사학위논문.

백용덕(1979). 초등학교 징상학급에의 모듈적용과 그 효과. 경인대학교 교육연구소. **교육논총**, 10.

이무근·김판욱·김재식(1996). **실기교육방법론**. 배영사.

이무근(1992). **실업기술교육론**. 배영사.

정봉균(1985). **모듈 수업의 효과에 관한 연구**. 숭전대학교 대학원 석사학위논문.

정성봉(1999). **실과 교수학습**. 교학사.

Adamsky, R. A. (1981). *Develop a Module for Individualized Instruction*. Philadelphia: The Department of Vocational Education in Temple University.

APEID (1975). *Modules on the Construction of Modules for Teacher Education*, Prepare by an APEID Regional Planning Workshop, (Quezon City, Philippines, may).

Finch, C. R. (1979). *Curriculum Development in Vocational and Technical Education*. Boston; Allyn and Bacon Inc.

Finch, C. R. & Crunkilton, J. R. (1989). *Curriculum Development in Vocational and Technical Education*. Boston : Allyn and Bacon.

Greenwood (1981), *Contemporary Challenges for Vocational Education.* Arlington: A.V.A. Press.

Dick, W. and Lou, M. (1976). *The Systhematic Design if Instruction*, Tallahasse.

Vogler, D. E., Hillison, J. H. (1980). *Developing and using Performance Modules*. ERIC Document Reproduction Service No. ED 195304.

제 12 장

발견학습과 탐구학습

개 요

어린이뿐만 아니라 성인에게도 인기 있는 추리 소설『셜록 홈즈』에서 탐정 홈즈의 사건 해결 과정은 다음과 같다. 사건이 벌어진 현장에서 그는 사실들을 수집한다. 사실은 주로 관찰을 통해 수집되는데, 결혼 반지를 뺀 흔적이 있는 손가락, 깃을 세운 코트, 접혀진 채 주머니 속에 들어 있는 우산, 발자국의 크기 등 현장에서 실제 존재하는 것들이 이에 속한다. 그런 다음 그는 자신이 수집한 사실들을 구성하여 사건을 해결하기 위한 가설을 세운다. 세워진 가설들은 다른 증거와 비교하여 채택하거나 폐기해 가며 가장 사실과 근접한 이론을 만들어 간다.

수행평가에서 C등급을 받은 학습자나 기말고사에서 C학점을 받은 학습자 역시 내가 왜 A나 B가 아니라 C를 받았는지, 어떻게 하면 다음에는 더 좋은 점수를 받을 수 있을지를 고민한다. 자신에게 직면한 문제를 발견하고 스스로 그 문제를 풀어야 하는 상황에 놓이게 되는 것은 지극히 일상적인 일인 것이다. 맥락적 사실에 근거하여 학습자에게 유의미한 지식을 구성해 가는 것, 이것이 발견학습과 탐구가 지향하는 중요한 초점이라 할 수 있다.

학 습 목 표

- 발견학습과 탐구의 개념, 목적, 특성에 대해 이해할 수 있다.
- 실과수업에서 발견학습과 탐구가 지닌 가치와 의미를 검토할 수 있다.
- 실과수업에서 발견학습과 탐구의 절차, 전략, 적용 예에 대해 검토할 수 있다.

1절 발견학습과 탐구학습의 이해

1. 발견학습과 탐구학습의 개념

발견(發見, discovery)은 사전적으로 미처 찾아내지 못하였거나 아직 알려지지 아니한 사물이나 현상, 사실 등을 찾아내는 것을 의미한다. 반면 탐구(探究, inquiry)란 어떤 가설, 혹은 신념의 입증을 위하여 정보의 수집, 질문의 제기, 자료의 조사, 이론의 검토 등을 하는 행위를 이르는 말로, 일반적으로 탐구는 지식 혹은 이론의 획득이나 정립을 위한 지적 노력 그 자체나 그것에 수반되는 활동을 뜻한다. 앞서 밝힌 〈셜록 홈즈〉의 사례에서 본 것처럼 발견은 현재 존재하는 사실들로부터 이론을 도출해 가는 귀납적 추론의 성격이 강하다. 학자에 따라 발견은 귀납적 과정, 탐구는 가설의 설정에서 검증, 일반화에 이르는 연역적 과정으로 이분하여 생각하는 경우도 있으나 이론의 획득이나 정립을 위한 지적 노력을 탐구로 본다면 연역, 귀납을 포함하여 모든 지적 활동을 포괄하는 의미로 발견과 탐구를 통용하여 쓰는 것이 바람직해 보인다.

발견학습(發見學習, discovery learning)은 학습자들에게 제시하는 자료 또는 과제를 최종적인 형태로 제시하지 않고 그 최종적인 형태를 학습자 자신이 찾도록 하는 수업을 뜻한다. 이는 개념, 원리, 명제 등을 그대로 학습자에게 전달하는 설명식 수업(expository teaching) 또는 수용적 학습(reception learning)에 반대되는 수업 방법이다. 따라서 발견학습(discovery learning) 또는 탐구학습(inquiry learning)은 스스로 사실이나 원리는 찾아내거나 알아내도록 하는 상황에서 일어나는 학습으로 정의할 수 있다.

예를 들어, 실과수업에서 달걀을 삶는 시간의 증가에 따라 노른자 색깔 변화를 공부한다고 하자. 교사는 가열 시간이 길어짐에 따라 노른자 색이 푸르게 변하는 것을 사진이나 그림 자료를 보여주면서 설명할 수 있다. 설명식 교수에 의한 학습자들의 수용 학습도 의미 있는 수업 방법일 수 있기 때문이다. 그러나 발견학습에서는 학습자 스스로 색깔이 변화하는 현상을 알아내도록 하고 그것이 왜 일어나는지 원인을 발견하여 원리에 이르도록 돕는다. 교사의 설명에 따라 학습자는 지식을 수용하는 전자의 수업과 달리 후자의 교실에서 학습자들은 교사의 조력 아래 스스로 지식을 발견하게 되는 것이다.

학습심리학을 연구하는 학자들에 따르면 사실 정보를 바탕으로 지식을 추론해내는 능력은 경험할수록 더 성장한다고 한다(Bruner, 2004; Dewey, 2004; Joyce, Weil, & Callahan, 2008; Strike, 1975; Suchman, 1961; Wolk, 2008). 학습자들에게 지식의 추론을 위해 자료를 수집하고, 조직하고, 조작하며, 분석하는 기회를 제공하는 것이 바로 발견학습의 주요 목적이다. 학습자들은 스스로 지식을 발견하고 구성하는 수업을 통해 지식의 기계적 학습이 아닌 유의미 학습(meaningful learning)을 경험하게 된다.

2. 발견학습과 탐구학습의 목적과 특성

크뤽생크 등(Cruickshank et al., 2012)에 따르면 발견학습 또는 탐구의 목적과 특성은 [그림 12-1]과 같다. 발견학습의 목적은 첫째, 학습자 스스로 생각하는 방법과 무엇인가를 알아내는 능력을 함양하도록 하는 데 있다. 대부분 학습자는 교사로부터 지식을 전수받거나 다른 사람이 내린 결론을 비판 없이 수용하는 경향이 있다. 발견학습은 수동적 지식 수용과 타인의 의견에 대한 무조건적 받아들임으로부터 독립적인 학습자를 만드는 데 중점을 둔다. 둘째, 발견학습은 지식이 어떻게 생성되는지를 학습자 스스로 깨닫도록 하는 데 목적이 있다. 이러한 목적 달성을 위해 발견학습에서는 정보 수집, 조직, 분석 및 결론 도출의 전 과정을 학습자가 깨닫도록 기회를 제공한다. 셋째, 발견학습은 지식 생성에 필수적인 인지적 영역의 고등사고 능력인 분석, 종합, 평가의 능력을 기르는 데에도 목적을 둔다.

목적

① 학습자 스스로 생각하는 능력을 길러 주기 위해
② 지식이 어떻게 구성되는지를 이해하도록 돕기 위해
③ 분석, 종합, 평가 등 고등 사고 능력을 촉진하기 위해

특성

① 교사는 학습자의 지식발견을 위한 단계를 설정해 줌
② 교사는 학습자의 탐색과 독립적 사고를 촉진해야 함
③ 학습자는 지식 발견 등 스스로 무엇인가를 알아내는 것에 대한 도전을 수용함
④ 학습자의 참여와 상호작용이 활발함
⑤ 학습자는 분석, 종합, 평가 등 인지적 영역의 고등 사고 능력을 작동함

[그림 12-1] 발견학습과 탐구학습의 목적 및 특성

발견학습 또는 탐구의 목적을 달성하기 위해서는 발견과 탐구학습의 특성을 파악하는 것이 중요하다. 탐구학습의 특성은 첫째, 교사는 지식을 전달하는 것이 아니라 지식 발견에 참여할 수 있도록 교실 경험을 고안해내는 것이 중요하다. 즉, 학습자 스스로 지식을 발견할 수 있도록 단계를 설정해야 한다. 예를 들면 학습자에게 문제를 인식할 수 있는 상황을 제시하고, 상황 안에서 학습자가 지식 생성을 경험하게 한 후 오개념 등을 보정하는 등의 학습 단계를 마련해야 한다.

둘째, 교사는 발견학습과 탐구에 참여한 학습자가 깊게 생각하고 심사숙고할 수 있도록 사고를 촉진해 주어야 한다. 학습자가 자신만의 아이디어를 떠올리도록 이끌어주고, 호기심을 자극하며, 학습자가 스스로 해야 할 일에 대해 명확하게 이해하도록 발문과 대화를 통해 도와주어야 한다. 이러한 과정을 통해 발견학습의 세 번째 특성인 학습자가 스스로 무엇인가를 알아내는 것에 대한 도전을 기꺼이 수용하는 일이 가능해 질 수 있다. 발견학습과 탐구의 또 다른 특성은 학습자의 높은 참여와 상호작용에 있다. 설명식 교수를 통한 수용 학습 과정에서 학습자는 수동적인 위치에 놓이게 된다. 그러나 발견 또는 탐구를 통해 학습자는 적극적인 참여를 통해 유의미 학습을 경험하고 그 과정에서 학습자 간, 학습자와 교사 간 활발한 상호작용이 일어난다. 마지막으로 발견학습에서 교사

는 학습자가 지식을 회상하고 기억하도록 하는 데 머무는 것이 아니라 분석하고 종합하고 평가하도록 자극함으로써 인지적 영역의 사고 수준을 보다 높은 단계로 이끄는 데 중점이 있다.

2절 발견학습과 탐구학습의 적용

1. 실과수업에서 발견학습과 탐구학습의 가치

발견학습과 탐구학습은 학습자에게 기존의 지식과 기능을 설명식으로 전수하려하기보다는 학습자 스스로 주어진 상황에서 문제를 인식하고 과학적이며 논리적인 방법으로 주어진 문제를 해결할 수 있는 지적 능력을 길러 주려는 데 초점을 두고 있다. 그동안 실과교육에서 발견학습과 탐구는 문제해결, 프로젝트법, 기능학습 등 실과에서 중시하는 수업 방법 및 전략에 비해 그 중요성이 덜 강조되어왔다. 발견 또는 탐구학습의 적용이 1950년대 미국에서 과학교육을 중심으로 시작되었고, 우리나라 과학교육에서 특히 탐구 과정을 강조하면서 실과수업에서의 관심은 적었던 것이 사실이다.

그러나 [그림 12-2]에서 제시한 바와 같이 최근 실과교육의 내재적 가치로서 우리가 살아가는 세계에 대한 이해를 증진하고, 특히 인간이 이룩한 문화와 생활 양식 등 인공 세계를 바라보는 안목이 강조되면서 발견학습과 탐구는 새롭게 주목받고 있다. 실과교육에서 그동안 인공 세계를 지식과 정보를 학습자에게 직접 전수해왔다면, 우리가 살아가는 실세계, 일상 생활로부터 인공 세계에 대한 학습자 중심의 지식 생성 경험, 즉 발견학습과 탐구를 통해 실생활에 대한 맥락적 이해를 도모할 수 있다는 것이 실과수업에서 탐구학습 적용을 주장하는 연구자들의 생각이다.

[그림 12-2] 실과교육의 성격

인류는 세계에 적응하고 살아가기 위해 필요와 요구에 따라 생활 양식을 생성하게 된다. 이렇게 생성된 생활 양식은 우리를 둘러싼 인공 세계(human-made world)가 되는데 이것을 이해하는 데 발견학습과 탐구는 새로운 시각을 제공할 수 있다. 예를 들면 하천이나 깊은 협곡을 안전하고 편리하게 건너려는 인간의 필요와 욕구는 '교량'이라는 생활 양식을 만들어 냈다. 교량에는 현수교, 사장교, 트러스트교 등이 있고 어떤 형태와 구조를 지니는지 교사의 설명을 통해 이해하는 것이 전통적인 수업 방식이다. 그러나 발견학습과 탐구는 자신의 주변에 있는 교량이 왜 그런 형태와 구조를 가지게 되었는지를 맥락적으로 파악하고 스스로 결론을 도출하여 지식을 구성하는 것이다. 이를테면 서해대교 주변에 사는 학생은 왜 서해대교는 사장교로 건설되었는지 그 이유를 상황과 조건, 기술 진보 등을 종합하여 정보를 탐색, 조직, 분석하여 결론을 도출해 보는 것이다. 이렇게 공부한 학습자는 서해대교에서 번개로 인한 케이블 화재 사고가 왜 위험한 것인지, 사고 발생 시 국가가 어떻게 교량을 통제하고 케이블 점검에 들어갔는지에 대한 확고한 이해는 물론 다른 건설 구조물에 대한 맥락적 이해를 돕게 될 것이다.

현수교

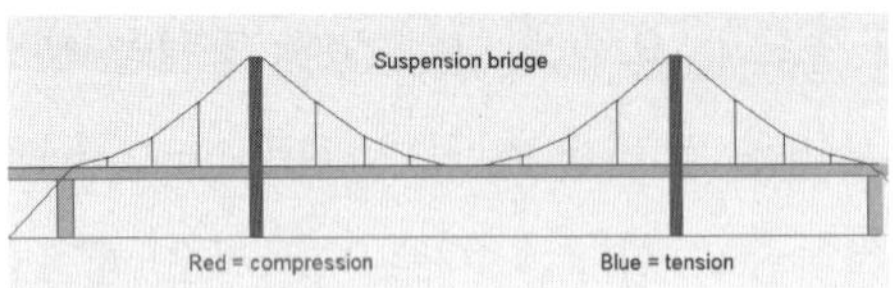

사장교

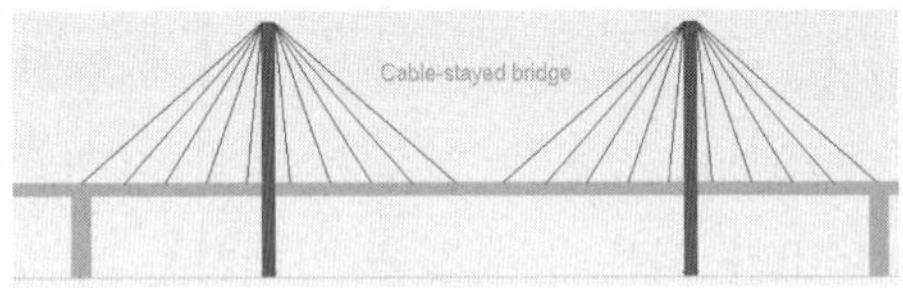

또한 발견학습과 탐구는 학습자가 스스로 자신들의 학습 방향을 찾고, 학습 성과에 대해 책임감을 느끼게 함으로써 학습에 능동적으로 참여하게 되므로 긍정적인 자아개념은 물론 학습자가 의사소통을 원활하게 하는 가치를 갖는다. 이러한 성취감은 학습자로 하여금 자기 능력으로 문제를 해결할 수 있음을 확신하게 하고 이를 근간으로 하여 창의적인 생각으로 계획, 조직, 판단, 평가 등 고등사고 능력의 계발에도 도움을 준다는 면에서도 실과수업에서 탐구가 갖는 가치가 있다.

2. 실과수업에서 발견학습과 탐구학습의 적용 절차와 예

슈만(Suchman)의 탐구 모델은 학습자에게 모든 답을 알게 하는 것보다 방법을 알게 하는 것이 훨씬 중요하며, 단순히 올바른 답을 할 줄 아는 것보다 좋은 질문을 하는 것이 개인의 지적인 삶을 위해 훨씬 더 중요하다는 입장을 취한다. 그리고 '인간이 탐구하는 모든 영역은 불명확성의 황무지'라는 것을 전제로 하고, 학습자가 이상하거나 불가사의하게 느끼는 현상을 연구하고 설명하는 하나의 과정을 가르치기 위한 방법으로 개발된 모델이다. 슈만 모델은 학습자로 하여금 학자들이 지식을 조직하고 원리를 발견하기 위해 사용하는 방법과 같은 연구 절차를 활용하게 한다.

1) 탐구학습 모델의 기본 가정과 목표

탐구학습 모델은 학습자는 자신의 흥미를 끄는 것이거나, 혼란스럽게 하는 내용을 가장 잘 배울 수 있다는 사실을 전제로 한다. 즉, 학습자가 왜(why)라는 의문을 가졌을 때, 바로 어떤 정보나 사실을 이해할 준비가 되어 있는 것이며, 이때 이해한 정보를 기억하고 유지시킬 의도를 가진 것이라고 본다. 이처럼 탐구학습 모델은 자율적 학습자를 기를 수 있다는 신념에서 출발하였다. 학습자는 호기심이 많으며 성장에 대한 강한 욕구를 가지고 있기 때문에 탐구학습 모델은 학습자의 선천적·정열적인 탐구 욕구를 충족시킬 줄 수 있고, 또한 그들이 새로운 영역을 보다 강력하게 탐색할 수 있도록 구체적인 방향을 제시해 줄 수 있다. 탐구학습 모델의 목표는 학습자로 하여금 의문을 제기하게 하고, 그들의 호기심에서 우러나오는 해답을 추구하는 데 필요한 지적 훈련과 기능을 개발하는 데 도움을 주는 것이다.

2) 탐구학습 모델의 단계

탐구학습 모델은 학습자를 당혹하게 하는 문제를 제시하고, 학습자가 이에 만족스러운 해결책을 찾고자 하는 도전을 받아들이는 데에서부터 시작된다. 이를 바탕으로 질문하고, 가설을 세워서 연구하고, 가능한 해결책을 검증하는 것을 통해 정보가 모아지고, 다양한 맥락 속에서 적용성을 검증할 수 있는 잠정적인 해결책을 가정하는 과정들을 통해 개인적인 노력과 협동적인 노력의 조합으로 가장 만족스러운 해결책을 얻을 수 있다고 보는 것이다. 각각의 하위 단계들의 내용을 살펴보면 다음과 같다.

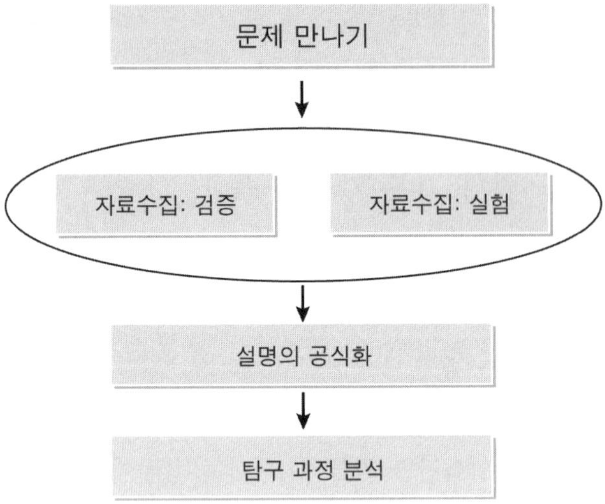

[그림 12-3] 탐구학습 모델

(1) 1단계: 문제 만나기

슈만 탐구 모델은 교사가 학습자를 자극할 수 있거나, 학습자가 진정으로 흥미를 느낄 수 있는 문제를 제시하거나, 학습자들이 보통 때는 무심히 생각하고 있던 현상에 대해 학습자가 의문을 갖고 놀라기에 충분한 결과를 제시하여 학습자의 호기심을 유발하거나, 학습자를 당혹스럽게 하는 애매하고 수수께끼 같은 상황을 선택하는 데서부터 시작된다. 일단 문제가 선택되면 교사는 문제에 관해 필요한 연구를 완성하고, 학습자가 문제에 대해 질문하는 내용에 대답할 수 있도록 자료를 준비하고, 학습자가 제시한 문제를 탐구하기 시작할 때 얼마나 많은 정보를 학습자에게 주고 시작해야 하는지 결정한다. 그리고 수업이 원활하게 이루어지지 않을 때, 교사가 어떤 부가적인 정보를 제공할 수 있는지도 이 단계에서 미리 결정해야 한다.

탐구 수업에 들어가기 전에 교사는 수업의 과정을 설명한다. 슈만 탐구 모델에서는 전체 학급이 모두 탐구 과정에 참여한다. 교사가 정보원이 되며 교사는 학습자들이 하는 질문에 '예' 또는 '아니오'로만 대답한다. 질문은 학습자들이 구성한다. 이때 필요하면 교사가 부가적인 정보를 제공하거나, 질문의 방향을 안내해 줄 수 있다. 그러나 가설을 세우고 검증하는 것은 아이들의 몫이며 교사는 결과를 통제하는 것이 아니라 과정만을 통제한다. 이 단계에서 학습자에게 다음과 같은 탐구 절차의 규칙을 설명한다.

① 학습자는 교사가 지적할 때만 질문을 할 수 있다.
② 토의를 하거나 협동 작업을 하도록 허락된 시간에만 학습자들은 서로 서로 이야기를 할 수 있다.
③ 질문은 교사가 '예' 또는 '아니오'로 대답할 수 있는 형태의 질문이어야 하며, 필요할 때 교사가 학습자에게 부가적인 정보를 선택해서 제시해 줄 수도 있다.
④ 학습자들은 자신이 한 질문에 교사가 '예'라고 대답을 했을 때만 계속해서 질문할 수 있다.

교사가 학습자가 탐구한 문제를 제시해 줄 때 이것을 크게 읽어주거나 칠판이나 종이에 써서 제시해 줄 수도 있고, 글씨를 읽지 못하는 어린 학습자를 대상으로 탐구학습을 할 경우에는 문제를 말로 설명해 주거나 가능하다면 그림으로 그려서 제시해 줄 수도 있다. 교사가 제시한 탐구 문제에 대해 학습자가 잘 이해하지 못하거나 불명확한 부분이 있다면 교사에게 질문하도록 한다.

(2) 2단계: 자료 수집: 검증

이 모델에서 학습자가 교사에게 하는 질문은 '예' 또는 '아니오'로 대답할 수 있는 명확하고 구체적인 질문이어야 한다. 예를 들면 "왜 서해대교는 사장교인가요?"라고 질문하는 것이 아니라, "다리는 바람에 흔들리나요?"라고 질문해야 한다. 교사는 언제 문제를 확장하거나 더 필요한 정보를 줄 지를 결정해야 한다. 학습자가 질문을 잘 하지 못할 때, 교사는 "질문을 다시 해 볼래?"라거나 "더 명확하게 네 질문을 말해 볼래?" 또는 "내가 '예' 또는 '아니오'로 대답할 수 있도록 질문을 다시 해 볼래?"라고 하는 것이 좋다. 또 학습자가 한 질문에 교사가 '아니오'라고 대답하여 다음 질문으로 확장되지 못하면 "네가 이미 발견한 사실들에 비추어서 이것을 고려해 보는 것이 어떠니?"라고 유도해도 좋다. 하지만 때로는 교사의 '아니오'라는 대답을 통해 학습자가 인지적 갈등을 경험해 보게 하는 것도 매우 중요하다. 학습자의 질문을 통해 얻어진 자료는 교사가 칠판에 기록하거나, 학습자가 개별적으로 기록하게 한다.

(3) 3단계: 자료 수집: 실험

학습자가 탐구 문제에 해결책이 될만한 이론적인 질문을 할 때, 그 질문은 교사가 제시한 문제에 대한 이론적인 설명으로 선택될 수 있다. 이 단계에 이르면 교사에게 질문하기를 멈추고, 자신들이 세운 가설적인 이론을 증명하거나 반증할 수 있는 자료들을 모두 모은다. 그리고 교사에 의해 수업 전에 미리 짜여진 토의 집단별로 가설적인 이론을 검증하기 위해 교사에게 질문할 내용을 구성하고 토의한다. 문제의 본질에 따라 교사가 학습자에게 다른 정보를 제시해 주거나 실험을 하도록 지시할 수도 있다. 학습자들이 세운 가설적 이론이 검증되는 지점에 도달하면 학급에서 그것을 문제의 해답으로 받아들이고 탐구학습 모델의 다음 단계로 간다. 하지만 가정이나 가설이 검증되지 않았다면 본래의 가정이나 가설을 기각하고 다시 자료를 모은다. 교사의 허락이 있을 때는 언제든지 집단별로 토의할 수 있다. 한 가정을 검증하는 도중에 다른 가정이 제안될 수도 있는데, 이때는 제안된 가정을 칠판에 적어두고 검증 중인 가정을 받아들일 것인지 아닌지를 결정한 후에 새로 제안된 가정을 검증한다.

(4) 4단계: 설명의 공식화

이전 단계를 통해 잠정적인 가설로서 받아들여진 것과 그에 관계된 법칙을 학습자에게 설명하게 한다. 그리고 그 법칙들이 다른 상황에 일반화될 수 있는지 없는지 알기 위해 가정이나 가설을 검증할 방법을 결정해야 한다. 때로 이 단계에서 학습자는 자신들이 세운 가정의 결정적인 오점을 발견하기도 한다. 예를 들면 건설 상황에 적합한 교량 선정 문제에서 교사는 학습자에게 조수 간만의 차, 바람 등 환경이 한 요인이라는 가정에 근거한 법칙을 학습자가 자신이 이해한 대로 설명하게 한다. 이에 학습자가 "조수 간만의 차이가 크고 바람이 많은 부는 환경에서는 현수교보다는 사장교가 적합하다."라고 설명한다면 학급에서는 이를 결정하고 이를 일반화할 수 있는 검증 방법을 토론한다.

(5) 5단계: 탐구 과정 분석

학습자가 가정을 검증하고 받아들이기까지의 과정을 뒤돌아보게 하는 단계이다. 어떻게 하면 이 과정을 더 촉진할 수 있었는지, 어떻게 하면 더 효과적인 질문전략을 세울 수 있었는지 분석해 보게 하고 가장 효과적인 질문은 무엇이었으며, 가장 생산적인 질문은 무엇이었고 또 그렇지 못한 질문은 무엇이었는지 또는 그들에게 필요했지만 얻을 수 없었던 정보는 무엇이었는지도 파악하게 하여 자신들이 한 질문의 유형을 분석해 보게 한다.

학습자가 검증한 가설을 이해하고 있는지, 검증된 가설과 관련된 법칙을 다른 상황에 일반화할 수 있는지 없는지를 결정하기 위해 학습자를 평가한다. 그리고 단순히 하나의 옳은 답을 찾기보다 호기심을 유발하는 상황을 찾아내고, 질문하고, 답을 찾는 습관을 갖도록 학습자를 격려한다.

3. 실과 적용 수업지도안

- **적용 단원**: 실과 5~6학년군 〈일과 진로. (1) 일과 직업의 중요성〉
- **적용 교육과정**: 2009 개정 교육과정

1) 발견학습을 단원에 적용한 이유

이 차시는 일과 직업의 차이점, 일과 직업의 의미를 파악하는 것과 왜 일을 해야 하고 왜 직업을 가져야 하는지 등을 생각하며 일과 직업의 소중함을 아는 데 초점이 있다. 따라서 본 차시 수업은 학습자들이 직접 자료를 분류하고 구성해 보면서 나름의 의미를 추측하도록 해 보도록 하고 그 의미가 맞는지 확인하는 식으로 진행한다. 특히 일과 직업의 의미를 정확히 구분하며 아는 것은 초등 수준의 학습자들이 어려워하는 내용이다. 그래서 발견학습을 적용하여 학습자 각자가 일인 것과 일이 아닌 것, 직업인 것과 직업이 아닌 것 등의 자료를 분석하며 스스로 사고하도록 수업을 구성하였다. 그리고 학습자들끼리 서로의 의견을 공유함으로써 비판적인 사고를 할 수 있도록 의도하였다.

2) 해당 단원 분석

(1) 단원의 목표

일과 직업에 대한 건전한 가치관을 형성하여 진로를 탐색하고 가정 생활과 일을 조화롭게 영위할 수 있는 능력을 기른다.

① 일과 직업의 의미와 중요성을 탐색하여, 가정의 일과 직업의 상호 보완적인 관계를 인식한다.

② 나의 흥미와 적성 등을 파악하고, 미래 세계에 적합한 직업을 탐색하여 일에 대한 긍정적인 태도를 가진다.

(2) 교육과정 성취기준

내용 성취 기준
일과 진로 일과 직업의 의미와 중요성을 알고, 가정의 일과 직업의 관계를 인식하며, 학습자의 흥미와 적성 등을 고려해 보고, 미래 직업을 탐색하여 일에 대한 긍정적인 태도를 가진다. ① **일과 직업의 중요성** ▪ 가정 내·외에서 가족이 하는 일을 알고, 일과 직업의 의미와 중요성을 탐색하여 가정의 일과 직업의 상호 보완적인 관계를 인식할 수 있다. ▪ 가족, 친척 및 이웃 등 주변 사람들의 직업 종류 및 특성을 파악하여 일과 직업의 소중함을 깨달을 수 있다. ▪ 인터넷 등을 통하여 여러 가지 직업을 조사하고 특성에 따라 분류할 수 있다. ▪ 우리가 사용하는 제품과 관련된 직업을 찾아봄으로써 사회에는 다양한 일과 직업이 있음을 이해할 수 있다. ② **나의 미래와 진로** ▪ 미래 직업 세계의 변화를 예측하고 자신의 흥미와 적성 등을 파악하여 자신에게 적합한 직업을 탐색하고 진로를 계획할 수 있다. ▪ 일상 생활에서 일과 직업에 대한 긍정적인 태도를 함양할 수 있다.

학습 단계 (시간)	주요 학습 내용	교수-학습 활동		자료(★) 및 유의점(♣)
		교수 활동	학습 활동	
도입 및 과제 발견 (3′)	동기 유발 학습 문제 제시	▣ 동기유발 • 나와 내 주변 사람이 하는 일 생각해 보기 – 일 해 본 경험이 있나요? – 내 주변 사람은 무슨 일을 하고 있을까요? • 직업 알아보기 – 사진 속 사람들은 어떤 일을 할까요? – 여러분은 어떤 직업을 갖고 싶나요?	▣ 동기유발 • 나와 내 주변 사람이 하는 일 생각해 보기 – 청소를 해 보았습니다. – 엄마는 학교에서 학습자들을 가르치는 일을 하십니다. 등 • 직업 알아보기 – 도둑을 잡는 일을 합니다. 학습자들을 가르치는 일을 합니다. 등 – 선생님이요, 디자이너요 등	★PPT 다양한 직업 사진자료

		• 일과 직업의 의미 ▣ **학습문제 확인** • 공부할 문제 생각해 보기	▣ **학습문제 확인** – 일과 직업의 의미와 중요성	
		일과 직업의 의미와 중요성 알기		
	학습 활동 안내	▣ **학습 활동 안내** • 학습 활동을 안내하기 – 활동1: 분류해 보아요 – 활동2: 발견해 보아요	▣ **학습 활동 확인** • 활동할 학습 내용 확인하기	
자료 수집 및 탐색 (13')	제시된 자료 분류 하기	▣ **활동1: 분류해 보아요** • 일인 것과 일이 아닌 것 분류하기 – 일과 일이 아닌 것을 분류해 봅시다. • 직업과 직업이 아닌 것 분류하기 – 직업과 직업이 아닌 것을 분류해 봅시다. – 각 직업이 왜 중요할까요?	▣ **활동1: 분류해 보아요** • 일인 것과 일이 아닌 것 분류하기 – 일: 청소, 공부, 물건생산, 판매 – 일 아닌것: 놀이공원(여가활동), 휴식 – 직업: 선생님, 미용사, 환경미화원 – 직업이 아닌 것: 집에서 아이 돌보기, 자원봉사, 지나가다 쓰레기 줍는 것 – 자유롭게 발표한다.	★활동지,PPT ♣짝끼리 이야기해 보고 분류활동을 하도록 하며 그렇게 분류한 까닭을 말하게 한다.
추가 자료 수집 및 탐색 (7)	중요성 생각하기	• 직업을 통해 얻을 수 있는 것 생각하기 – 사진 속 직업들은 왜 중요할까요? – 사진 속 사람들은 왜 이런 일을 할까요? – '자아실현'을 알아봅시다.(한 인간이 지닌 잠재성과 가능성이 성장, 실현되는 것)	• 직업을 통해 얻을 수 있는 것 생각하기 – 아픈 사람을 치료하기 위해서요, 학습자들의 미래를 위해 공부를 가르쳐주기 때문입니다. 등 – 돈을 벌기 위해서요. 사회에 봉사하고 싶어서요. 자신이 좋아하는 일을 하면서 그 능력을 더 키워나가려고요.	★PPT직업 사진자료 ♣자아실현이나 사회봉사를 위한 직업을 제시한다.
설명 체계화 (12')	의미와 중요성 발견 하기	▣ **활동2: 발견해 보아요** • 일과 직업의 의미 발견 – 일이란 무엇일까요? – 직업은 무엇일까요? • 일과 직업의 중요성 발견 – 일은 왜 해야 할까요? – 왜 직업을 가져야 할까요?	▣ **활동2: 발견해 보아요** • 일과 직업의 의미 발견 – 어떤 목표를 이루기 위해 육체적, 정신적으로 하는 모든 활동입니다. – 일 가운데 경제적 보상을 주는 것입니다. • 일과 직업의 중요성 발견 – 가족이 편안하게 생활하는 데 도움을 줍니다. 생계를 유지하게 합니다. – 경제적 보상을 받아 생계를 유지. 자아실현을 하기 위해서입니다.	★PPT사진자료(가정일, 직업) ♣발표하고 교사가 정리한다.
탐구 과정 분석 및 정리 (5')	적용 하기	▣ **적용하기** • 주변 사람들의 일과 직업알아보기	▣ **적용하기** – 직업군인인 외삼촌은 우리나라를 안전하게 지키기 때문에 중요합니다. 등	★교과서

	학습 내용 정리 하기	▣ **학습 내용 정리하기** • 일과 직업의 의미 – 일과 직업의 차이점을 생각하며 그 의미를 말해 봅시다. • 일과 직업의 중요성 – 왜 일을 하고, 직업을 가져야 할까요?	▣ **학습 내용 정리하기** • 일과 직업의 의미 – 일은 어떤 목표를 이루기 위해 하는 모든 활동이고, 직업은 일 중에서 돈을 받는 활동입니다. • 일과 직업의 중요성 – 행복한 가정, 경제적으로 보상을 받아 생계를 유지, 사회 활동, 자아실현을 할 수 있습니다.	
	차시 예고	▣ **차시 예고** • 여러 가지 직업 – 직업에는 어떤 종류가 있는지 알아보고 분류해 보도록 하겠습니다.	▣ **차시 예고** • 여러 가지 직업	

논의

1. 실과수업에 문제해결학습, 발견학습과 탐구는 모두 구성주의적 수업 방법의 범주에 속한다. 이 장에서 학습한 발견학습과 탐구가 문제해결학습과는 어떤 차이점과 공통점을 갖는지 비교해 보자.
2. 2015 개정 실과교육과정의 성취기준을 살펴본 후 발견학습과 탐구를 적용하여 수업을 설계하면 효과적으로 수업 목표 달성이 가능한 단원을 선정하여 선정의 이유가 포함된 수업 지도안을 작성해 보자.

참고문헌

Bruner, J. S. (2004). *The process of Education*. Cambridge, MA: Harvard University Press.

Cruickshank, D. R., Jenkins, D. B., & Metcalf, K. K. (2012). *The act of teaching(6th Ed)*. McGrowHill.

Dewey, J. (2004). *How we think*. NewYork: Barnes & Noble Books.

Joyce, B., Weil, M., & Callahan, E. (2008). *Models of teaching*. Boston: Allyn & Bacon.

Suchman, R. J. (1961). Inquiry training: Builds skills for autonomous discovery. *Merril Palmer Quarterly*, 7, 147-171.

Strike, K. A. (1975). The logic of learning by discovery. *Review of Educational Research, 45,* 461-483.

Wolk, S. (2008, October). School as inquiry. *Phi Delta Kappan, 90*(2), 115-122.

제 13 장

역할놀이

개 요

인간은 복잡한 존재이다. 각 개인은 자신만의 독특한 방식으로 사람, 사물, 환경과 상호작용한다. 이러한 상호작용 방식이 타인에 의해 이해되기도 하지만 문제를 야기할 때도 있다. 또한, 한 개인이 생각하고 느끼고 행동하는 것 사이의 불일치는 의사소통의 문제를 발생시키기도 한다. 인간은 이것을 생각하고 저것을 말하기도 한다는 것이다. 역할놀이는 문제 상황을 연극으로 만들어 관찰하고 토론함으로써 인간의 감정, 태도, 가치, 문제해결 전략을 탐색하여 효과적인 상호작용 방법을 학습하는 것이다. 즉, 역할놀이는 각 개인이 다른 사람의 입장이 되어 그 사람의 사고와 감정을 공감하게 함으로써 자신과 다른 사람에 대한 이해를 명확하게 하는 데 도움을 주는 방법이다. 실과교육과정은 가족 관계에 대한 이해, 상황에 맞는 옷차림, 가족원의 역할과 책임, 자원의 재활용 문제, 사이버 중독, 개인 정보 보호 및 지식 재산 보호 등 역할놀이를 통해 가치, 감정, 태도의 문제를 해결할 수 있는 주제를 포함하고 있다.

학 습 목 표

- 역할의 개념을 설명할 수 있다.
- 역할놀이의 교육적 의의와 목표를 제시할 수 있다.
- 역할놀이 교수-학습의 단계와 단계별 내용을 말할 수 있다.
- 역할놀이 교수-학습을 적용한 수업 절차를 구성할 수 있다.

1절 역할놀이의 이해

1. 역할의 개념

역할은 주어진 지위나 상황에서 유형화된 감정, 말, 행동의 유형이다(박인우 외, 2005; 남세진, 1997). 어떤 사람은 자신의 말이 영향력이 있다고 생각하여 말에 신중하고 리더십을 발휘하는 행동을 하는 반면, 어떤 사람은 자신을 수줍음이 많고 영향력이 없다고 판단하여 소극적이고 위축된 태도를 보인다. 사람들이 보이는 이러한 것들이 역할이다. 인간은 어머니, 아들, 학생, 집단 구성원, 단체의 회장, 고용주, 노동자 등 다양한 역할을 수행하고 있다. 이러한 역할 수행에서 그 역할에 기대되는 권위나 지위에 어울리는 행동은 사람들과의 관계를 원만하게 만들지만, 역할 기대에서 벗어나는 행동은 관계 악화와 갈등을 가져온다.

그렇다면, 역할은 어떻게 결정되는 것일까? 역할을 결정하는 요인은 다양하지만 일반적으로 개인의 인식, 문화, 규칙에 의해 영향을 받는다. 개인의 인식은 개인이 만나는 사람들에 대한 자신의 일반적인 느낌과 사람들이 자신을 어떻게 인식하고 어떠한 감정이 보이며 어떻게 행동하는가에 대한 개인의 느낌을 말한다. 한 사람이 속한 사회의 문화와 규칙도 역할을 결정하는 데 영향을 미치는 중요한 요인이다. 예를 들면, 남편의 역할을 가정 경제를 책임지는 것에 초점을 맞춘 문화에서는 가사일과 자녀 육아에 참여하는 것을 남편의 역할로 기대하지 않는다는 것이다.

2. 역할놀이의 이해

역할놀이는 형식적인 역할놀이와 비형식적인 역할놀이로 구분할 수 있다. 형식적인 역할놀이는 인간이 조직 속에서 어떤 일을 하는지 경험해 보는 것을 말한다. 음식점을 창업한다고 가정하면, 학생들은 실내디자이너, 영양사, 조리사, 메뉴 개발자 등의 역할을 할 수 있다. 이와 같이 학생들은 특수한 지위와 기능을 가진 인물을 실제로 연기해 봄으로써 역할을 경험하게 된다. 형식적인 역할놀이와 모의 학습을 혼동하는 경우가 있으나, 역할놀이는 모의 학습처럼 지식을 추구하는 것이 아니라 인성과 사회성 발달에 초점이 있고 규칙과 경쟁이 없다는 점에서 차이가 있다.

비형식적 역할놀이는 역할놀이 연기자를 통해 인간 관계 문제를 탐색할 수 있고, 역할을 바꾸어 진행함으로써 상대방의 역할을 이해하도록 할 수 있으며, 사회문제를 묘사하는 데 사용할 수도 있다. 첫째, 역할놀이 연기자를 통한 인간 관계 문제의 탐색은 역할놀이 집단의 사람이 다른 사람의 역할을 맡아 연기하고 다른 구성원(실제 문제를 가진 사람이 포함될 수 있음)은 관찰함으로써 문제의 원인과 효과적인 해결 방안을 토론하는 방법으로 전개된다. 이 방법은 인간 관계 문제를 겪는 당사자가 역할놀이 상황에 포함되지 않기 때문에 역할놀이 관찰에 대한 의견을 자유롭게 나눌 수 있다. 둘째, 역할을 바꾸어 진행함으로써 상대방의 역할을 이해하도록 하는 역할놀이는 인간의 복잡한 감정 상태를 다루는 데 효과적이다. 각자의 역할을 바꾸어 진행하는 과정은 그 역할이 가진 상황과 심리적인 상태를 연기하는 과정으로 상대방을 이해하는 데 큰 영향을 미친다. 이러한 과정을 통해 상대방의 감정에 공감할 수 있다는 것은 발생한 사건과 상호작용을 정확하게 해석할 수 있음을 의미한다. 셋째, 역할놀이는 사회 문제를 묘사하는 데 사용할 수 있다. 이는 어떤 사회적 사건이나 문제를 역할극으로 표현하여 사회 문제를 찾고 분석하는 토론을 진행하는 것이다(김광자, 2000; 남세진, 1997).

3. 역할놀이의 원리

모레노(Moreno)는 행동 변화를 유도하기 위한 역할놀이에서 가장 주의하여야 할 점이 벌, 비난, 놀리기 등과 같은 금지의 축소라고 하였다. 금지는 자연스러운 감정과 가치의 표현을 제한하기 때문에 역할놀이 시작 전에 제어되어야 한다. 역할놀이 연기자는 자신의 행동이 비판되고 놀림감이 되는 불안, 의심, 공포로부터 해방되어야만 인간 상호작용의 새로운 형태를 연기하고 실험하게 된다는 것이다. 레윈(Lewin)의 변화 이론은 역할놀이의 원리를 행위의 유동적 형태로의 풀림, 변화, 새로운 행동의 고정의 세 단계로 설명하고 있다(김광자, 2000).

1) 행위의 유동적 형태로의 풀림

인간은 의식적인 사고 과정 없이 습관적 행위를 하곤 한다. 때로는 틀에 박힌 행동이 적절하지 않지만 그 사실을 인식하지 않은 채 지속하기도 한다. 예들 들면 어떤 회의에서 논의의 시간이 부족한 경우, 반대 의견을 말하라고 한 다음에 특별한 의견이 없으면 침묵을 동의하는 것으로 간주한다. 이는 표준화된 행동 방식으로 자리잡고 있다. 그러나 역할놀이는 일어난 사실을 평가하기 때문에 틀에 박힌 행동이 정당한 가설이 될 수 없다. 역할놀이는 참가자들로 하여금 현재의 행위를 진단하고 모든 형태의 분석과 토론 상황을 제공한다. 이처럼 정해진 절차(판에 박힌 행동)에 대한 새로운 진단은 변화의 첫 걸음이자 불안의 시작이기도 하다. 그 이유는 이미 알고 있는 고정된 형태의 것이 통하지 않고 효과적인 방법을 찾지 못한 상태이기 때문이다. 이처럼 고정된 행위가 유동적인 형태로 풀어져 불안이나 긴장을 야기하는 상태가 역할놀이의 첫 시작이다.

2) 변화

변화는 새로운 형태로 이동하는 과정이다. 이 과정은 문제 분석, 문제해결을 위한 행동 선택, 실제적 노력으로 전개된다. 문제 분석은 변화가 필요하다고 인식한 상황에 대한 이해와 진단을 말한다. 어떤 사람은 문제를 인식하고도 이를 실행하려는 시도를 하지 않기 때문에, 문제를 이해하고 탐색하는 것은 변화의 첫 출발이 될 수 있다. 문제에 대한 탐색은 몇 가지 대안적 행동을 제안하고, 역할놀이는 대안적 행동을 편안하게 시도해 볼 수 있는 기회를 제공한다. 대안적 행동들에 대한 여러 번의 재시연은 그 중 어떤 것이 가장 적합한지 발견할 수 있도록 하는 장치가 된다. 이러한 시연은 실제 생활에서처럼 강력하지 않을 수 있지만, 실수를 통해 학습할 수 있고 결점을 쉽고 안전하게 보완할 수 있는 기회를 제공한다. 결국, 역할놀이는 변화된 행동이 타인에 의해 어떻게 평가될 것인지에 대한 정확한 정보를 제공하여 부정적 결과를 피할 수 있는 방안을 제공한다.

3) 새로운 행동의 고정

역할놀이의 과정은 전형적인 어떤 것이 통하지 않고 문제가 있음을 알게 된다. 이는 불안과 갈등을 야기하여 행위가 유동적인 형태로 풀어지는 계기를 만든다. 풀어지는 기간은 변화의 필요성을 느끼고 학습할 때 사라진다. 문제해결을 위해 선택한 행동의 반복적 시연은 행동의 변화를 유도하게 된다. 이러한 과정을 통한 역할놀이의 궁극적 목적은 새롭게 습득한 행동의 고정에 있다. 여러 번의 재시연을 통해 검증받은 행동은 실제 생활에서 실천으로 옮겨져야 하고, 실천된 행동은 주변 사람에 의한 사회적 지지가 있어야 한다. 사회적 지지는 행동 형태가 고정되고 오래 지속될 수 있도록 돕기 때문이다.

4. 역할놀이의 장점 및 유의점

역할놀이는 학생들의 생활 속 문제에 대하여 가치가 어떻게 행동에 영향을 미치는지에 대하여 가르치는 수단으로 인간 관계, 사회 문제 등을 다룬다. 이러한 역할놀이 교수-학습 모형은 교육의 개인적·사회적 가치에 근거를 두고 있다. 개인적 차원에서는 자기가 속한 사회에서 개인의 의미를 발견하고, 사회적 집단의 도움으로 개인적 갈등을 해결하도록 도와주려고 한다. 사회적 차원에서는 사회적 문제나 개인 간의 문제를 민주적인 방법으로 해결하도록 도와준다.

따라서 역할놀이 과정에서 학생들은 자신을 통제하는 방법, 타인과 협동하는 방법, 인간 관계에서 잘못된 것을 관찰하고 수정하는 방법을 학습하게 된다. 즉, 이 과정에서 학생들은 역할놀이 연기자의 감정을 탐구하고, 문제해결에 대한 기술과 태도를 개발하며, 다양한 방법으로 문제를 탐구하게 된다. 이러한 역할놀이의 장점과 적용시의 유의점은 다음과 같다(박인우 외, 2005; 남세진, 1997).

〈표 13-1〉 역할놀이의 장점 및 유의점

장 점	유의점
• 자신을 다른 사람의 입장에서 보게 하여 다른 사람의 행동을 이해할 수 있게 한다. • 현실 상황에서 연습과 실수를 통해 학습이 가능하다. • 현실적 생활에서의 요소를 포함하되 위험 요소를 배제할 수 있다. • 역할에 대한 연기이므로 자신의 가치, 감정, 태도, 행동을 객관적으로 관찰하고 분석할 수 있다. • 감정의 발산과 해소를 통해 문제해결을 위한 준비를 할 수 있다. • 자신의 감정을 통찰하고 탐색할 수 있다. • 역할놀이와 그것에 대한 토론을 통해 집단은 개인에게 도움을 줄 수 있다. • 연기자의 문제를 진단하고 욕구를 빨리 알아낼 수 있는 효과적인 방법이다.	• 역할놀이와 토론을 위한 시간이 넉넉하지 않다면 시도하지 않는 것이 좋다. • 역할놀이는 방법이지 목적 그 자체는 아니다. • 집단의 성숙과 이해 수준에 적합한 것이어야 하고, 집단은 역할놀이에서 다루는 문제에 관심을 가져야 한다. • 상하관계나 고용관계에 있는 사람들에게 적용할 때는 신중한 검토가 필요하다. • 단기간에 금방 변하기는 어려우므로 강제하거나 기적을 찾지 말고 시간적 여유를 가져야 한다. • 치료의 목적으로 사용하지 말아야 한다. • 정답이 하나밖에 없는 상황을 구성하지 말고, 해결책을 스스로 찾게 해야 한다. • 집단의 문제가 아니거나 집단의 수준을 벗어난 문제는 피해야 한다.

5. 역할놀이의 적용

역할놀이 모형을 적용하기에 적합한 교육 목적은 자신과 다른 사람의 감정 인식, 문제해결을 위한 새로운 행동 습득, 문제해결 기술의 개선이다. 이러한 목적을 위하여 학생들은 역할 연기자의 감정, 태도, 가치, 행동을 관찰하고, 교사는 관찰의 초점을 제시하여 연기와 토론이 점진적으로 발전할 수 있도록 한다. 관찰의 초점은 감정 탐색, 태도 · 가치 인식, 문제해결 태도와 기술로 나누어 살펴볼 수 있다. 감정 탐색의 초점은 자신과 타인의 감정 탐색, 감정의 연기 혹은 표출, 인식을 변화시키는 높은 수준의 역할이고, 태도 · 가치 인식의 초점은 문화의 가치 발견, 가치 갈등의 명료화와 평가이다. 문제해결 태도와 기술에서는 가능한 해결책에 대한 개방성, 대안적 해결책을 도출하는 능력, 해결책의 결과를 경험하고 평가하는 능력, 새로운 행동이나 기술 습득에 초점을 둔다.

역할놀이를 적용하기에 적절한 몇 가지 유형은 다음과 같다(박인우 외, 2005).

〈표 13-2〉 역할놀이의 유형

유 형	역할놀이의 기능
개인 간의 갈등	개인 간의 갈등을 드러내고 학생들이 갈등 해결 방법을 탐색하게 하도록 돕는다.
집단 간의 관계	도덕적·인종적 고정관념이나 권위주의적 가치에 의해 발생한 문제의 고정관념과 편견을 드러내고 차이를 수용하도록 돕는다.
개인적 딜레마	자신의 이익과 다른 사람의 이익이 배치되거나 두 개의 대조적인 가치가 충돌하는 개인적 딜레마 상황에 대한 역할놀이는 딜레마가 발생한 이유와 무엇을 해야 할지에 대한 이해를 돕는다.
역사적·시사적 문제	역사적·시사적 문제를 맡은 역할 연기자의 태도, 가치, 해결 방안, 행동의 결과에 초점을 맞추도록 돕는다.

2절 역할놀이 수업의 적용

1. 역할놀이 교수-학습 단계

역할놀이 교수-학습의 효과는 학습 과정이 얼마나 현실적인가와 관련이 있다. 역할놀이는 학생들이 역할을 실제 상황과 유사한 것으로 인지하여 역할놀이에 진지하게 참여해야만 성공할 수 있다는 것이다. 교사가 제시한 단순한 문제 상황을 학생들이 연기하고 그것에 대하여 토론한다는 자체로는 역할놀이의 성공을 담보하기 힘들다. 역할놀이의 성공적 수행을 안내하기 위한 교수-학습 단계를 살펴보면 〈표 13-3〉과 같다.

〈표 13-3〉 역할놀이 교수-학습 절차의 비교

<table>
<tr><th colspan="2">Shaftel & Shaftel</th><th colspan="2">김광자</th></tr>
<tr><td>집단을
워밍업시키기</td><td>• 문제 제시, 명료화, 탐색
• 역할놀이 설명</td><td rowspan="4">준비
하기</td><td>역할 결정 및 역할 선택하기</td></tr>
<tr><td>참가자
선정하기</td><td>• 역할 분석
• 역할놀이 참여자 선정</td><td>역할에 대한 학습 자료 찾기</td></tr>
<tr><td>무대
설치하기</td><td>• 행동 라인 확인
• 전체 상황 인식</td><td rowspan="2">역할놀이를 실생활에 연결시키기</td></tr>
<tr><td>관찰자
준비시키기</td><td>• 관찰 관점 결정
• 관찰자의 과제 할당</td></tr>
<tr><td>실연</td><td>• 역할놀이 진행</td><td colspan="2" rowspan="3">공연하기</td></tr>
<tr><td>토론 및 평가</td><td>• 연기에 대한 해석
• 역할 수행에 대한 의견</td></tr>
<tr><td>재실연</td><td>• 수정된 역할놀이
• 원인-결과에 대한 새로운 가능성 탐색
• 여러 번 반복 가능</td></tr>
<tr><td>토론 및 평가</td><td>• 연기에 대한 해석
• 역할 수행에 대한 의견</td><td colspan="2" rowspan="2">평가하기</td></tr>
<tr><td>경험의 공유와
일반화</td><td>• 문제 상황을 실제 생활과 연결
• 일반적인 행동 원리 탐색</td></tr>
</table>

김광자(2000)는 준비하기(역할 결정 및 역할 선택하기, 역할에 대한 학습 자료 찾기, 역할놀이를 실생활에 연결시키기), 공연하기, 평가하기로 역할놀이 교수-학습 절차를 구성하였다. 역할 결정 및 역할 선택 단계에서는 주어진 상황에 필요한 역할을 결정하고 역할 연기자를 결정한다. 역할에 대한 학습 자료 찾기는 역할놀이를 위하여 결정된 역할들과 관계된 임무, 책임, 요구 사항 등의 자료를 마련하는 단계이고, 역할놀이를 실생활에 연결시키기는 역할극이 실생활과 유사하도록 관리하는 단계이다. 이와 같은 준비 활동이 끝나면 학생들은 교사의 도움과 지시를 최소화한 상태에서 역할극을 실행한다. 그리고 역할극이 끝나거나 절정 장면에서 중단시켜 역할이 잘 표현되었는지, 개선점이 무엇인지, 어떻게 대처해야 하는지에 대해 토의 및 평가하는 시간을 가진다. 다음으로는 토론 및 평가의 결과를 반영하여 재실연한다. 이때 배역을 바꾸어 다른 학생들에게 기회를 제공하거나 처음 연기자끼리 배역을 바꾸는 것도 좋은 방법이다. 이처럼 공연하기에는 역할극 실연, 토론과 평가, 재실연이 포함된다. 평가하기는 역할놀이 활동의 학습 목표 달성도를 분석하여 결론을 내리는 단계이다.

샤프텔 부부(Shaftel & Shaftel)는 역할놀이를 9단계로 구성하였다. 그 구성은 집단을 워밍업시키기, 참가자 선정하기, 무대 설치하기, 관찰자 준비시키기, 실연, 토론 및 평가, 재실연, 토론 및 평가, 경험의 공유와 일반화이다(박인우 외 역, 2005). 집단을 워밍업시키기는 학생들에게 문제를 제시하고 문제해결의 필요성을 느끼게 하는 단계이다. 문제는 학생들이 갈등 상황을 찾고 탐색할 수 있도록 실제적 문제, 사례 제시, 영상 자료 등을 통해 생생하게 제시해야 한다. 그리고 문제의 적절성은 학생들의 연령, 문화적 배경, 주제의 민감성, 상황의 복잡성 등의 요소에 의해 판단될 수 있다. 예를 들면, 문제는 학생의 관심과 사회적 이슈 등에 근거를 두어야 하지만 극히 민감한 이슈는 곤란할 수 있다. 이 단계에서 교사는 학생들의 문제 이해를 돕기 위하여 무엇이 문제이고 어떻게 해결할 수 있을까, 이야기의 결말은 무엇일까 등의 질문을 할 수 있다.

참가자 선정하기 단계에서는 교사와 학생이 배역들의 행동에 대해 논의하고, 각 배역을 맡고 싶은 학생들의 자원을 받거나 선정한다. 배역을 맡을 학생의 선정에서 유의할 점은 역할을 구체적으로 실현할 수 있는 학생, 역할 구별을 잘

할 수 있는 학생, 다른 사람의 입장이 되는 것을 배워야 하는 학생, 변화되어야 할 필요가 있는 태도를 보이는 학생 등을 중심으로 해야 한다는 것이다.

무대 설치하기는 연기자들이 역할을 잘 구현할 수 있도록 행동 동선에 따라 구성하고, 감정의 표출을 도울 수 있는 분위기를 연출하는 단계이다. 교사는 무대 설치를 돕기 위하여 특정 장면의 실연이 이루어지는 공간이 어디인지, 그 실연의 내용이 무엇인지에 대해 질문함으로써 무대 설치를 돕는다.

관찰자 준비시키기는 학급의 모든 학생이 연기자로 참여할 수 없으므로 학습의 효과를 위하여 연기자 외의 학생들이 관찰자로서 실연을 분석하도록 준비시키는 단계이다. 교사는 관찰을 효과적으로 이끌기 위하여 관찰 관점을 제공하면 좋다. 관찰 관점에는 연기자들이 어떤 행동을 했는지, 행동이 도움이 되었는지, 다른 대안은 없었는지, 무엇을 느꼈는지 등이 있다.

실연은 연기자들이 실제처럼 생생하게 연기하는 단계이다. 첫 실연은 능숙한 연기나 확실한 반응보다는 문제를 드러내고 역할을 형성하는 것에 초점을 둔다. 이 단계에서 드러난 문제점은 재연에서 수정・보완될 수 있기 때문이다. 연기가 중단되어야 하는 시점은 교사가 제안한 행동이 분명해지거나, 행동 기술이 습득되거나, 막다른 길에 도달하거나, 행동이 대안적 아이디어를 표현할 때이다.

토론 및 평가 단계에서는 연기에 대한 해석과 바람직한 행동에 대한 의견을 나눈다. 이때 교사는 이들에 대한 의견의 차이에 초점을 두고 토론과 평가를 진행한다. 이 단계에서 교사는 사건이나 역할에 대한 학생의 이해가 부족한 면이 드러나면 재연을 요청할 수 있다. 또한 교사는 실연의 결과를 어떻게 생각하는지, 왜 그렇게 생각하는지, 무슨 의미인지에 대한 질문을 통해 문제해결을 위한 새로운 대안에 도달할 수 있도록 돕는다.

재실연은 토론 및 평가와 함께 여러 번 진행될 수 있다. 교사와 학생은 문제의 원인과 결과에 대한 새로운 대안을 적용하여 역할을 수정하여 연기하고, 새로운 대안이 감정과 행동을 어떻게 변화시키는지 관찰한다. 관찰자는 다른 방식의 시도가 가져오는 다른 결과에 주목해야 할 것이다.

토론 및 평가에서는 좋은 결과를 가져올 수 있는 방법에 대하여 끊임없이 논의함으로써 모두가 수용할 수 있는 해결책에 접근한다. 교사는 모두가 수용하려는 해결책에 대하여 이러한 결말이 현실적으로도 가능한지 생각하게 함으로써 실현 가능한 해결책을 모색하도록 돕는다.

경험의 공유와 일반화는 경험을 나누고 경험의 결과를 실제 생활과 연결하여 일반화하는 단계이다. 일반화는 일반적인 행동 원리에 대한 것으로 토론의 형태가 적절할수록 잘 일어나며, 생활 속에서 적용할 수 있는 가능성이 높음을 의미한다. 그러나 일반화는 몇 번의 경험으로 쉽게 이루어지는 것은 아니다. 학생들은 역할놀이 전략을 오랫동안 경험한 후에야 역할놀이를 사용하여 문제를 명확히 하고, 문제에 대한 통찰력을 얻을 수 있게 된다.

2. 역할놀이 교수-학습의 적용 사례

역할놀이 모형을 적용한 교수-학습 과정안은 '일과 직업의 세계'에서 나에게 맞는 직업 탐색을 주제로 한 것이다. 진로 탐색 과정은 개인 간의 갈등, 개인적 딜레마, 사회적 문제에 직면할 가능성이 크다. 개인 간의 갈등은 부모가 희망하는 진로와 자녀가 원하는 진로의 차이에 의해 야기될 수 있다. 일반적으로 부모는 안정적이고 사회적으로 인정받는 직업을 정해 놓고 있고, 자녀는 적성과 흥미에 맞는 직업을 자유롭게 결정하고 싶어한다. 개인적 딜레마도 역시 부모의 압력과 개인의 선호 사이에서 발생한다. 사회적 문제는 열심히 일하고 노력하는 사람이 성공할 수 있는 가능성을 보여주지 않는 것, 좋은 직업과 그렇지 않은 직업이 정해져 있는 것, 직업윤리에 대한 기준의 불분명 등 다양하다. 이러한 사회적 문제는 학생들의 진로 탐색에 영향을 미치는 중요한 요소가 될 수 있다. 그러므로 '나에게 맞는 직업 탐색하기' 수업은 개인 간의 갈등을 해결하거나 문제의 내면에 있는 사회적 가치를 분석하는 것이므로 역할놀이가 적합하다. 비형식적 역할놀이는 인간 관계 문제를 탐색하거나 사회 문제를 찾고 분석하는 데 적용하는 방법이기 때문이다.

역할놀이 모형의 교수-학습 단계는 준비하기(집단을 워밍업시키기 → 참가자 선정하기 → 무대 설치하기 → 관찰자 준비시키기), 실연과 토론 및 평가(실연 → 토론 및 평가 → 재실연 → 토론 및 평가), 경험의 공유와 일반화로 이루어진다.

준비하기에서는 학생의 희망 진로와 부모의 기대가 달라서 갈등을 겪고 있는 문제 상황의 제시와 문제의 원인 분석을 통해 역할놀이에 대한 워밍업을 하고, 문제 상황 속의 역할을 수행할 연기자를 선정한다. 그리고 역할 연기를 잘 실행할 수 있는 장면과 행동 라인을 고려하여 무대를 설치한다. 무대 설치 후에는 역할놀이에 직접 참여하지 않는 학생들을 관찰자로서 준비시켜 역할 연기자의 감정, 가치, 문제해결을 위한 아이디어 등을 분석 및 평가할 수 있도록 한다.

실연과 토론 및 평가는 역할놀이를 실행하고 학생과 부모 간의 갈등 해결을 위한 행동이 분명해졌다고 판단되면, 역할놀이를 중단 후 활동에 대한 토론 및 평가를 진행하는 과정이다. 평가 과정에서 제시된 역할놀이의 결과에 대한 다른 해결책은 수정된 역할놀이의 실행이 필요함을 의미한다. 그러므로 이 과정에서는 갈등 해결을 위한 아이디어가 충분히 제시될 때까지 재시연과 토론 및 평가를 반복한다.

마지막으로 경험의 공유와 일반화는 역할놀이와 비슷한 자신의 경험이나 주변 사례를 찾아보게 함으로써 학생과 부모 간의 진로 관련 갈등이 현실적인 문제임을 느끼도록 한다. 그런 다음에는 역할놀이를 통해 도출된 아이디어가 생활 속에서 적용할 수 있는 일반적인 문제해결 방안임을 알고 실천할 수 있도록 지도한다.

〈표 13-4〉 역할놀이 모형을 적용한 교수-학습 과정안 예시

영 역		기술 활용	내용 요소: 일과 직업의 세계
학습 주제		나에게 맞는 직업 탐색하기	
학습 목표		나의 적성, 흥미, 성격에 맞는 직업을 탐색할 수 있다.	
교수-학습 단계		**교수-학습 활동**	**자료 및 유의점**
준비하기	집단을 워밍업 시키기	▣ **동기유발** • 직업만족도가 낮은 한국의 실태를 소개한다. • 직업 변경으로 행복한 삶을 사는 사람들의 사례를 소개한다. (예: 의사에서 요리사가 된 사례) ▣ **문제 상황 제시 및 문제 인식하기** • 학생의 희망 진로와 부모의 기대가 달라서 갈등을 겪고 있는 상황을 제시한다. - 어떤 문제가 있나요? - 문제가 발생한 원인은 무엇인가요? ▣ **학습 목표 제시하기** • 나와 관련된 문제라는 인식을 통해 참여적 분위기를 조성한다. [나의 적성, 흥미, 성격에 맞는 직업을 탐색할 수 있다.] ▣ **역할놀이 설명하기**	※교사는 문제 상황에 대하여 생각할 시간을 준다.
	참가자 선정 하기	▣ **역할 분석하기** • 문제 상황 속의 부모, 학생(나), 친구 등의 역할을 살펴본다. ▣ **역할 연기자 선정하기** • 역할 연기자의 선정은 자연스러운 분위기에서 자발적 지원을 우선적으로 한다. ▣ **역할극 구성하기** • 간단한 대본을 완성한다(교사에 의해 주어질 수도 있다). • 부모, 학생, 친구의 역할에 맞는 성격을 부여한다.	※정답을 결정하고 있는 학생은 연기자로 선정하지 않는다. ※대본은 개략적인 흐름을 나타내는 수준에서 구성한다.
	무대 설치 하기	▣ **역할 재진술하기** • 교사는 역할을 다시 설명하여 분명하게 한다. ▣ **문제 상황 파악 및 행동 라인 설정** • 학생과 부모 간의 진로 갈등의 내면에 있는 가치, 태도, 사회적 영향 등을 파악한다. • 장면과 동선을 설정한다(거실, 학교 등). ▣ **무대 설치하기** • 간단한 도구를 이용하여 무대를 설치한다. (현실의 모습을 그대로 반영하기보다는 역할 수행과 감정 몰입에 도움을 줄 수 있을 정도로 한다.)	※무대 꾸미기가 지나치지 않도록 지도하다.
	관찰자 준비 시키기	▣ **관찰 관점 설명하기** • 교사는 무엇을 관찰할 것인지를 제시한다. - 제시된 진로 갈등이 현실적인 문제인가 - 부모와 학생 역할 연기자의 감정은 어떠한가 - 역할 연기자는 갈등 해결을 위해 무엇을 하고 있는가 - 갈등 해결을 위해 어떤 아이디어를 제시하고 있는가 - 관찰자 자신이라면 어떻게 할 것인가 ▣ **관찰자의 역할 분담하기** • 각 관찰자가 중점을 두어야 할 부분을 할당한다.	※다양한 관점에서 관찰할 수 있도록 지도한다.
실연, 토론 및 평가	실연 ⇓ 토론 및 평가	▣ **역할놀이 실행 및 중단** • 학생과 부모 간 진로 갈등 문제에 대해 역할놀이를 실행한다. • 실제 상황처럼 각자의 역할을 자연스럽게 연기할 수 있도록 한다. • 역할 연기의 질보다는 역할을 통해 드러내고자 하는 감정, 태도, 아	※구체적인 대본에 따라 진행되지 않도록 한다.

단계	세부 단계	교수·학습 활동	유의점
		이디어에 초점을 두도록 돕는다. • 갈등 해결을 위한 충분한 아이디어가 표현되었거나 행동이 분명해졌다고 판단되면 역할놀이를 중단한다. ▣ **토론 및 평가** • 역할 연기자가 한 행동과 아이디어에 대해 토론한다. • 관찰 관점으로 제시된 것과 중요한 초점에 대해 토론한다. • 역할놀이의 결과가 도덕적으로 바람직한 행동인지 토론한다. • 역할놀이의 결과에 대해 종합적으로 평가한다. • 다른 해결책에 대해 논의한다.	※ 연기력에 대한 평가가 아니라 문제 해결에 대해 토론하고 평가해야 한다.
	재실연 ⇓ 토론 및 평가	▣ **수정된 역할놀이 실행하기** • 이전 단계에서 제시된 새로운 해결책을 적용하여 역할놀이를 다시 실행한다. • 관찰 관점은 수정된 부분의 역할 연기에 둔다. • 갈등 해결을 위한 행동이 분명해지면 역할놀이를 중단한다. ▣ **토론 및 평가** • 수정된 행동과 행동의 결과에 대해 토론한다. • 역할놀이의 결과에 대해 종합적으로 평가한다. • 학생과 부모 간의 갈등 해결에 부족한 부분이 있다고 판단되면, 다른 해결책에 대해 논의하고 재실연과 토론 및 평가를 반복한다. • 학생과 부모 간의 갈등 해결에 충분한 아이디어가 도출되었다고 판단되면, 다음 단계로 이행한다.	※ 재실연은 새로운 아이디어를 가진 학생이 실행한다. (첫 번째 연기자가 역할을 수정하여 다시 실행할 수도 있다.)
경험의 공유와 일반화		▣ **문제 상황을 실제 경험과 연결하기** • 역할놀이와 비슷한 자신의 경험에 대해 발표한다. • 역할놀이와 비슷한 주변 사례를 조사·발표한다. ▣ **행동 원리를 일반화하기** • 학생과 부모 간의 바람직한 관계에 대한 생각을 공유한다. • 바람직한 부모상, 자녀의 역할에 대해 학습했음을 깨닫는다.	※ 일반화된 행동 원리를 실천할 수 있도록 지도한다.

논의

1. 역할놀이 교수-학습이 교육 현장에 미치는 영향에 대하여 논의해 보자.
2. 역할놀이 교수-학습의 교육적 타당성을 비판적으로 분석해 보자.
3. 역할놀이 교수-학습에 적합한 실과교육 내용에 대하여 논의해 보자.
4. 역할놀이 교수-학습의 효율적 시행을 위한 교사와 학생의 역할에 대하여 논의해 보자.
5. 역할놀이 교수-학습의 수정·보완 방법을 탐구해 보자.

참고문헌

김광자(2000). **교수학습방법의 이해**. 집문당.

남세진(1997). **역할놀이**. 서울대학교출판부.

박인우 외 역(2005). 교수모형. 아카데미프레스. Joyce, B. etc. (2004). Models of Teaching. Allyn & Bacon.

제 14 장

플립드 러닝

개 요

플립드 러닝(Flipped Learning)은 온라인 학습이나 동영상 자료 등을 통하여 선행학습을 한 후 오프라인 현장의 강의나 토론, 피드백 및 평가를 수행하는 '거꾸로 학습'이다.

이 장에서는 플립드 러닝의 개념과 장·단점을 알아보고, 실과수업에서의 활용에 대해 논의하고자 한다.

학 습 목 표

- 플립드 러닝의 개념과 장·단점에 대하여 설명할 수 있다.
- 플립드 러닝을 적용한 수업 단계를 설명할 수 있다.
- 실과수업에서 플립드 러닝의 적용 및 활용에 대하여 설명할 수 있다.
- 실과수업에서 강의 수업이 효과적인 실과교육 내용을 선정하고, 교수–학습 과정안을 설계할 수 있다.

1절 플립드 러닝의 이해

1. 플립드 러닝[1])의 개념

플립드 러닝(Flipped Learning)은 간단히 말해서 기존 방식을 '뒤집는, 거꾸로(flip)' 학습을 말한다. 전통적인 교수 방법의 패턴을 뒤집어 인터넷 기반의 테크놀로지 활용으로 기존의 강의와 가정 학습 과제 수행 요소를 뒤바꾼 교수모형이다. 전통적인 수업이 수업 시간에 교사가 학생들에게 지식 전달 위주의 수업을 진행하고 학생들이 부족하다고 느끼는 부분은 수업이 끝난 후에 보충하거나 문제풀이 등을 통해 심화 학습하여 각자 해결하는 방식이라면, 플립드 러닝은 학생들이 수업 전에 온라인 강의를 통해 수업 내용을 미리 학습하고 부족한 부분이나 의문, 수업 내용과 관련된 문제 등을 수업 시간에 교사와 학생들이 함께 해결하는 방식이다. 따라서 교사 중심의 지식 전달식 수업이 아니라 학생 중심의 발표와 토론, 협동, 프로젝트, 문제해결 등의 형식으로 수업을 진행함으로써, 기존의 수업 방식에서는 불가능했던 학생들의 자기 주도적 학습능력과 문제해결능력을 향상시킬 수 있다. 즉 전통적인 교실 수업에서 수행했던 일들이 교실 밖에서 일어나게 되며, 교실 밖에서 일어났던 일들이 교실 수업에서 수행되는 것이다.

---

1) 우리나라에서 'Flipped Learning'과 'Flipped Classroom'은 '플립드 러닝', '플립 러닝', '거꾸로 학습', '거꾸로 교실', '뒤집힌 학습', '거꾸로 수업', '반전학습', '역전학습' 등 다양한 용어로 번역되어 서로 혼용되고 있다. 그러나 'Flipped Learning'과 'Flipped Classroom'을 시작하고 발전시킨 버그만과 샘즈(J. Bergmann & A. Sams)는 두 용어를 구별하여 사용하였고, 최근 Flipped Learning Network(FLN)도 용어를 구별해야 한다고 주장하였다. 원저자의 의도를 살리고 서로 구별하기 위해 필자는 'Flipped Learning'을 영어 발음 그대로 한글 표기하여 '플립드 러닝'으로 하였다. 'Flipped Learning'과 'Flipped Classroom'의 차이는 '2. 플립드 러닝에 대한 오해'에서 자세히 다루었다.

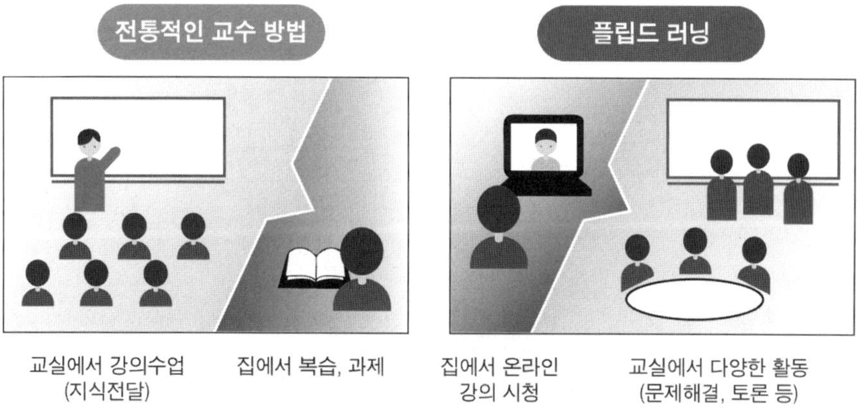

[그림 14-1] 전통적인 교수 방법과 플립드 러닝의 차이

2007년 미국의 고등학교 교사인 버그만과 샘즈(J. Bergmann & A. Sams)는 전통적인 교실 수업을 뒤집어 '거꾸로 교실(Flipped Classroom)'을 시작하였다. 그들은 스포츠나 특별 활동으로 인해 수업에 자주 빠지는 학생들의 교과 학습을 지원하기 위한 방안으로 거꾸로 교실을 처음 고안하였다. 수업 비디오를 만들어 인터넷에 올렸고, 수업에 빠진 학생들은 집에서 비디오를 보고 스스로 공부하면서 수업을 따라 갔다. 이런 과정을 거쳐 버그만과 샘즈는 학생들이 집에서 비디오를 보면서 공부한 후 교실에서는 수업 내용과 관련된 토론, 탐구, 과제해결 등의 활동을 하는 거꾸로 교실을 발전시켰으며, 이것이 바로 플립드 러닝이다.

버그만과 샘즈는 플립드 러닝에서 뒤집은 것들이 무엇인지 주목하였는데, 첫 번째는 교육의 목표이며, 두 번째는 교육의 주체이다.

블룸(B. Bloom)의 교육 목표 분류 체계에 의하면, 전통적 교실에서 교사는 주로 기억과 이해 부분에 초점을 맞추어 강의식 수업을 실시했으며 상위 부분에 해당하는 적용, 분석, 평가, 창의 부분은 주로 다루지 못하고 지나가거나 과제로 제시해 왔다.

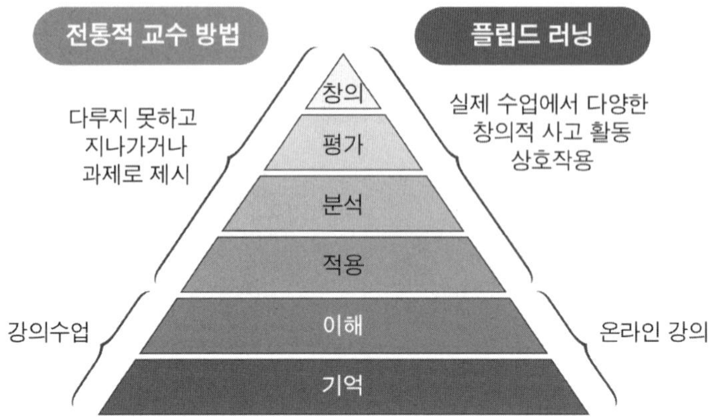

[그림 14-2] 블룸(Bloom)의 신 교육 목표 분류

그러나 플립드 러닝에서는 블룸의 교육 목표를 뒤집어 바라본다. 실제 수업에서는 상위 부분에 해당하는 적용, 분석, 평가, 창의 부분을 다루고 대신 설명과 강의 위주의 이해, 기억 부분은 교실 밖으로 꺼내어 사전에 제작한 동영상 자료로 대체한다. 학생들은 사전에 동영상을 시청하고 학습함으로써 실제 수업에서 대부분 교사의 강의, 설명에 할애되던 시간 대신 보다 상위 부분의 창의적 사고 활동을 해 볼 수 있게 된다. 교사는 일방적으로 강의 내용을 전달하는데 대부분 사용되었던 시간을 학생과의 상호작용에 사용할 수 있게 되고, 학생 간에도 의사소통, 협동학습할 수 있는 시간이 보다 늘어나게 된다. 이러한 플립드 러닝은 미국의 초・중・고, 대학에서 뿐만 아니라 우리나라에서도 교육 개혁을 위한 방법으로 교육의 실제와 이론의 측면에서 많은 관심을 받고 있다.

플립드 러닝에 대한 아이디어는 사실 새로운 것은 아니다. 하지만 이러한 아이디어가 최근 들어 주목을 받고 있는 이유는 과학 기술의 발달 및 컴퓨터나 모바일 기기를 활용한 웹에 대한 접속이 원활해진 것이 가장 큰 이유이다. 과학 기술의 발달은 교사들로 하여금 온라인 교육 동영상이나 온라인 평가 시스템을 활용할 수 있도록 해 주었다. 이처럼 여러 다양한 온라인 자원들이 개발되고 있지만, 플립드 러닝을 가능하게 해 준 것은 바로 다양한 주제에 대한 정보를 무료로 제공하는 열린 교육용 동영상 자료의 등장 때문이며, 이러한 자료의 대표적인 예가 바로 Khan Academy이다. Khan Academy에서는 4,000개 이상의 교육용 동영상 자료를 도서관 형태로 관리하고 있으며, 플립드 러닝의 형태로 수업을 진행하기 위한 기능을 제공하고 있다.

일반적으로 플립드 러닝은 다음과 같은 특징이 있다.

- 교사와 학생 간 상호작용과 개별화 접촉 시간이 증가한다.
- 학생들이 자신의 학습에 대하여 책임을 가진다.
- 교사는 안내자 역할을 수행한다.
- 직접적인 교수와 구성주의 학습의 혼합학습이 가능하다.
- 특정 이유(질병, 운동, 야외학습 등)에 의해 학습 결손이 일어난 학생들도 뒤처지지 않는다.
- 학습 내용이 지속적인 재검토 또는 다시 적용되기 위해 축적된다.
- 모든 학생들이 자신의 학습에 참여한다.
- 모든 학생들이 개별화 교육을 받을 수 있다.

2. 플립드 러닝에 대한 오해[2)]

'Flipped Learning(거꾸로 학습)'과 'Flipped Classroom(거꾸로 교실)'[3)]은 이름도 비슷하고 교수-학습 과정이 유사하기 때문에 서로 혼동하기 쉽다. 학교 현장에서는 '거꾸로 교실', '거꾸로 수업', '거꾸로 학습'을 유사한 의미로 혼용하고 있다. 실제로 버그만과 샘즈의 저서 〈Flipped Your Classroom〉(2012)은 우리나라에서 〈뒤집힌 학습〉(임진혁 외, 2013)으로 번역되었고, 〈Flipped Learning〉(2014)은 〈거꾸로 교실〉(정한필 외, 2015)로 번역되었다. 인터넷에는 '거꾸로 수업'이란 제목으로 카페나 블로그가 많이 개설되었다.

그러나 버그만과 샘즈는 Flipped Classroom, Flipped-Mastery Classroom, Flipped Learning을 서로 다른 버전으로 구별하였으며, 최근 '거꾸로 학습 네트워크(Flipped Learning Network: FLN)'도 용어의 개념을 바로 정립하기 위하여

2) 박상준(2016)의 저서 〈거꾸로 교실을 넘어 거꾸로 학습으로〉에서 발췌하여 정리함.
3) 'Flipped Learning'과 'Flipped Classroom'은 다양한 용어로 번역되어 서로 혼용되고 있다. 필자는 'Flipped Learning'을 '거꾸로 학습', 'Flipped Classroom'을 '거꾸로 교실'로 번역하였다.

노력하고 있다. 그러므로 이 용어들에 대하여 구체적으로 살펴보고자 한다.

버그만과 샘즈는 수년 동안 시행착오를 거치면서 Flipped Classroom을 Flipped Learning으로 발전시켰다.

Traditional Classroom (전통적 교실) → Flipped Classroom (거꾸로 교실) → Flipped-Mastery Classroom (거꾸로 완전 교실) → Flipped Learning (거꾸로 학습)

출처: 박상준(2016). 거꾸로 교실을 넘어 거꾸로 학습으로. p. 43.

[그림 14-3] 교실 수업의 발전

초기의 Flipped Classroom은 전통적 교실 수업을 뒤집어서 교사 중심의 직접적 가르침을 학생 중심의 능동적 학습으로 전환하는 데 기여했지만, 여전히 수업 목표를 지식의 이해로 보았으며, 학생 개인의 차이를 고려하지 못하고 동일한 활동 과제 부여, 동일한 평가 실시 등의 한계를 드러냈다.

이러한 한계를 극복하기 위하여 Flipped Classroom에 완전 학습의 요소를 도입하였는데, 이것이 바로 Flipped-Mastery Classroom이다. Flipped-Mastery Classroom의 본질은 교실 수업의 초점을 교사의 가르침에서 학생의 완전한 배움으로 전환하는 것이다. 교실 밖에서 각 학생들은 언제 어디서나 자신의 학습 유형과 속도에 맞게 개별적으로 공부한다. 교실 수업에서도 학생들은 자신의 학습능력과 속도에 맞추어 비동시적 활동을 다양하게 수행하며, 교사는 교실을 돌아다니며 활동 방법을 안내하거나 학습 내용을 이해하지 못한 학생들을 개별적으로 가르친다. 이러한 교사의 순회 지도와 보충 학습의 지원을 통해 학생들의 완전 학습을 도와준다. 활동 후에는 다양한 버전의 시험, 재시험의 기회 부여 등 다양한 평가를 실시한다.

Flipped-Mastery Classroom을 더 발전시킨 것이 Flipped Learning이다. Flipped-Mastery Classroom은 지식의 이해에 많은 활동과 시간을 할애하고, 그 다음에 그 지식을 응용하고 창조하는 활동을 하는 반면, Flipped Learning은 수업 시간 처음부터 학생이 선택한 문제를 창의적으로 해결하기 위해 탐구 활동을 수행하고, 필요한 경우에 관련된 지식이나 정보를 찾아 공부한다.

〈표 14-1〉 Flipped Classroom, Flipped-Mastery Classroom, Flipped Learning 비교

구분	Flipped Classroom (거꾸로 교실)	Flipped-Mastery Classroom (거꾸로 완전 교실)	Flipped Learning (거꾸로 학습)
수업 목표	• 지식의 이해	• 지식의 이해	• 더 깊고 넓은 배움: 지식의 활용 및 사고력의 발달
수업 자료	• 하나의 수업 동영상 제공	• 다양한 수업 자료 제공: 수업 동영상, PPT, 학습지 등	• 다양한 학습 자료 제공: 동영상, PPT, 학습지 등
수업 내용	• 동일한 지식의 이해	• 동일한 지식의 이해	• 다양한 주제의 선택 학습 및 문제해결 활동
교실 밖 학습	• 집에서 하나의 수업자료(동영상)보며 학습	• 집에서 다양한 수업 자료 중 선택하여 학습	• 다양한 학습 자료들 중 자신의 학습 유형과 능력에 맞는 자료를 선택하여 학습
교실 수업 과정/ 수업 방법	• 교사가 동일한 과제 부여 • 동일한 과제의 동시적 수행: 모든 학생이 동일한 과제를 똑같은 학습 속도와 방법으로 동시에 수행 • 보충 학습: 교사는 부족한 학생들의 보충 학습을 지원 • 학습 과정(이해, 기억→평가, 창의)	• 교사가 동일한 과제 부여 • 동일한 과제의 비동시적 수행: 학생들은 자신의 학습능력과 속도에 맞추어 과제를 비동시적으로 수행 • 보충 학습: 부족한 학생은 개별적으로 다시 공부하고, 교사가 보충 학습을 개별적으로 지원 • 학습 과정(이해, 기억→평가, 창의)	• 학생 선택 학습 • 교사가 다양한 과제 부여 • 다양한 과제의 비동시적 수행: 교사는 다양한 과제를 부여하고, 학생들은 자신의 학습능력과 속도에 맞는 과제를 선택하여 비동시적으로 수행 • 보충 학습: 부족한 학생은 개별적으로 다시 공부하고, 교사가 보충 학습을 개별적으로 지원 • 학습 과정(평가, 창의→이해, 기억)
평가	• 동일한 지필 시험 실시 • 시험 기회는 1회만 부여	• 다양한 평가방식의 제공과 학생의 선택권 부여 • 다양한 버전의 시험 문제/재시험의 기회 부여	• 다양한 평가방식의 제공과 학생의 선택권 부여 • 다양한 버전의 시험 문제/재시험의 기회 부여
관점	[학생 중심 관점] • 교사 중심의 가르침을 학생 중심의 배움으로 전환 • 교실 밖 예습→교실 안 동일한 과제의 동시적 수행	[학생 중심 관점] • 학생의 능동적 학습과 보충학습을 통한 완전 학습의 실현 • 교실 밖 예습→교실 안 동일한 과제의 비동시적 수행	[관계 중심 관점] • 교사-학생의 인격적 관계에 기초한 소통과 상호작용을 통한 더 깊고 넓은 배움의 실현 • 학습 내용, 호기심, 관계성의 유기적 결합을 통한 학생 중심 배움과 능동적 학습의 강화

출처: 박상준(2016). 거꾸로 교실을 넘어 거꾸로 학습으로. pp. 107-108.

2절 플립드 러닝 수업의 적용

1. 플립드 러닝 수업 설계 시 고려할 사항

플립드 러닝 수업을 설계할 때에는 플립드 러닝의 본질을 구성하는 기본 요소를 고려해야 한다. 플립드 러닝의 본질을 구성하는 4가지 기본 요소(the four pillars of F-L-I-P)는 다음과 같다.

[그림 14-4] 플립드 러닝의 4가지 기본 요소

1) 유연한 환경(Flexible Environments)

플립드 러닝에서는 보다 탄력적이고 다양한 학습 방식(개별, 모둠활동, 연구, 평가)을 허용해야 한다. 학생들의 학습 시간이나 학습 공간에 대해서 유연하고 탄력적인 환경을 인정해야 하는데, 이를 위해서 교사는 기존의 정형화된 강의식 수업에 비해 매우 혼돈스럽고 시끄러운 교실 수업 환경에 대해서도 받아들일 수 있어야 한다. 이러한 수업 환경에는 학생들에 대한 평가도 포함되는데, 학생들의 선행 학습을 통한 수업 준비도나 수업 시간 중에 나타나는 다양한 학생들의 활동 또한 평가 요소로 포함해야 한다.

2) 학습 문화(Learning Culture)

플립드 러닝에서는 교사 중심의 수업에서 학생 중심의 수업으로의 변화가 나타나는데, 특히 수업 시간은 학생들의 수업 내용에 대한 준비도를 바탕으로 보충 학습이나 심화 학습과 같은 보다 의미 있는 시간으로 변화한다. 즉 학생들은 교수-학습 과정에서 학습 내용을 받아들이는 존재이며, 자신에게 보다 의미 있고 개별화된 내용을 바탕으로 스스로 지식을 구성해 나가는 학습의 주체로 변화하는 것이다.

3) 의도된 학습 내용(Intentional Content)

플립드 러닝을 수행하는 교사는 수업 시간에 어떠한 내용을 가르칠 것인지, 학생들이 수업 전에 어떤 내용을 학습하고 와야 하는지에 대한 의도적이고 분명한 계획이 있어야 한다. 학생들의 선행 학습 이후 학생들에게 제공되는 교실 수업은 여전히 유용하고, 학생들에게 가장 효과적으로 다가갈 수 있는 수단임에 틀림없다. 따라서 플립드 러닝을 계획한 교사는 학생들이 교실 수업을 통하여 학습 내용을 보다 체계적으로 이해하고, 충분한 지식을 습득할 수 있도록 지속적으로 고민해야 한다.

4) 전문성을 갖춘 교사(Professional Educators)

플립드 러닝에서 교사는 학생들로 하여금 어떻게 보다 체계적인 지식을 갖도록 할 것인지, 나아가 필요할 경우 어떻게 더욱 깊이 있는 지식을 제공할 수 있을지에 대해 고민하는 것이 중요하다. 플립드 러닝의 선행 학습 단계에서 적절한 학습 자료가 제공되어야 하고, 수업 시간에는 학생들에게 개별화된 보충 및 심화 학습이 일어나야 함을 고려해 볼 때, 플립드 러닝에서 교사는 기존의 전통적인 수업에서의 단순한 지식 전달자에 비해 더욱 전문적이고 중요한 역할을 수행해야 한다.

이러한 네 가지 기본 요소를 바탕으로 교사가 플립드 러닝을 적절하게 시행하고 있는지를 점검할 수 있는 체크리스트는 〈표 14-2〉와 같다.

〈표 14-2〉 플립드 러닝 체크리스트

영 역	플립드 러닝 지표	평 가
유연한 환경 (F)	• 나는 학생이 필요로 할 때, 자신의 학습에 대해 상호작용하고 반성하는 것을 허용하는 교실 공간과 시간을 제공한다.	□예 □아니오
	• 나는 학생이 수업에 적절하게 적응해 가는지 지속적으로 관찰하고 감독한다.	□예 □아니오
	• 나는 학생들에게 학습 내용을 배우는 다양한 방법과 학습 목표의 달성도를 입증하는 다양한 평가 방식을 제공한다.	□예 □아니오
학습 문화 (L)	• 나는 수업을 주도하지 않고, 학생이 활동에 자율적으로 참여할 기회를 제공한다.	□예 □아니오
	• 나는 탐구 활동의 기초를 제공하고, 개별화와 피드백을 통해 모든 학생이 활동에 참여할 수 있게 한다.	□예 □아니오
의도된 학습 내용 (I)	• 나는 학생이 독자적으로 학습할 수 있도록 직접 교수법에서 사용되는 기초 개념들을 가장 우선적으로 이해시킨다.	□예 □아니오
	• 나는 학생에게 적절한 학습 내용을 만들고, 학습의 관리자 역할을 담당한다.	□예 □아니오
	• 나는 모든 학생이 개별적으로 학습할 수 있도록 학습 내용을 적절하게 만든다.	□예 □아니오
전문성을 갖춘 교사 (P)	• 나는 모든 학생과 개인별 또는 모둠별로 소통하고 상호작용하면서, 필요할 때 즉각 피드백을 제공한다.	□예 □아니오
	• 나는 학생의 활동을 관찰하고 기록함으로써 수업 시간에 지속적으로 형성 평가를 실시한다.	□예 □아니오
	• 나는 다른 교사들과 협력하고, 나의 수업을 변화시키는 것에 대해 책임진다.	□예 □아니오

출처: 박상준(2016). 거꾸로 교실을 넘어 거꾸로 학습으로. pp. 89-90.

2. 플립드 러닝 수업의 단계

플립드 러닝은 다양한 방법을 혼합하여 사용할 수 있기 때문에 하나의 정해진 모델이 없으며, 플립드 러닝의 네 가지 기본 요소를 갖춘다면 하나의 내용이라도 다양한 형태로 나타날 수 있다. 여기에서는 텍사스대학(오스틴) 교수-학습센터(University of Texas at Austin Center for Teaching and Learning)에서 제시한 수업 단계를 중심으로 살펴보고자 한다. 대부분의 연구가 수업 과정에 대한 일반적 설명이나 안내에 그치는 데 반해, 이 텍사스대학(오스틴) 교수-학습 센터는 플립드 러닝의 기본 요소를 토대로 보다 가시적이고 구체적인 형태의 수업 단계를 제시하고 있다(〈표 14-3〉). 이 수업 단계는 '수업 전, 수업 도입, 수업 중, 수업 후, 일과 시간 중'으로 총 5단계로 구성되며, 크게는 '수업 전, 수업 중, 수업 후' 활동으로 구조화된다.

〈표 14-3〉 전통적인 교실 수업과 플립드 러닝 수업 비교

구 분	전통적인 교실 수업	플립드 러닝 수업
수업 전	• 학생은 읽어야 할 과제를 배정받음 • 교사는 강의를 준비함	• 학생은 제공된 모듈에 따라 학습을 하고, 내용관련 질문을 기록해 둠 • 교사는 여러 가지 학습 내용(활동)을 준비함
수업 도입	• 학생은 기대학습에 대한 제한된 정보를 가짐 • 교사는 무엇이 도움이 될 것인지에 대한 일반적인 가정을 함	• 학생은 교사에게 자신의 학습을 안내해 줄 특별한 질문을 함 • 교사는 학생들이 가장 도움을 필요로 하는 곳을 예상할 수 있음
수업 전개	• 학생은 수업을 따라가려고 함 • 교사는 모든 학습 자료를 사용하려고 노력함	• 학생은 배워야 할 학습 과제를 수행함 • 교사는 피드백과 소규모 강의를 통해 학습 과정을 안내함
수업 정리	• 학생은 보통 지연된 피드백을 받으며 숙제를 함 • 교사는 지난 과제를 평가함	• 학생은 교사의 설명과 피드백 이후 자신의 지식 능력을 계속 활용함 • 교사는 필요에 따라 추가 설명과 자료를 제시하고 우수한 과제를 평가함
일과 중	• 학생은 공부한 것에 대한 확인을 원함 • 교사는 종종 수업 시간에 있었던 일을 반복함	• 학생은 자신이 필요로 하는 것이 어디에 있는지 도움을 구하기 위한 능력을 갖춤 • 교사는 학생이 더 깊게 이해할 수 있도록 지속적으로 안내함

출처: 텍사스 대학(오스틴) 교수학습센터(https://facultyinnovate.utexas.edu/teaching/strategies/flipping/different).

1) 수업 전

교사는 학생들이 가정에서 학습할 내용을 동영상 자료 등으로 제작하여 온라인상에 업로드 해 놓는다. 학생들은 수업 전 가정 학습을 통해 교사가 업로드한 학습 모듈을 따라 가며 새로 배울 개념에 대해 학습한다. 이때 학생들은 모듈에서 제시한 퀴즈 또는 간단한 평가 내용을 풀면서 익힌 내용에 대해 이해 정도를 스스로 파악할 수 있으며, 학습 중 모르는 내용은 노트에 별도로 표기하여 다음 날 수업에서 교사에게 질문할 준비를 한다.

2) 수업 도입

교실 수업 활동은 크게 두 부분으로 나뉜다. 도입 단계에서는 학생들이 전날 가정 학습에서 익혔던 내용 중 의문 사항에 대해 개별로 질문을 하고, 교사는 피드백을 하며 학생들의 학습 상황을 파악한다. 또한 교사는 학생들에게 해당 수업 시간 동안 해야 할 과제를 알려준다.

3) 수업 중

도입 단계 이후부터 전 수업 시간 동안 학생들은 모둠별로 과제를 수행한다. 이때 과제는 가정 학습에서 익힌 지식과 학습 내용을 실제 적용해 볼 수 있는 토론 및 토의, 프로젝트 학습 등 보다 활동적인 과제가 좋으며, 익힌 개념을 시험해 볼 수 있는 기회를 가지도록 하는 것이 초점이다. 수업 시간 동안 교사는 학습부진 또는 속도가 느린 학생을 위해 개별화 학습을 진행하고, 학생활동을 모니터링하며, 지속적인 평가를 통해 학생들이 무엇을 알고 있는지 또는 무엇을 모르고 있는지를 파악하고 개별 또는 모둠별 처치를 한다.

4) 수업 후

수업 후에는 학생들이 보다 고차원적인 적용 활동을 할 수 있도록 다양한 자원이 제공되고, 교사는 온라인을 통해 학생들과 필요한 정보적 상호작용과 피드백을 주고 받는 활동을 한다.

5) 일과 시간 중

일과 시간 중에는 학습 활동과 관련하여 교사와 학생의 상호작용이 지속된다.

〈표 14-4〉 플립드 러닝 수업 단계

구 분	플립드 러닝 수업 단계
수업 전	▣ **다양한 형태의 학습 자료 제공** • 교사는 다양한 형태의 학습 자료(동영상, PPT, 학습지 등)를 제작하여 온라인상에 업로드한다. ▣ **다양한 학습 자료 중 선택하여 학습** • 학생은 수업 전에 제공된 다양한 학습 자료 중 자신의 학습 유형과 능력에 맞는 자료를 선택하여 학습한다.
수업 도입	▣ **수업 준비도 확인(질의 응답 및 피드백)** • 학생은 의문 사항에 대하여 질문하고, 교사는 피드백을 제공한다. ▣ **다양한 과제 부여** • 교사는 학생들의 수준에 맞추어 다양한 과제를 제시한다.
수업 중	▣ **다양한 과제의 비동시적 수행(개별학습)** • 학생은 자신의 학습능력과 속도에 따라 과제를 비동시적으로 수행한다. ▣ **협력학습** • 모둠에서 학생들이 함께 소통하고 상호작용하면서 과제를 수행한다. • 익힌 지식과 학습 내용을 실제 적용해 볼 수 있는 토론, 문제해결, 프로젝트 등을 모둠별로 수행한다. • 우수 학생이 또래 교사로서 다른 학생의 학습을 지원한다. ▣ **보충 학습** • 교사는 학습 부진, 속도가 느린 학생의 보충 학습을 개별 또는 모둠별로 지원한다. ▣ **심화 학습** • 수업 후반부에 우수 학생에게 자기 학습능력과 속도에 맞추어 더 깊이 학습할 기회를 부여한다. ▣ **교사-학생 상호작용** • 학생 활동에 대하여 지속적으로 모니터링, 피드백하여 학습을 지원한다.
수업 후	▣ **자기 주도적 심화, 보충 학습 자료 안내** • 학습 활동을 바탕으로 심화, 보충할 수 있는 자료를 안내한다. ▣ **활동 평가** • 학생의 단편적 지식 암기보다 창의적인 활동 산출물, 수행 과정에 대하여 평가한다.
일과시간 중	▣ **교사-학생 상호작용** • 핵심 주제를 확인하거나 습득된 지식을 확장시켜 나간다. • 학생이 지식을 구성해 나가는 데 필요한 정보의 출처를 찾거나, 교사(또는 동료)의 도움이 필요할 때 온-오프라인을 활용하여 상호작용한다.

주: 박상준(2016), 손은주 외(2015), 이지연 외(2014)의 내용을 토대로 재구성함.

3. 플립드 러닝 수업의 적용 사례

실과수업에서 플립드 러닝을 어떻게 적용할 수 있는지에 대하여 다음의 교수-학습 과정안을 토대로 살펴보았다. 〈표 14-5〉의 플립드 러닝을 적용한 교수-학습 과정안은 실과 기술 영역의 '발명과 문제해결'에서 발명 기법의 이해와 활용과 관련된 사례이다. 플립드 러닝 수업은 토의, 협력학습, 탐구학습, 프로젝트 학습 등 여러 가지 교수-학습 방법을 활용할 수 있기 때문에 하나의 정해진 수업 단계가 없다. 따라서 플립드 러닝 수업 단계를 가장 명시적으로 나타낸 '수업 전, 수업 도입, 수업 중, 수업 후, 일과 시간 중'의 5단계에 따라 교수-학습 활동을 조직하였다.

수업 전 단계에서는 학습 주제(발명 기법)에 대한 다양한 학습 자료(수업 동영상, PPT 자료, 학습지 등)를 제작하여 온라인상에 업로드 한다. 업로드 할 때에는 동영상의 용량 제한, 자료의 접근성과 개방성, 학생과 교사의 쌍방향 소통, 자료의 관리 등 여러 가지 요소를 종합적으로 고려하여 결정하는 것이 좋다. 교사와 학생 간 소통이 편리한 밴드, 카페, 블로그, 유튜브, 카카오톡 등을 활용할 수 있다. 학생들은 수업 전에 제공된 학습 자료 중 자신의 학습 유형과 능력에 맞는 자료를 선택하여 학습하고, 퀴즈와 강의 노트를 통해 스스로 학습 이해 정도를 확인한다.

수업 도입 단계에서는 학생들의 수업 준비도를 확인하고, 학생들의 수준에 맞추어 다양한 과제를 제시한다.

수업 중 단계에서는 다양한 과제의 비동시적 수행이 이루어진다. 성적을 고려하여 3~4명씩 모둠을 만들고, 각 모둠에는 우수한 학생을 1명씩 배정하여 또래 교사의 역할을 수행할 수 있도록 한다. 모둠별로 활동 과제(발명 활동 과제)를 부여하고 활동 방법을 안내하면, 모둠에서 학생들이 함께 소통, 상호작용, 협력하면서 활동 과제를 수행한다. 이 단계에서 교사는 학생 활동을 지속적으로 모니터링과 피드백하여, 학습 부진 및 속도가 느린 학생의 보충 학습을 개별 또는 모둠별로 지원한다. 그리고 우수한 학생에게는 자기 학습능력과 속도에 맞추어 더 깊이 학습할 기회를 부여한다.

수업 후 단계에서는 학습 활동을 바탕으로 심화, 보충할 수 있는 자료를 안내하고, 학생 활동을 평가한다.

일과 시간 중 단계에서는 학생들이 더 깊고 넓게 배울 수 있도록 지속적으로 안내한다.

〈표 14-5〉 플립드 러닝을 적용한 교수-학습 과정안 예시

<table>
<tr><th>영 역</th><td>기술 활용</td><th>내용 요소</th><td>발명과 문제해결</td></tr>
<tr><th>학습 주제</th><td colspan="3">발명 기법의 이해와 활용</td></tr>
<tr><th>학습 목표</th><td colspan="3">발명에 필요한 더하기, 빼기 등의 발명 기법을 이해하고 활용할 수 있다.</td></tr>
<tr><th>교수-학습 단계</th><th colspan="2">교수-학습 활동</th><th>자료 및 유의점</th></tr>
<tr><td>수업 전</td><td colspan="2">▣ 다양한 형태의 학습 자료 제공
• 발명 기법에 대한 학습 자료(수업 동영상, PPT 자료, 학습지 등)을 제작하여 온라인상에 업로드 한다.
• 교사와 학생 간 소통이 편리한 밴드, 카페, 블로그, 유튜브, 카카오톡 등을 활용하여 학습 자료를 올린다.
▣ 다양한 학습 자료 중 선택하여 학습
• 수업 전에 제공된 발명 기법에 대한 학습 자료(수업 동영상, PPT 자료, 학습지 등) 중 자신의 학습 유형과 능력에 맞는 자료를 선택하여 학습한다.
• 핵심단어, 궁금한 점을 강의 노트에 작성하고, 퀴즈를 푼다.</td><td>• 수업 동영상
• PPT 자료
• 학습지
• 강의 노트
• 스마트 패드
※ 동영상을 제작하거나 또는 무료로 제공되는 다양한 수업자료를 활용해도 된다.</td></tr>
<tr><td>수업 도입</td><td colspan="2">▣ 수업 준비도 확인(질의 응답 및 피드백)
• 발명 기법과 관련하여 이해하지 못한 내용에 대해 질문하고, 피드백 받는다.
• 학생들이 제기한 질문들 중에서 중요한 내용에 대해 교사가 정리해서 다시 설명해 준다.
• 수업 전 발명기법에 대한 학습이 부족한 학생은 다시 보충 학습을 하도록 한다.
▣ 다양한 과제 부여
• 일상 생활 속에서 사용하는 물건을 선정하여 발명 이유, 해결된 문제, 적용된 발명 기법을 탐색한다(문제해결).
• 일상 생활 속에서 사용하는 물건 중 불편했던 물건을 1개 선정하고, 불편한 문제, 개선 아이디어, 적용된 발명 기법을 탐색한다(프로젝트).</td><td>• 강의 노트
※ 학생의 사전학습 수행 정도를 확인해야 한다.
※ 학생들의 수준에 맞추어 다양한 과제를 제시한다.</td></tr>
<tr><td>수업 중</td><td colspan="2">▣ 다양한 과제의 비동시적 수행(개별학습)
• 학생은 자신의 학습능력과 속도에 따라 과제를 비동시적으로 수행한다.
▣ 모둠별 협력학습
• 성적을 고려하여 3~4명씩 모둠을 만들고, 각 모둠에는 또래 교사의 역할을 수행할 우수한 학생을 1명씩 배정한다.
• 모둠별로 발명 활동 과제를 부여하고 활동 방법을 안내한다.
• 모둠에서 학생들이 함께 소통, 상호작용, 협력하면서 발명 아이디어 과제를 수행한다.
▣ 보충 학습
• 교사는 학습 부진, 속도가 느린 학생의 보충 학습을 개별 또는 모둠별로 지원한다.
▣ 심화 학습
• 수업 후반부에 우수 학생에게 발명 명세서, 발명 특허 등 더 깊이 학습할 기회를 부여한다.
▣ 교사-학생 상호작용
• 학생 활동에 대하여 지속적으로 모니터링, 피드백하여 학습을 지원한다.</td><td>• 활동 과제
• 수업 동영상
• 스마트 패드
※ 토의, 문제해결, 프로젝트 등을 활용한다.</td></tr>
<tr><td>수업 후</td><td colspan="2">▣ 자기 주도적 심화, 보충 학습 자료 안내
• 학습 활동을 바탕으로 심화, 보충할 수 있는 자료를 안내한다.
▣ 활동 평가
• 발명 아이디어 산출물 평가, 수행 과정을 평가한다.</td><td>• 보충자료
• 심화 과제
• 평가표
• 스마트 패드</td></tr>
<tr><td>일과시간 중</td><td colspan="2">▣ 교사-학생 상호작용
• 핵심 주제를 확인하거나 습득된 지식을 확장시켜 나간다.
• 학생이 지식을 구성해 나가는 데 필요한 정보의 출처를 찾거나, 교사(또는 동료)의 도움이 필요할 때 온-오프라인을 활용하여 상호작용한다.</td><td>• 스마트 패드</td></tr>
</table>

논의

1. 플립드 러닝의 개념과 특징에 대하여 논의해 보자.
2. 플립드 러닝의 교육적 가치와 장점에 대하여 논의해 보자.
3. 플립드 러닝 수업과 전통적인 교실 수업의 차이를 논의해 보자.
4. 플립드 러닝 수업을 설계할 때 고려해야 할 주요사항에 대하여 논의해 보자.
5. 플립드 러닝 수업 단계에 대하여 논의해 보자.
6. 실과수업에서 플립드 러닝의 적용과 활용 방법에 대하여 논의해 보자.

참고문헌

권오남 · 이지현 · 배영곤 · 김유정 · 김현수 · 오국환 · 장수(2013). 반전학습(Flipped Classroom) 수업 모형 개발: 대학 미적분학 강의 사례를 중심으로. **수학교육논집**, 30, 91-111.

김영환(2015). **플립러닝(flipped learning) 지원시스템 설계 원리 개발**. 박사학위논문. 부산대학교 대학원.

박상준(2016). **거꾸로 교실을 넘어 거꾸로 학습으로: 우리나라 교실에 맞는 거꾸로 교실 모델을 찾아서**. 교육과학사.

방진하 · 이지현(2014). 플립드 러닝(Flipped Learning)의 교육적 의미와 수업 설계에의 시사점 탐색. **한국교원교육연구**, 31(4), 299-319.

손은주 · 추성경 · 임희수(2015). **교육방법 및 교육공학**. 교육과학사.

엄우용(2014). 플립드 클래스룸이란 무엇인가? **서울과학교육**, 12, 28-31.

이동엽(2013). 플립드 러닝(Flipped Learning) 교수학습 설계모형 탐구. **디지털정책연구**, 11(12), 83-92.

이지연 · 김영환 · 김영배(2014). 학습자 중심 플립드러닝(Flipped Learning) 수업의 적용 사례. **교육공학연구**, 30(2), 163-191 .

한국U러닝연합회(2014). **플립 러닝 성공전략**. 컨텐츠미디어.

Bergmann, J., Overmyer, J., & Wilie, B. (2012). *The flipped class: Myths versus reality*. The Daliy Riff. Retrieved 16 June 2016 from http://www.thedaliyriff.com/articles/the-flipped-class-conversation-689.php.

Bergmann, J., & Sams, A. (2012). *Flip Your Classroom: Reach Every Student in Every Class Every Day*. ISTE & ASCD.

Bergmann, J., & Sams, A. (2013). http://home.edweb.net/flipped-lerning-primer-part ii-flipped-mastery-/learning.

Bergmann, J., & Sams, A. (2014). *Flipped Learning Gateway to Student Engagement*. Eugene Oregon: ISTE.

Davis, R., & West, R. (2013). *Technology integration in school settings.* In M. Specto, D. Merrill, J. Elen, & M. J. Bishop (Eds), Handbook of research on educational communications and technology (4th ed). New York: Taylor & Francis Ltd.

EDUCAUSE. (2012). 7 things you should know about Flipped Classrooms. *EDUCAUSE Learning Initiative February 2012*. Retrieved 16 June 2016 from http://net.educause.edu/ir/library/pdf/eli7081.pdf.

Friedman, H., & Friedman, L. (2001). Crises in education: Online learning as a solution. *Creative Education. Vol. 2*, No 3, 156-163.

Fulton, K. P. (2012). 10 reasons to flip. *Phi Delta Kappa. Vol. 94*, No. 2, 20-24.

Hamdan, N., McKnight, P., McKnight, K., & Arfstrom, K. M. (2013). *A review of flipped learning.* Flipped Learning Network.

Lea, S. J., Stephenson, D., & Troy, J. (2003). Higher education students' attitudes to student-centred learning: Beyond 'educational bulimia'? *Studies in Higher Education, 28*(3), 321-334. Retrieved March 19, 2014 from http:// dx.doi.org/10.1080/03075070309293.

Strayer, J. F. (2012). How learning in an inverted classroom influences cooperation, innovation and task orientation. *Learning Environment Research, 15*, 171-193. http://dx.doi.org/10.1007/s10984-012-9108-4.

University of Texas at Austin Center for Teaching and Learning. *What is the Flipped Classroom?* Retrieved December 6, 2016 from https://facultyinnovate.utexas.edu/teaching/strategies/flipping/different.

제 15 장

통합적 접근

개 요

통합적 접근은 각 학문을 유기적으로 연결하는 것을 의미하는 것으로, 교과들 간의 내용 중복을 피하고 교과 간의 관계를 맺게 한다. 각 교과에서의 학습을 서로 보강해 주어 학습에 대한 흥미를 높여주고 수업 부담을 덜어주어 창의적인 활동을 할 수 있는 여유를 만들어준다. 현재 전 세계의 모든 분야에서 가장 핵심적인 주제로 논의되고 있다.

이러한 통합적 접근은 실생활에서 부딪치는 문제 상황을 해결하기 위하여, 다른 교과에서 습득한 지식 · 기능 · 경험 등을 서로 연결 · 통합하여 새로운 관계와 질서를 발견하는 교과인 실과교과에 적합하다.

이 장에서는 통합적 접근, 실과교육과 통합 교육에 대하여 알아보고, 미국의 STEM 교육과 우리나라의 STEAM 교육에 대하여 논의하고자 한다.

학 습 목 표

- 통합적 접근의 의미와 필요성에 대하여 설명할 수 있다.
- 통합적 접근의 유형을 설명할 수 있다
- 미국의 STEM 교육과 우리나라의 STEAM 교육에 대하여 설명할 수 있다.
- 실과수업에서 STEAM 수업의 적용 및 활용에 대하여 설명할 수 있다.

1절 통합적 접근의 이해

1. 통합적 접근의 개념

통합적 접근은 진보주의 교육 활동으로부터 활발하게 전개되어 현재 교육 현장에서 여러 방법으로 시도되고 있으며, 통합적 접근이라는 용어 외에도 통합 교육과정, 통합 교육, 통합교과, 교육과정통합, 교과 통합 등의 용어와 함께 쓰여 지고 있다.

교육에 있어서의 통합은 19세기 초부터 많은 교육학자들에 의해 연구되어 왔으며, 오랜 세월 동안 여러 학자들에 의해 연구되어 온 만큼 '통합'은 다양한 의미를 내포하고 있다. 일반적으로 교과 간의 통합의 수준일 때는 '통합교과', 교육과정 전체의 수준에서 통합이 이루어지는 것에는 '통합 교육과정'이라는 용어를 사용한다. '교육과정통합'은 통합이 이루어지는 과정에 초점을 두는 경우에 사용되며, '통합 교육과정'은 통합이 이루어진 결과를 말할 때 사용된다. 그러나 그 용어들이 함축하고 있는 기본 개념과 아이디어는 본질상 모두 같다고 볼 수 있다.

통합은 단순히 유사한 교과목의 수를 줄이거나 학문을 없애려는 시도가 아니다. 통합적 접근은 교과목들을 분리시키는 경계가 없어지고, 개별적으로 구분되는 과목들이 사라지는 교육과정 조직을 위한 하나의 접근법이다. 즉, 통합적 접근은 전인 교육의 일환으로 각 학문을 유기적으로 연결하는 것을 의미한다. 학생의 전인적 발달 및 인격적 통합을 목적으로, 교과의 경계를 허물고 각 교과의 지식과 경험을 의미 있는 형태로 재구성하고 조직화할 수 있도록 도와주는 교육적 접근법이다.

이러한 통합적 접근은 교과들 간의 내용의 중복을 피하거나 교과 간의 관계를 맺게 하고, 각 교과에서의 학습을 서로 보강해 주어 학습에 대한 흥미를 높여주고 수업 부담을 덜어주어 창의적인 활동을 할 수 있는 여유를 만들어준다.

오늘날과 같이 급변하는 사회에서 지나친 분과주의는 사회 적응 능력을 길러주기에 어려움이 많다. 이에 지식의 통합적 접근이 시도되고 있으며, 특히 인간 중심 교육에서는 자아실현과 사회적 의식 함양을 위하여 경험의 통합이 매우 강조되고 있다.

2. 통합적 접근의 필요성

통합적 접근에 의한 교육의 필요성을 살펴보면 다음과 같다.

첫째, 지식의 방대한 양의 증가에 대한 대처 능력을 기를 수 있다. 기술과 과학이 발전하면서 지식은 기하급수적으로 증가하였고 이러한 현실은 교육학에서 과목의 분화 또는 분절화를 가져오게 하였다. 통합적 접근에 의한 교육에서는 넓은 영역의 학문들은 관련 영역으로부터 온 아이디어들을 종합해 놓은 주요 개념과 기본 원리 중심으로 내용을 포괄하여 구성할 수 있다. 이는 학습을 보다 효율성 있고 경제적으로 구성해 준다. 또한, 각기 다른 지식의 영역을 유기적으로 연결하면서 관련성과 접근성, 통찰성, 전체성을 도모할 수 있다. 다양하게 구분된 영역들을 더 거대한 이해의 맥락 속에서 결합함으로써 지식이 어떻게 관련되는가를 구성해 주는 것이 통합이라는 방법이 존재하는 이유이다.

둘째, 학생의 학습 과정에 일치하는 교육을 실시할 수 있다. 듀이(Dewey)의 반성적 사고나 브루너(Bruner)의 발견학습 등은 학습 과정을 중시하며 사실적 정보의 습득보다는 주제를 가진 탐구 활동 중심의 학습 과정을 강조한다. 한 개인 내의 조화와 개인과 환경 간의 조화를 이루도록 하며 인지적 부분뿐만 아니라 정의적 부분까지도 고르게 발달시킬 수 있다.

셋째, 통합적 접근은 사회 문제에 대처할 수 있는 사회적 기능을 가진다. 현대 사회에 일어나는 여러 가지 문제를 해결하기 위해서는 어느 한 분야의 지식만 요구되는 것이 아니라 여러 분야의 지식을 총체적으로 응용할 수 있는 통합화된 지식이 요구된다. 그리고 통합된 교육에서는 학생으로 하여금 교수-학습

과정에서 협동심을 기를 수 있도록 한다. 통합 교육에서는 탐구 수업 같은 활동들을 주로 사용하고, 활동 전개 시에 교사와 학생의 상호작용을 중요하게 생각하며, 동료 학생과의 의견 교환을 통해서 학습 효과를 증진시킬 수 있다. 학습과 생활은 분리된 것이 아니며 학교 교육은 생활에 응용할 수 있는 것이 되어야 한다.

따라서, 통합적 접근에 의한 수업은 지식을 유기적으로 연결하고, 문제해결에 적합하며, 학생의 발달 수준에 맞게 정리할 수 있고, 전인적인 발달을 도모할 수 있으며, 협동심을 기르고, 학생 간 상호작용을 통해 학습 효과를 최대화시킬 수 있다.

이 외에 통합적 접근의 필요성을 교육 목표, 교육 내용, 교육 방법 측면에서 정리하면 〈표 15-1〉과 같다.

〈표 15-1〉 통합적 접근의 가치(필요성)

영 역	필요성(가치)
교육 목표	• 개인이 부딪치는 일상 생활의 문제나 사회가 당면하는 문제를 해결하는 능력을 길러준다. • 협동심과 민주주의 생화 태도를 길러준다. • 인지, 정의, 신체의 균형적 개발을 의미하는 전인의 형성을 가능하게 해 준다. • 학교생활의 적응과 만족감이 증대된다.
교육 내용	• 교과간의 내용 중복을 피하여 학생의 불필요한 부담을 덜어 준다. • 교육내용의 양적 증가에 대처할 수 있다. • 교육내용의 사회적 적합성을 높일 수 있다.
교육 방법	• 학생은 학습의 주체로서 참여한다. • 학습의 과정이 공포나 두려움 없이 편안함과 즐거움을 느끼게 한다. • 학습 경험의 전이 효과가 크다.

출처: 김대현 외(1997). 교과의 통합적 운영. 문음사.

이와 같이 통합적 접근은 학생으로 하여금 전체적이면서 통합적인 능력을 길러주어 시대에 따른 요구를 충족시키고, 미래를 대비할 수 있도록 해 주며, 한 인간의 인격을 다양한 측면에서 개발시켜 전인적인 발달을 도와줄 수 있을 뿐만 아니라, 환경과의 조화를 이루어 행복한 삶을 살아가도록 한다는 점에서 그 필요성이 있다.

3. 통합적 접근의 유형

통합적 접근에 대한 개념이 학자들에 따라 다양한 것처럼 통합적 접근의 유형도 학자들의 관점에 따라 다양하게 나타나고 있다. 그러나 기본적으로 교과의 통합을 내포하고 있으며, 교과가 어떻게 통합되는가에 대한 분류 기준이 학자들의 관점에 따라 다양하다. 그러므로 교과의 통합을 중심으로 통합적 접근의 유형을 살펴보고자 한다. 교과가 통합되는 방식은 몇 가지의 유형으로 분류할 수 있는데, 그 중 대표적인 분류 방법을 살펴보면 다음과 같다.

1) 학문 간 통합 정도에 따른 분류

학문 간 통합 정도에 따라 교과 통합의 유형을 분류한 대표적인 학자가 드레이크(S. Drake)이다. 이 유형은 종종 드레이크의 유형으로도 불린다.

드레이크는 학문이 연결되는 방식, 즉 교과 통합의 정도에 따라 다학문적 통합, 간학문적 통합, 탈학문적 통합으로 분류하였다([그림 15-1]). 다학문적 통합에서 탈학문적 통합으로 갈수록 통합의 정도가 강하다. 즉, 교과 간의 구분이 약해지고 연결성이 강해진다.

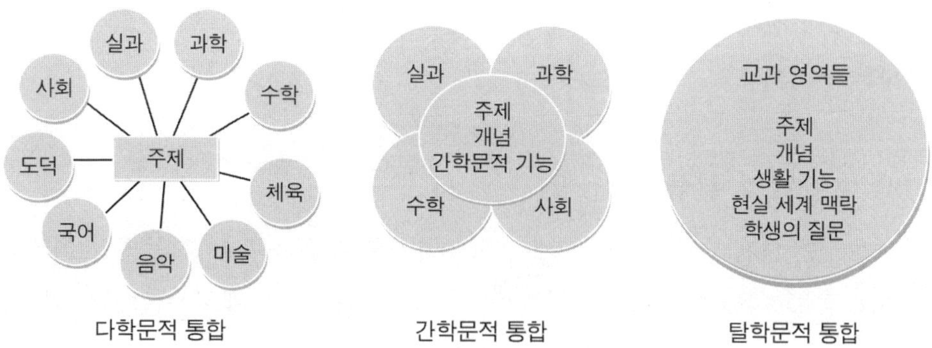

[그림 15-1] 다학문적 · 간학문적 · 탈학문적 통합

2) 통합의 내용 요소에 따른 분류

통합의 내용 요소에 따라 주제 중심 통합, 활동 중심 통합, 필요와 흥미 중심 통합, 문제 중심 통합으로 분류할 수 있다.

주제 중심 통합은 교과 간의 경계를 가로질러서 중심이 될 만큼 중요한 사상, 원리, 방법 등과 같은 주제를 중심으로 관련 내용을 여러 분야에서 가져다 통합적으로 구성하는 방식이다. 이 방식은 추출된 주제나 제목들이 어떤 차원이나 수준에서 동위적인 제목들을 추출하는 것과 그 영역 내의 지식들을 포괄할 수 있는 것들인가가 중요하다.

활동 중심 통합은 학생들이 생각하고 느낀 것을 자유롭게 나타내는 활동이 수업의 중심이 되도록 교육과정을 통합하는 방식으로, 언어나 예능 분야에서 창의성을 발달시키며 학생의 자발성을 기르는 데 도움이 되는 방식이다.

필요와 흥미 중심 통합은 학생들의 심리적 측면을 고려한 접근으로 교육과정을 지식의 본질에 두지 않고, 학생들의 필요와 흥미에 기반을 두고 교육과정을 통합하는 방식이다. 교과 중심 교육이 학생들에게 학습에 흥미를 잃게 하고 소외시키는 경향이 있기 때문에, 학습의 동기유발을 촉진하고 자신의 경험을 변별하는 방법을 발견하도록 하기 위하여 필요와 흥미 중심의 통합이 필요하다.

문제 중심 통합은 현대 사회의 여러 가지 문제를 단원으로 구성하여 문제를 해결하는 과정에서 여러 가지 지식, 자료, 정보 등이 종합적으로 활용되도록 통합하는 방식이다.

3) 포가티의 분류

포가티(R. Fogarty)는 통합의 개념을 10가지로 분류하고 그 개념에 기초하여 각각의 통합모형을 3가지로 유형화하였다. 그는 다학문적 통합을 단일 교과 내에서의 통합, 간학문적 통합을 여러 교과 간의 통합, 탈학문적 통합을 학습자들 간의 통합이라는 용어로 각각 지칭하였다.

포가티의 교육과정 통합은 STEM, STEAM 등의 통합 교육프로그램 설계의 개요를 추출하고 거시적인 전략을 연결하는 데(mapping) 효과적인 설계 도구가 된다. 특히 여러 교과 간의 통합 유형(간학문적 통합 유형)은 보다 현실적이고 적용력이 높아 유용한 설계도구가 될 수 있다. 그 중에서도 거미줄형이 가장 쉬우며 널리 쓰이고 있다.

포가티의 10가지 모형의 특징을 간단히 정리하면 〈표 15-2〉와 같다.

〈표 15-2〉 포가티(Fogarty)의 10가지 모형

구분	모 형	개 념	특 징	장 점	단 점	유용한 시기
단일 교과 내에서의 통합	1.분절형 (Fragmented) 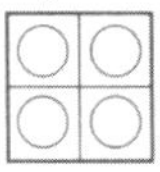	• 독립적 • 개별교과 강조	• 교과별 독립적 교수 • 영역 간 주제 연관 드묾	• 교과에 대해 명확하고 독립된 견해를 제공 • 개별교과의 순수성이 훼손되지 않음	• 개념 중복 • 학습 전이의 어려움	대규모의 학교
	2.연결형 (Connected) 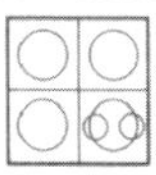	• 개별교과 내에서 주제와 개념, 기능들을 정교하게 관련지으려 함	• 지구과학+물리 = 과 학 (개념을 스스로 정의)	• 개념 반복 • 관념들의 재개념화, 편집, 동화를 허용 • 전이 촉진	• 교과 내 통합 • 다른 교과와 관련시키지 못함	통합 교육과정의 초기단계
	3.동심원형 (Nested) 	• 한 교과 내에서 다양한 기능 추구 • 한 주제에 다양한 측면 제시	• 학생들이 원인과 결과를 연결지을 수 있음	• 베테랑 교사들에게 유리	• 여러 학습 과제를 수행하도록 지시받음으로 혼돈된 상태로 남을 가능성이 있음	사고 기능과 협동적 기능을 도입하고자 할 때
여러 교과 간의 통합	4.계열형 (Sequenced) 	• 제한적인 교과 간 연결 • 한 교과는 다른 교과를 수반함	• 두 개의 관련된 교과 내용을 동등하게 교수 • 가르치는 순서를 계열화함	• 교육과정의 우선순위를 결정 • 교과 내용에 대하여 교사의 비판적 결정 가능	• 다른 교사와 제휴하면서 자율성 포기 • 타 영역에 계속적 협력 요구됨	쉽게 묶여지는 두 개의 교과영역 통합과정의 초기단계에 유용
	5.공유형 (Shared) 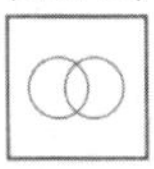	• 여러 교과 포괄	• 공유된 관념에 근거함 • 교육과정 간의 공통성을 찾음	• 유사한 교과들을 짝지움으로써 중복은 전이를 위한 개념의 심화 학습을 촉진	• 심층적 팀워요구 • 모형 개발하는데 시간이 많이 걸림	교과들이 인문이나 실용 미술 등과 같이 폭넓은 분야로 분산될 때 적절함
	6.거미줄형 (Webbed) 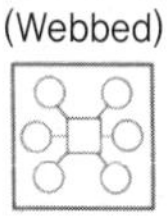	• 주제 접근식 통합	• 자유, 협동, 도전, 갈등, 발견, 변화 등 유용한 주제들을 사용함으로써 이루어짐	• 흥미로운 주제 선정 • 덜 숙련된 교사 실행 가능 • 활동과 아이디어의 관련을 알기 쉬움	• 주제선정의 어려움(조잡한 주제) • 개념보다 활동에 초점이 맞춰질 수 있음	2주에서 4주간의 간학문적인 단원 지도시 최상의 모형
	7.실로꿴형 (Threaded)	• 모든 교과 내용의 핵심을 관통하거나 교차하는 메타교육	• 분석이라는 사고기능을 과학(분류), 사회(비교), 언어(상징)	• 교과과정을 초월하는 사고와 학습의 전략 • 학습 과정을 지각	• 교과 간 외적 관련성이 강조되지 않음 • 교사가 기술과	강한 교과 통합으로 나아가는 대안적인 방법

		과정(다중지능과 관련)	수학(계열)등의 내용에 연결	하면 미래의 전이촉진	전략을 모두 이해해야 함	
	8.통합형 (Integrated) 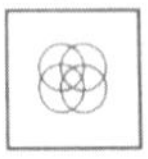	• 공유형과 유사 • 주요교과에 중복되는 개념, 기능, 태도들을 찾아내어 혼합함	• 교과가 독립적이며 분리되어 있는 것을 반대	• 학습자가 상호관련 시키기 쉬움 • 분과 간 이해 구축 • 전문지식에 대한 안목 길러줌	• 충실하게 실행하기엔 어렵고 복잡함 • 상당히 숙련된 교사 요구	3 ~ 4 개의 단원으로 예비프로젝트에서 시작
학습자들 간의 통합	9.몰입형 (Immersed) 	• 참여자들이 해당 분야에 완전히 몰두 • 교육과정의 내용을 미시적인 렌즈로 여과함	• 현미경처럼 집중적으로 개별화된 관점 • 모든 내용을 자신의 경험에 집중시킴	• 실질적 도야 가능 • 학습자의 학습행위가 전문가처럼 발전	• 풍부한 경험과 광범위한 기초가 요구됨	학습자 스스로 많은 관련들을 알게 함
	10.네트워크형 (Networked) 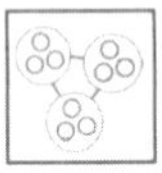	• 몰입형의 확대된 형태로 학습자 관심 • 영역의 탐구과정에서 여러 학문 내용 경험	• 활동적 통합방법 • 학습자는 학습에 따라 변하는 정보, 기능 개념 등으로 자극 받음	• 학습자가 탐색을 주도함	• 다양한 분야에 관심을 가지고 있는 사람은 집중적인 노력이 희석됨	통합의 책임이 학습자에게 있으므로 동기화된 학습자에게 제시되어야 함

출처: 김연수(2010). 미술과와 체육과와의 통합적 접근지도 방안 연구. p. 46 재구성.

4. 국내 · 외 통합적 접근에 의한 교육 현황

현재 전 세계의 모든 분야에서 핵심적인 주제로 논의되고 있고, 과학기술교육 개혁의 중심을 이루고 있는 것은 단연 STEM 교육이다. 미래 사회는 통섭과 융합의 시대로 수학과 과학을 바탕으로 기술과 공학이 융합되어 발전해 가고 있다. 교육에서도 STEM 교육, STEAM 교육 등의 형태로 다양한 학문과의 통합적 접근이 추진되고 있으며, 이공계 학문과 인문학 그리고 예술의 융합적 교육의 방향으로 전개해 나가고 있다. 따라서 여기에서는 통합적 접근 교육이 활발하게 이루어지고 있는 미국의 STEM 교육과 우리나라의 STEAM 교육을 중심으로 살펴보고자 한다.

1) 미국의 STEM 교육

STEM은 과학(Science), 기술(Technology), 공학(Engineering), 수학(Mathematics)

의 통합으로, 1990년대 미국과학재단(National Science Foundation)에서 사용한 용어이다. STEM은 과학, 기술, 공학, 수학 분야를 일컫는 용어로 시작되었지만, 교육 분야에서는 과학, 기술, 공학, 수학 등 교과 간의 통합적인 접근을 의미하고 있다.

미국 Virginia Tech에서 처음으로 대학원 기술교육 전공과정에 통합적 STEM 교육 전공과정(Integrative STEM)을 개설하고 운영한 샌더스(M. Sanders)는 STEM 교육이 과학, 기술, 공학, 수학 교과의 단절된 교육이 아님을 강조하면서, STEM 교과 간의 상호 협력을 토대로 통합적으로 이루어져야 한다고 강조하였다. 또한 STEM 교육이 통합적 접근임을 강조하기 위해 'STEM 교육'을 '통합적 STEM 교육(Integrative STEM Education)'이라고 재명명하였다. 통합적 STEM 교육은 기술 또는 공학 교육의 내용과 과정을 가지고 과학, 수학교육의 내용과 과정을 의도적으로 통합한 것으로, 기술과 공학의 문제해결 과정이 과학과 수학의 개념과 원리를 상황에 적용해 보고 실생활에서의 문제를 해결하는 데 핵심적인 역할을 한다. 통합적 STEM 교육은 둘 이상의 STEM 교과 영역(subject area) 간의 교수-학습을 탐구하는 접근 또는 하나의 STEM 교과와 하나 이상의 다른 교과 간의 교수-학습을 탐구하는 접근도 포함한다.

이러한 STEM 교육은 과학·수학교육의 성취도 하락, 기술교육에 대한 인식의 부족과 잘못된 이해, 공과 대학으로 진학하는 학생 부족과 여학생의 공학 프로그램 참여 부족 등의 문제를 해결하고자 하는 노력에서 시작되었다. 그 후 STEM 교육이 국제 경쟁력의 주요 열쇠라는 인식이 빠르게 확산되면서 급속도로 STEM 교육의 중요성이 강조되었다. 특히, 오바마 행정부에서는 '미국 경쟁력 강화법안(America Competes Act of 2007)'을 통해 STEM 교육을 강조하였고, 관련 분야에 대한 투자와 교사 양성을 지원하였다.

유타주립대학의 데이비드 캠벨(David Campbell) 교수는 STEM 교육의 성과를 알아보기 위하여 미국 서부 지역에서 진행된 비형식 STEM 학습 경험인 MESA (Mathematics Engineering Science Achievement)프로그램과 이에 참가한 학생들을 169명을 대상으로 한 조사한 결과, 87%인 147명이 긍정적인 반응을 보였다. 또한 STEM 교육은 수학, 과학 학습의 인지적·정의적 영역에 효과가 있는 것으로 나타났다. 인지적인 측면에서 학생들은 공학적 문제해결을 통해 실생활 속에 자신들의 경험과 지식을 적용함으로써 과학과 수학의 개념이나 원리에 대해 더 잘 이해할 수 있으며, 이로 인해 STEM 교과의 학업 성취도를 성공적으로 향상시켰다. 정의적인 측면에서도 과학이나 수학 학습에 대한 학생들의 동기를 유발하고 흥미를 높이는 데 기여하였고, STEM 교과에 대한 긍정적인 태도를 높이는 데에도 효과를 보였다. 특히 공학 설계 중심의 STEM 교육은 학생들의 창의적 문제해결능력, 비판적 사고력, 의사소통능력, 대인 관계능력, 진로개발능력 등의 핵심 역량 증진에 긍정적인 효과가 나타났다.

2) 우리나라의 STEAM 교육(융합인재교육)

(1) 개요

우리가 현재 살고 있으며 미래에도 살아가야 할 지식기반 사회는 기술 혹은 지식만 지닌 것에 그치지 않고, 감성과 창의성을 갖추고 학문의 경계를 넘나들 수 있는 융합형 인재를 필요로 하고 있다. 이러한 요구를 반영하는 새로운 교육 패러다임이 STEAM 교육이다.

STEAM 교육은 과학, 기술, 공학, 예술, 수학 교과 간의 통합적인 교육 방식으로 미국의 STEM 교육에 예술적 요소를 추가하여 학생들의 창의성과 감성을 일깨우는 교육이다. 교육부는 STEAM 교육을 '과학 기술에 대한 학생들의 흥미와 이해를 높이고 과학 기술 기반의 융합적 소양과 실생활의 문제해결능력을 배양하는 교육'이라고 정의하였다. 이는 과학적 지식을 바탕으로 기술과 공학적인 요소를 다루고 예술적 감성을 포용하는 동시에 실생활 속 문제를 수학적 기법으로 해결하는 능력을 배양하는 교육을 말한다. 다시 말해, 수학·과학에 대해 학생들이 흥미를 갖고 보다 능동적으로 참여하며, 스스로 문제를 정의하고 해결할 수 있는 능력을 길러 줌으로써 학생들을 창의성을 지닌 과학 기술 인재로 키우려고 하는 융합인재교육인 것이다.

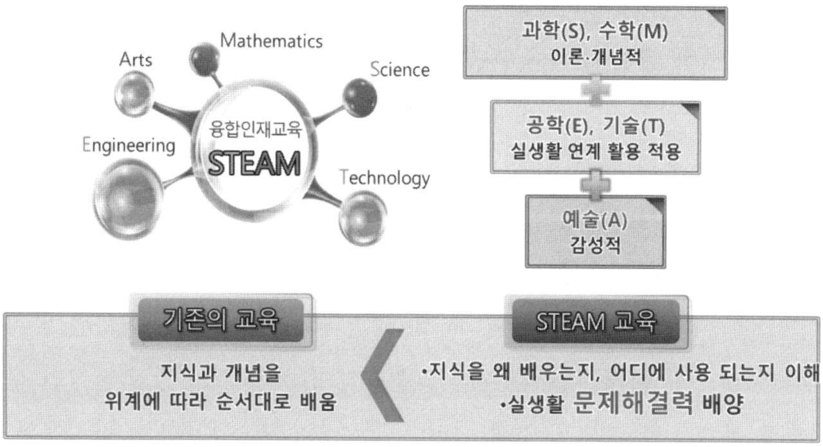

출처: 교육과학기술부, 한국과학창의재단(2012b). 융합인재교육(STEAM) 정책 설명.

[그림 15-2] 융합인재교육(STEAM)

이러한 STEAM 교육의 원활한 학교 정착과 수업의 확산을 위하여 첫째, 주입식・암기식 학습 내용을 대폭 줄이고 첨단 과학과 생활 속의 기술에 예술적 수업 기법을 적용하여 체험・탐구・실험 위주로 구성된 STEAM 교육 프로그램・콘텐츠를 개발・보급하고 있으며 둘째, STEAM 교사에 대한 단계별 맞춤 연수 프로그램 운영을 통해 교사의 전문성을 신장시키고 셋째, 미래형 과학 수업 모델・과학 교실 등을 도입하여 첨단기술을 교육 현장에 적용하고, 국내외 기관과 자원을 활용한 체험・탐구・활용 중심의 과학기술교육을 실현하는 등의 노력이 활발히 이루어지고 있다.

(2) STEAM 교육의 특징

첫째, 실생활 속에서 나타나는 '자연스러운 융합'을 강조한다.

새로운 지식이 계속 쏟아져 나오고 언제 어디서든 원하는 정보를 찾을 수 있는 현 시대에서 단순히 지식을 많이 쌓는 것만으로는 개인의 경쟁력을 확보하기가 어려워졌다. 이제는 기존 지식을 어떻게 융합하여 활용하는가의 문제에 대답하는 것이 더욱 중요해지고 있다. STEAM 교육에서 강조하는 '융합적 소양(STEAM Literacy)'은 다양한 지식을 활용해 복합적인 문제까지도 해결할 수 있는 능력을 의미한다.

학교 현장에서 STEAM 교육을 실행하는 교사들이 가장 많이 고민하는 부분도 '융합'이다. 실제로 STEAM 교육 시행 초기에 과학(S), 기술(T), 공학(E), 예술(A), 수학(M) 등 각 분야를 어색하게 연결하는 형태의 연계와 융합 사례가 많이 나타났다. 과학 수업에 예술 요소를 도입한다며 노래를 부르고, 기술 요소를 넣기 위해 수업 마무리 시간에 만들기 체험을 마련하는 식이다.

STEAM 교육이 말하는 궁극적인 융합은 실생활 속에서 나타나는 '자연스러운 융합'이다. 실생활 문제(real world problem)는 대체로 어느 한 과목만의 지식으로는 풀 수 없으며 여러 학문의 지식을 활용해야 해결 가능한 복합적인 문제이다. 실생활 문제를 해결하기 위해 여러 교과의 지식을 활용하는 과정에서 자연스레 융합이 일어난다. STEAM 교육프로그램에 반드시 수학·과학이나 공학·기술 또는 예술이라는 요소 전부가 포함되어야 하는 것은 아니다. 주제나 문제와 관련된 지식과 기능 중에서 필요한 부분만 포함시켜도 된다. 융합은 문제해결이라는 목표를 달성하는 과정에서 자연스레 일어나는 현상이기 때문이다. 또한 예술 요소는 순수 예술뿐만 아니라 인문 교양까지 포함하는 훨씬 넓은 영역으로 확대 적용된다.

둘째, 학생 스스로 깨우치는 수업이다.

기존의 학교 교육은 체계화된 지식을 교사의 강의를 통해 학생에게 전달하는 방식으로 이루어져 왔다. 교사가 교과서에 수록된 개념 대부분을 학생에게 직접 설명하는 형식이었다. 다른 분야의 학문과 연계하거나 통합하는 방식도 거의 고려되지 않았다. 반면에 STEAM 교육은 교사가 교과서 속 개념을 직접 강의하는 대신에, 주어진 문제를 학생이 자발적으로 재정의하고 해결하는 과정을 통해 여러 분야의 학문을 통합해 사고하고 스스로 지식을 깨우치게 하는 교육이다. 미래 사회를 살아갈 학생들에게 필요한 것은 지식의 암기가 아닌 '지식 활용 능력'이라는 인식에서 출발했기 때문이다.

셋째, 실생활 속 문제해결능력 배양을 강조한다.

STEAM 교육은 수학·과학 과목의 이론과 개념뿐만 아니라 '실생활'과의 연계성을 강조한다. 기존의 학교 교육은 교과서에 정립된 학문 개념을 일방적으로 전달하는 데 주력해 왔다. 반면에 STEAM 교육은 학생 본인과의 관련성(relevance)

을 깨닫는 것이 우선이다. 학습 내용이 사회 어느 분야에서 쓰이는지 그리고 왜 배워야 하는지를 우선 체험한 다음, 스스로 설계하고 탐구하며 실험하는 과정을 통해 실생활 속 문제해결능력을 배양하는 데 초점을 맞춘다.

(3) STEAM 수업의 유형

STEAM 수업은 〈표 15-3〉과 같이 크게 세 가지 유형으로 분류할 수 있다.

〈표 15-3〉 STEAM 수업 유형

교과 내 수업형	교과 연계 수업형	교육과정 재구성 창의적 체험 활동, 방과후 학교 활용형
중심 교과와 타 교과(과학, 기술, 공학, 예술, 수학) 요소 연계	주제 중심으로 관련된 여러 교과를 연계	주제 중심으로 전체 교육과정 재구성하거나 별도의 프로그램 개발

출처: 교육과학기술부, 한국과학창의재단(2012b). 융합인재교육(STEAM) 정책 설명. p. 12.

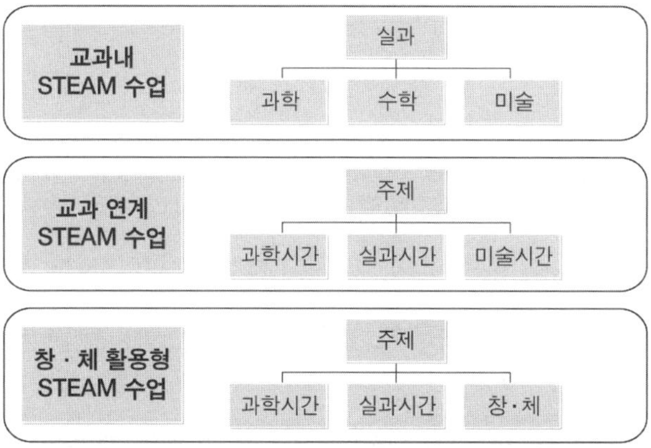

출처: 교육과학기술부, 한국과학창의재단(2012b). 융합인재교육(STEAM) 정책 설명. p. 12.

[그림 15-3] STEAM 수업 유형 예시

교과 내 STEAM 수업은 하나의 중심 교과에 과학, 기술, 공학, 예술, 수학 내용 요소를 연계한 유형으로 가장 쉽게 접근할 수 있다.

교과 연계 STEAM 수업은 주제를 중심으로 관련된 여러 교과를 연계하는 유형으로, 블록타임제, STEAM DAY, 교과 연계 등의 수업 방법으로 운영할 수 있다.

마지막으로 창의적 체험 활동, 방과후 학교 활용 STEAM 수업은 학교 내에서 가능한 창의적 체험 활동, 방과후 학교, 동아리 활동 등을 통하여 간단한 패키지 프로그램부터 한 학기 이상의 프로그램까지 운영이 가능하다.

2절 STEAM 수업의 적용

1. 실과교육과 통합 교육

초등 실과교육의 성격을 '실천적 생활 능력 교과', '창조적 노작 교과', '통합적 활동 교과'로 규정하고 있으며, 여기서 '통합'이라는 의미는 지식의 통합으로만 한정하는 것이 아니라 지식 간의 간학문적 통합, 지식과 기능의 통합, 영역들 간의 통합, 그리고 손과 머리의 통합 등 우리가 추구할 수 있는 다면적인 통합의 측면을 고려한 것이다. 이것은 실과교과에서 다루는 내용을 해결하기 위해서, 또한 실생활에서 부딪치는 문제 상황을 해결하기 위해서 다른 교과에서 습득한 지식, 기능, 경험 등을 서로 연결하고 통합하여 새로운 관계와 질서를 발견하는 교과라는 의미와 더불어, 머릿속에서의 아이디어나 사고 활동과 머리 밖에서의 손을 통한 기능의 통합적 상호작용, 활동 내용의 통합 등을 포함하는 것으로 의미를 확대한 것이다. 그러므로 실과를 중심으로 한 통합 교육은 실과가 가진 장점을 충분히 살리면서 다른 경험이나 활동을 통합하여 교육함으로써, 교육의 효과도 높이고 통합되고 본질적인 경험과 인식을 제공할 수 있다. 또한 이러한 통합적 접근은 교과의 중복되는 부분을 최소로 줄일 수 있으며, 학생의 의미 있는 통합된 경험을 증가시킬 수 있다.

2. STEAM 수업의 단계

STEAM 수업을 제대로 실천하려면 여러 가지 구성 요소를 고려해야 한다. STEAM 수업을 위한 구성의 원리는 [그림 15-4]와 같으며, 수업 단계로 연결된다.

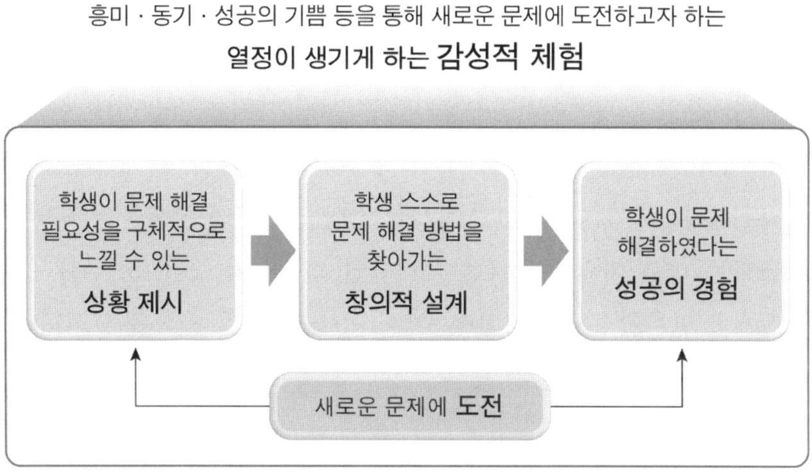

출처: 교육과학기술부 · 한국과학창의재단(2012c). 손에 잡히는 STEAM 교육. p. 62.

[그림 15-4] STEAM 수업 구성의 원리(학습 준거 틀)

1) 상황 제시

STEAM 수업은 전체를 아우르는 상황을 제시하는 것으로 시작된다. 학습 내용과 활동사항을 학생 자신의 문제로 인식하게 하는 것이다. 기존 학습에서는 학생들의 호기심과 관심을 불러일으키기 위해 도입부에서 상황을 제시했다. 그러나 STEAM 수업에서는 수업 전체를 포괄하는 상황을 제시한다. 제시된 문제와 학생 자신의 관련성을 높여 문제해결 의지가 생기게 만드는 것이다.

2) 창의적 설계

상황을 제시한 후에는 창의적 설계 단계로 나아간다. 일방적인 강의식 수업과 가장 큰 차이를 보이는 부분이다. 기존의 수업에서는 교사의 강의를 통해 기본 개념을 전달했을 뿐만 아니라 실험과 활동 위주로 수업을 구성했어도 미리 짜인 순서에 따라 잠깐 실습하거나 이미 배운 내용을 다시 확인하는 차원을 벗어나지 못했다. 그러나 창의적 설계는 학생 스스로가 창의적으로 생각해낸 아이디어를 수업과 활동에 반영하는 것이 핵심이다. 학교 수업에서는 거의 모든 학생들이 동일한 결과물을 얻는다. 게다가 과학적 지식의 대부분은 완성된 이론이기 때문에 실생활에서 마주치는 문제들과는 다르다. 문제해결능력을 키우려면 단순히 지식을 아는 것에서 그치지 않고 활용까지 나아가야 한다. 문제를 스스로 정의하고 해결하는 경험을 도와주는 창의적 설계는 창의적으로 사고하는 습관을 길러준다. 창의적 설계에서는 다음과 같은 두 가지를 유의해야 한다.

첫째, 창의적 설계는 공학에 가깝다. 실생활에서 주어지는 문제는 이론적인 지식만으로 해결하기가 쉽지 않다. 학생들이 앞으로 사회 생활을 시작할 시기가 되면 지금과는 다른 차원의 문제를 맞닥뜨릴 가능성이 높다. STEAM 수업에서 창의적 설계를 반복할수록 문제해결능력이 높아진다. 그 방식을 살펴보면 '과학'보다는 '공학'에 가깝다고 할 수 있다.

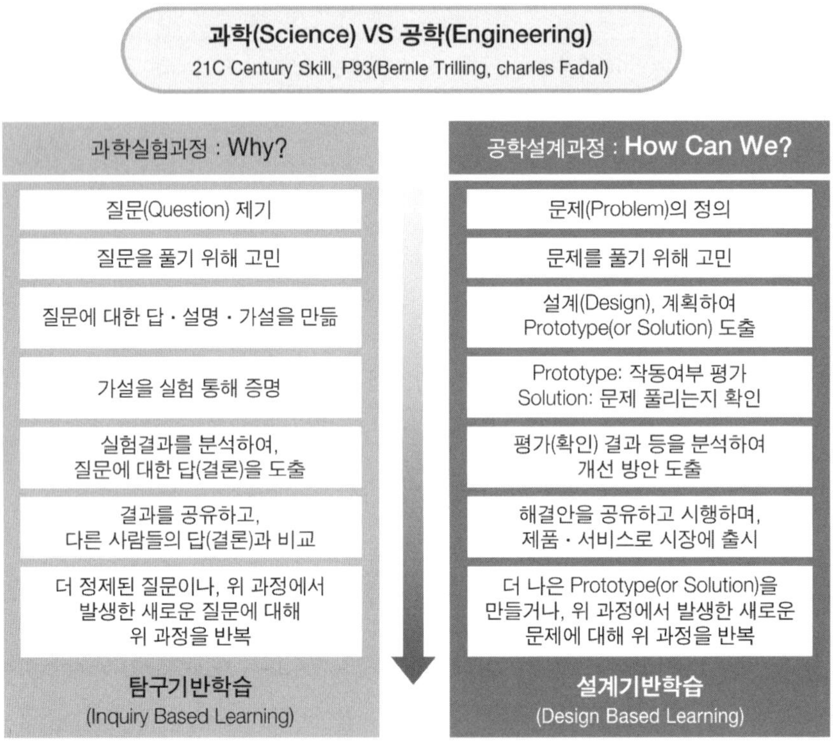

출처: 교육과학기술부 · 한국과학창의재단(2012c). 손에 잡히는 STEAM 교육. p. 64.

[그림 15-5] 과학과 공학의 학습 과정 차이

둘째, 창의적 설계로 지식을 융합한다. 교과서에서 제시하는 실험은 대부분 명확한 답이 존재한다. 주어진 문제를 스스로 해결하기보다 이미 배운 것을 다시 확인해 보는 데 목적이 있다. 교과서는 세부적인 실험 과정까지도 친절하게 안내하므로 학생이 창의적으로 문제해결 과정을 설계해 볼 기회가 부족하다. 설령 기존 과학 지식을 확인하는 일이 문제해결 과정에 포함된다 해도 설계 과정은 반드시 필요하다. 여러 제약 조건하에서 어떻게 실험을 진행할 것인지 스스로 생각해 볼 수 있어야 한다.

창의적 설계의 출발점은 자신에게 주어진 문제를 학생 스스로 정확하게 인식하는 순간부터이다. 문제를 정확히 파악한다는 것은 제약 조건이 무엇인지를 파악한다는 것이다. 불가피한 한계를 극복하면서 문제를 해결해 나가는 과정은 실제 과학 기술 분야의 연구 개발이나 산업 현장에서 실제로 하고 있는 방식이다. 그러므로 창의적 설계를 하다 보면 한두 과목의 제한된 지식만으로는 불가능하며 여러 학문의 지식들이 자연스럽게 융합된다.

3) 감성적 체험

창의적 설계 이후에는 학생들이 감성적 체험을 통해 새로운 도전 의식을 가지게 할 차례이다. 상황 제시를 통해 문제를 자신의 것으로 인식하고 창의적 설계과정을 통해 문제를 해결하면 학생들이 성공의 기쁨을 느끼게 된다. 이 성공의 기쁨을 바탕으로 새로운 문제에 열정적으로 도전하도록 격려한다. 감성적 체험의 효과를 높이려면 학생들이 학습 활동에 대한 필요성을 느끼는 데서 그치지 않고 생각을 이어가도록 도와야 한다. 제시된 문제가 실생활에 어떻게 연결되는지, 이와 비슷한 상황이 생기면 어떻게 해결하는지, 관련된 다른 내용은 없는지, 유사한 활동을 계속하려면 어떻게 해야 하는지 등 호기심과 흥미를 유지시키는 것이다. 수업 도입부의 동기유발 장치 그리고 문제해결 이후에 주어지는 보상체계도 감성적 체험의 일종으로 볼 수 있다. 또한 학생 스스로 자기 주도 학습을 진행하는 모든 활동과 경험이 곧 감성적 체험과 연결된다.

3. STEAM 수업 설계를 위한 체크리스트

STEAM 수업의 기본 개념과 핵심 요소를 〈표 15-4〉와 같은 체크리스트로 점검하면서 수업을 기획하고 설계할 수 있다.

〈표 15-4〉 STEAM 수업 설계를 위한 체크리스트

구 분		요 소	세부 설명
STEAM 교육 목적		융합인재양성	융합형 인재 양성 목적에 부합하는가?
STEAM 교육 개념		학생흥미증진	학생의 과학 기술에 대한 흥미를 높이도록 설계되었는가?
		실생활 연계	실생활 속의 과학 기술과 연관된 주제인가?
		융합적 사고력 배양	학생의 융합적 사고력을 배양하도록 프로그램이 설계되었는가?
STEAM 교육 활동준거	상황 제시	상황 제시	전체 프로그램을 아우르는 상황을 제시하였는가?
		자연스러운 융합	과학, 수학, 기술, 공학, 예술 교과가 자연스럽게 융합되도록 설계되었는가?
	창의적 설계	학생 중심	교사 중심에서 벗어나 학생이 주도적으로 참여하는 학생 중심으로 프로그램이 설계되었는가?
		아이디어 발현	프로그램에 학생이 자신의 아이디어와 발상을 반영할 수 있도록 설계되었는가?
		자기 문제화	학습자가 학습 주제를 자기 문제로 인식하도록 수업이 구성되었는가?
		학습 방법	개념을 교사가 직접 설명하지 않고 활동을 통해 학생이 깨우치도록 설계되었는가?
		과정, 활동 중심	결과보다 과정이, 지식보다는 활동이 강조되었는가?
		다양한 산출물	프로그램의 결과물이 모둠별 또는 개인별로 다르게 산출되도록 설계되었는가?
		협력학습	동료, 교사, 다양한 도구와의 협력학습이 이루어질 수 있도록 설계되었는가?
	감성적 체험	Hands'on	학생들이 직접적인 체험(hands' on)을 통하여 열정을 가지고 참여할 수 있도록하는가?
		성공의 경험	학습자가 성공을 경험하도록 설계되었는가?
		새로운 도전 요소	연계된 활동에 새로운 도전을 하도록 설계되었는가?
		자기 평가	학습자가 스스로 활동을 평가할 수 있는 기회를 제공하였는가?

출처: 교육과학기술부 · 한국과학창의재단(2012c). 손에 잡히는 STEAM 교육. p. 69.

4. STEAM 수업의 적용 사례

실과교육에서 STEAM 수업을 어떻게 적용할 수 있는지에 대하여 다음의 교수-학습 과정안을 토대로 살펴보았다. 〈표 15-5〉의 STEAM을 적용한 교수-학습 과정안은 실과 기술 영역의 '발명과 문제해결'에서 창의적인 제품 만들기와 관련된 사례이다.

'발명과 문제해결'의 창의적인 제품 만들기는 학생이 일상 생활에서 접하는 기술의 문제를 창의적 · 융합적으로 해결할 수 있는 능력을 길러 주기 위해, 기

술적 지식 · 기능 · 태도를 바탕으로 문제를 이해하고, 아이디어를 탐색, 실현 및 평가하는 실천적 학습 경험을 제공한다. 그러므로 일상 생활과 연결하여 과학, 기술, 공학, 예술, 수학 교과들과 융합한 STEAM 수업을 적용하는 것이 효과적이다. STEAM 수업은 상황 제시, 창의적 설계, 감성적 체험으로 이루어진다.

상황 제시 단계에서는 수업 전체를 포괄하면서도 학생들의 관심을 불러올 수 있는 '실생활 상황'을 제시해야 한다. 소재로 쓰인 문제 상황을 학생들이 자신의 문제 상황으로 인식하도록 동기를 부여하는 것이다. 이때 교사는 문제 상황을 구성할 때 첫째, 기존의 동기유발보다 훨씬 정교한 시나리오를 구성해야 하고 둘째, 제시한 상황에 따라 문제를 해결하는 과정에서 '자연스러운 융합'이 일어나도록 구성해야 함을 유의해야 한다. 〈표 15-5〉에서 제시된 문제 상황처럼 잠을 자다가 깨어 형광등을 켜야 했던 경험은 누구나 있을 것이다. 형광등을 켜기까지의 불편했던 경험을 토대로, 쉽고 간단하게 동작시킬 수 있는 형광등을 설계하려는 문제해결 의지를 생기게 만들 수 있다. 그리고 쉽고 간단하게 동작되는 형광등을 만들려면, 전기회로, 센서, 목재, 플라스틱 등 재료의 특징, 전등갓 모양 등 과학, 실과, 수학, 미술 교과에 관한 융합적 역량이 요구된다.

창의적 설계 단계에서는 주어진 문제를 학생 스스로 정확하게 인식하는 것부터 시작된다. 이 단계에서는 교사가 지식이나 개념을 직접적으로 제시하거나 설명하지 않고, 학생들이 문제를 고민하는 과정에서 스스로 깨우치도록 설계해야 한다. 낮은 단계에서의 활동을 스스로 설계하면서 지식 창출 과정을 경험하는 것이 중요하다. 결과와 지식보다는 과정과 활동을 중시해야 하며, 이를 통해 실생활 문제해결능력과 융합적 사고 능력을 배양할 수 있다.

감성적 체험의 단계에서는 학생 스스로 자신감을 갖도록 도와주고, 흥미와 동기를 부여한다. 학생들이 느낀 성공 경험은 새로운 문제에 대한 도전으로 자연스럽게 이어진다. 이때 교사는 학생에게 새로운 문제를 제시하거나 기존의 해결 방안을 개선할 수 있는 실마리를 제공해야만 한다. 짧지만 친절한 교사의 지도가 학생의 도전 의지를 불러일으키고 과학 기술에 대한 흥미와 동기를 부여할 수 있다. 자기 평가도 유용하다. 스스로의 활동을 평가하고 개선의 기회를 제공하는 것이 중요하다. 이를 통해 학생들은 자신이 느낀 성공의 경험을 극대화하고 새로운 문제에 대한 도전 의지를 강화할 수 있다.

〈표 15-5〉 STEAM을 적용한 교수-학습 과정안 예시

<table>
<tr><th>영 역</th><td>기술의 활용</td><th>내용 요소</th><td>발명과 문제해결</td></tr>
<tr><th>학습 주제</th><td colspan="3">창의적인 제품 만들기</td></tr>
<tr><th>학습 목표</th><td colspan="3">다양한 재료를 활용하여 창의적인 제품을 구상하고 제작할 수 있다.</td></tr>
<tr><th>교수-학습 단계</th><th colspan="2">교수-학습 활동</th><th>관련교과/자료 및 유의점</th></tr>
<tr><td>상황 제시</td><td colspan="2">■ 문제 상황 제시
• 수업 전체를 아우르는 상황을 제시한다. ⓉⒺⒶ
• 성준이는 새벽에 잠에서 깼어요. 문득, 지난 밤 휴대폰을 충전해놓지 않고 잠에 들었다는 생각이 났지요. 방은 어두워서 아무것도 보이지 않는데 형광등 스위치가 너무 멀고, 또 불을 켜기 위해 침대에서 일어나기는 귀찮았어요. 또 멀티탭이 어디에 있는지도 잘 모르겠고, 오늘은 콘센트 방향도 잘 맞추지 못하겠네요. 성준이는 어떻게 하면 좋을까 고민을 해 보았어요.</td><td>• 국어, 실과 (ⓉⒺⒶ)

※ 제시된 상황 속 문제와 학생 자신의 관련성을 높여 문제해결의 의지가 생길 수 있도록 한다.</td></tr>
<tr><td>창의적 설계</td><td colspan="2">■ 문제 이해
• 성준이는 어둡고 스위치 켜기 귀찮을 때 간단한 움직임으로 불 켜기를 원한다. 또한 멀티탭으로 휴대폰 충전기도 연결하고 싶어 한다.
• 움직임을 감지하여 전구에 불이 들어와야 한다.
• 멀티탭이 전구의 근처에 있어야 한다.
■ 연구와 개발
• 모둠별로 아이디어를 탐색하고 개발한다.
• 제품의 형태 관련: 멀티탭에 LED 모듈을 연결하여 빛나게 하기, 벽에 있는 콘센트에 LED 모듈을 붙여 빛나게 하기, 움직이면 빛나는 조명을 만들고 근처에 멀티탭을 놓아두기, 전등을 만들고 멀티탭을 붙이기 → 전등을 만들고 멀티탭을 붙이기 채택(전기, 전기회로, 전압, 전류, 저항 계산) ⓈⓉⒺⓂ
• 재료의 선택: 목재 및 재활용품 사용(재활용품을 사용을 통한 환경보호 의식 함양) ⓉⒺⒶ
• 제품 내 디자인 관련: 움직임 감지 센서의 구체적인 위치, 움직임 감지 센서의 감도 조절을 위한 방법, 전등갓의 모양과 크기 계산, 전등갓과 센서의 미적 구도, 멀티탭의 위치 등. ⓉⒺⒶⓂ
■ 실현
• 선정된 아이디어를 바탕으로 실제 제작해 보기 ⓉⒺ
• 제작 과정 중 발생한 문제해결하기 ⓉⒺ
• 수정 및 보완하기 ⓉⒺ</td><td>• 과학, 실과, 미술, 사회, 수학 (ⓈⓉⒺⒶⓂ)

※ 문제를 스스로 정의하고 해결하는 경험을 도와주는 창의적 설계를 통해 창의적으로 사고하는 습관을 길러준다.

※ 모둠별로 산출물이 달라야 한다.</td></tr>
<tr><td>감성적 체험</td><td colspan="2">■ 평가
• 결과 평가하기 • 과정 평가하기 ⓈⓉⒺⒶⓂ
■ 전시 및 발표
• 완성품 전시하기 • 발표 및 정보 나누기 ⓈⓉⒺⒶⓂ</td><td>• 과학, 실과, 국어, 미술, 수학 (ⓈⓉⒺⒶⓂ)
※ 새로운 도전의식을 가지도록 한다.</td></tr>
</table>

논의

1. 통합적 접근의 의미와 가치에 대하여 논의해 보자.
2. 통합적 접근의 유형에 대하여 논의해 보자.
3. 실과교육과 통합 교육에 대하여 논의해 보자.
4. 미국의 STEM 교육에 대하여 논의해 보자.
5. 우리나라 STEAM 교육의 개념과 수업의 특징에 대하여 논의해 보자.
6. STEAM 수업의 준거틀과 STEAM 수업을 위한 구성의 원리를 논의해 보자.
7. STEAM 수업의 유형에 대하여 논의해 보자.
8. STEAM 수업 설계를 위한 체크리스트를 작성해 보자.
9. 실과수업에서 STEAM 수업의 적용과 활용 방법에 대하여 논의해 보자.

참고문헌

교육과학기술부(2010). 창의인재와 선진과학기술로 여는 미래 대한민국. **2011년 업무보고**. 저자.

교육과학기술부 · 한국과학창의재단(2012a). **융합인재교육(STEAM) 실행방향 정립을 위한 기초 연구**. 저자.

교육과학기술부 · 한국과학창의재단(2012b). 융합인재교육(STEAM) 정책 설명. **2012년 STEAM 리더스쿨 교사연구회 발대식 자료집**. 저자.

교육과학기술부 · 한국과학창의재단(2012c). **STEAM 가이드북. 손에 잡히는 STEAM 교육**. 저자.

곽병선(1993). **교육과정**. 배영사.

금영충 · 배선아(2012). 초등기술기반 STEAM 교육이 초등학생의 기술적 태도에 미치는 영향: '나만의 3D 입체 이미지 만들기'와 'QR코드로 명함 만들기'를 중심으로. **한국실과교육학회지**, 25(3), 195-216.

금영충 · 배선아(2012). STEAM 교육에 대한 초등교사의 인식과 요구. **대한공업교육학회지**, 37(2), 57-75.

김경희 · 김수진 · 김남희 · 박선용 · 김지영 · 박효희 · 정송(2009). **수학 · 과학 성취도 추이 변화 국제비교연구: TIMSS 2007 결과 보고서**. KICE 2008 연구 리포트.

김남은(2010). **주제 중심 통합적 접근에 의한 가정 교과 의생활 영역 교육프로그램 개발과 평가: 『의복관리(재활용)』와 『섬유(재료)』 주제를 중심으로**. 석사학위논문. 한국교원대학교 교육대학원.

김대현(1993). 학교에서의 통합교육과정 개발. **한국교육**, 20, 89-104.

김대현 · 이은화 · 허은실(1997). **교과의 통합적 운영**. 문음사.

김연수(2010). **미술과와 체육과와의 통합적 접근지도 방안 연구 : 초등학교 3, 4학년을 중심으로**. 석사학위논문. 한국교원대학교 교육대학원.

김재복(1983). 교육과정 통합의 접근방법에 관한 고찰. **인천교육대학교 논문집**, 17(1), 297-315.

김재복(1990). **통합교육과정**. 교육과학사.

김재복(2000). **통합교육과정**. 교육과학사.

방기혁(1998). 제7차 교육과정의 통합교과를 통한 실과교육의 통합적 접근. **한국실과교육학회지**, 11(1), 375-388.

배선아 · 금영충(2009). 공업계열 전문계 고등학교 활동 중심 STEM 교육프로그램 개발 모형. **실과교육연구**, 15(4), 345-368.

백윤수 · 박현주 · 김영민 · 노석구 · 박종윤 · 이주연 · 정진수 · 최유현 · 한혜숙(2011). 우리나라 STEAM 교육의 방향. **학습자중심교과교육연구**, 11(4), 149-171.

양경희(2002). 미술활동의 통합적 접근방법. **한국아동미술학회지**, 1(1), 75-91.

이영숙 · 김유정(2010). 통합적 접근을 통한 실과 식생활교육 프로그램 개발. **한국실과교육학회지**, 23(4), 245-267.

이영덕(1983). **통합 교육 과정의 개념 통합 교육과정의 이론과 실제**. 교육과학사.

이영덕(1993). **敎育의 過程**. 배영사.

이영만(2001). **통합교육과정**. 학지사.

이영만 · 홍영기(2006). **초등통합교육과정**. 학지사.

이효녕(2011). 미국의 STEM 교육 고찰. **월간 과학창의** [Electronic version]. 월간 과학창의.

임수연(2015). **미술과와 국어과의 통합적 접근이 중학생의 자아개념에 미치는 영향: 그림 자서전 만들기 활동을 중심으로**. 석사학위논문. 이화여자대학교 교육대학원.

정성봉 · 송현순(2002). 초등 실과교육의 학문적 기초 연구. **실과교육연구**, 8(2), 101-126.

조은아(2007). **실과교육에서 사회, 미술 교과와의 통합에 관한 연구: 6학년을 중심으로**. 석사학위논문. 전주교육대학교 교육대학원.

조재형(2011). **융합에서 찾는 과학교육의 해답**. Retrieved June 30, 2011, form The Science Times web site: http://www.sciencetimes.co.kr/article.do?todo=view&pageno=&searchatclass2=108&atidx=51862&backList=.

Drake, S, M. (1998). *Creating Integrated Curriculum. Proven Ways to Increase Student Learning*. Corwin Press, Inc.

Forgaty, R. (1991). How to integrated curricula. IL: IRI/Skylight Publishing, Inc. 역) 구자역, 구원회 (1999). **교사를 위한 교육과정 통합의 방법**. 원미사.

Sanders. M. (2006). A Rationale for New Approaches to STEM Education and STEM Education Graduate Programs. 93rd Mississippi valley technology teacher education conference, Nashville, TN. (Nov. 3, 2006). 1-17.

Sanders, M. (2009). STEM, STEM Education, STEM mania. *The Technology Teacher, 68*(4), 20-26.

제 16 장

기 타
(마인드맵, 브레인스토밍, 스토리텔링 등)

개 요

15장까지 살펴본 다양한 교수-학습 방법 외에도 실과수업에서 활용할 수 있는 교수-학습 방법으로 마인드맵, 브레인스토밍, 스토리텔링 등이 있다. 마인드맵과 브레인스토밍은 다양한 아이디어를 체계적이고 효율적으로 창출할 수 있도록 도와주는 방법으로써, 마인드맵은 개인의 아이디어 발상에, 브레인스토밍은 집단의 아이디어 발상에 유용하다.

스토리텔링은 학생들에게 교과에 대한 흥미를 유발하고, 어려운 교과 내용을 쉽게 이해시킬 수 있으며, 오랫동안 기억할 수 있게 해 주는 등의 장점이 있어, 최근 우리나라에서 각 교과의 교수-학습에 폭넓게 응용되고 있다.

이 장에서는 마인드맵, 브레인스토밍, 스토리텔링의 개념과 장・단점을 알아보고, 실과수업에서의 활용에 대해 논의하고자 한다.

학 습 목 표

- 마인드맵, 브레인스토밍, 스토리텔링의 개념과 장・단점에 대하여 설명할 수 있다.
- 마인드맵, 브레인스토밍, 스토리텔링의 수업 단계에 대하여 설명할 수 있다.
- 실과수업에서 마인드맵, 브레인스토밍, 스토리텔링의 적용 및 활용에 대하여 설명할 수 있다.

1절 마인드맵

마인드맵은 토니 부잔(Tony Buzan)이 개발한 방법으로, 생각하고 기억하는 모든 것들을 마치 두뇌 속에 지도를 그리듯 글자, 기호, 그림, 색깔 등을 사용하여 아이디어를 시각화하는 방법이다. 핵심 개념과 이미지를 사용하기 때문에 기억력과 이해력을 높이는 데 효과적일 뿐만 아니라 창의력과 문제해결능력을 함양시킬 수 있다.

1. 마인드맵의 이해

1) 마인드맵의 개념

마인드맵(Mind-map)은 1970년대 초 영국의 교육학자이며 심리학자인 토니 부잔이 고안한 방법이다. 사람의 두뇌는 핵심 단어나 개념을 중심으로 사고를 확산해 나간다는 이론에 바탕을 두고 있는데, 사고의 과정을 수직적 사고와 수평적 사고로 이분하던 당시에는 획기적인 사고 기법이었다. 주제를 중심으로 핵심 개념을 방사형으로 계속 이어나가면서 아이디어를 시각화하는 방법으로 '생각의 지도'라고도 한다.

마인드맵은 어휘, 이미지, 색상, 숫자, 리듬, 공간, 지각 등과 같이 문장과 이미지를 함께 사용하여 좌뇌와 우뇌의 기능을 모두 활용함으로써 기능적으로 분화된 두뇌를 균형적으로 사용한다. 뿐만 아니라 방사 사고를 통해 정보를 시각적으로 결합해 나가며 이미지와 핵심어 그리고 색과 부호를 사용하여 두뇌의 기능을 유기적으로 연결하고 강화하는데, 이 과정을 통해 학생들은 창의적으로 문제를 해결할 수 있게 되고, 흥미를 느껴 내면에 잠재해 있는 사고 활동을 활발하게 할 수 있게 된다.

이러한 마인드맵은 두뇌에 숨어 있는 잠재적 가능성을 쉽게 이끌어내고, 신속하게 시작할 수도 있으며, 짧은 시간 동안 많은 아이디어를 발상해내는 것도 가능하다. 또한 두뇌 전체를 활발히 움직이게 함으로써 창조성과 자발성을 활발하게 함과 동시에, 논리적인 순서나 세부 사항에도 관여해 정리 및 체계화를 가능하게 한다.

마인드맵 외에도 사고의 과정을 시각적인 그림으로 나타내는 방법으로는 개념도, 클러스터, 마인드 스케이프 등이 있다. 그러나 그 중에서도 마인드맵은 통합적, 상호 관련적 · 복합적으로 작용하는 양뇌의 기능을 골고루 활용할 수 있도록 고안된 방법이며, 시각적 형태를 통해서 개념을 조직화, 맥락화, 심상화해 줄 수 있는 획기적인 방법이다.

우리나라의 경우 마인드맵은 1994년 한국부잔센터 마인드맵 연구소 활동을 통해 알려지기 시작하였고, 1995년 이후 마인드맵 연구소에서 대중 연수를 시작하여 학교 교육에 활용되고 있다.

2) 마인드맵의 장점

마인드맵은 핵심 단어와 이미지를 사용하기 때문에 기억력과 이해력을 높이는 데 효과적일 뿐만 아니라 창의력과 문제해결능력까지도 신장시킬 수 있다. 마인드맵의 장점을 구체적으로 나열하면 다음과 같다.

① 논리적 사고와 창조적 사고를 동시에 개발할 수 있다.
② 방대한 양의 정보를 한 장으로 조직화할 수 있다.
③ 짧은 시간 내에 독창적 아이디어의 발산과 수렴이 가능해진다.
④ 정보의 핵심 내용이 추출되므로 신속한 의사결정이 이루어질 수 있다.
⑤ 인간의 잠재 능력을 이끌어낼 수 있도록 생각하는 힘을 키워준다.
⑥ 통찰력과 문제해결능력을 신장시킨다.
⑦ 아이디어의 창출, 메모, 학습정리 등 다양한 용도로 사용할 수 있다.
⑧ 문장과 이미지를 함께 사용하여 좌뇌와 우뇌를 모두 활성화시킬 수 있다.
⑨ 연상결합 능력을 최대한 이용해서 두뇌가 물질을 각인하는 능력과 두뇌 네트워크를 조직하는 능력을 향상시킨다.

⑩ 재미와 유머를 조장해서 판에 박힌 틀에서 벗어나 창의적 사고를 산출하는 데 도움을 준다.

3) 마인드맵의 작성방법

마인드맵의 작성 단계와 세부 내용은 〈표 16-1〉과 같다.

〈표 16-1〉 마인드맵 작성 단계와 세부 내용

순	작성 단계	세부 내용
1	주제 정하기	• 각 단원에서 익힌 단어나 구문을 중심으로 맵핑할 주제를 정한다.
2	중심 이미지 그리기	• 주제에 연상되는 이미지를 종이의 중앙에 3~4색을 사용하여 입체적인 그림으로 강조하여 그린다.
3	주가지 그리기	• 이미지의 중심에서 뻗어나가는 이 가지들은 주제를 확실하고 두드러지게 보이게 하기 위해 선명하고 굵은 선을 사용하고 각각 다른 색을 사용한다.
4	부가지 그리기	• 주가지에서 부드럽게 바깥쪽으로 가지를 펼쳐나가는데, 주가지에 대한 설명이 바로 연결될 수도 있고, 다시 한 번 분류할 수도 있다.
5	세부가지 그리기	• 부가지를 더 자세히 보충할 수 있는 세부가지를 만든다. 이 가지들은 그림, 글자 혹은 그림과 글자를 혼합해서 써도 된다.
6	수정 및 보완하기	• 자세한 세부사항을 첨부하거나 순서대로 번호를 붙인다. 주제, 부주제 혹은 다른 사항들을 얼마든지 더할 수 있다.

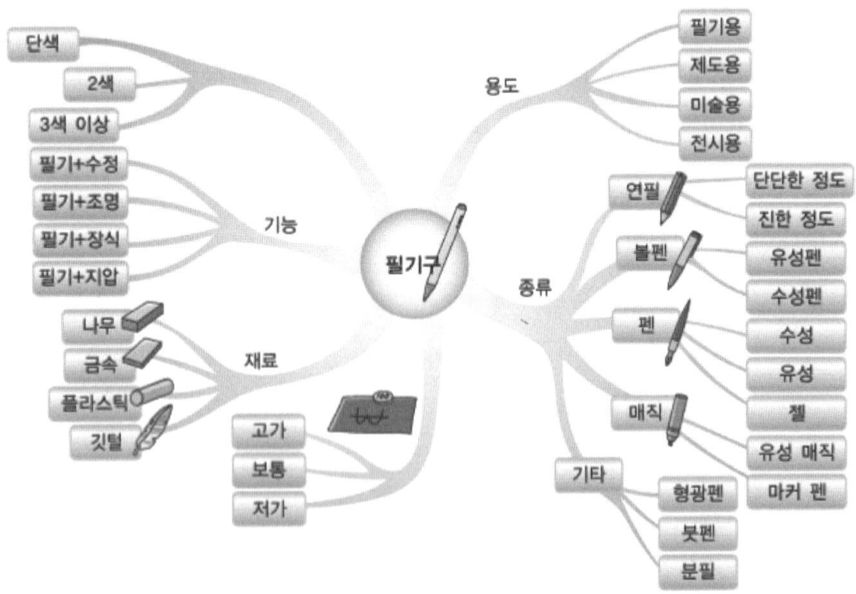

출처: 강종표 외(2015). 발명교육학 기초. 양서원.

[그림 16-1] 마인드맵의 예

마인드맵을 그릴 때에는 다음과 같은 규칙을 따라야 한다.

〈표 16-2〉 마인드맵 작성 규칙

작성 규칙	세부 내용
강조 기법을 사용한다.	• 항상 중심 이미지를 사용한다. • 마인드맵의 처음부터 끝까지 이미지를 사용한다. • 각 중심이미지마다 3~4종류의 색상을 사용한다. • 공간을 조직적으로 활용한다.
연상결합 기법을 사용한다.	• 마인드맵상의 각 부분을 연결시킬 때에는 화살표를 이용한다. • 기호와 색상을 사용한다.
명료화 기법을 사용한다.	• 하나의 선에는 하나의 핵심단어만을 쓴다. • 선의 길이는 단어의 길이와 같게 한다. • 중심선은 진하게 표시한다. • 외곽선을 그려서 경계를 표시한다. • 용지는 수평으로 배치한다.

2. 실과 마인드맵 수업의 적용

1) 수업 적용을 위한 사전 교육

마인드맵을 수업에 적용하기 위해서는 마인드맵이 무엇인지, 왜 활용하는 것인지, 어떻게 작성하는 것인지에 관한 사전 교육이 필요하다. 이를 통하여 학생들은 실제 수업에서 마인드맵 작성에 대한 어려움이나 부담감 없이 손쉽게 사용할 수 있다.

특히 마인드맵 작성법을 단계별로 연습시켜야 한다. 수업 활동 중에 마인드맵을 작성하는 데 사전 연습을 하지 않고 무작정 마인드맵을 작성하라고 하면, 학생들은 마인드맵 작성에 부담을 느껴 오히려 수업 활동에 대한 흥미가 떨어질 가능성이 있다. 그러므로 사전 교육을 통해 세부 단계별로 마인드맵 작성법을 연습시켜야 한다. 또한 마인드맵을 작성한 예를 보여 주어 자신감과 흥미를 가지게 한다. 이러한 과정을 거치면 학생들은 자연스럽게 마인드맵 방법에 호기심을 가지고 수업 활동에 적극적으로 참여할 수 있다.

2) 마인드맵 수업의 단계

마인드맵은 교수-학습 단계의 도입, 전개, 정리의 모든 단계에서 유연하게 활용될 수 있다. 도입 단계에서는 주로 전시 학습 확인을 위해 사용된다. 즉, 전시 학습 내용을 마인드맵으로 작성하여 체계적으로 개념을 정리하고 기억하는 데 활용된다. 전개 단계에서는 본시 학습을 위한 주된 활동으로 마인드맵을 활용할 수 있으며, 주로 개념 이해, 문제해결, 실습 활동 계획 등에 사용된다. 정리 단계에서는 마인드맵을 작성하여 개념 및 학습 내용을 정리하거나 실습 활동을 정리하는 데 활용된다.

〈표 16-3〉 교수-학습 단계별 마인드맵 적용

교수-학습 단계	교수-학습 활동
도입 단계	• 마인드맵을 활용한 전시 학습 확인 – 마인드맵을 활용하여 전시 학습 내용 회상 – 체계적인 개념 정리 및 기억 향상
전개 단계	• 마인드맵을 활용하여 개념 이해 – 상위개념과 하위개념의 상호 관련성을 파악하여 연결망을 구성 – 전체적인 맥락 이해와 개념 간의 관계 파악 • 마인드맵을 활용하여 문제해결 – 해결해야 할 문제와 관련된 핵심주제어, 관련된 개념 등을 통하여 문제해결 계획 및 전략 수립 • 마인드맵을 활용하여 실습 활동 계획 – 학습할 내용을 파악하여 실습 활동 주제를 중심으로 준비물 및 활용될 지식의 내용을 가지고 마인드 맵 작성
정리 단계	• 마인드맵을 활용하여 개념 정리하기 • 마인드맵을 활용하여 학습 정리하기 • 마인드맵을 활용하여 실습 정리하기

3) 실과 마인드맵 수업의 적용 사례

실과수업에서 마인드맵을 어떻게 적용할 수 있는지에 대하여 다음의 교수-학습 과정안을 토대로 살펴보았다. 〈표 16-4〉의 마인드맵을 적용한 교수-학습 과정안은 실과 기술 영역의 '일과 직업의 세계'에서 직업의 종류와 특성과 관련된 사례이다. 마인드맵은 도입, 전개, 정리의 모든 단계에서 유연하게 활용될 수 있기 때문에 하나의 정해진 수업 단계가 있는 것은 아니다. 그러므로 학습 목표와 내용에 따라 〈표 16-3〉을 참고하여 적절하게 활용할 수 있다.

'일과 직업의 세계'에서 변화하는 직업의 종류와 특성을 파악하는 데 도입, 전개, 정리 단계에 모두 마인드맵을 적용한 교수-학습 과정안을 제시하였다. 마인드맵을 적용한 수업을 진행하기 위해서는 사전 교육(마인드맵 작성법을 단계별로 연습)이 선행되어야 한다. 따라서 이 교수-학습 과정안은 마인드맵 작성법에 대한 단계별 연습을 마친 후에 적용 가능하다.

도입 단계에서는 마인드맵을 활용하여 일과 직업에 대한 내용을 회상하고, 일과 직업의 개념을 정리하는 등 전시 학습을 확인한다. 마인드맵은 체계적인 개념 정리와 기억 향상에 유용하기 때문에 전시 학습 확인에 유용하다. 이때 마인드맵 작성 시간은 5분 내외로 하는 것이 좋다.

전개 단계에서는 본시 학습을 위한 주된 활동으로써, 미래에 생길 수 있는 직업의 종류와 특성을 상상하여 마인드맵으로 나타내도록 한다. 중심 이미지 그리기, 주가지 그리기, 부가지 그리기, 세부가지 그리기, 수정 및 보완히기를 통하여 문제를 해결해나간다. 학생들이 그린 마인드맵을 발표하고 생각을 나눔으로써 미래의 직업 세계를 다양하게 예상하고, 다양한 마인드맵을 통해 직업들 사이의 관계와 특징을 이해할 수 있다.

정리 단계에서는 미래의 다양한 직업 세계를 마인드맵으로 나타내어 학습 내용을 정리한다. 이때 마인드맵 작성 시간은 도입 단계와 마찬가지로 5분 내외로 하는 것이 좋다.

〈표 16-4〉 마인드맵을 적용한 교수-학습 과정안 예시

<table>
<tr><th>영 역</th><td>기술 활용</td><th>내용 요소</th><td>일과 직업의 세계</td></tr>
<tr><th>학습 주제</th><td colspan="3">직업의 종류와 특성</td></tr>
<tr><th>학습 목표</th><td colspan="3">변화하는 직업의 종류와 특성을 파악할 수 있다.</td></tr>
<tr><th>교수-학습 단계</th><th colspan="2">교수-학습 활동</th><th>자료 및 유의점</th></tr>
<tr><td>도입</td><td colspan="2">▣ 마인드맵을 활용한 전시 학습 확인
• 마인드맵을 활용하여 일과 직업에 대한 내용 회상하기
• 일과 직업의 개념 정리하기
▣ 동기유발
• 미래 사회와 관련한 다양한 사진 및 동영상 제시하여 흥미를 부여한다.
▣ 학습 목표 제시
변화하는 직업의 종류와 특성을 파악할 수 있다.</td><td>※ 마인드맵 작성 시간은 5분 내외로 한다.</td></tr>
<tr><td>전개</td><td colspan="2">▣ 미래에 생길 수 있는 직업의 종류와 특성을 마인드맵으로 나타내기
• 중심 이미지 그리기: 핵심 단어나 그림을 이용하여 중심 이미지 표현하기
• 주가지 그리기: 중심 이미지와 관련된 주가지를 만들고 단어나 그림을 표현하기
• 부가지 그리기: 주가지와 관련된 부가지를 만들고 단어나 그림으로 표현하기
• 세부가지 만들기: 부가지를 뒷받침할 수 있는 세부가지를 만들고 단어나 그림으로 표현하기
• 수정 및 보완하기: 자세한 세부사항을 첨부하거나 순서대로 번호 붙이기, 최종 수정·보완하기
▣ 마인드맵 발표하기, 생각나누기
• 학생들이 그린 마인드맵을 발표하고, 생각을 나눔으로써 미래의 직업 세계 이해하기
• 다양한 마인드맵을 통해 직업들 사이의 관계와 특징을 이해하기</td><td>※ 마인드맵을 적용한 수업을 진행하기 위해서는 사전교육(마인드맵 작성법을 단계별로 연습)이 선행되어야 한다.</td></tr>
<tr><td>정리</td><td colspan="2">▣ 마인드맵을 활용하여 학습 정리하기
• 미래의 다양한 직업 세계를 마인드맵으로 나타내어 학습 정리하기</td><td>※ 마인드맵 작성시간은 5분 내외로 한다.</td></tr>
</table>

2절 브레인스토밍

브레인스토밍은 오스본(Alex Osborn)이 개발한 집단 발상법으로, 문제해결의 단계 중 빠른 시간에 많은 아이디어를 산출하는 것에 역점을 둔 아이디어 발상법이다. 이러한 브레인스토밍은 유창성, 융통성의 신장에 효과적이며, 민주 시민으로서 성장하고 활동하기 위해 필수적으로 요청되는 토론과 대화 기술을 함양시킬 수 있다.

1. 브레인스토밍의 이해

1) 브레인스토밍의 개념

브레인스토밍(brainstorming)은 '두뇌'라는 뜻의 'brain'과 '폭풍'이라는 'storm'이 결합된 단어로써, 두뇌에서 폭풍이 휘몰아치듯이 주어진 시간에 가능한 한 많은 아이디어를 산출하게 하는 방법이다. 창의적인 문제해결을 위한 집단 발상법으로 미국에서는 브레인워싱(brainwashing)이라고 부르기도 하며, 우리나라에서는 두뇌 폭풍, 두뇌 풀기, 두뇌 선풍, 자유 연상 등으로 번역되어 사용되고 있다.

브레인스토밍은 뉴욕의 광고회사인 BBDO(Batten Barton Durstine and Osborn)의 부장으로 있던 알렉스 오스본(A. Osborn)이 광고 아이디어 창출 회의에서 사용된 전통적인 회의 방식을 개선하여 고안해 낸 일종의 회의 방식이다. 사실 브레인스토밍은 새로운 것이 아니다. 이미 약 450여 년 전에 인도에서 힌두교 교사들이 교리를 가르칠 때 사용된 교수 방법이었다. 이 방법을 오스본이 집단 발상이 가능하도록 재개발한 것이다.

처음에는 광고 회사와 같이 아이디어를 양산하는 곳에서 조직적인 아이디어의 창출 기법으로만 사용되었으나, 그 이후 산업계와 교육계 등 많은 분야에서도 널리 사용되고 있다.

2) 브레인스토밍의 네 가지 규칙

집단의 창의성을 향상시키고 발상을 자극하기 위하여 구성원들이 지켜야 할 네 가지 규칙이 있다. 이를 기억하기 쉽게 각 규칙이 상징하는 영어 단어의 첫 글자를 조합하여 '4S'라고 부르기도 한다.

〈표 16-5〉 브레인스토밍의 네 가지 규칙

4S 규칙	세부 내용
비판 금지(Support)	• 제안된 아이디어를 비난하거나 평가하지 않는다.
자유 분방(Silly)	• 엉뚱하고 우스꽝스러운 비현실적인 아이디어도 환영한다.
질보다 양(Speed)	• 가능한 한 많은 아이디어를 도출한다.
결합 개선(Synergy)	• 타인의 아이디어를 모방하거나 개선하는 것을 장려한다.

(1) 비판 금지(Support)

제안된 아이디어를 비난하거나 평가해서는 안 된다. 브레인스토밍의 장점은 판단을 유보하는 데 있다. 이것은 비판을 배제하는 것을 의미한다. 아이디어를 제안한 사람은 흠이 잡히면 실망하게 되고, 제안했던 아이디어마저 쑥 들어가고 결국 입을 다물어 버리기 때문이다. 그러므로 아이디어가 좋든 나쁘든 수용하고, 평가는 보류해야 한다. 교사는 소집단별로 발표 시 자유로운 표현을 할 수 있도록 비난하거나 평가하지 않게 분위기를 조성하고 허용해야 한다.

(2) 자유 분방(Silly)

아무리 우스꽝스러운 아이디어라도 수용해야 한다. 창의적인 사고는 자유로운 분위기에서 일어난다. 아무리 이상한 아이디어라도 일단 받아들일 줄 아는 태도가 필요하다. 자유롭게 느끼고 생각한 대로 아이디어를 제안할 수 있게 함으로써, 두뇌 활동은 더욱 촉진되고 더 많은 양의 아이디어가 산출된다.

(3) 질보다 양(Speed)

아이디어는 많을수록 좋다. 아이디어가 많으면 많을수록 유용한 아이디어가 도출될 가능성이 높다. 양적으로 축적된 아이디어를 목록별로 정리하고 발전시켜 원하는 최종 산출물을 얻는다. 아이디어의 질을 고려하는 것은 곧 평가를 의미하는데, 이러한 질에 대한 평가는 브레인스토밍이 끝난 뒤에 이루어져야 한다. 좋은 아이디어를 제안하려고 긴장하면 오히려 좋은 아이디어가 떠오르지 않는 경우가 있다. 그리고 좋은 아이디어는 처음부터 나오지 않기 때문에 자유로운 분위기 속에서 많은 아이디어를 제안하도록 하고, 질을 중시하는 질문은 피하도록 한다.

(4) 결합 개선(Synergy)

결합과 개선을 추구한다. 이미 제안된 아이디어로부터 다른 아이디어를 이끌어 낼 수 있도록 한다. 다른 사람이 발표한 아이디어의 좋은 점을 결합시켜 자기 자신의 아이디어로 발언할 수 있다. 이 규칙이야말로 타인의 아이디어를 비판 없이 받아들이는 것이 아니라, 적합하게 선택하여 더 좋은 자신의 아이디어로 만들 수 있다는 점에서 매우 중요하다고 볼 수 있다.

이처럼 브레인스토밍에서 집단은 개인보다 더욱 독창적이고 유용한 아이디어를 생성할 수 있다. 이는 자유로운 발상이 가능하고, 비판을 가하지 않으며, 다른 사람의 발상을 자기 발상의 도약판으로 활용하는 것과 같은 네 가지 규칙이 있기 때문이다. 이러한 규칙을 잘 지킨다면 아이디어의 양이 배로 늘어날 수 있기 때문에, 브레인스토밍의 네 가지 규칙을 잘 이해하는 것은 브레인스토밍에 있어서 매우 중요하다. 그러므로 브레인스토밍의 규칙을 잘 적용하기 위해서는 충분한 학습과 연습이 필요한데, 한꺼번에 네 가지 규칙을 모두 익히는 것보다 한 번에 한 가지씩 규칙을 익히는 것이 바람직하다. 또한, 규칙을 학습할 때에는 위에서 제시한 순서, 즉 첫 번째 규칙에서 네 번째 규칙까지 순서대로 연습하는 것이 바람직하다.

2. 실과 브레인스토밍 수업의 적용

1) 브레인스토밍 수업의 단계

브레인스토밍을 활용할 때에는 다음과 같은 세부 사항과 단계를 숙지해야 한다.

사전 활동 → 본 활동 → 사후 활동

[그림 16-2] 브레인스토밍의 절차

(1) 사전 활동

- 전체 학생을 4~6명 정도의 소모둠으로 구성한다.
  - 한 모둠의 적정 인원은 12명 내외지만 2~3명의 인원으로도 실시할 수 있고, 많게는 수백 명을 대상으로 할 수도 있다. 초등학생을 대상으로 진행할 때에는 보통 4~6명 정도의 소규모 모둠으로 구성한다.
  - 다양한 아이디어가 생성될 수 있도록 구성원의 성별, 나이, 능력 등이 고르게 분포하도록 집단을 구성한다.
  - 브레인스토밍이 끝난 후 아이디어를 평가할 때 찬성과 반대의 수가 동일한 경우를 피하기 위하여 집단의 수는 짝수보다 홀수가 좋다.
- 토의한 날짜와 참가한 학생의 이름을 적는다.
- 모둠별로 둥글게 앉아 서로 마주볼 수 있도록 하고, 느긋한 자세로 긴장을 풀게 한다.
  - 브레인스토밍에 적절한 장소는 편안한 장소가 좋으며, 자리배치는 서로 마주볼 수 있도록 원형, 'U'자형 또는 'ㄷ'자형으로 배치한다.
- 모둠별 브레인스토밍 기록지와 필기도구를 나누어준다.
- 소모둠별로 큰 브레인스토밍 기록지를 모두가 잘 볼 수 있는 곳에 붙인다.
- 소모둠의 사회자를 선정하여 브레인스토밍을 진행하도록 한다.
  - 브레인스토밍을 진행할 사회자와 구성원들의 아이디어를 기록할 기록자를 선정한다.
  - 사회자는 해결해야 할 문제와 회의 규칙을 잘 파악하고 있어야 한다. 적

어도 1주일 전에 문제나 주제를 알고 준비한 다음, 회의 전에 문제나 주제에 대해 충분히 알고 시작한다. 자유롭고 편안한 분위기 형성을 유도하고, 회의 도중에 아이디어가 나오지 않을 때에는 주위를 환기시키며, 이미 제안된 아이디어로부터 다른 아이디어를 이끌어 낼 수 있도록 격려한다.

- 기록자는 구성원이 제안한 아이디어를 '브레인스토밍 용지'에 빠짐없이 기록해야 하므로 핵심어 위주로 정리한다. 누가 어떤 아이디어를 제안했는지 기록하지 않도록 하고, 기록자 자신의 평가나 주관을 배제하고 객관적으로 기술한다.

- 사회자를 중심으로 학생들이 궁금해 하거나 의문을 가지는 내용, 지켜야 할 규칙, 문제 상황들을 주제나 문제로 선정하도록 한다.
- 선정된 주제를 가지고 참가자(기록자와 사회자 포함) 모두가 의견을 낼 수 있고, 기록자는 어떤 의견이라도 비판하지 말고 반드시 기록해야 한다.

(2) 본 활동

- 토의를 시작하고 진행한다.
  - 브레인스토밍을 효과적으로 실시할 수 있는 시간은 학자에 따라 차이가 있다. 10~15분, 30~45분, 아이디어가 더 이상 나오지 않을 때까지 등 의견이 다양하지만, 오스본은 30분 정도가 적당하며, 아침 시간이 효과적이라고 하였다.
- 발언은 반드시 사회자의 허락을 받아서 하도록 한다.
- 사회자는 누군가가 비난을 하거나, 비웃을 때는 경고한다. 경고 방법은 주로 빨간 깃발 흔들기, 호루라기 불기, 종치기 등을 사용한다.
- 사회자는 10~15분 정도 되었을 때, 더 이상 아이디어가 나오지 않는 아이디어 고갈 상태에 이르면 그 때까지 나온 내용을 한 번 정리해 준다. 즉, 사회자는 모든 아이디어를 읽어 주고, 이것을 결합하거나 분석하거나 새로운 착안점을 제시하여 자극을 주고 다시 안을 내도록 한다.
  - 참여자들이 아이디어를 산출하는 데 동기유발이 잘 되지 않거나 지쳐 있으면 피로를 회복한 후에 다시 실시하는 것도 좋다. 브레인스토밍의 실시

시간은 참가자들의 연령, 건강 상태, 기분, 주제의 성격 등을 고려하여 결정하는 것이 좋다.

- 각 소모둠에서 토의한 내용을 모두 모인 자리에서 읽어 보고, 추가하고 싶은 내용이나 의문 나는 내용이 있으면 좀 더 발표하도록 한다.
- 교사도 함께 참여한다. 아이디어를 내는 데 교사의 참여는 확산적 사고를 할 수 있는 모델이 되며, 학생들이 브레인스토밍 과정을 더욱 즐겁게 할 수 있게 한다.
- 시간이 종료되어 더 이상 아이디어가 나오지 않게 되면 참가자들의 협조에 감사를 표하고 브레인스토밍의 종료를 알린다.

(3) 사후 활동

- 평가의 시간을 갖는다. 모든 구성원이 아이디어를 기록한 복사물을 받아, 좀 더 탐구 보완하여 유용한 아이디어의 최종적 선택을 위해 사용한다.
- 잠시 후에 나온 아이디어의 의견을 들으면서 종류별로 구분을 하는 것이 좋다. 이때 색깔별로 아이디어를 묶어서 구분하는 것도 좋은 방법이다.
- 최종 선택된 아이디어를 실행하기 위한 계획을 세우고, 아이디어를 발전시키고, 이행하도록 하는데, 이를 위해 제 2차 브레인스토밍이 진행될 수도 있다.

2) 실과 브레인스토밍 수업의 적용 사례

실과수업에서 브레인스토밍을 어떻게 적용할 수 있는지에 대하여 다음의 교수-학습 과정안을 토대로 살펴보았다. 〈표 16-6〉의 브레인스토밍을 적용한 교수-학습 과정안은 실과 기술 영역의 '발명과 문제해결'에서 창의적인 제품 만들기와 관련된 사례이다. 발명 아이디어 기법을 이용하여 창의적인 물건을 구상해야 하므로, 모둠원들의 다양한 아이디어 생성에 유용한 브레인스토밍을 적용하기에 적합하다. 브레인스토밍은 사전 활동, 본 활동, 사후 활동으로 구분된다. 따라서 브레인스토밍의 3단계를 교수-학습 단계의 도입, 전개, 정리 단계에 적용하여 구조화하였다.

도입 단계(사전 활동)에서는 창의적인 발명품과 관련된 사진 및 동영상 제시하여 학생이 흥미와 동기를 부여하고, 학습 목표(발명 아이디어를 이용하여 창의적인 물건을 구상할 수 있다)를 제시한다. 전체 학생을 4~6명 정도의 소모둠으로 구성한다. 이때 교사는 다양한 아이디어가 생성될 수 있도록 구성원의 성별, 나이, 능력 등이 고르게 분포하도록 모둠을 구성해야 하고, 모둠의 수는 홀수가 되도록 구성하는 것이 좋다. 모둠별로 서로 마주볼 수 있도록 원형, U자형 또는 ㄷ자형으로 자리를 배치하고, 느긋한 자세로 긴장을 풀게 한다. 그리고 소모둠별로 사회자와 기록자를 선정한다.

전개 단계(본 활동)에서는 브레인스토밍의 시작부터 종료까지의 활동이 이루어진다. 사회자를 중심으로 브레인스토밍이 진행되며, 창의적인 물건 구상에 대하여 모둠원 모두가 의견을 이야기한다. 이때 발언은 반드시 사회자의 허락을 받아서 해야 한다. 사회자는 누군가가 비난을 하거나 비웃을 때는 경고해야 하는데, 주로 빨간 깃발 흔들기, 호루라기 불기, 종치기 등을 사용할 수 있다. 모둠에서 더 이상 아이디어가 나오지 않게 되면, 사회자는 모든 아이디어를 읽어 주고 새로운 아이디어를 생성할 수 있도록 유도한다. 각 모둠에서 토의한 내용을 모두 모인 자리에서 읽어 보고, 추가하고 싶은 내용이나 의문 나는 내용이 있으면 좀 더 발표하도록 한다. 시간이 종료되어 더 이상 아이디어가 나오지 않게 되면 브레인스토밍을 종료한다.

정리 단계(사후 활동)에서는 평가의 시간을 갖고, 최종 아이디어를 선택한다.

〈표 16-6〉 브레인스토밍을 적용한 교수-학습 과정안 예시

<table>
<tr><th>영 역</th><td>기술의 활용</td><th>내용 요소</th><td>발명과 문제해결</td></tr>
<tr><th>학습 주제</th><td colspan="3">창의적인 제품 만들기</td></tr>
<tr><th>학습 목표</th><td colspan="3">발명 아이디어 기법을 이용하여 창의적인 물건을 구상할 수 있다.</td></tr>
<tr><th>교수-학습 단계</th><th colspan="2">교수-학습 활동</th><th>자료 및 유의점</th></tr>
<tr><td>도입
(사전 활동)</td><td colspan="2">■ 동기유발
• 창의적인 발명품과 관련된 사진 및 동영상 제시하여 흥미를 부여한다.
■ 학습 목표 제시
발명 아이디어 기법을 이용하여 창의적인 물건을 구상할 수 있다.
■ 모둠 구성 및 사회자, 기록자 선정하기
• 전체 학생을 4~6명 정도의 소모둠으로 구성한다.
• 소모둠별로 사회자와 기록자를 선정한다.
• 소모둠별로 큰 브레인스토밍 기록지를 모두가 잘 볼 수 있는 곳에 붙인다.</td><td>※ 구성원의 성별, 나이, 능력 등이 고르게 분포하도록 집단을 구성한다.
※ 모둠의 수는 홀수로 구성한다.</td></tr>
<tr><td>전개
(본 활동)</td><td colspan="2">■ 브레인스토밍을 시작하고 진행하기
• '발명 기법을 적용하여 창의적인 물건 구상하기'를 가지고 모둠원 모두가 의견을 낼 수 있다.
• 사회자는 누군가가 비난을 하거나, 비웃을 때는 경고한다.
– 빨간 깃발 흔들기, 호루라기 불기, 종치기 등을 사용한다.
• 사회자는 10~15분 정도 되었을 때, 더 이상 아이디어가 나오지 않는 아이디어 고갈 상태에 이르면 그 때까지 나온 내용을 한 번 정리해 준다.
■ 발표하기
• 각 모둠에서 토의한 내용을 모두 모인 자리에서 읽어 보고, 추가하고 싶은 내용이나 의문 나는 내용이 있으면 좀 더 발표하도록 한다.
■ 브레인스토밍 종료하기
• 시간이 종료되어 더 이상 아이디어가 나오지 않게 되면 참가자들의 협조에 감사를 표하고 브레인스토밍의 종료를 알린다.</td><td>※ 브레인스토밍의 4가지 규칙을 지켜야 한다.
※ 기록자는 어떤 의견이라도 비판하지 말고 반드시 기록해야 한다.
※ 발언은 반드시 사회자의 허락을 받아서 하도록 한다.
※ 교사도 함께 참여한다.</td></tr>
<tr><td>정리
(사후 활동)</td><td colspan="2">■ 평가하기
• 평가의 시간을 갖는다. 모든 구성원이 아이디어를 기록한 복사물을 받아, 좀 더 탐구 보완하여 유용한 아이디어의 최종적 선택을 위해 사용한다.
■ 아이디어 구분하기
• 잠시 후에 나온 아이디어의 의견을 들으면서 종류별로 구분한다.
■ 최종 아이디어 선택하기
• 최종 선택된 아이디어를 실행하기 위한 계획을 세우고, 아이디어를 발전시키고, 이행하도록 하는데, 이를 위해 제 2차 브레인스토밍이 진행될 수도 있다.</td><td>※ 아이디어를 구분할 때는 색깔별로 아이디어를 묶어서 구분하는 것이 좋다.</td></tr>
</table>

3절 스토리텔링

스토리텔링은 단순히 말하는 행위뿐만 아니라 음성을 포함한 일련의 모든 행위를 포함한다. 학생들에게 교과에 대한 흥미를 유발하고, 어려운 교과 내용을 쉽게 이해시킬 수 있으며, 오랫동안 기억할 수 있게 해 주는 등의 장점이 있어, 최근 우리나라에서 각 교과의 교수-학습에 폭넓게 응용되고 있다.

1. 스토리텔링의 이해

1) 스토리텔링의 개념

스토리텔링(storytelling)은 글자 그대로 '스토리(story)+텔링(telling)'의 합성어로서 '이야기하다'라는 의미를 지닌다. 그러나 스토리텔링은 단순히 말하는 행위뿐만 아니라 음성을 포함한 일련의 모든 행위를 포함하는 것으로 보아야 한다. 즉, 스토리텔링이란 화자가 전하고자 하는 메시지를 배경, 인물, 갈등 상황을 효과적으로 구성하여 청자에게 전달하려고 하는 일련의 행위를 통틀어 말한다. 전하고자 하는 메시지를 화자와 청자가 서로 공유하고, 그러는 과정에서 자신들의 삶과 사상을 드러내 보이는 생동감 넘치는 활동이다.

스토리텔링이 언제부터 시작되었는지 정확한 시기를 알 수 없지만, 사람들은 이미 오래 전부터 이야기를 통해서 그 사회에서 일어나는 중요한 일을 후손들에게 가르쳐 왔다. 과거, 정해진 정답만을 중요시하는 학교 교육에서 스토리텔링은 주목받지 못했다. 그러나 의미 있는 지식의 창안을 중시하는 감성 시대에서 스토리텔링의 교육적 활용 가능성은 많은 사람들의 주목을 받고 있다.

초등 교과에서의 스토리텔링은 학생들에게 교과에 대한 흥미를 유발하고, 어려운 교과 내용을 쉽게 이해시킬 수 있으며, 오랫동안 기억할 수 있게 해 줄 수 있다는 등의 이유로 다수의 교과에서 도입해 오고 있는 실정이다. 도입 단계에서의 동기유발이라든가, 전개 단계에서 이루어지는 일련의 활동이라든가, 마무리 단계에서 학습 내용을 정리해 주는 활동으로 스토리텔링을 활용하고 있으며, 때로는 수업 전체를 관통하는 하나의 이야기로 수업을 이끌어가도록 활용하기도 한다.

2) 스토리텔링의 교육적 가치

스토리텔링의 교육적 가치를 정리하면 다음과 같다.

첫째, 스토리텔링의 제제인 이야기는 동기를 부여하고 학습에 대한 긍정적인 자세를 갖게 하며, 학생들의 계속적인 학습 욕구 유발을 도와준다.

둘째, 학생들이 이야기에 몰입하고 등장 인물과 동일시하면서 이야기의 다음 내용이 어떨지 예상하는 활동이 자연스럽게 이어지므로 학생의 상상력을 풍부하게 한다.

셋째, 이야기는 판타지와 학생들의 현실 세계의 상상을 연계시키는 유용한 도구가 될 수 있다. 이러한 상상력을 통하여 창의성을 발달시킬 수 있다.

넷째, 학생들의 의사소통 능력을 길러준다. 스토리텔링으로 학생들은 이야기에 대한 질문이나 자기 생각을 말할 수 있다. 이것은 학생들의 자신감을 쌓는데 도움이 되고 나아가 사회적 감성 발달에 도움을 준다.

이와 같이, 스토리텔링은 인간의 기본적인 의사소통 매개체이며 자신을 표현하는 도구이다. 특히 교육적인 의미로 사용되는 스토리텔링은 이야기를 이용하여 학습을 놀이로 인식할 수 있게 하므로, 학생의 동기유발은 물론 언어 능력 향상과 풍부한 정서 발달에 영향을 준다. 또 상상력을 자극하여 새로운 지식을 제공하며, 다양한 표현의 커뮤니케이션 방법을 증진시키는 교육적 가치가 있다.

3) 스토리텔링의 장점

스토리텔링을 활용한 교육은 다양한 분야에서 많은 관심을 보이고 있으며, 활용되고 있다. 교육 방법으로써의 스토리텔링의 장점을 정리하면 다음과 같다.

① 스토리텔링은 네 가지 주요 언어 기술(읽기, 쓰기, 듣기, 말하기)을 향상시키고 개발하는 데 강력하고 효과적인 요소이다.
② 정보(개념과 사실 모두)는 스토리 형식으로 제공되었을 때 오래 기억된다.
③ 스토리텔링은 여러 학문적인 분야를 연결하고 교육과정을 관련 짓는 강력하고도 효과적인 교육적 도구이다.
④ 스토리텔링은 학생들이 학습하는 데 긍정적인 동기를 제공한다. 이야기가 진행되는 동안 학생들은 학습에 더욱 집중하며 관련된 학습을 수행하는 데 즐거워한다.
⑤ 학생들은 스토리텔링을 통해 자신감과 자존감을 효과적으로 갖게 된다.
⑥ 스토리텔링은 다른 어떤 교실 활동보다 상상력과 창의성을 기르는 데 효과적이다.
⑦ 스토리텔링은 읽는 이를 즐겁게 한다.
⑧ 스토리텔링은 감정이입을 가능하게 한다.
⑨ 스토리텔링은 분석적인 기술과 문제해결 기술을 증진시킨다.
⑩ 스토리텔링은 사회공동체의 중요한 연결을 가능하게 한다. 스토리텔링은 어린이들에게 다양한 관습과 문명을 소개하고, 다른 사람들의 삶에 대한 문화적 유산을 유지하는 수단으로 활용된다.

2. 실과 스토리텔링 수업의 적용

1) 스토리텔링의 수업 모형

스토리텔링을 교수-학습 과정에 적용하기 위해서는 학습 목적에 맞게 스토리를 어떻게 활용할 것인지를 결정하는 것이 우선되어야 한다. 스토리텔링은 교수-학습 상황에서 동기 부여용, 과제 제시용, 사례 제시용, 완전 학습용 등으로 활용될 수 있다. 동기 부여의 경우는 수업 도입부에 학생의 주의 집중과 학습 동기유발을 위해 어떤 상황이나 사례를 이야기 형식으로 제공할 수 있다. 그리고 학생이 수행해야 할 과제를 제시하거나, 습득해야 하는 지식이 포함된 사례를 제시하는 방식으로 이용될 수 있다. 지식과 기술이 감성 또는 몰입과 같은 정의적 요인과 잘 융합된 스토리는 그 자체가 학습을 위한 완전한 자원으로 활용될 수 있다.

스토리텔링의 중요성이 강조되면서 여러 학자들에 의해 스토리텔링의 활용과 관련한 다양한 스토리텔링 기반의 교수-학습 모형이 제시되고 있다. 여기에서는 엘리스(Ellis)와 브루스터(Brewste)의 모형, 에건(Egan)의 모형, KDI의 모형을 살펴보고자 한다.

(1) 엘리스와 브루스터의 교수-학습 모형

언어학자인 엘리스(Ellis)와 브루스터(Brewster)는 스토리텔링을 활용한 교수-학습 모형을 3단계로 제시하였다.

1단계는 스토리텔링 전 활동 단계이다. 학생들은 이야기를 듣기 전 이야기에 관련된 그림이나 사진 등을 통해 이야기의 내용을 상상한다. 또 제목을 통해 줄거리를 예상해 보는 활동으로 자신의 경험을 활성화시킨다. 그러면서 교사는 학생들의 사전 지식을 인출하고 학습에 대한 동기를 유발한다.

2단계는 본격적으로 이야기를 전달하는 단계로 학생들의 수준에 맞게 재구성된 이야기를 소개하게 된다. 이때 교사는 단순히 이야기를 읽어주는 것이 아니라 그림이나 다른 관련 자료들을 이용하여 목소리 톤에 변화를 주거나 몸짓 손짓 표정 등을 사용하여 흥미롭게 이야기해 주어야 한다.

3단계는 스토리텔링의 후속 활동 단계이다. 학생들은 들은 이야기를 바탕으로 내용을 요약하고 정리해 보거나 새로운 이야기를 만들고, 나아가 극을 꾸미는 등의 활동을 한다. 이러한 후속 활동은 학생 스스로 자신의 이해 정도를 파악할 수 있다.

엘리스와 브루스터의 3단계 학습 모형은 스토리텔링의 많은 연구에 인용되고 있으며, 실제 지도 과정 중 가장 많이 활용되면서 적합성을 인정받고 있다.

〈표 16-7〉 엘리스와 브루스터의 3단계 교수-학습 모형

단 계	지도 내용
1. 스토리텔링 전 활동 단계	• 이야기 내용 상상하기
2. 이야기 전달 단계	• 이야기 소개하기
3. 스토리텔링 후속 활동 단계	• 이야기 만들기

(2) 에건의 교수-학습 모형

에건(Egan)은 기존의 교육과정이 가진 지식의 편협함을 극복하기 위한 대안으로 이야기를 제시하고, 이야기 형식 모형(story form model)을 제시하였다. 이야기 형식 모형은 교육과정이 이야기 형식을 가지고 있는 것으로, 이야기가 기・승・전・결의 구조를 가지고 전개되는 것처럼, 교육과정도 이야기와 같이 시작하는 부분에 갈등 상황을 제시하고, 갈등이 해결되는 방식으로 끝이 나는 구조를 가진다. 스토리텔링이 단순히 수업에 적용되는 수준을 넘어 모든 수업이 스토리텔링을 중심으로 운영되어야 한다는 것이다.

〈표 16-8〉 에건의 5단계 교수-학습 모형

단 계	활동 내용
1. 중요성 인식하기	• 이 주제에서 가장 중요한 것은 무엇인가? • 이것이 왜 학생들에게 중요한가? • 이것과 정서적으로 연결되는 것은 무엇인가?
2. 이항 대립 찾기	• 주제의 중요성을 가장 잘 나타낼 수 있는 이항 대립 쌍*은 무엇인가?
3. 내용을 이야기 형태로 조직하기	• 주제를 이야기 형태로 가장 잘 만들 수 있는 것은 어떤 내용인가? • 이항 대립 쌍을 가장 극적으로 구체화시킬 수 있는 것은 어떤 내용인가?
4. 결론	• 이항 대립 속에 내재된 극적 갈등을 해결하는 가장 좋은 방법은 무엇인가?
5. 평가	• 교사는 어떻게 학생들이 주제를 이해했고 중요성을 인지했으며 내용이 학습되었다는 것을 알 수 있는가?

* 이항 대립 쌍(Binary Opposite)은 어떤 구조 속에서 서로 배타적이면서 서로 함께 있는, 그래서 그 구조 속에 공존하면서 서로 상쇄될 수 없는 두 가지 실체나 개념을 말한다.

이 모형은 교육과정과 수업을 어떻게 설계해야 하는지 뿐만 아니라 어떤 종류의 내용을 담아야 하는지도 함축하고 있다. 수업이나 단원을 시작할 때에는 이야기의 리듬에 따라 간단하고 명확한 내용을 설정해야 하고, 갈등이나 문제에서 시작한다. 결론에서는 이 문제를 해결 가능하게 해야 하므로, 이야기 시작 부분의 갈등 선택이 매우 중요하다.

(3) KDI의 교수-학습 모형

2008년 한국개발연구원(Korea Development Institute: KDI)의 교사포럼에서 스토리텔링 수업 모형을 3단계로 설계하였다.

1단계는 적응형 단계이다. 학생들의 흥미가 가장 크게 고려되어야 하는 단계로 학습 내용에 대한 관심을 유발하는 개방형 학습 구조를 가진다. 학생들에게 스토리텔링 내용이 재미있다는 인식을 갖게 하기 위해서 접근을 쉽고 간편하게 제공한다. 이를 위하여 교사의 간섭은 극히 제한하며, 절차가 생략되어도 학습이 가능하도록 수업을 설계한다.

2단계는 개념 이해형 단계로, 교사의 노력이 요구되는 구조형 학습 구조를 가진다. 이 단계에서 학생들은 초기 학습 경험을 바탕으로 스토리텔링에서 다루어질 학습 내용을 스스로 구성해 보며 이해한다. 이때 교사는 학생들의 사고를 팽창시키고 그들이 구조화된 사고 활동을 할 수 있도록 돕는다. 또한 학생들의 오개념 형성을 방지하기 위하여 개념의 이해가 불명확하거나 교사가 필요 하다고 느끼는 경우, 설명을 함으로써 학습에 대한 간섭의 정도를 결정한다.

3단계는 이해한 개념을 바탕으로 스토리텔링이 적극적으로 일어나는 생활 창출형 단계이다. 학생들은 스토리텔링의 단계별 학습을 통해 학습 내용을 보다 능숙하게 다룰 뿐만 아니라 실생활에 적용이 가능하다. 나아가 학들의 깊은 사고와 탐색은 보다 창의적인 이야기로 창출된다. 이때 수업은 학습 주제와 학습 활동에 따라 개방형과 구조형을 적절하게 적용한다. 또한 학생들에 의해 이루어진 스토리텔링이 학습 내용에 적합한가에 대한 분석과 평가도 학생 스스로에 의해 이루어진다. 이 모형은 우리나라의 실정을 반영했다는 점에서 큰 의의가 있다.

〈표 16-9〉 KDI의 3단계 교수-학습 모형

단 계	지도 내용
1. 적응형 단계	• 교육내용에 대해 흥미와 관심을 유발시키기
2. 개념 이해형 단계	• 개념의 이해를 주 학습 주제로 다루기
3. 생활 창출형 단계	• 이해한 개념을 스토리텔링으로 적극 활용하기

2) 실과 스토리텔링 수업의 적용 사례

실과수업에서 스토리텔링을 어떻게 적용할 수 있는지에 대하여 다음의 교수-학습 과정안을 토대로 살펴보았다. 〈표 16-10〉의 스토리텔링을 적용한 교수-학습 과정안은 실과 기술 영역의 '개인 정보와 지식 재산 보호'에서 올바른 정보 윤리 의식 기르기와 관련된 사례이다. 이 수업에서 학생들은 올바른 정보 윤리 의식을 기르기 위한 공익광고 UCC 스토리보드를 설계한다. 공익광고의 이야기를 구성해야 하므로, 갈등 상황을 제시하고 해결하는 방식의 기·승·전·결의 구조를 가지는 에건의 이야기 형식 모형을 적용하였다.

에건의 모형은 중요성 인식하기, 이항 대립 찾기, 내용을 이야기 형태로 조직하기, 결론, 평가의 5단계로 구성된다. 따라서 에건 모형의 3단계를 교수-학습 단계의 도입, 전개, 정리 단계에 적용하여 구조화하였다.

도입 단계에서는 정보 윤리 의식 저하로 발생된 이야기를 기사, 사진, 동영상 등으로 제시하여 학생의 주의를 집중시키고, 흥미와 동기를 부여한다. 또한 학습 목표(올바른 정보 윤리 의식을 기르기 위한 공익광고 UCC 스토리보드를 설계할 수 있다)를 제시한다.

전개 단계에서는 모둠별로 공익광고 UCC 스토리보드를 설계하는 활동이 이루어지며, 에건의 스토리텔링 모형이 적용되기 시작한다. 우선, 모둠별로 네티켓, 개인 정보 보호, 불법다운로드 금지 등 올바른 정보 윤리의 중요성을 인식하고 주제를 정한다. 모둠별 주제가 선정되면 선정한 주제를 가장 잘 나타낼 수 있는 이항 대립 쌍을 찾고, 이를 토대로 구체적인 이야기를 만든다. 마지막으로 이항 대립 속에 내재된 극적 갈등을 해결하는 가장 좋은 방법을 알아본다.

정리 단계에서는 갈등의 시작과 해결되는 구조를 확인하고 평가한다. 모둠별로 설계한 공익광고 UCC 스토리보드를 발표하고, 이를 평가한 후 피드백을 준다. 교사는 학습 내용을 요약 및 정리하고, 차시 예고(모둠별로 설계한 스토리보드를 바탕으로 스마트폰을 이용하여 공익광고 UCC 만들기)를 한다.

〈표 16-10〉 에건(Egan)의 스토리텔링 모형을 적용한 교수-학습 과정안 예시

영 역	기술 활용	내용 요소	개인 정보와 지식 재산 보호
학습 주제	올바른 정보 윤리 의식 기르기		
학습 목표	올바른 정보 윤리 의식을 기르기 위한 공익광고 UCC 스토리보드를 설계할 수 있다.		

교수-학습 단계	교수-학습 활동	자료 및 유의점
도입	▣ **선수학습 확인** ▣ **동기유발** • 정보 윤리 의식 저하로 발생된 이야기(갈등 상황)를 들려준다. ▣ **학습 목표 제시** • 올바른 정보 윤리 의식을 기르기 위한 공익 광고 UCC 스토리보드를 설계할 수 있다.	※ 기사, 사진, 동영상 등을 활용하여 주의 집중과 동기유발을 높인다.
전개	**【Egan의 스토리텔링 모형 적용】** 1. 중요성 인식하기 • 올바른 정보 윤리의 중요성 인식하고 주제를 정한다. (네티켓, 개인 정보 보호, 불법다운로드 금지 등) - 네티켓에서 가장 중요한 것은 무엇인가? - 네티켓이 왜 학생들에게 중요한가? - 네티켓과 정서적으로 연결되는 것은 무엇인가? 2. 이항 대립 찾기 • 모둠별로 선정한 주제에 대한 이항 대립 쌍을 찾는다. - 네티켓의 중요성을 가장 잘 나타낼 수 있는 이항 대립 쌍은 무엇인가? 3. 내용을 이야기 형태로 조직하기 • 모둠별로 선정한 이항 대립 쌍을 토대로 이야기를 만든다. - 네티켓을 이야기 형태로 가장 잘 만들 수 있는 것은 어떤 내용인가? - 이항 대립 쌍을 가장 극적으로 구체화 시킬 수 있는 것은 어떤 내용인가? 4. 결론 • 이항 대립 속에 내재된 극적 갈등을 해결하는 가장 좋은 방법을 알아본다.	※ Egan의 스토리텔링 모형을 적용하여 모둠별로 공익광고 스토리보드를 설계한다.
정리	5. 평가 • 모둠별로 설계한 공익광고 스토리보드를 평가한다. • 평가에 대한 피드백을 준다. ▣ **학습 내용 요약 및 정리** ▣ **차시 예고** • 모둠별로 설계한 스토리보드를 바탕으로 스마트폰을 이용하여 공익광고 UCC 만들기를 예고한다.	※ 갈등의 시작과 해결되는 구조를 확인하고 평가한다.

논의

1. 마인드맵의 개념과 장점에 대하여 논의해 보자.
2. 마인드맵의 작성 방법에 대하여 논의해 보자.
3. 마인드맵이 학교 수업 현장에서 유용하게 활용되기 위해 선결되어야 할 조건에 대하여 논의해 보자.
4. 실과수업에서 마인드맵의 적용과 활용 방법, 수업 단계에 대하여 논의해 보자.
5. 브레인스토밍의 개념을 설명하고, 브레인스토밍을 실시할 때 구성원들이 지켜야 하는 네 가지 규칙에 대하여 논의해 보자.
6. 브레인스토밍을 적용한 수업 단계에 대하여 논의해 보자.
7. 실과수업에서 브레인스토밍의 적용과 활용 방법에 대하여 논의해 보자.
8. 스토리텔링의 개념과 장점에 대하여 논의해 보자.
9. 스토리텔링 기반의 교수-학습 모형 세 가지를 제시하고, 각각의 특징을 논의해 보자.
10. 실과수업에서 스토리텔링의 적용과 활용 방법에 대하여 논의해 보자.

참고문헌

강명희(2007). **러닝콘텐츠 설계**. 서현사.

강종표 외(2015). **발명교육학 기초**. 양서원.

김원경・송순자(2004). 마인드맵 노트활동이 수학개념구조 형성과 수학적 창의력에 미치는 효과 분석. **학교수학**, 6(4), 325-344.

김계화・김혜자(2003). Mind Map을 활용한 실과 학습활동이 초등학생의 창의성 발달에 미치는 영향. **한국실과교육학회지**, 16(1), 29-40.

김유미(1998). 마인드맵 노트방법이 아동의 기억과 이해에 미치는 효과. **교육학 연구**, 36(4), 281-308.

김정언(2015). **스토리텔링을 활용한 음악과 수업지도방안 연구 : 중학교 1학년을 대상으로**. 석사학위논문. 충남대학교 교육대학원.

김진희(2013). **마인드맵 문제해결 전략이 문제해결 계획수립과 태도변화에 미치는 영향**. 석사학위논문. 고려대학교 교육대학원.

박만구(2013). 초등수학교육에서 스토리텔링의 의미와 적용 방안 : 초등수학교과서를 중심으로. 한국초등수학교육학회지, 17(3), 413-430.

박정옥(2007). 유아의 창의성 및 정서지능을 위한 브레인스토밍 활동의 효과. 박사학위논문. 동덕여자대학교 대학원.

변연옥(2006). 마인드맵을 이용한 열린 교육. 교육전남.

석지현(2003). 마인드맵을 활용한 수학부진아 지도방안. 석사학위논문. 경인교육대학교 교육대학원.

손미애(2002). 마인드맵 기법을 활용한 설명식 수업이 학업 성취도에 미치는 영향. 석사학위논문. 부산교육대학교 교육대학원.

신세호(1968). 상상공학 : 창의력 개발을 위한 교육방법. 배영사.

신세호(1999). 창의력 개발을 위한 교육. 교육과학사.

양경희(2002). 미술활동의 통합적 접근방법. 한국아동미술학회, 1, 75-91.

유봉현(2000). 브레인스토밍 기법이 창의적 사고력 증진에 미치는 영향에 관한 실험연구. 박사학위논문. 연세대학교 대학원.

이선진 · 이경애(2005). 실과 수업에서의 마인드 맵 적용 방안과 식생활 단원에서의 마인드맵 적용 효과. 한국실과교육학회지, 18(3), 213-228.

이소영(2015). 스토리텔링을 활용한 속담 교육 방안. 스토리앤이미지텔링, 10, 213-229.

이윤순(2001). 마인드맵을 활용한 수학 교육. 석사학위논문. 서강대학교 교육대학원.

장희엽(2010). 마인드맵을 활용한 읽기 프로그램이 중학생의 읽기 능력과 읽기 동기에 미치는 영향. 석사학위논문. 한국교원대학교 교육대학원.

전현정(2009). Egan의 이야기 형식 모형에 기반한 교육과정 계발 및 적용. 박사학위논문. 경북대학교 대학원.

정인철(2006). 마인드맵, 컨셉트맵 그리고 브이맵과 수학학습. 한국학교수학회논문집, 9(3), 385-403.

조일제(2009). 영어교육을 위한 영어문학 텍스트 활용법. 우용출판사.

최윤화(2014). 초등교육방법으로서의 스토리텔링. 석사학위논문. 서울교육대학교 교육전문대학원.

한국부잔센터(1994). 반갑다 마인드맵. 사계절 출판사.

Buzan, T. (1991). *Make the most of your mind*. London: Penguin.

Buzan, T. (1994). *The Mind Map Book*. 라명화(역), 마인드맵 북. 평범사.

Buzan, T. (2000). *Use your head*. New York: Dutton.

Buzan, T., & Buzan, B. (1999). *The mind map book*. London: BBC Books.

Buzan, T., & Buzan, B. (2010). *Tony Buzan MindMap Book*. 권봉중(역), 비즈니스맵.

Dewey, J. (1916). *Essays in Experimental Logic*. Chicago: University of chicago Press.

Egan, K. (1986). Teaching as Storytelling. NY: The University of Chicago Press.

Ellis, G., & Brewster, J. (1991). *The storytelling Handbook for primary teachers*. London: Penguin Books.

Gojak, L. (2012). *To Flip or Not to Flip: That is Not the Question! National Council of Teacher of Mathematics*. Retrieved 16 June 2016 from http://www.nctm.org/about/content.aspx?id=345852012.

Hughcs, H. (2012). Introduction to flipping the college classroom. In T. Amiel & B. Wilson (Eds), Proceedings from world conference on educational multimedia. hypermedia and telecommunications 2012. 2434-2438.

McGarry, M. (1994). *Teacher's skill*. Delmar Publishers Inc. (ERIC Document Reproduction Services No. ED 379 148).

Osborn, A. F. (1953). *Applied Imagination*. New York: Charles Scribner's Sons.) 신세호 역(1999). **창의력 개발을 위한 교육**. 교육과학사.

Osborn, A. F. (1972). *Your Creative Power How To Use Imagination*. New York: Creative Education Foundation Press.

Pardo, A., Pe'rez-Sanagustin, M., Hugo, A., Parada, H. A., & Leony, D. (2012). Flip with care. *Proceedings of SoLAR southern flare conference*. Retrieved 16 June 2016 from http://www.researchgate.net/publication/232906379_Flip_with_care.

Talbert, R. (2012). Inverted classroom. Colleagues. Vol. 9, No. 1, Article 7. The Oxford English Dictionary, 2nd Ed. (1989). Oxford: ClarendenPress

Torrance, E. P. (1979). *The Search for Satori and Creativity*. Buffalo, NY: Creative Education Foundation.

제 3 부

실과수업 평가와 수업 비평

제 17 장

실과수업 평가와 비평

개 요

수업 평가는 수업의 과정 및 결과로서의 학생 성취에 대한 평가와 수업에 대한 가치 평정의 두 가지 의미가 복합적으로 들어 있다. 일반적으로 수업 과정 및 결과에 대한 학생 성취도 평가는 주로 수업 목표로 설정된 학습 목표를 어느 정도 수준으로 성취하였는지가 주요 평가 내용이다. 그러나 수업 그 자체에 대한 가치 평정에 해당하는 수업 평가는 좋은 수업으로의 방향 설정은 물론 수업 분석의 기본 틀을 제공하는 등 수업에 대한 종합적 평정의 의미를 담고 있다.

또한 최근 강조되고 있는 수업 비평은 수업에 대한 다양한 반성과 성찰을 불러일으킴으로써 수업에 대한 이해를 도모하고, 이러한 이해를 바탕으로 더 좋은 수업을 향해 나아가도록 하는 목적으로 이루어지는 일종의 수업 이해 및 평가 활동이다. 문학, 영화 등 예술 분야에서 비평은 다양한 관점에서의 해석과 평가를 통해 해당 문학이나 영화 자체에 대한 이해를 넘어 독자적 장르로 자리 잡고 있을 만큼 '예술에 대한 예술'로서 가치를 인정받고 있다. 무엇인가 성장하기 위해서는 그것이 무엇이며, 어떤 방향으로 나아가야 하는가에 대한 이해가 필수적이다. 그런 면에서 수업 비평은 수업에 대한 이해를 토대로 하여 수업의 성장을 도모한다는 면에서 수업을 위한 중요한 과정이라 할 수 있다.

학 습 목 표

- 실과수업 평가의 목적과 중요성, 지향점에 대해 이해할 수 있다.
- 실과수업 평가 기준에 근거하여 실과수업을 관찰, 분석할 수 있다.
- 실과수업 비평과 수업 평가의 차이를 알고 다양한 관점으로 실과수업을 이해하여 비평문을 작성할 수 있다.

1절 실과수업 평가

1. 실과수업 평가의 중요성

수업은 교육 목표를 달성하기 위한 학교 교육 활동 가운데 가장 핵심이 되는 활동이다. 교사가 수업을 계획하고, 가르치고, 평가하는 일련의 수업 과정을 이해하는 것도 필수적이지만 학교 현장에서 수행되는 각양각색의 수업에서 무엇이 중요한지를 평가하는 기준을 아는 것 역시 더 좋은 수업을 하기 위해 매우 필요하다. 현행 수업 장학 및 평가와 관련하여 실시한 설문 조사 결과를 살펴보면, 대부분의 교사들은 현행 수업 장학 및 평가의 문제점으로 '형식적인 평가 관행 및 제도'와 함께 '타당한 평가 기준의 부재'를 가장 큰 문제점으로 지적하고 있다(한국교육과정평가원, 2004). 현장 교사들이 지적하는 문제점은 전문성이 결여된 평가자들이 뚜렷한 잣대 없이 막연한 개인적 선호나 인상에 기초하여 수업의 장단점을 임의로 평가한다는 점이다. 평가자들 역시 명백한 잣대 없이 특히 자신이 전문성을 갖추지 못한 영역의 수업을 관찰하고 분석, 평가해야 하는 데서 난감함을 느끼기도 한다(Danielson & McGreal, 2000). 따라서 수업 평가가 형식적인 관행에서 벗어나 본연의 역할을 할 수 있으려면 무엇보다 우선하여 '타당하고 객관적인 수업 평가 기준'이 마련될 필요가 있으며, 그에 대한 요구가 증대되고 있다(김민형 외, 2009).

실과교육은 초등 교육 기관에서 초등 수준의 학생들에게 교양 교육적 차원에서 제공되는 교과로 노작적 체험 활동을 통해 학습하게 하고, 그를 통해 학생들에게 일상 생활의 문제를 창의적이고 효과적으로 해결할 수 있는 절차적 지식, 실천 가능한 기능, 통합적 지식 활용 능력, 일에 대한 긍정적 태도 등을 길러 주고자 하는 목표를 가진 교과이다(정성봉, 2004). 그동안 실과수업에서는 수업 방법적인 내용에 관한 연구가 주를 이루었고, 타 교과에 비하여 수업 평가에 관련된 연구가 부족하다고 할 수 있다. 또한 현재 초등학교 교과 수업 평가 기준은 주로 수업 일반에 대한 평가 기준에 대한 연구(임찬빈 외, 2006)가 대부분이고, 초등 실과수업 평가 기준에 대한 연구는 거의 전무한 실정이다. 이런 상황이다 보니 초등 실과수업 전문성 함양에 심각한 문제점을 초래할 수가 있다. 초등학교 실과수업 전문성 향상을 위해서는 초등학교 실과수업 평가 기준이 설정되어야 한다.

초등학교 실과수업 평가 기준은 직전 교사 및 현장 교사들이 좋은 실과수업의 개념을 이해하고 초등 실과수업 평가 기준을 활용하여 수업을 평가해 봄으로써 자신의 수업을 점검하고, 부족한 부분을 찾아 발전시키는 역할을 담당할 수 있다. 초등 실과수업 평가 기준이 설정되면 이는 예비 교사들의 교과 수업에 대한 반성적 사고와 실천적 지식을 형성하도록 하고, 교원 임용에서의 수업 실기 능력을 향상시키고 나아가 현장교사들은 우수한 교사로 성장하는 데 도움이 될 것이다.

2. 실과수업의 지향점

초등학교 실과수업을 잘하기 위해서는 좋은 실과수업에 대한 안목을 갖는 것이 중요하며, 이는 실과 교수-학습의 현상을 이해하는 것에서부터 시작된다. 교수-학습 방법은 사회의 급격한 변화, 가르쳐야 할 지식의 변화, 그리고 학생들의 교육적 요구 등에 의하여 다양하게 변화되고 있다. 미래의 사회는 다양한 정보가 모든 부문에 지대한 기여를 하는 정보화 사회이며, 다양한 인적·물적 자원으로 이루어진 다양성의 시대이다. 교육은 정보화 사회의 주체가 될 수 있는 능력을 학생들에게 배양시켜야 하고, 이를 위해서는 다양한 학생들의 요구를 충족시키면서 학습 효과를 극대화할 수 있도록 교수-학습 방법에 대한 고려가 충분히 이루어져야 한다. 또한 다양한 정보의 이용을 통한 새로운 가치 창출을 위하여 교사들은 보다 과학적이고 효율적인 교수-학습 방법의 도입과 적용에 대하여 계속적으로 고려해야 한다. 여기에서는 방기혁(2002)이 제시한 실과 교수-학습의 바람직한 방향을 알아보기로 한다.

(1) 실과교육과정에서의 교수-학습 방법은 실과의 성격, 목표, 학습 내용에 따라 위계적인 연계가 있어야 한다

실과교육과정에서 교수-학습 방법은 실과의 성격 구명을 위하여 우선적으로 접근되고 있으며, 실과의 목표 설정을 위한 기본 방향을 모색하기 위하여 교수-학습 방법적인 측면이 고려되고 있다. 또한 실과의 교육 내용에 따라 영역별로, 그리고 영역별로 제시되어 있는 단원별로 교수-학습 방법이 제시되고 있다. 이러한 실과의 성격, 목표, 내용은 서로 맥을 같이 하고 있으므로 교수-학습 방법의 제시가 위계적으로 연계되도록 해야 한다. 즉 실과교육 내용에 대해서는 단원별로 구체적인 교수-학습 방법을 제시해야 하며, 실과 목표에 대해서는 실과 교과 목표, 학년별, 단원별 목표가 실과교육 내용에서 제시된 교수-학습 방법을 포괄할 수 있도록 제시되어야 한다. 그리고 실과의 성격에서는 실천성, 탐구력, 문제해결능력, 창의력 등을 길러주는 교양교과이므로 이를 위한 교수-학습 방법이 제시되어야 하고, 이는 실과의 목표 및 교육 내용과 연계하여 제시될 수 있도록 해야 한다.

(2) 실과 교수-학습 방법은 인지적 · 정의적 · 심동적 영역에 대한 조화로운 발달이 가능하도록 접근되어야 한다

실과 교수-학습 방법은 기능 습득에 해당하는 심동적 영역의 발달을 위한 '실험 · 실습' 방법의 운영을 적극적으로 안내하고 있다. 그러나 교양 교육으로서 실과교육의 궁극적인 목적을 달성하기 위해서는 심동적 영역의 발달뿐만 아니라 인지적 영역과 정의적 영역이 조화롭게 발달할 수 있도록 해야 한다. 즉, 교수-학습의 전개 과정에서 '실험 · 실습'이 가능한 학습 내용을 다루더라도 교수-학습의 지도 과정의 도입과 정리부분에서 인지적 영역과 정의적 영역의 발달이 전개 부분의 심동적 영역 발달과 조화를 이룰 수 있도록 하는 적절한 교수-학습 방법이 도입되고 운영될 수 있도록 해야 한다.

(3) 실과 교수-학습 지도 과정에서 지도 단계별로 다양한 교수-학습 방법을 적용할 수 있어야 한다

교수-학습 과정에서 지도 단계는 수업의 질을 결정할 수 있는 가장 중요한 단계이다. 실과 교수-학습 과정에서도 지도(실기 지도) 단계를 준비, 제시, 응용, 평가의 4단계로 구분할 때, 이러한 일련의 과정에서 적용되는 교수-학습 방법은 다르게 적용하여야 한다. 즉 실과교육에서 '실험 · 실습'으로 운영되어야 하는 내용은 실험 · 실습 이전(준비, 제시) 단계, 실험 · 실습(응용) 단계, 실험 · 실습 이후(평가, 정리) 단계로 구분하여 실험 실습 이전 단계에서는 실험 실습을 위한 사전 지식을 습득할 수 있는 교수-학습 방법을 적용하고 실험 실습 단계에서는 기능 및 기술의 습득이 이루어질 수 있도록 하는 교수-학습 방법, 그리고 실험 실습 이후 단계에서는 긍정적 태도의 형성 등을 유도할 수 있는 다양한 교수-학습 방법의 적용을 고려할 수 있어야 한다.

(4) 실과 교수-학습 방법은 탐구적인 문제해결 중심이어야 한다

실과 교수-학습 과정에서 문제해결능력의 신장을 강조하는 것은 문제가 학생의 흥미를 유발시키고 유지시키는 기능을 수행하며, 문제해결 과정에서 적극적으로 학습 활동을 수행하여 유의미한 지식과 기능을 획득할 수 있게 하기 때문이다. 여기에서 문제는 실제적인 일상 생활과 관련이 있어야 하고, 문제해결은 모든 실과 학습 활동에 적용될 수 있도록 해야 한다. 따라서 문제해결은 탐구를 통하여 이루어지므로 '프로젝트법', '문제해결학습', '컴퓨터 보조 수업' 등을 적극적으로 교수-학습 과정에 도입하여 운영할 수 있도록 해야 한다.

(5) 실과 교수-학습 방법은 학생 중심에서 접근해야 한다

미래의 교육은 학생의 자기 주도적 학습을 기대하고 있다. 지식 및 기능의 습득에 있어서 학생은 수동적인 존재로서 주어진 내용을 그대로 받아들이는 것이 아니라 능동적인 존재로서 적극적인 자세를 가져야 한다. 학생은 우선 실과수업 목표를 설정하는 데 중추적인 역할을 정하여야 한다. 실과교육 내용에 따라 스스로 목표를 설정하고 학습 활동의 주체가 되어 학습을 주도해 나갈 수 있어야 한다. 이러한 학생의 자기 주도적 학습력을 신장시키기 위해서는 '개별적 학습'과 병행하여 '협동학습'을 실시할 수 있도록 하는 것이 필요하다. 또한 학생 스스로 자신의 교수-학습 과정을 되돌아보면서 학습 내용뿐만 아니라 학습 전략에 대하여 되돌아 볼 수 있는 기회를 제공함으로써 보다 주도적으로 교수-학습 과정에 참여할 수 있도록 해야 한다.

(6) 실과 교수-학습 방법은 학생의 '상황 학습(situated learning)'을 유도할 수 있도록 해야 한다

실과교육의 궁극적인 목적은 학습된 지식과 기술을 긍정적인 방향으로 일상생활에 적용할 수 있는 능력을 배양하는 데 있다. 그러나 일반적으로 가르치는 실과 관련 지식은 학생들에게 유의미하지 못하고, 일상 생활의 문제 상황에 적용하는 데 많은 어려움을 겪는다. 이러한 문제를 해결할 수 있는 방법은 학생의 '상황 학습'을 유도할 수 있어야 한다. 즉, 실과교육을 통한 모든 지식은 그 지식이 사용되는 일상 생활의 맥락 안에서 지도되어야 한다. 실과 학습 내용은 보통 사람들이 일상 생활에서 경험하는 것과 같은 실제적인 내용이 되도록 하고, 이러한 내용의 문제해결 상황에 학생들의 적극적 참여를 유도하여야 한다. 이를 위해서는 '역할극', '사례 조사', '체험 학습' 등의 방법이 실과 교수-학습 과정에서 운영될 수 있도록 해야 한다.

3. 실과수업 평가 기준

수업 평가 요소는 수업의 영역별로 영역의 특징을 구체적으로 담고 있는 범주들이라 할 수 있다(강대현 외, 2005). 초등학교 실과수업에서 교사들을 대상으로 한 요구 조사와 문헌 연구, 수업 분석 자료를 종합하여 추출한 실과교과 수업 컨설팅 연구의 준거를 기준으로 〈표 17-1〉에 제시된 바와 같이 평가 영역 및 요소를 추출하였다. 실과수업 평가의 준거는 〈표 17-1〉과 같이 크게 4가지 영역으로 설정할 수 있다. 지식, 수업 설계, 수업 실행, 반성적 사고 영역의 각 영역은 다시 하위 영역과 세부 평가 요소로 구성된다.

〈표 17-1〉 실과수업 평가 영역 및 요소

<table>
<tr><th colspan="2">평가 영역</th><th rowspan="2">평가 요소</th></tr>
<tr><th>대영역</th><th>중영역</th></tr>
<tr><td rowspan="5">I. 지 식</td><td rowspan="3">1. 내용 및 교수-학습 지식</td><td>① 내용에 대한 전문 지식</td></tr>
<tr><td>② 교육과정에 대한 지식</td></tr>
<tr><td>③ 교수-학습 방법에 대한 지식</td></tr>
<tr><td rowspan="2">2. 학생에 대한 이해</td><td>④ 학생의 발달과 학습에 대한 이해</td></tr>
<tr><td>⑤ 학생의 다양한 개인차 존중</td></tr>
<tr><td rowspan="5">II. 수업 계획</td><td rowspan="5">1. 수업 설계</td><td>① 학습 목표와 내용의 설정</td></tr>
<tr><td>② 교수-학습 모형 및 절차 계획</td></tr>
<tr><td>③ 교수-학습 활동 및 방법 계획</td></tr>
<tr><td>④ 학습 자료 및 매체 활용 계획</td></tr>
<tr><td>⑤ 학생 평가 계획</td></tr>
<tr><td rowspan="9">III. 수업 실행</td><td rowspan="2">1. 학습 환경 조성 및 관리</td><td>① 물리적 환경 조성 및 관리</td></tr>
<tr><td>② 심리적 환경 조성 및 관리</td></tr>
<tr><td rowspan="7">2. 수업 실행</td><td>③ 학습 동기유발</td></tr>
<tr><td>④ 적절한 교수-학습 방법 활용</td></tr>
<tr><td>⑤ 학습 내용의 명확한 전달 및 실습 안내</td></tr>
<tr><td>⑥ 질문의 활용과 피드백 제공</td></tr>
<tr><td>⑦ 유연한 상황 대처</td></tr>
<tr><td>⑧ 학생 평가 및 결과 활용</td></tr>
<tr><td>⑨ 수업의 통합적 실천 관련</td></tr>
<tr><td rowspan="3">IV. 수업 반성</td><td>1. 수업에 대한 반성적 측면</td><td>① 수업에 대한 자기 반성</td></tr>
<tr><td rowspan="2">2. 전문성 발달</td><td>② 전문성 발달 노력</td></tr>
<tr><td>③ 실과수업에 대한 동료 장학</td></tr>
</table>

1) 지식 영역의 평가 기준 상세화

교과 내용 이해는 학문 분야에서 교과 내용과 관련하여 교사가 알아야 할 지식에 대한 이해, 그리고 그러한 이해를 바탕으로 수업 계획 및 실행에 반영할 수 있는 방법적 지식의 이해에 관한 기준이다. 이러한 지식의 이해는 교과의 성격이나 목표 설정, 교과를 구성하는 각 영역의 내용과 영역 간의 관련성, 영역 내 내용 간의 연계성을 제대로 파악하는 기반이 된다. 이 과정을 통해 교사는 현재 가르치고자 하는 내용이 이전에 학생들이 배웠거나 앞으로 배우게 될 내용과 어떻게 연계되는지 이해하게 된다. 교과 내용 지식을 충분히 갖춘다는 것은 교과 영역에서 지식 체계를 이루고 있는 사실, 개념, 개념 간의 관계에 관한 원리 지식, 그리고 교과가 속한 학문 분야의 핵심 구조와 그 학문의 고유한 탐구 방법 등을 이해하는 것을 의미한다.

① 내용에 대한 전문 지식

- 실과의 중심 개념, 원리, 탐구 방법, 학문의 구조를 이해하고 있는가?

② 교육과정에 대한 지식

- 현행 실과교육과정의 성격, 목표, 내용, 교수-학습 방법, 평가에 대해 정확히 이해하고 있는가?

③ 교수-학습 방법에 대한 지식

- 실과 분야의 내용을 학습 경험으로 변환하는 효과적인 교수-학습 방법을 이해하고 있는가?

④ 학생의 발달과 학습에 대한 이해

- 학생들의 강점, 약점, 흥미, 관심, 학습 방식, 속도 능력 등을 이해하여 적절한 학습 경험을 제공할 수 있는 능력을 지니고 있는가?

⑤ 학생의 개인차 고려

- 학생의 학습 장애 등의 개인차와 요구를 고려하여 실과 활동을 계획하는가?

2) 수업 계획 영역의 평가 기준 상세화

수업 설계는 실과 교수 학습이 효과적으로 이루어지도록 하기 위해 전반적인 계획을 수립하는 것을 말한다. 따라서 실과 교수-학습 과정안을 수립할 때에는 실과 교수-학습 변인을 고려하여 각각의 학습 활동이 학습 목표 달성과 유기적으로 연결될 수 있도록 계획하면서 학습자, 시·공간 환경, 상황 등을 고려하여 치밀하고도 유연하게 구성해야 한다.

① 학습 목표 설정

- 실과 내용 및 학생에 대한 이해에 기초하여 학습 목표를 명료하게 설정하였는가?

② 교수 학습 모형 및 절차

- 실과 교수 학습 모형을 잘 이해하고 그 절차를 잘 알고 있는가?
- 목표와 내용에 적합한 실과 교수 학습 모형을 바탕으로 최선의 실과 교수 학습 절차를 설계하였는가?

③ 교수 학습 활동 계획

- 학습 목표 달성을 위한 학습 활동을 선정하고, 체계적인 조직을 계획하는가?
- 교사는 학습 목표와 관련되는 동기유발 활동을 계획하는가?
- 교사는 학습 활동에 따라 유연한 집단 운영 계획을 수립하고 있는가?

④ 학습 자료 및 매체 활용에 대한 계획

- 학습 활동에 적절하고 적합한 자료 및 매체의 내용 선정에 대한 계획을 세우는가?
- 필요한 경우, 교과서에 제시된 자료나 활동을 재구성하고 대안적인 자료나 활동 구성을 계획하는가?
- 교과서를 재구성한 경우, 학습 목표와 학습 수준에 적합한 내용으로 구성하도록 계획하는가?

⑤ 학생 평가 계획

- 실과 각 영역의 특성을 고려한 평가 계획을 수립하고 있는가?
- 다양한 평가 주체의 설정을 계획하고 있는가?

3) 수업 실행 영역의 평가 기준 상세화

수업 평가 요소 중 '수업 실행' 영역의 평가 요소는 수업 평가의 핵심 요소라 할 수 있다. 수업 실행 영역은 교사와 학생들이 교수 학습 과정에 실제로 참여하는 것을 말한다. 실과수업을 할 때에는 교수 설계인 교수 학습 과정안을 고려하되, 학습자, 시·공간 환경, 상황 등을 고려하여 유연하게 수업을 해야 한다.

① 물리적 환경 조성 및 관리

- 수업을 효율적으로 하기 위해 학습 공간을 계획, 배치하고 실험 실습 설비를 준비하며 안전한 학습 환경을 조성하고 관리한다.

② 심리적 환경 조성 및 관리

- 교사와 학생, 학생과 학생 간의 의사소통과 상호작용이 활발하게 이루어질 수 있는 긍정적인 수업 분위기를 조성하고 관리하는가?

③ 학습 동기유발

- 학생들의 선행 지식을 점검하고 활성화하며, 생활 경험과 흥미를 학습 목표와 관련시켜 학습의 방향을 적절한 방법으로 제시하는가?
- 실과 학습 목표와 관련되는 동기유발 활동을 하는가?

④ 적절한 교수-학습 방법 활용

- 학습 목표, 학습 내용, 학생의 요구 등을 고려하여 적절하고 다양한 교수-학습 방법을 활용하는가?
- 수업 방법 및 특성에 따라 학생 집단을 적절하게 구성하였는가?
- 상황에 따라 적절한 교수 매체를 활용하는가?

⑤ 학습 내용의 명확한 전달 및 실습 안내

- 학습 내용을 다양하고 적절한 방법으로 학생들에게 명확하게 전달하였는가?
- 실습 내용을 명확하게 설명하고, 실습 과정을 체계적으로 안내하였는가?

⑥ 질문 활용과 피드백 제공

- 다양하고 적절한 수준의 질문을 활용하여 학생들의 이해와 사고 활동을 촉진하고 적절한 피드백을 제공하였는가?

⑦ 유연한 상황 대처

- 수업 상황의 요구에 따라 수업 계획에 적절히 변화를 주고 수정하는가?
- 수업과 관련하여 특별한 학습 요구를 지닌 학생들을 고려하여 지도하였는가?
- 수업 중에 일어나는 다양한 반응에 당황하지 않고 자연스럽게 반응하는가?

⑧ 학생 평가 및 결과 활용

- 평가 계획에 따라 다양한 평가 전략을 활용하며, 평가 결과를 기초로 교수 활동을 반성하고 차후 계획 수립에 반영할 것인가?

⑨ 수업의 통합적 실천 관련

- 실과교과와 타 교과 간의 연계를 고려한 통합적인 실과 활동을 하는가?

4) 수업 반성 영역의 평가 기준 상세화

실과수업에 대한 반성은 수업 설계와 수업 실천에 대한 '내 안의 타자', 동료 교사, 학생들과 적극적인 대화를 통해 이루어진다. 교사는 자신의 수업을 가장 잘 알고 있는 듯하지만, 실제로는 그렇지 못한 경우가 더 많다. 또한 자기 수업에 대한 총체적 관찰을 하지 못할 수도 있다. 실과수업에 대한 반성적 사고를 평가하는 활동으로는 동영상 녹화를 통한 자신의 행동 관찰, 반성적 저널쓰기, 동료 장학, 수업 일지 기록, 동료와의 사례 토의, 수업에 대한 협의회 등이 있다. 이렇게 자신의 수업에 대한 반성적 사고 측면을 평가함으로써 교사가 자신의 교수 행동을 주의 깊게 돌아볼 수 있게 되며, 자신의 교수 행동에 대한 능동적인 피드백을 얻을 수 있다.

실과수업은 다양한 변인에 의해 영향을 받기 때문에 한두 번의 절차나 고정된 방식으로 판단할 수는 없다는 점을 인식해야 한다. 교사는 자신의 수업을 객관적으로 평가하여 강점과 약점을 정확하게 파악하고, 이를 수업 개선에 활용하기 위해 자신의 수업에 대한 반성적인 고찰을 하는 자세를 가져야 할 것이다. 그리고 다른 사람의 수업을 관찰할 때에는 외적으로 드러나는 한두 시간의 실과수업만을 보고 그 수업을 평가하거나 판단해서는 곤란하다. 외적으로 드러나는 이면에는 실과수업을 하는 교사의 실과교과에 대한 가치관, 교육관, 목표 분석, 학습자 분석, 과제 분석, 상황 분석들의 여러 요인이 고려된 면이 있으므로 이러한 맥락을 고려하여 종합적으로 파악해야 한다.

① 수업에 대한 자기반성

- 실과 목표가 달성된 정도를 정확하게 파악하고 있는가?

- 자신의 실과수업 실태를 파악하기 위해 자료를 확보하고 있는가?
- 실과수업 계획과 실행에서의 문제점을 인식하고 바람직한 개선 방향을 제시하는가?
- 실과 평가 결과를 활용하여 차후 수업 계획 및 전략을 제시하는가?

② 전문성 발달 노력

- 수업 반성을 통해 자신의 실과 분야와 관련된 전문지식, 실기 능력을 정확하게 평가하며, 전문성 개발을 위해 지속적으로 노력하는 자세를 가지고 있는가?
- 실과수업의 질을 제고하기 위하여 동료 교사 등 다양한 전문가 집단과 정보를 공유하고 협력하는가?

4. 실과수업 관찰 및 분석

수업은 복잡하고 다양한 의미를 지닌 활동이며 수업 평가 역시 수업에 대한 다양한 맥락에서의 종합적 분석과 가치 평정을 포괄한 용어이다. 학교 현장에서는 수업 평가보다는 수업 관찰과 분석이 더 친숙하게 다가오기도 하는 데 실제로 수업 평가에는 수업을 보고 수업을 분해하여 그 의미를 드러내는 과정, 즉 수업 관찰과 분석이 포함되어 있다. 수업은 다양한 변인들이 복잡하고 작용하는 활동이기에 수업 관찰과 분석 역시 다양한 목적과 필요성에 의해 시도되며 그 결과를 해석하고 활용하는 방법도 다양하다는 특성을 지니고 있다.

수업 관찰은 일정한 목적이나 의도를 가지고 교사가 행하는 수업 장면을 주의 깊게 살펴보는 것을 말하는데, 수업 관찰에서 가장 중요한 것은 관찰자의 의도이기 때문에 아무런 의도 없이 TV 오락 프로그램이나 드라마를 보듯이 수업을 보는 것은 수업 관찰이라고 할 수 없다. 수업 분석은 관찰한 수업을 분해하여 그 구성 요소, 특성 등을 여러 사항을 밝히는 것을 뜻한다. 즉, 관찰된 결과를 기반으로 수업 참관자 또는 관찰자의 참관 목적과 의도에 비추어 해석하는 것이다.

1) 수업 관찰 및 분석의 준비

수업 관찰 및 분석을 위해서는 우선 수업 분석의 범위와 내용을 한정시켜야 한다. 수업 관찰 및 분석에는 여러 가지 측면이 포함될 수 있다. 수업 목표 설정, 수업 계획, 교수-학습 방법 선정과 적용, 교수-학습 활동, 학생의 능력에 적합한 학습 활동 다양화 문제 등 수업의 다양한 요소가 수업 관찰 및 분석의 대상이 될 수 있는 것이다. 따라서 이러한 여러 요소 중에서 어느 영역, 어느 측면을, 어떤 관점에서 볼 것인가, 또한 어느 정도의 수준으로 어떻게 할 것인가에 대한 사전 준비가 명확해야 한다.

수업에서 보고 분석하고자 하는 범위와 내용을 적절하게 한정한 후에는 자신이 보고자 하는 범위와 내용을 분석하기에 적합한 방법을 선정해야 한다. 이때 수업 관찰 및 분석 방법의 적절성은 그 방법이 얼마나 신뢰로운가가 가장 중요하다. 신뢰롭다는 것은 수업 참관자 또는 분석자 간의 일치 정도를 의미한다. 수업을 관찰하다 보면 보는 사람에 따라 수업에 대한 평가가 엇갈리는 것을 어렵지 않게 볼 수 있다. 이것은 수업을 보는 관점과 분석의 기준이 서로 다르기 때문에 발생한다. 따라서 신뢰도를 높이기 위해서는 수업 분석의 관찰 기준을 명료하게 진술하고 이에 대해 관찰자, 분석자가 공유할 필요가 있다.

분석 범위와 내용을 한정하고 신뢰로운 분석 방법 선정이 된 후에는 과학적인 방법으로의 기록, 처리, 해석에 만전을 기해야 한다. 수업 분석의 목적은 과학적인 교육 실천에 있다. 여기서 과학적이라는 것은 양적인 방법을 의미하는 것은 아니다. 논리적이고 합리적인 판단과 해석이 필요하다는 것을 의미한다. 특히 흔히 하는 실수는 관찰한 사실과 분석을 혼동하는 것이다. 예를 들면, '교사가 하는 설명을 듣는 학생이 전체 학생 30명 중 5명이었고, 교사가 제시한 학습 활동에 대해 조별로 토의하는 학생은 13명이다'는 것은 사실에 해당하지만, '그러므로 이 학급의 학습자 간 의사소통은 매우 활발하다'는 것은 분석에 해당한다. 수업 관찰에서는 주로 사실을 기록하고, 분석에 대해서는 수업자, 공동 관찰자와 함께 면밀히 검토할 필요가 있다.

수업 분석의 결과는 수업자에게 확인되고 수업자의 수업 개선 및 교수 행동 개선으로 확장되어야 한다. 수업 관찰 및 분석의 궁극적 목적은 수업의 질 개선에 있다. 따라서 수업 분석의 결과는 객관적이고 과학적인 자료가 되어야 하며, 이를 기반으로 수업자가 자신의 수업을 반성할 수 있는 기초 자료로 활용되어야 한다. 또한 수업 관찰 및 분석 방법은 간편하고 실용적일수록 좋으며 어떠한 경우라도 수업에 참여하는 교사와 학습자의 인권을 침해해서는 안 된다.

2) 수업 관찰 및 분석 방법

(1) 플랜더스의 언어 상호작용 분석

플랜더스(Flanders)의 언어상호작용 분석법은 모든 교과를 막론하고 필수적인 분석 도구라고 할 수 있다. 수업은 교사와 학생 간에 언어상호작용을 통해 이루어지며, 언어적 분석의 한계에도 불구하고 수업의 맥락 파악을 위해 언어적 상호작용은 기본적 수업의 도구이자 과정이기 때문에 실과수업 분석에서도 기본적으로 다룰 필요가 있다.

플랜더스의 언어상호작용 분석법은 수업 시간에 이루어지는 교사와 학생 간 언어상호작용의 내용을 10가지 분류 항목으로 구분하여 분석하는 방법이다. 수업참관을 하면서 3초마다 수업에서 일어나는 상황을 10가지 분류 항목에 따라 해당 번호를 계속적으로 기록해 나가고, 수업이 끝난 후에 기록된 10가지 분류 항목 번호의 빈도와 비율 혹은 번호의 기재 유형 등을 분석한다. 〈표 17-2〉는 플랜더스의 언어상호작용 분석을 위한 기본 범주를 제시한 것이다.

언어상호작용 분석을 위해서는 교사와 학생 간의 상호작용 과정에서 빠른 판단을 통해 범주의 번호를 기록하는 것이 필요하기 때문에 표에 제시된 발언의 유형을 숙지하고 이를 어떤 방식으로 분류할 것인가의 지침이 될 수 있는 18가지 준칙(부록 참조)에 대해서도 연습한 후 실시하는 것이 중요하다. 또한 관찰자 간 신뢰도를 미리 확보하여 신뢰도 계수(스콧 계수)가 .85 이상 되도록 한다.

언어상호작용 분석은 수업을 보면서 3초마다 교사와 학생 간 언어적 상호작용의 범주 번호를 기록한다. 이 과정을 코딩 과정이라고 하는데, 〈표 17-3〉과 같이 기록할 수도 있고 프로그램을 활용하여 코딩할 수도 있다. 수업 전체에 대한 코딩을 마치면 언어상호작용 분석 범주별로 빈도, 백분율 등을 제시한 분류 기록표를 작성하여 어떠한 방식으로 상호작용이 이루어지는지 분류하고 해석하는 과정이 필요하다. 전체적 분석을 위해 플랜더스는 주요 지표로서 교사 발언비, 학생 발언비, 비지시비, 교사 질문비, 학생 질문 및 넓은 답변비 등을 제시하였는데 이러한 지표값을 중심으로 수업을 분석하면 잘 드러나지 않는 상호작용의 유형을 찾을 수 있고, 동일한 지표를 중심으로 여러 수업을 비교 분석할 수 있는 장점도 있다. 실제로 교육 현장에서는 우수 교사의 수업, 경력 교사의 수업, 초임 교사의 수업을 비교하기 위해 이 수업 분석 방법을 활용하기도 한다.

〈표 17-2〉 플랜더스(Flanders) 언어사용작용 분석의 기본 범주

교사의 발언	비지시적 발언	1. **감정의 수용**: 비위협적인 방법으로 학생의 감정이나 태도를 수용하거나 명료화한다. 감정은 긍정적일 수도 있고 부정적일 수도 있다. 감정을 예측하고 회상하는 것도 포함된다. 2. **칭찬이나 격려**: 학생을 칭찬하거나 격려한다. "으흠", "그렇지"라고 말한다. 긴장을 완화하는 농담을 한다. "그래, 그래" 또는 "계속해 봐"라고 말하는 것도 포함된다. 3. **학생의 생각을 수용 또는 사용**: 학생이 자신들의 생각이나 의견을 제시하도록 하고 개발하게 한다. 학생들이 말한 생각을 도와주거나 발달시킨다. 4. **질문**: 학생이 대답할 것을 기대하면서 교사의 아이디어에 기반을 두고 내용 또는 절차에 대하여 질문을 한다.
	지시적 발언	5. **강의**: 교사가 내용이나 절차에 대하여 사실이나 의견을 제시한다. 교사 자신의 아이디어를 표현하고, 자기 자신이 설명을 한다. 6. **지시**: 학생이 순응할 것을 기대하는 지시, 지휘, 명령을 한다. 7. **학생을 비평 또는 권위를 정당화함**: 학생의 좋지 못한 행동을 좋은 행동으로 바꾸기 위하여 비판적인 말을 한다. 학생의 대답을 독단적으로 정정한다. 교사가 하고 있는 것을 왜 그렇게 해야 하는가에 대해 설명하거나, 자기자랑을 한다.
학생의 발언	반응	8. **학생의 말-반응**: 교사의 단순한 질문에 대하여 학생이 단순한 답변이나 반응을 한다. 학생이 답변하도록 교사가 먼저 유도한다. 학생 자신의 아이디어를 표현할 자유가 제한된다.
	주도	9. **학생의 말-주도**: 학생의 자발적으로 혹은 교사의 유도에 의한 반응으로 학생 자신의 아이디어를 중심으로 표현한다. 교사의 넓은 질문에 대하여 학생이 자진해서 질문, 아이디어를 발표하는 경우가 해당된다.
기타		10. **침묵이나 혼란**: 실험, 실습, 토론, 책읽기, 머뭇거리는 것, 잠시 동안의 침묵 및 관찰자가 학생 간의 의사소통과정을 이해할 수 없는 혼란, 침묵, 중단 등이 있다.

〈표 17-3〉 플랜더스(Flanders)의 언어상호작용 분석을 위한 코딩의 예

0	5	5	5	6	6	0	6	6	8	0	4	8	9	2	0	0	0	4	0	0	8	2	0	4
8	0	2	4	8	2	2	2	4	8	2	2	4	0	0	8	2	3	4	8	2	4	8	3	4
8	0	0	0	2	2	0	4	8	0	2	3	4	8	2	4	4	8	0	0	0	2	3	4	8

〈표 17-4〉 플랜더스(Flanders)의 언어상호작용 분석을 위한 분류 기록표의 예

분류 항목			빈도	백분율(%)
교사의 발언	비지시적 발언	1 (감정의 수용)	0	0.0
		2 (칭찬이나 격려)	74	10.0
		3 (학생의 아이디어 수용 또는 사용)	18	2.4
		4 (질문)	72	9.7
	지시적 발언	5 (강의)	54	7.3
		6 (지시)	44	5.9
		7 (학생을 비평, 또는 권위를 정당화함)	10	1.3
학생의 발언		8 (학생의 말-반응)	92	12.4
		9 (학생의 말-주도)	14	1.9
기타		10 (침묵, 혼란)	363	49.1
계			741	100

(2) 교사의 피드백 관찰

교사의 피드백은 학습자의 언어적 행위나 활동에 대한 반응을 제공함으로써 학습 동기를 유발시켜 성취를 높이며, 학습자로 하여금 얼마나 정확히 또는 그 기술을 잘 발휘하고 있는가에 대한 자료를 제공함으로써 점검과 평가의 기능도 수행한다. 교사의 피드백 관찰 방법은 수업 관찰자가 교사의 피드백 진술을 관찰하면서 피드백 관찰표의 각 범주 영역에 해당 행위를 판정하여 체크하며 특기할만한 사항에 대해서는 특기 사항란에 기록하여 분석하는 것을 말한다. 필요한 지표에 대해서는 피드백 관찰표에 체크한 영역별 빈도수를 총빈도수로 나누어 백분율을 산출하는데, 예를 들면 긍정적 강화 피드백 비율은 총 피드백 빈도수에서 긍정적 강화 피드백 빈도가 차지하는 백분율로 나타낸다.

이와 같은 방법으로 부정적 강화 피드백, 단순 형태 등을 산출할 수 있는데, 연구 결과에 따르면 부정적 강화 피드백 비율보다는 단순 형태 피드백 비율이, 단순 형태 피드백 비율보다는 긍정적 강화 피드백 비율이 높은 수업이 학생들의 학습 활동에 대한 동기유발에 효과적이라고 알려져 있다. 긍정적이면서도 다양한 피드백은 더욱더 효과적이며 이러한 피드백을 시기적절하게 잘 활용하면 학생들을 학습 활동에 보다 적극적으로 참여하여 성취 수준을 높일 수 있다. 활동 중심의 실과수업은 정답보다는 다양한 해결책을 맥락에 맞게 찾아 실현하는 과정으로 이루어지므로 피드백에 대한 중요성은 매우 크다. 따라서 이러한 수업

분석 방법을 통해 양적으로 실과수업에서 교사와 학생 간의 상호작용을 살피는 것도 필요하다고 할 수 있다.

〈표 17-5〉 교사의 피드백 관찰표 예시

영 역	평가 관점	평가 관점 내용	빈도수	특기사항	백분율(%)
긍정적 강화 피드백	수정	학생 아이디어를 교사 자신의 말로 바꾸거나 개념화함으로써 아이디어 수정	//		10
	적용	추측에 이르게 하거나 논리적 분석으로 다음 단계를 취하려고 아이디어 사용	////		20
	비교	학생, 교사가 먼저 표현한 아이디어와 상호 비교함	//		10
	요약	개인학생이나 학생집단에 의한 것을 요약하게 함	///		15
부정적 강화 피드백	비난, 비행, 무시	비난, 무시, 거부	///	학생 작품에 대한 비판적 평가	15
단순 형태의 피드백	단순 형태 피드백	좋아, 예, 맞아요, 아니 좋아요, 어-허, 또는, 아니오, 누구 다른 생각?..	//////		30
계			20		100

(3) 평정척도법

평정척도법은 정해진 척도에 따라 수업 관찰자 또는 분석자가 자신의 관찰 결과를 토대로 평정척에 직접 체크하는 방법이다. 이 방법은 수업 관찰 및 분석자가 수업에서 보고자 하는 점에 대해 수준을 나누어 평가하기에 매우 적합하다. 예를 들면, 초임 교사 평가 연구(Beginning Teacher Evaluation Study: BTES)에서 수업자가 학습자들에게 수업 내용을 제시하는 기법에 대해 [그림 17-1]과 같은 평정척을 활용할 수 있다(Fisher et al., 1981). [그림 17-1]에 제시된 바와 같이 수업 관찰자는 교사와 학생 간의 의사소통의 복잡성, 조직성 등 수업에서 관찰하고자 하는 항목을 그 수준에 따라 7단계로 나누어 분석, 평가할 수 있다.

의사소통의 복잡성

1 2 3 4 5 6 7

1	4	7
교사-학생 간의 상호작용이 사실적 지식에 집중되어 있다. 질문은 대개 기억의 재생을 요구한다.	교사-학생 간의 상호작용이 어느 정도 높은 수준의 문제를 포함한다. 때때로 문제해결의 방법과 원인을 질문한다.	교사-학생 간의 상호작용이 높은 수준의 문제를 자주 다룬다. 학생들에게 적용·해석·평가·종합 등을 하기를 요구한다.

조직성

1 2 3 4 5 6 7

1	4	7
수업진행에서 내용의 개요, 목표의 진술, 전환의 신호, 요점의 지적, 재고찰, 요약 등이 행해지지 않는다.	수업진행에서 때로 조직적인 행동이 나타난다. 조직성이 어떤 측면은 나타나고 어떤 측면은 나타나지 않는다.	수업진행에서 내용의 개요, 목표의 진술, 전화의 신호, 요점의 지적, 재고찰, 요약 등이 행해진다.

[그림 17-1] 수업 내용 제시 기법에 대한 평정척

평정척은 다양한 형태로 바꾸어 활용이 가능한데, 관찰하고자 하는 항목을 범주와 세부 질문으로 구체화하여 분석표로 만든 후 평점이나 수준을 3~7단계로 표시하도록 만들어 사용하기도 한다. 이 경우에는 수업 참관자 및 분석자의 관점을 자유롭게 분석 내용으로 추가할 수 있고, 평점이나 척도의 단계도 조정할 수 있으므로 임용시험 수업 시연 평가, 수업의 요건을 지도하기 위한 예비교사의 수업 시연에 유용하게 활용할 수 있다.

〈표 17-6〉 수업 평정척의 예

영역	평 가 내 용	평 점	특기사항
I. 학습 활동 계획	1. 학습 목표를 구체적으로 진술했는가? 2. 교육과정의 지역화, 실생활기반 실과교육과정 운영이 적절한가? 3. 학습 활동 내용은 학생의 흥미와 발달 단계를 고려했는가? 4. 집단의 크기 및 주도적 역할에 대한 사전 계획은 있었는가?	5 4 3 2 1 5 4 3 2 1 5 4 3 2 1 5 4 3 2 1	
II. 교수 기술	5. 개인차를 고려한 개별지도, 수준별 학습이 이루어지고 있는가? 6. 수업에 사용하는 용어가 적절한가? 7. 학생들의 창의적 사고를 고려한 발문이 이루어지는가? 8. 교사와 학생 간의 상호작용이 이루어지는가? 9. 발표 및 기본 학습 훈련이 잘 이루어지는가?	5 4 3 2 1 5 4 3 2 1 5 4 3 2 1 5 4 3 2 1 5 4 3 2 1	
III. 자료 활용	10. 학습 자료를 적시에 투입 활용하는가? 11. 구체적이고 실제적인 경험을 제공하는 자료를 사용하는가? 12. 수업의 흥미 유발이 효율적으로 배치되었는가? 13. 교수-학습 활동에 적합한 자료를 적시에 제시하는가? 14. 실습을 용이하게 하는 자료를 활용하는가?	5 4 3 2 1 5 4 3 2 1 5 4 3 2 1 5 4 3 2 1 5 4 3 2 1	
IV. 목표 달성도	15. 학습 과정이 적시에 평가(형성평가)되고 있는가? 16. 학습 목표 달성 여부의 확인을 통한 누가 기록이 이루어지는가? 17. 학습을 통한 행동의 변화를 개별적으로 분석 활용하는가? 18. 교사는 목표 달성을 위한 자체평가를 하는가?	5 4 3 2 1 5 4 3 2 1 5 4 3 2 1 5 4 3 2 1	
V. 시간 운영	19. 지도 절차 및 시간 배분이 합리적인가? 20. 개별화를 위한 궤간 순시가 적절히 이루어지는가?	5 4 3 2 1 5 4 3 2 1	
종합 의견	좋은 점: 합계		
	개선할 점:		

(4) 수업 분위기 분석

터크맨(Tuckman)이 개발한 방법으로 수업 분위기란 교사와 학생이 서로에 대하여 가지는 전반적인 태도를 의미하며, 특히 교사의 언행, 즉 수업 중에 나타내 보이는 수업 위는 수업 분위기에 영향을 미친다. 〈표 17-7〉에 제시된 바와 같이 서로 비교되는 28개의 형용사로 이루어진 체크리스트에 관찰한 수업의 분위기를 평가하여 표시하여 학급 분위기를 창의성, 활기성, 치밀성, 온화성으로 구분, 분석할 수 있다. 수업 분위기는 창의성, 활기성, 치미설, 온화성의 네 가지 유형으로 나눌 수 있는데, 〈표 17-7〉의 아래에 문항별로 유형이 분류되어 있다.

〈표 17-7〉 수업 분위기 분석표의 예

지도 교사		학년반		장소		학생수	
단원명				차시		일 시	
본시 학습 목표							

	5	4	3	2	1	
1. 독창적인						상투적인
2. 참을성 있는						성미가 급한
3. 냉정한						온화한
4. 권위적인						상냥한
5. 창의적인						모방적인
6. 통제가 많은						자율성이 많은
7. 개방적인						폐쇄적인
8. 부드러운						딱딱한
9. 불공정한						공정한
10. 변덕스러운						일관성 있는
11. 겁이 많은						모험적인
12. 엉성한						치밀한
13. 고립적인						우호적인
14. 확실한						애매한
15. 소극적인						적극적인
16. 융통적인						획일적인
17. 산만한						체계적인
18. 능동적인						수동적인
19. 수용적인						비판적인
20. 조용한						시끄러운
21. 진취적인						보수적인
22. 계획적인						즉흥적인
23. 경솔한						신중한
24. 활기찬						무기력한
25. 객관적인						주관적인
26. 내성적인						의향적인
27. 자신감 있는						망설이는
28. 소심한						대담한

▣ 수업 분위기 관찰 요령

- 수업 전 28쌍의 형용사를 충분히 읽고, 28쌍의 형용사를 마음에 새기면서 수업을 관찰한다.
- 관찰자는 28개 문항에 대해 표시하는데, 각 형용사의 쌍 사이에 있는 5개 수치 중 해당 숫자에 √를 한다.

▣ 수업 분위기 유형 분석

I. 창의성 (1 + 5 + 7 + 16) - (6 + 11 + 28) + 11
II. 활기성 (18 + 21 + 24 + 27) - (15 + 20 + 26) + 11
III. 치밀성 (14 + 22 + 25) - (10 + 12 + 17 + 23) + 17
IV. 온화성 (2 + 8 + 19) - (3 + 4 + 9 + 13) + 17

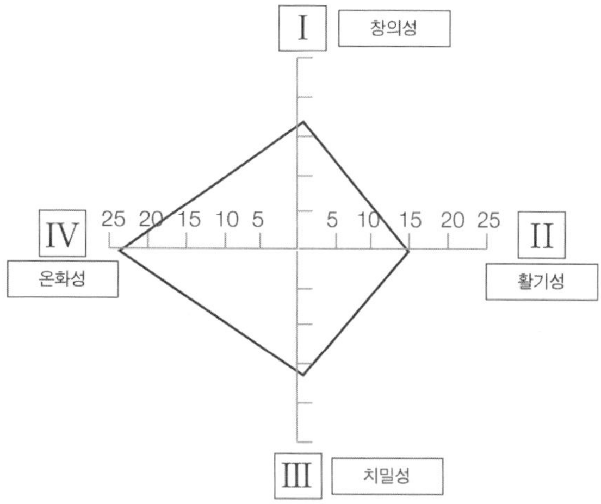

[그림 17-2] 수업 분위기 종합도의 예

수업 관찰 후 평가기준에 따라 합산된 유형별 점수를 하나의 그림에 나타내어 수업 분위기 종합도를 보고하는데, [그림 17-2]에 보고된 수업은 창의성은 17, 활기성은 13, 치밀성은 16, 온화성은 24로 비교적 온화하고 정적인 수업이었으며 적절한 계획이 세워진 독창적인 수업이었다고 분석할 수 있다.

(5) 서술식 기록

서술식 기록은 수업 관찰자가 보고 들은 것을 순서대로 상세하게 있는 그대로 기술하는 방식으로 관찰 단위 수업 시작부터 수업이 종료될 때까지 교사와 학생들의 말과 행동, 사건 등의 모든 것들을 차례대로 서술한 후 이를 토대로 수업을 분석하고 평가한다. 수업 관찰 중에 모든 사항을 자세히 기록하는 것은 물리적으로 어려울 수 있는데, 이때는 녹화나 녹음을 함께 하여 이후 다시 영상이나 녹음 자료를 통해 부족한 서술을 보충하여 기록지를 완성하기도 한다. 서술식 기록지의 양식은 〈표 17-8〉의 양식을 활용하기도 하고 별도 양식 없이 나열식으로 시간 순서에 따라 적기도 한다. 시간을 기록하면 좋은 점은 각 관찰 내용이 차지하는 시간을 양적으로 확인할 수 있으며, 관찰자의 관찰 당시 느낌이나 견해를 현장감 있게 적어두면 수업 분석 시 유용하게 활용할 수 있다.

〈표 17-8〉 서술식 기록지 작성의 예

서술식 기록지

수업 관찰자 이름:
관찰 날짜와 시간:
관찰 목적: 실습과정에서 교사와 학생의 상호작용 관찰
관찰 장소 및 대상: 00초등학교 6학년 30명의 학급에 남학생은 16명, 여학생은 14명임

시간 (5~15분 간격)	수업 관찰 내용	관찰자의 견해 및 느낌
9:00~9:02	• 교사의 수업 시작 안내, 학생들은 교사를 바라보며 일제히 집중	• 학생 집중을 위한 박수치기(주의 집중, 매뉴얼화되어 있음)
9:02~9:07	• 준비물 박스를 열고 내부의 구성품 확인 및 설명	• 세트화되어 있는 준비물, 조잡하지만 학생들이 별도로 준비하기 어려운 재료와 용구를 한꺼번에 준비 가능
9:07~9:10	• 학습문제 판서: 목재의 쓰임 • 나무의 사용 이유에 대한 발문 • 학생의 자유 응답, 교사 평가	• 학생의 생활과 연결된 응답 유도 • 학생의 응답이 바르지 않을 경우, 다른 응답과 관련지어 문제에 접근할 수 있도록 유도
9:10~9:15	• 나무를 사용한 용품 이야기하기	
9:15~9:20	• 광릉수목원 비디오 보기	• 다른 교사와의 차이점 학생들이 직접 비디오에서 관찰할 것들을 찾아보도록 기회제공, 학생들은 다소 지루해 함

1. 관찰 의견:

2. 학생과의 인터뷰 기록:

〈표 17-9〉 수업 참관 보고서 양식

영역	참관 및 분석 내용 (우수 및 미흡사항)	평정	수업 평가자의 조언
수업 설계 및 수업 준비			
교수 자세 및 수업 분위기			
수업 전개			
평가 및 수업 마무리			
종합 의견			

3) 수업 관찰 및 분석 후 활동

수업 관찰 및 분석을 마치면 먼저 관찰하면서 자신이 기록한 것을 토대로 관

찰한 수업의 장점과 단점, 그리고 수업을 보면서 의문스러웠던 점을 분류한 후 협의할 준비를 한다. 수업자나 학습자에게 궁금한 점에 대해서는 질문을 마련하는 것도 좋다.

수업 관찰 및 분석 후 활동은 대체로 협의회나 수업 나눔 등의 이야기 형식의 토론으로 이루어진다. 수업에 대해 이야기 나눌 때에는 먼저 관찰, 분석한 수업의 장점에 대해 제시하는 것이 바람직한데, 추상적인 느낌이나 막연한 칭찬보다는 구체적인 증거와 관찰 사실을 들어 관찰한 수업의 어떤 점이 좋게 평가되는지를 설명하는 것이 좋다. 그러나 칭찬에서 머무르기보다는 수업의 단점이나 보완되어야 할 점에 대해 조언하는 것도 필요한데, 이때는 비난조의 날카로운 어조보다는 더 나아지기 위해서 보완할 점임을 강조하는 부드러운 어조가 좋다. 특히 아쉬운 점을 이야기 할 때에는 수업자 개인이 수업 중 했던 행동이나 사실을 집어 말하기보다는 일반적인 교사 집단 전체에 빗대어 이야기하거나 수업의 구조, 체제 등과 연관지어 이야기하는 것이 효과적이다. 또한 보완점은 실과교과의 특성, 교육과정 방향 등 이론적 토대나 좋은 수업에 대한 연구 결과를 기반으로 이야기하는 것이 설득력 있다.

수업 협의를 마친 후에는 협의회에서 논의된 사항을 항목별로 정리하여 일목요연하게 파악할 수 있도록 자료화하는 것이 좋다. 개선해야 할 점들을 교사 개인의 차원에서 필요한 개선점과 제도적 차원에서 필요한 개선점으로 구분하여 제도적 차원의 개선점은 협의록을 토대로 학교 차원에서 개선이 될 수 있도록 하고, 교사 개인 차원의 개선점은 수업한 교사가 적절한 방법을 모색하여 자신의 향후 수업에서 반영하도록 한다.

여러 가지 개선책이 모색되고 나면 개선된 방식을 적용하여 수업자 및 수업 협의에 참여한 교사들이 개선된 수업을 실행해 보는 경험이 중요하다. 수업 보기, 수업 협의, 수업 하기의 세 과정을 통해 수업은 성장하고 발전하게 된다. 또한 수업 관찰, 분석, 협의 등의 수업 평가 과정을 통해 무엇이 달라지고 발전하였는지, 이전과 달라진 점은 무엇인지 등을 비교 분석해 보면 평가에 따른 개선안이 적절했는지의 유무를 판단할 수 있고, 그 효과도 검증해 볼 수 있는 기회가 된다.

2절 실과수업 비평

수업 비평은 교사와 학생들이 함께 구성해 가는 수업 현상을 하나의 분석 텍스트로 하여 수업 활동의 과학성과 예술성, 수업 참여자의 의도와 언행, 교과와 사회적 맥락 등을 종합적으로 고려하면서 수업을 기술, 분석, 해석, 평가하는 비판적이고 창조적인 글쓰기이다(이혁규, 2007). 수업 비평과 수업 평가의 차이점은 〈표 17-10〉과 같은데 수업 평가가 주로 고정된 기준에 따른 객관적 척도를 준용하여 하향적 평가 관점으로 분석적 방법을 활용한다면 수업 비평은 비평자의 다양한 관점에 따른 열린 기준과 주관적 기술, 상향적 평가 관점, 비평자의 안목과 식견, 전문성이 기반한 종합적 방법을 특성으로 한다.

〈표 17-10〉 수업 평가와 수업 비평의 차이

준 거	수업 평가	수업 비평
기준	**고정된 기준** 예) 교육과정 목표	**열린 기준** 예) 비평자에 따른 다양한 관점 및 기준
척도	**객관적 척도** 예) 평정척	**주관적 기술**
평가 관점	**하향성** 예) 여건, 환경, 교육과정, 교과서가 주어지고 이를 잘 구현하는 책임이 교사에게 있다고 본다.	**상향성** 예) 교사가 예리한 판단, 전문성으로 해석하고 잘못된 것을 지적하고 개선할 수 있다고 본다.
방법	**분석적** 예) 체크리스트	**종합적** 예) 비평자의 안목, 식견, 전문성 등

출처: 김상수(2005). 좋은 수업의 산정상을 향한 수업 분석 및 관찰 방법. 송광사. p. 4.

학자에 따라 수업 분석과 비평을 넓은 의미에서 교환적으로 활용하기도 하는데, 서근원(2010)은 수업 분석을 위한 방법으로 아이의 눈으로 수업 바라보기로서의 수업 비평을 강조하고 있다. 교사의 교수 활동이 아무리 화려하고, 역동적이어도 그것이 학생의 의미 있는 학습으로 연결되지 않는다면 무의미하며, 반대로 교사의 교수 활동이 아무리 어설프고 초라해도 그것이 학생의 의미 있는 학습으로 연결된다면 그것은 유의미한 것이라고 그는 주장하면서 무엇이건 교사의 교수 활동이 학생의 학습에 의미 있게 관련될 때 그것은 비로소 의미를 가지게 된다는 점에 주목하였다. 교사의 교수 활동이 학생의 학습과 어떻게 관련되는지를 알기 위해서 학생을 중심으로 수업을 보아야 하는 것이다.

1. 수업 비평의 단계

수업 비평의 단계는 대략 다음과 같이 다섯 단계로 제시할 수 있다. 이 다섯 단계는 꼭 정해져 있는 것은 아니지만 수업 비평을 위한 하나의 참고 자료가 될 수 있다.

- **1단계**: 수업과의 만남을 위한 사전 준비
- **2단계**: 수업 관찰 및 촬영하기
- **3단계**: 관련 자료 수집·분석 및 수업 전사하기
- **4단계**: 수업의 중심 주제 부각시키기
- **5단계**: 수업 비평문 작성하기

1) 1단계: 수업과의 만남을 위한 사전 준비

관찰 전에 일반적으로 교사가 작성한 수업 계획안(지도안), 교사에 관한 정보, 관찰 대상 학생들에 관한 정보를 구하여 숙지하고 교과서나 교육과정, 관련 도서들을 미리 찾아볼 수 있으면 찾아서 숙독한다. 또한 수업 목표, 수업 내용, 교사와 학생의 상황을 어느 정도 이해하고 내가 만약 이 주제로 수업을 한다면 어떻게 수업할 수 있을지에 대해서도 생각해 보는 것이 좋다.

2) 2단계: 수업 관찰 및 촬영하기

사전 준비를 마치고 나면 수업 공개 교사의 허락을 얻어 실제 수업 관찰을 한

다. 관찰을 위해서 교실에 들어가는 과정에는 연구를 위한 허락 받기, 연구 현장 들어가기, 현지인에게 내부자의 일원으로 수용되기 등이 필요하다.

3) 3단계: 관련 자료 수집 · 분석 및 수업 전사하기

관찰과 촬영에 병행하여 혹은 그 이후에 수업 상황을 이해하는 데 필요한 추가적인 자료들을 더 수집한다. 교사가 수업 중에 사용한 각종 교수 자료, 수업 과정에서 산출된 학생 활동 자료, 교사와 학생에 대한 면담 자료 등이 포함한다. 이런 자료 수집을 통해서 수업 관찰만으로는 알기 어려운 맥락성에 관한 정보를 수집하여 수업의 의미를 심층적으로 이해하는 데 도움이 되며, 동시에 수업의 성공 여부를 가늠하는 자료로도 쓰일 수 있다.

자료 수집과 함께 수업 전사 과정을 거치는데, 전사는 현장 작업에서 수집하거나 기록한 자료들을 옮겨 적는 것을 말한다. 이 전사 과정은 옮겨 적음으로써 체계적 정리를 할 수 있다는 효과와 함께 반복적으로 수업을 바라보는 가운데 새로운 수업의 관점이나 의미를 수업 비평가에게 제공해 주기도 한다.

4) 4단계: 수업의 중심 주제 부각시키기

수업의 전사를 마치면, 수업의 내적 · 외적 의미를 아우르며 맥락적 이해를 더하는 과정을 거치게 된다. 수업 비평은 수업의 안을 깊게 들여다보는 것도 필요하고 수업의 주변을 넓게 조망하는 것도 필요하다. 수업의 주변을 넓게 조망한다는 것은 수업 현상을 가능한 한 다양한 맥락들에 비추어서 해석해 보는 것을 말한다. 수업을 맥락적으로 이해하는 것은 교사의 실천과 성장과 수업을 관련짓는 것도 가능하고, 실과교과의 특성이 수업에 어떻게 녹아나는지를 보는 것도 가능하다. 또한 학습자의 성장도 중요한 관점이 된다. 수업 비평가는 자신이 수업에서 드러내고 싶은 중심 주제를 중심으로 맥락적 이해를 펼쳐가게 된다.

중심 주제를 부각시킨다는 것은 수업에서 발견한 것들 중에서 가장 핵심적인 이야깃거리를 확정해 가는 과정으로 중심 주제를 찾는 작업을 통해 비평가는 강조하고 싶은 이야기와 부차적인 이야기, 생략하고 싶은 이야기들을 정돈할 수 있게 된다.

5) 5단계: 수업 비평문 작성하기

중심 주제가 부각되고 나면 실제 수업 비평문을 작성한다. 수업 비평문을 작성하는 과정은 글의 구도 잡기에서 시작된다. 대개의 경우 수업 비평문은 크게 〈수업 비평의 관점 – 수업 장면 기술 – 수업 장면 해설〉의 세 부분으로 구성되어 있다. 글의 첫머리인 수업 비평의 관점은 비평문의 전체적인 방향을 설정하면서 비평가의 관점을 드러내는 기능을 한다. 수업과 관련된 교육과정 분석, 수업 주제에 대한 필자의 개인적 체험, 수업을 보는 문제 의식 등이 주로 서술된다. 다음으로는 수업 장면 기술 부분으로 여기서는 비평가가 수업에서 관찰한 바를 비교적 객관적으로 기술한다. 마지막으로는 수업 장면 해설을 서술한다. 여기서는 수업의 중심 주제를 바탕으로 수업에서 관찰자가 이해한 바를 드러낸다.

제목은 모든 글의 핵심이라고도 할 수 있는데, 제목을 정할 때에는 수업에서 인상 깊게 느낀 소재나 흐름을 함축적으로 표현하거나, 수업에서 고려되어야 하거나 수업자에게 제안할 요소를 드러내거나, 독창적인 수업자의 아이디어에 대한 비평자의 평가를 의미어로 제시하는 것이 좋다. 비평문의 형식에 제한은 없으나, 전체적으로 수업 장면에 대한 기술과 그 장면에 대한 비교 및 비판을 제시하도록 하며, 수업 기술(記述)은 객관성을 유지하도록 하고, 양적 정보와 질적 정보를 곁들여 분석적인 동시에 종합적인 이야기가 되기를 권한다.

2. 실과수업 비평문의 예시

실과수업 비평은 실과수업의 구성이나 조직, 흐름 등을 중심으로 수업 텍스트를 읽는 비평, 사회적 맥락이나 현실 세계와 수업 텍스트를 연결시켜 읽는 비평, 수업 주제의 의미 및 변환 과정과 관련짓는 비평, 학생의 반응을 중심으로 보는 비평으로 나누어 볼 수 있다. 실과수업 비평문의 예시로 든 글은 2015년도 2학기 H대학교 초등실과교육론 수업 중 실과수업 비평 강의 후 예비교사들이 작성한 글 중 하나이다. 수업 단원은 2007 개정 교육과정의 목제품 만들기 단원 수업에서 메모판 만들기 수업의 1차시로 메모판 제작 전 설계하기 활동 수업이었다. 비평을 위한 수업 텍스트는 에듀넷에 공개된 수업 동영상을 활용하였으며, 예비교사들은 수업 동영상을 강의 중 함께 시청한 후 실과교육에 대한 이론적 관점에 근거하여 비평문을 작성하였다.

※ 수업의 주제와 의미 변환과 관련짓는 비평의 예

① 알을 깨고 나오는 수업

새는 스스로 알을 깨고 나와야 한다.

내가 본 수업을 한마디로 말하자면 알을 깨고 나오는 새들의 향연이다. 새는 알을 깨고 나와야만 성장한다. 그 알을 깨기 위해서 아기 새는 알 속에서 부리로 끊임없이 알껍데기를 두드린다. 〈데미안〉에서 새가 알을 깨고 나오는 것을 성장하는 것으로 비유한다면 나는 이 수업에서 학생들이 하는 말들 하나하나가 알을 깨기 위해 사고의 부리로 알을 두드리는 행동이라고 말하고 싶다.

초등학생은 실과를 학습하여 스스로의 삶을 주도할 수 있다. 특히 기술의 세계 영역을 학습한 초등학생은 문제를 탐구하여 창의적으로 해결하는 능력을 지닐 수 있다. 실과는 이런 기여를 하는 교과이다. 이 때문에 실과수업 시간, 그 중에서도 기술의 영역 수업 시간에는 문제 상황을 해결하기 위한 아이디어 창안과 그 아이디어의 실현의 방식으로 진행된다. 해당되는 문제 상황뿐만 아니라 실생활에서 마주치는 문제들을 해결하기 위해서는 아이디어 창안 과정에서 사고의 확장이 필수적일 것이다.

오늘 본 김현주 선생님의 수업은 그러한 아이디어 창안 과정이 포함된 차시를 수업하셨다. 목제품 만들기를 하기 전에 아이디어를 생각해 낼 수 있는 문제 상황을 제시하고, 시각적으로 해결 방향을 제시하여 사고를 도왔다. 다양한 자료와 발문을 사용하여 학생들의 사고를 자극하였고, 무엇보다 토의 및 발표 활동을 통해서 사고를 확장할 수 있는 기회를 충분히 주고 있다는 생각이 들었다.

② 알을 두드리는 어미 새

달걀을 낳은 어미닭을 관찰하면 틈만 나면 자기가 나은 알을 부리로 살짝살짝 쪼는 것을 발견할 수 있다. 이는 닭의 공격적인 행동이 아니라 알 속에 들어 있는 병아리가 스스로 알을 깰 수 있도록 자극을 주는 것이다. 김 선생님의 수업은 학생들에게 사고의 알을 깰 수 있도록 지속적으로 자극하셨다.

> **본 수업 개관하기:**
> 선생님은 문제 상황을 제시했다. 그리고 메모판을 만들 필요성을 학생들이 스스로 느낄 수 있도록 질문을 통해 사고를 이끌어냈다. 그리고 역시 여러 가지 질문을 통해 학생들로부터 메모판을 만들 때 고려해야 할 점을 개념화하였다. 창의성, 실용성, 심미성, 경제성 등의 개념을 가지고 모둠별로 토의한 후에 발표하고 비판하는 장면은 이 수업의 하이라이트였다. 학생들은 서로의 아이디어를 논리적으로 비판하였다.
> 김 선생님 수업에서 가장 눈에 띈 것은 활동과 활동 사이에 아이들이 생각을 펼쳐 낼 수 있도록 사고의 장면을 마련하는 것이었다. 이런 장면 장면은 사고 활동을 더욱 확장시키고 있었다.

수업의 내용과 개념들은 모두 학생들의 입에서 나왔다. 선생님은 자연스럽게 그 내용들이 학생들의 입에서 나올 수 있도록 자료를 제시하였고 발표와 토의를 하게 했다. 그러자 5학년에게 다소 어려울 수 있는 심미성, 실용성과 같은 단어들이 아이들의 입에서 술술 나왔다. 목제품을 만들 때 어떤 것을 고려해야 하는지 선생님의 자료와 토의 과정을 거쳐서 이해했다는 것을 증명하는 것이다. 본 수업에서 선생님의 발언 비중보다 학생들의 발언 비중이 높은 것은 바로 알을 두드리는 어미 새로서 선생님의 역할이 부각된 것이라고 할 수 있다.

③ 스스로 알을 깨는 학생들

모둠별 아이디어 발표와 평가를 하는 '활동 3'에서 알을 깨고 나오는 학생들의 모습이 잘 드러났다.

> 학생1: 저희 모둠은 ~~하게 메모판을 만들기로 하였습니다. 왜냐하면 ~~하기 때문입니다.
> 학생2: 이 모둠의 메모판은 실용성이 뛰어납니다. 왜냐하면 옆에 붙인 손잡이가 사용하기 편리하게 하기 때문입니다.
> 학생3: 이 모둠은 경제성이 떨어집니다. 비용만 많이 들고 뭐 하러 저런 것을 붙이는지 모르겠습니다.

학생들은 발표를 할 때 항상 생각에 대한 이유를 설명하였고 그러면서 사고의 과정이 드러났다. 그리고 학생들의 평가 또한 여러 방면에서 이루어져서 계속해서 사고가 확장될 수 있도록 서로가 도왔다.

발표는 매우 자발적으로 이루어졌다. 흔히 발표에 대한 동기 부여를 하기 위해 칭찬의 박수 등의 강화를 이용하는 선생님들이 많다. 그러나 이 수업은 그러한 강화물을 거의 사용하지 않았다. 이러한 면을 보았을 때 학생들은 칭찬이라는 외적 동기에 의한 발표가 아니라 발표 자체를 위한, 자신의 내적 동기에 의해 수업에 참여한다는 인상을 받았다. 그런 조건에서는 학생들이 사고의 알을 깨는 데에 더 탄력을 받을 수 있을 것이다.

④ 아직 나오지 못한 새들

그러나 본 수업에서 선생님은 학생들이 가능한 한 모든 사고를 이끌어냈다고 말하기는 어렵다. 초등학생의 학습 욕구 특성상 자신과 관련 있는 소재에 더 흥미를 느끼고 이를 경험하고자 한다. 그러나 이 수업에서는 그러한 특성을 반영한 소재를 찾아볼 수 없었다. 메모판을 만들 때 고려해야 할 점을 학습할 때가 특히 문제였다. 물론 교과서와 지도서에 나온 것처럼 심미성, 실용성, 창의성, 경제성 이 네 가지 개념을 익히는 것에 중점을 두고 앞으로의 선택과정에서도 저 네 가지가 기준이 되어 물건을 고를 수도 있다. 그러나 기술의 세계에서는 메모판 이외의 목제품을 만드는 과정도 스스로 의사결정하여 정할 수 있게 하는 것이 목표이다. 자신이 생각하는 기준이 어떤 것이 있는지 더 자유롭게 사고해 보는 장면이 필요하다. 아쉽게도 네 가지 기준에 사고를 묶어버림으로써 사고가 아직 깨어 나오지 못한 알들을 남기고 수업이 끝나버리고 말았다.

⑤ 아브락사스에게로

"새는 알을 깨고 나가 아브락사스에게로 간다."

수업이 끝나고 아이들 입에서 학습 목표가 자연스럽게 나올 수 있게 한다면 그 수업은 목표를 달성한 수업이라고 할 수 있다. 선생님은 학생들로 하여금 끊임없이 목표가 무엇이었는지 상기시키려고 하였다. 그리고 학생들은 그 의도에 맞게 토의하고 발표했다. 완제품을 만드는 다음 수업이 기대되는 것을 보니 이번 수업은 아브락사스로 도달한 것이다.

논의

1. 이 장에서 제안한 실과수업 평가 기준에 대해 평가해 보고 최근의 수업 연구 동향 및 평가 동향을 반영하여 실과수업 평가 기준의 개선안을 제안해 보자.
2. 이 장에서 제시하지 않은 수업 관찰 및 분석 기법에 대해 더 조사해 보고 어떤 방법과 절차로 수업 관찰과 분석을 실행하는지 사례를 들어 발표해 보자.
3. 실과수업 시연 사례, 수업 동영상 등을 보고 실과수업에서 의미 있는 관점을 정하여 수업 비평문을 작성해 보자.

참고문헌

강대현 · 박영석(2005). 사회과 수업 평가 기준 개발 및 활용 방안 연구, **사회과 교육** 44(3), 21-46.

강신천(2007). **수업전문성 향상 과정 연수교재**. 교육연수원.

곽영순(2003). **질적연구로서 과학수업비평**. 교육과학사.

곽영순 · 강호선(2005). **교사평가 수업평가**. 원미사.

김민형 · 최지연 · 정성봉(2009). 실과 수업의 평가를 보는 초등학교 현직 교사와 예비 교사의 관점. 한국실과교육연구학회.

단위수업 자기장학 매뉴얼(2008). 서울시교육연구정보원.

멘토교사 전문가과정 직무연수(2009). 강서교육청.

방기혁(2010). 미래 실과교육과정에서 교수-학습 방법의 새로운 접근, **한국실과교육학회지** 15(3).

변영계 외(2005). **수업장학과 수업분석**. 학지사.

서근원(2010). 아이의 눈으로 수업 바라보기. **전북교육**, 49, 62-29.

이혁규(2007). **수업 비평의 눈으로 읽다**. 우리교육.

임찬빈 · 오은순(2006). 초등 수업 평가, 이렇게 해 보세요. 한국교육과정평가원 연구자료 ORM 2006-24-2.

재미있게 가르치기! 신나게 배우기!. 좋은 수업나누기 교사연수: 경기도 용인교육청.

천호성(2008). **수업분석의 방법과 실제**. 학지사.

부록 1 실과수업 평가 기준표

〈표 1〉 실과수업 평가의 지식 영역 평가 기준

지식평가 영역	평가 요소	평가 기준 요소	수행 수준				
			1	2	3	4	5
1. 내용 및 교수 학습 지식	(1) 내용에 대한 전문 지식	• 실과의 중심 개념, 원리, 탐구 방법, 학문의 구조를 이해하고 있는가?					
	(2) 교육과정에 대한 지식	• 현행 실과교육과정의 성격, 목표, 내용, 교수-학습 방법, 평가에 대해 정확히 이해하고 있는가?					
	(3) 교수-학습 방법에 대한 지식	• 실과 분야의 내용을 학습 경험으로 변환하는 효과적인 교수-학습 방법을 이해하고 있는가?					
2. 학생에 대한 이해	(4) 학생의 발달과 학습에 대한 이해	• 학생들의 강점, 약점, 흥미, 관심, 학습 방식, 속도 능력 등을 이해하여 적절한 학습 경험을 제공할 수 있는 능력을 지니고 있는가?					
	(5) 학생의 개인차 고려	• 학생의 학습 장애 등의 개인차와 요구를 고려하여 실과 활동을 계획하는가?					

〈표 2〉 실과수업 평가의 수업 계획 영역의 평가 기준

수업 설계 평가영역	평가 요소	평가 기준 요소	수행 수준				
			1	2	3	4	5
1. 수업 계획	(1) 학습 목표 설정	• 실과 내용 및 학생에 대한 이해에 기초하여 학습 목표를 명료하게 설정하였는가?					
	(2) 교수 학습 모형 및 절차 계획	• 실과 교수 학습 모형을 잘 이해하고 그 절차를 잘 알고 있는가? • 목표와 내용에 적합한 실과 교수 학습 모형을 바탕으로 최선의 실과 교수 학습 절차를 설계하였는가?					
	(3) 교수 학습 활동 및 방법 계획	• 학습 목표 달성을 위한 학습 활동을 선정하고, 체계적인 조직을 계획하는가? • 교사는 학습 목표와 관련되는 동기유발 활동을 계획하는가? • 교사는 학습 활동에 따라 유연한 집단 운영 계획을 수립하고 있는가?					
	(4) 학습 자료 및 매체 활용 계획	• 학습 활동에 적절하고 적합한 자료 및 매체의 내용 선정에 대한 계획을 세우는가? • 필요한 경우, 교과서에 제시된 자료나 활동을 재구성하고 대안적인 자료나 활동 구성을 계획하는가? • 교과서를 재구성한 경우, 학습 목표와 학습 수준에 적합한 내용으로 구성하도록 계획하는가?					
	(5) 학생 평가 계획	• 실과 각 영역의 특성을 고려한 평가 계획을 수립하고 있는가? • 다양한 평가 주체의 설정을 계획하고 있는가?					

〈표 3〉 실과수업 평가의 수업 실행 영역의 평가 기준

수업 실행 평가 요소	평가 요소	평가 기준 요소	수행 수준				
			1	2	3	4	5
1. 환경 조성 및 관리	(1) 물리적 환경 조성 및 관리	• 수업을 효율적으로 하기 위해 학습 공간을 계획, 배치하고 실험 실습 설비를 준비하며 안전한 학습 환경을 조성하고 관리한다.					
	(2) 심리적 환경 조성 및 관리	• 교사와 학생, 학생과 학생 간의 의사소통과 상호작용이 활발하게 이루어질 수 있는 긍정적인 수업 분위기를 조성하고 관리하는가?					
2. 수업 실행	(3) 학습 동기유발	• 학생들의 선행 지식을 점검하고 활성화하며, 생활 경험과 흥미를 학습 목표와 관련시켜 학습의 방향을 적절한 방법으로 제시하는가? • 실과 학습 목표와 관련되는 동기유발 활동을 하는가?					
	(4) 적절한 교수-학습 방법 활용	• 학습 목표, 학습 내용, 학생의 요구 등을 고려하여 적절하고 다양한 교수-학습 방법을 활용하는가? • 수업 방법 및 특성에 따라 학생 집단을 적절하게 구성하였는가? • 상황에 따라 적절한 교수 매체를 활용하는가?					
	(5) 학습 내용의 명확한 전달 및 실습 안내	• 학습 내용을 다양하고 적절한 방법으로 학생들에게 명확하게 전달하였는가? • 실습 내용을 명확하게 설명하고, 실습 과정을 체계적으로 안내하였는가?					
	(6) 질문 활용과 피드백 제공	• 다양하고 적절한 수준의 질문을 활용하여 학생들의 이해와 사고 활동을 촉진하고 적절한 피드백을 제공하였는가?					
	(7) 유연한 상황 대처	• 수업 상황의 요구에 따라 수업 계획에 적절히 변화를 주고 수정하는가? • 수업과 관련하여 특별한 학습 요구를 지닌 학생들을 고려하여 지도하였는가? • 수업 중에 일어나는 다양한 반응에 당황하지 않고 자연스럽게 반응하는가?					
	(8) 학생 평가 및 결과 활용	• 평가 계획에 따라 다양한 평가 전략을 활용하며, 평가 결과를 기초로 교수 활동을 반성하고 차후 계획 수립에 반영할 것인가?					
	(9) 수업의 통합적 실천 관련	• 실과교과와 타 교과 간의 연계를 고려한 통합적인 실과 활동을 하는가?					

〈표 4〉 수업 실행 영역의 평가 기준

수업 반성 평가영역	평가 요소	평가 기준 요소	수행 수준				
			1	2	3	4	5
1. 수업 반성	(1) 수업에 대한 반성적 측면	• 실과 목표가 달성된 정도를 정확하게 파악하고 있는가? • 자신의 실과수업 실태를 파악하기 위해 자료를 확보하고 있는가? • 실과수업 계획과 실행에서의 문제점을 인식하고 바람직한 개선 방향을 제시하는가? • 실과 평가 결과를 활용하여 차후 수업 계획 및 전략을 제시하는가?					
	(2) 전문성 발달	• 수업 반성을 통해 자신의 실과 분야와 관련된 전문지식, 실기 능력을 정확하게 평가하며, 전문성 개발을 위해 지속적으로 노력하는 자세를 가지고 있는가? • 실과수업의 질을 제고하기 위하여 동료 교사 등 다양한 전문가 집단과 정보를 공유하고 협력하는가?					

부록 2 언어상호작용 분류의 18준칙

제1준칙 교사와 학생의 언어가 둘 이상의 분류 항목 중 어느 것으로 하면 좋을지가 확실치 않고 망설여질 때는 제5항목으로부터 멀리 떨어진 항목을 선택한다. 단 제10항목은 이 준칙에 해당하지 않는다.

(예) 제2항목으로 할지 제3항목으로 할지 망설여질 때는 제2항목으로, 제5항목과 제6항목의 둘 중 애매할 때는 제6항목으로 한다.

제2준칙 만일 기본적인 교사행동의 어조가 계속적으로 지시적이거나 계속적으로 비지시적이면 교사의 어조가 명백한 전환이 아니면 반대 분류로 옮기는 것을 삼가야 한다.

제3준칙 관찰자는 그 자신의 편견이나 교사의 의향에 좌우되지 말아야 한다.

제4준칙 교사와 학생의 언어를 분류하는 것은 3초마다 한 번씩 하기로 되어 있는데, 만일 3초 동안에 하나의 분류 항목 이상이 나타나게 되면 나타난 모든 분류 항목을 기록하도록 해야 한다.

(예) 3초 이내에 교사가 질문하고 학생이 이에 답하고 교사가 칭찬하였다면 4, 8, 2를 모두 기록한다.

제5준칙 3초 이내에 두 가지 이상의 분류 항목이 나타나는 경우에 그 다음 3초는 다르게 나타난 분류 항목을 기준으로 하여서 생각한다.

제6준칙 제6항목의 지시는 그 지시가 결과적으로 학생들의 어떤 행동을 유발하는 것을 관찰할 수 있거나 또는 예견될 수 있는 교사의 말이어야 한다.

제7준칙 어떤 질문을 하고 이 질문에 답변할 학생을 지명하면 대부분의 경우에 제4항목으로 분류한다.

제8준칙 교사가 책을 읽어가면서 설명을 하면 이는 강의의 일부로 보고 교사의 책 읽는 행동까지도 합쳐서 5로 기록하나 교사가 범독을 하면 작업의 시범과 마찬가지로 취급하여 0으로 기록한다.

제9준칙 만일 3초 이상에 걸쳐서 침묵이 계속되거나 웃거나 또는 혼동된 상태에서 교사와 학생의 언어상호작용이 분명치 않으면 각 3초마다 0으로 기록한다.

제10준칙 판서를 오래하거나 토론, 실험, 작업 등이 계속되어서 0으로 기록할 경우에는 관찰기록부에 문장으로 기록하여 둔다.

제11준칙 교사가 학생의 맞은 답변을 반복하면 이것은 하나의 칭찬으로 보고 제2항목으로 분류한다.

제12준칙 교사가 학생이 말한 것을 반복하되 반복에 그치는 것이 아니라 강의를 계속하거나 토론에 이용된다면 이 반복 부분은 제3항목으로 분류한다.

제13준칙 만일 한 학생이 이야기하고 이어서 다른 학생이 이야기하면 9와 9, 8과 9, 또는 8과 8 사이에 0을 기록한다. 이것은 학생이 바뀌었음을 의미한다.

제14준칙 제9항목이 3초 이상 계속되는 동안 교사가 '으흠', '그래서'와 같은 말을 하면 9와 9 사이에 2를 기록한다.

제15준칙 학생에게 창피를 주거나 학생을 비꼬는 것이 아닌 교사의 농담은 제2항목으로 분류한다.

제16준칙 윤리적인 질문은 진짜 질문이 아니며 강의는 기술이기 때문에 제5항목으로 분류한다.

제17준칙 교사의 좁은 질문은 그 다음에 8로 기록하는 전조이다.

제18준칙 교사의 질문에 대하여 여러 학생이 한꺼번에 대답하면 8로 분류한다.

찾아보기

저 / 자 / 소 / 개

■ **송현순**

한국교원대학교 교육학박사(실과교육전공)
현, 경인교육대학교 생활과학교육과
〈저서〉 초등실과교육, 실과 수업컨설팅 이렇게 해봐요. 교육과학사.

■ **류상희**

오하이오 주립대학교 철학박사(가정교육학 전공)
현, 청주교육대학교 실과교육과
〈저서〉 초등실과교육, 녹색식생활교육. 양서원.

■ **정남용**

University of Missouri-Columbia
Department of Practical Arts and Vocational-Technical Education Ph.D
현, 대구교육대학교 실과교육과
〈저서〉 초등 실과교육, 유아·초등교사를 위한 발달중심의 통합교육과정. 양서원.

■ **최지연**

한국교원대학교 교육학 박사(실과교육전공)
현, 한국교원대학교 초등교육과
〈저서〉 융합교육의 이해. 박영사, 초등교과교육의 이해. 양서원.

■ **배선아**

한국교원대학교 교육학 박사(공업교육 전공)
현, 전주교육대학교 실과교육과
〈저서〉 발명교육학 기초, 창의 체험활동을 위한 로봇 교육. 양서원.

실과 교수학습 방법론

1판 1쇄 인쇄 — 2017년 7월 25일
1판 1쇄 발행 — 2017년 7월 31일

저 자 - 송현순 · 류상희 · 정남용 · 최지연 · 배선아
발 행 인 - 강 철 원
발 행 처 - 양 성 원
주 소 - 경기도 파주시 검산로 173번길 29-20
전 화 - 031-946-3861(代)
팩 스 - 031-946-3864
이 메 일 - tnwpub@naver.com
홈페이지 - tnwpub.co.kr
출판등록 - 2015년 8월 31일 제 2015-000211 호

ISBN 979-11-6126-034-1

정가 20,000원